"十四五"职业教育国家规划教材

中等职业教育药学类专业第三轮教材

U0746470

供药学类专业使用

中成药商品学 （第3版）

主　编　张小明

副主编　桑　伟　宋　涛　李　林

编　者　（以姓氏笔画为序）

孙雪林（广西中医药大学附设中医学校）

李　林（湖南食品药品职业学院）

宋　涛（广东省食品药品职业技术学校）

张　敏（河南医药健康技师学院）

张小明（四川省食品药品学校）

徐晨阳（江西省医药学校）

桑　伟（北京市实验职业学校）

中国健康传媒集团

中国医药科技出版社

内容提要

本教材是"中等职业教育药学类专业第三轮教材"之一。内容涵盖中成药商品学的基本知识、各科常用中成药、实训等。中成药商品学的基本知识分为认识中成药、熟悉中成药的剂型、理解中成药的经营流程、熟知中成药的应用等内容。常用中成药按内科、妇科、儿科、五官科、外科、皮肤科、骨伤科进行分类编写,实训共计开展六次。本教材为书网融合教材,即纸质教材有机融合电子教材、教学配套资源(PPT、微课、视频等)、题库系统、数字化教学服务(在线教学、在线作业、在线考试),使教学资源更加多样化、立体化。

本教材主要供医药中等职业学校药学类专业使用,亦可作为药品经营企业、医疗机构员工继续教育和培训教材。

图书在版编目(CIP)数据

中成药商品学/张小明主编. —3 版. —北京:中国医药科技出版社,2020.12(2024.7重印)中等职业教育药学类专业第三轮教材

ISBN 978 - 7 - 5214 - 2179 - 8

I. ①中… II. ①张… III. ①中成药 - 商品学 - 中等专业学校 - 教材 IV. ①F762.2

中国版本图书馆 CIP 数据核字(2020)第 236060 号

美术编辑　陈君杞

版式设计　友全图文

出版　**中国健康传媒集团**│中国医药科技出版社

地址　北京市海淀区文慧园北路甲 22 号

邮编　100082

电话　发行:010 - 62227427　邮购:010 - 62236938

网址　www.cmstp.com

规格　787mm×1092mm $^1/_{16}$

印张　21

字数　452 千字

初版　2011 年 5 月第 1 版

版次　2020 年 12 月第 3 版

印次　2024 年 7 月第 5 次印刷

印刷　大厂回族自治县彩虹印刷有限公司

经销　全国各地新华书店

书号　ISBN 978 - 7 - 5214 - 2179 - 8

定价　**59.00 元**

获取新书信息、投稿、为图书纠错,请扫码联系我们。

出版说明

2011 年，中国医药科技出版社根据教育部《中等职业教育改革创新行动计划（2010—2012 年）》精神，组织编写出版了"全国医药中等职业教育药学类专业规划教材"；2016 年，根据教育部 2014 年颁发的《中等职业学校专业教学标准（试行）》等文件精神，修订出版了第二轮规划教材"全国医药中等职业教育药学类'十三五'规划教材"，受到广大医药卫生类中等职业院校师生的欢迎。为了进一步提升教材质量，紧跟职教改革形势，根据教育部颁发的《国家职业教育改革实施方案》（国发〔2019〕4 号）、《中等职业学校专业教学标准（试行）》（教职成厅函〔2014〕48 号）精神，中国医药科技出版社有限公司经过广泛征求各有关院校及专家的意见，于 2020 年 3 月正式启动了第三轮教材的编写工作。

党的二十大报告指出，要办好人民满意的教育，全面贯彻党的教育方针，落实立德树人根本任务，培养德智体美劳全面发展的社会主义建设者和接班人。教材是教学的载体，高质量教材在传播知识和技能的同时，对于践行社会主义核心价值观，深化爱国主义、集体主义、社会主义教育，着力培养担当民族复兴大任的时代新人发挥巨大作用。在教育部、国家药品监督管理局的领导和指导下，在本套教材建设指导委员会专家的指导和顶层设计下，中国医药科技出版社有限公司组织全国 60 余所院校 300 余名教学经验丰富的专家、教师精心编撰了"全国医药中等职业教育药学类'十四五'规划教材（第三轮）"，该套教材付梓出版。

本套教材共计 42 种，全部配套"医药大学堂"在线学习平台。主要供全国医药卫生中等职业院校药学类专业教学使用，也可供医药卫生行业从业人员继续教育和培训使用。

本套教材定位清晰，特点鲜明，主要体现如下几个方面。

1. 立足教改，适应发展

为了适应职业教育教学改革需要，教材注重以真实生产项目、典型工作任务为载体组织教学单元。遵循职业教育规律和技术技能型人才成长规律，体现中职药学人才培养的特点，着力提高药学类专业学生的实践操作能力。以学生的全面素质培养和产业对人才的要求为教学目标，按职业教育"需求驱动"型课程建构的过程，进行任务分析。坚持理论知识"必需、够用"为度。强调教材的针对性、实用性、条理性和先进性，既注重对学生基本技能的培养，又适当拓展知识面，实现职业教育与终身学习的对接，为学生后续发展奠定必要的基础。

2. 强化技能，对接岗位

教材要体现中等职业教育的属性，使学生掌握一定的技能以适应岗位的需要，具有一定的理论知识基础和可持续发展的能力。理论知识把握有度，既要给学生学习和掌握技能奠定必要的、足够的理论基础，也不要过分强调理论知识的系统性和完整性；注重技能结合理论知识，建设理论－实践一体化教材。

3. 优化模块，易教易学

设计生动、活泼的教学模块，在保持教材主体框架的基础上，通过模块设计增加教材的信息量和可读性、趣味性。例如通过引入实际案例以及岗位情景模拟，使教材内容更贴近岗位，让学生了解实际岗位的知识与技能要求，做到学以致用；"请你想一想"模块，便于师生教学的互动；"你知道吗"模块适当介绍新技术、新设备以及科技发展新趋势、行业职业资格考试与现代职业发展相关知识，为学生后续发展奠定必要的基础。

4. 产教融合，优化团队

现代职业教育倡导职业性、实践性和开放性，职业教育必须校企合作、工学结合、学作融合。专业技能课教材，鼓励吸纳 1～2 位具有丰富实践经验的企业人员参与编写，确保工作岗位上的先进技术和实际应用融入教材内容，更加体现职业教育的职业性、实践性和开放性。

5. 多媒融合，数字增值

为适应现代化教学模式需要，本套教材搭载"医药大学堂"在线学习平台，配套以纸质教材为基础的多样化数字教学资源（如课程 PPT、习题库、微课等），使教材内容更加生动化、形象化、立体化。此外，平台尚有数据分析、教学诊断等功能，可为教学研究与管理提供技术和数据支撑。

编写出版本套高质量教材，得到了全国各相关院校领导与编者的大力支持，在此一并表示衷心感谢。出版发行本套教材，希望得到广大师生的欢迎，并在教学中积极使用和提出宝贵意见，以便修订完善，共同打造精品教材，为促进我国中等职业教育医药类专业教学改革和人才培养作出积极贡献。

数字化教材编委会

主　编　张小明

副主编　桑　伟　宋　涛　李　林

编　者　（以姓氏笔画为序）

孙雪林（广西中医药大学附设中医学校）

李　林（湖南食品药品职业学院）

宋　涛（广东省食品药品职业技术学校）

张　敏（河南医药健康技师学院）

张小明（四川省食品药品学校）

徐晨阳（江西省医药学校）

桑　伟（北京市实验职业学校）

中成药商品学是药学类专业的专业核心基础课程，是研究中药商品的特征和使用价值的应用学科。党中央、国务院坚持把人民健康放在优先发展的战略位置，并且提出充分发挥中医药在治未病、重大疾病治疗、疾病康复中的重要作用，全方位全周期保障人民健康。学好中成药相关知识非常必要。

本教材在上版《中成药商品学》教材的基础上做了改变，力求突出中医药特色、行业特色、时代特色和适用特色。全书分上、中、下三篇。上篇为中成药商品学的基本知识，主要叙述中成药的概念及发展简史、国内外研究动态、处方来源与组方原则、剂型与药效的关系、常见剂型概念及特点，中成药的经营流程，中成药的应用等基本知识、基本理论和基本技能。中篇为各科常用中成药，按内、妇、儿、外科等排序，各科常用中成药主要按功能分类，介绍各类中成药的作用特点、病因治则、适用范围及常用代表性品种的方源、处方、功能、主治、方解、临床应用、药理作用、性状、剂型规格、用法用量、贮藏等内容。下篇为实训，共设六次十二学时实训。书末附有中成药汉语拼音索引。本教材为书网融合教材，即纸质教材有机融合电子教材、教学配套资源（PPT、微课、视频等）、题库系统、数字化教学服务（在线教学、在线作业、在线考试），使教学资源更加多样化、立体化。

本教材主要供医药中等职业学校药学类专业使用。由于中医药理论知识的特殊性，结合学生深入学习、继续学习的需要，具有一定的深度和广度，亦适用于高等医药院校相关专业教学。因行业特色突出，对中医药经营企业管理人员、医院药房药剂人员以及医疗机构的医务工作者也有参考价值。

本教材编写分工：第一章、第三章、第三章、实训一由张小明编写，并负责全书终审统稿；第四章、第九章、实训五由宋涛编写，并负责第十章的审稿；第五章、实训二、实训三由桑伟编写，并负责第六章、第七章的审稿；第六章由李林编写，并负责第一章、第三章、第五章、第八章的审稿；第七章由张敏编写；第八章、实训四由孙雪林编写；第十章、第十一章、实训六由徐晨阳编写。

由于能力水平所限，学科涉及知识面广，虽经多次审校，难免存在疏漏和不足，诚请各校师生及其他读者提出宝贵意见，以便再版时修正。

编　者
2020 年 10 月

目录

上篇　基本知识

1. 掌握中成药的概念及其特征；中成药的处方来源及其各自特点。

2. 熟悉中成药的组方原则；中成药的命名。

1. 掌握中成药常用剂型及各剂型的特点。

2. 熟悉中成药剂型与药效的关系。

1. 掌握在验收和销售过程中成药的说明书及标签的应用。

2. 熟悉中成药的贮藏与养护的规律；中成药验收要点。

1. 掌握中成药应用的基本原则。

2. 熟悉中成药的用法用量。

1. 掌握该章所列中成药的功能主治、使用注意及用法用量。

2. 熟悉相关中成药概念、分类；代表中成药的辨证要点；重要中成药的处方组成等。

1. 掌握该章所列中成药的功能主治、使用注意及用法用量。

2. 熟悉相关中成药概念、分类；代表中成药的辨证要点；重要中成药的处方组成等。

● 1. 掌握该章所列中成药的功能主治、使用注意及用法用量。

● 2. 熟悉相关中成药概念、分类；代表中成药的辨证要点；重要中成药的处方组成等。

1. 掌握该章所列中成药的功能主治、使用注意及用法用量。

2. 熟悉相关中成药概念、分类；代表中成药的辨证要点；重要中成药的处方组成等。

1. 掌握该章所列中成药的功能主治、使用注意及用法用量。

2. 熟悉相关中成药概念、分类；代表中成药的辨证要点；重要中成药的处方组成等。

● 1. 掌握该章所列中成药
　 的功能主治、使用注
　 意及用法用量。

● 2. 熟悉相关中成药概
　 念、分类；代表中成
　 药的辨证要点；重要
　 中成药的处方组
　 成等。

● 1. 掌握该章所列中成药
　 的功能主治、使用注
　 意及用法用量。

● 2. 熟悉相关中成药概
　 念、分类；代表中成
　 药的辨证要点；重要
　 中成药的处方组
　 成等。

下篇　实训

上篇

基本知识

第一章 认识中成药

学习目标

知识要求

1. **掌握** 中成药的概念及其特征；中成药的处方来源及其各自特点。
2. **熟悉** 中成药的组方原则；中成药的命名。
3. **了解** 中成药商品学的概念；中成药的发展概况；中成药的分类及中药保护。

能力要求

1. 能够依据中成药的特征准确识别中成药。
2. 学会通过官网数据库、《中华人民共和国药典》查询中成药的重要信息。
3. 能够通过中成药的名称获取相应信息。

实例分析

实例 小丽同学生病后自行到药店购药，药店销售人员听完小丽叙述后销售一盒"枇杷金银花含片"给她。后来讲授中成药课程的张老师告诉她："枇杷金银花含片"不是药品，更谈不上是中成药了，用于治疗疾病是不合适的。

问题 为什么"枇杷金银花含片"不是中成药？如何识别中成药？

第一节 中成药的相关概念及特征

PPT

广义的中药包括中药材、中药饮片、中成药三类。中药材、中药饮片、中成药均属于药品范畴。在国家药品监督管理局官网的数据查询中可查得的中成药约占全部药品的35%。

中成药的使用历史悠久，但"中成药"一词出现较晚，历史上用常用"丸散""膏丹丸散""熟药""成药"等来表示。《中华人民共和国药典》（简称《中国药典》）一部中称为"成方制剂和单味制剂"。中成药有狭义和广义之分。狭义的中成药，是指主要以中药饮片为原料，依据防治目的及配伍原则组方并由主管部门审核批准，依法生产加工而成的随时可以取用的现成药品。如中成药中的各种丸剂、散剂、煎膏剂、颗粒剂、片剂、注射剂等，在生活中较为常见，其品种数量多，如六味地黄丸、抗病毒颗粒、藿香正气口服液、板蓝根颗粒、柴胡注射液等。广义的中成药，除包括狭义的中成药外，还包含经过炮制加工并取得批准文号的饮片，如阿胶、龟甲胶、鳖甲胶、鹿角胶、神曲、血竭、青黛等。

研究中成药的流通（采购、收货与验收、贮藏及陈列与养护、销售）及合理应用的学科，称为中成药商品学。

你知道吗

1. 药品 是指用于预防、治疗、诊断人的疾病，有目的地调节人的生理功能并规定有适应症或者功能主治、用法和用量的物质，包括中药、化学药和生物制品等。（《中华人民共和国药品管理法》）

2. 饮片 系指药材经过炮制后可直接用于中医临床或制剂生产使用的处方药品。（《中国药典》）

中成药的特征如下。

1. 中成药属于药品中的一类。

2. 中成药批准文号格式：中国境内（香港、澳门和台湾地区除外）生产的中成药批准文号格式为"国药准字 Z + 四位年号 + 四位顺序号"；中国香港、澳门和台湾地区生产的中成药批准文号格式为"国药准字 ZC + 四位年号 + 四位顺序号"；中国境外生产的中成药批准文号格式为"国药准字 ZJ + 四位年号 + 四位顺序号"。此外，批准文号为国药准字 BXXXXXXXX（X 代表阿拉伯数字）的保健药品亦属于中成药。如丁桂儿脐贴、金嗓子喉片、增乳膏、小儿健脾养胃颗粒、消肿止痛贴、归芪生血颗粒等，在国家药品监督管理局的官网数据查询中共有一千余条记录。

3. 中成药以中药饮片为主要原料。

4. 中成药的标签和说明书中标注的是"功能主治"而非"适应症"。

5. 中成药一般没有商品名。

6. 民族药按中药管理。

《中国药典》2020 年版中收载了藏族验方如十一味能消丸、二十五味珊瑚丸、七十味珍珠丸、仁青芒觉、仁青常觉等 14 个品种；蒙古族验方如七味葡萄散、八味檀香散、十六味冬青丸等 12 个品种；景颇族验方胡蜂酒；傣族验方雅叫哈顿散。

> **请你想一想**
>
> 中成药的概念是什么？中成药具有哪些特征？如何确认中成药？

你知道吗

药品批准文号中字母的含义

药品可分为化学药、中药和生物制品，根据《药品注册管理办法》，在药品批准文号中，H 代表化学药，Z 代表中药，S 代表生物制品。

第二节　中成药商品学的发展概况

PPT

一、中成药发展简史

商代甲骨文中记载了药酒。战国时期《五十二病方》载方 283 个，并有丸、散、膏、丹、酒等剂型。《黄帝内经》为中药药剂学先导，记载的 13 个方剂中就有 9 种中成药，其剂型也有丸、散、膏、丹、酒等，如乌贼骨藘茹丸、生铁洛饮、左角发酒等。

东汉末年，张仲景著《伤寒杂病论》，为我国方书之祖，收载膏剂、丹剂、丸剂、散剂及栓剂、灌肠剂、滴耳剂、洗剂等 10 余种剂型与 60 余种中成药，并载有炼蜜为丸、枣肉和丸、姜汁泛丸及散剂制备等制药方法，如"异捣，下筛为散，更于臼中治之"，或半夏散、瓜蒂散之"各别捣筛，为散已、合治之"，奠定了中成药制药的基础。所载中成药因疗效显著而沿用至今，如治虚寒腹痛泄泻的理中丸、治肾虚水肿的肾气丸、治蛔厥证的乌梅丸、治小便不利的五苓散、治肠燥便秘的麻子仁丸等。三国时期名医华佗首创麻醉用药"麻沸散"。据考《华氏中藏经》载成方 152 个，剂型包括煎、丸、散、膏、丹、酒、洗、滴眼、吹喉等若干，其中尤以丸、散居多，亦是炼丹术与化学发展的前身，为化学制药之祖。世界上最早的本草书——《神农本草经》云："药性有宜丸者，宜散者，宜水煎者，宜酒渍者……"提出了依药性选择剂型和提取方法的精辟论述。

晋代葛洪《肘后备急方》中载成药数十种，剂型有铅硬膏、干硬膏、蜡丸、浓缩丸、锭剂、灸剂、栓剂、熨剂等，在配方、制法上也有新发展，如用动物脏器羊肝配黄连治目疾的羊肝丸，并首先提出了"成剂药"这一专用名词。

唐代孙思邈《千金方》载方达 5300 首，《千金翼方》载方达 2000 首，分别载有丸、散、膏、灸、丹等剂型，中成药更多，较著名的中成药如重镇安神的磁朱丸、辛凉开窍的紫雪丹等至今沿用不衰。王焘著《外台秘要》，载方 6000 余首，在病名下分门，每门都有处方、制备方法等，方中含有不少进口药材，如苏合香丸等。总之，中成药在唐代进一步发展，品种增加，贮藏条件改善。当时多将中成药称为"丸散"。

宋代是中成药发展较兴盛的时期，多数药店后设作坊，以祖传验方、秘方或《太平惠民和剂局方》所载处方制备丸、散、膏、丹等成药，并于前店出售。宋熙宁九年（公元 1076 年）设立了太医院熟药所（即太平惠民药局）（宋时成药多用"熟药"之称），制备丸、散、膏、丹等中成药出售，后更名为和剂局。公元 1103 年增设为 7 个局，分布于淮东、淮西、襄阳、陕西、四川等地，且自熟药所分出建成修合药所，于公元 1114 年更名为医药和剂局，奠定了官办制药厂的基础。和剂局所制成药用的药材系国家统一收购供应，处方系精选当时名医之验方或秘方，制备的成药须经检验后方可出售。公元 1107—1110 年，裴宗元、陈师文等将所制成药的处方进行校正、分类编辑，刊行天下，名《太平惠民和剂局方》，载中成药 788 种，详记了处方、制法和应用，作为生产中成药的依据。书中名方颇多，对后世影响很大，如清心开窍的至宝丹、舒肝解郁的逍遥丸、纳气平喘的黑锡丹、解表和中的藿香正气散、燥湿行气的平胃散等，遍及临床各科。该书由政府颁行全国，对药材炮制和药剂制备记述较详，统一了成药制造的规范和准则，是我国历史上第一部由政府编制的中成药药典。钱乙著《小儿药证直诀》，载方 114 首，中成药占 90%，如七味白术散、泻青丸、抱龙丸、五味异功散、六味地黄丸等。南宋严用和《济生方》载有归脾丸、橘核丸等成药数十种；许叔微《普济本事方》载有二神丸、四神丸、五味子散、玉真散等，疗效均好，沿用至今。著名方书《太平圣惠方》载方 16834 首，《圣济总录》载方近 20000 首，是方剂资料的又一次总结，其中所涉及的中成药的品种数量明显增多。

公元 1156 年，和剂局对所有药物进行检查，除去一切劣质陈腐药，和剂局生产的成药均须按要求炮制加工，质量可靠，且价比私商廉，保证临床用药。因经常检查与轮流值宿以应急需，对保证药品正常供应，限制不法药商高价牟利起到了积极作用。作为国家药事管理的雏形，又有如此影响，在全世界尚属首创，在我国药事管理史上占有重要的地位。

明代对医药非常重视，公元 1370 年，在北京设惠民药局，管理全国药业，各地也设惠民药局管理当地药业。明末制剂学发展较全面，朱橚等编著《普济方》，载成方 61 739 首，书中收载许多成药制剂。李时珍著《本草纲目》，总结了 16 世纪以前我国人民医药实践的经验，载药 1892 种，中成药剂型近 40 种。王肯堂著《证治准绳》，在"内方篇"收载成方 2000 余首，剂型 10 余种，尚有许多中药制剂，如水陆二仙丹、二至丸等。陈实功的外科专著《外科正宗》载方 400 余首，其中成药 212 种，如冰硼散、如意散等。

清代吴谦等著《医宗金鉴》，载成方 2000 余首，其中成药 61 种。吴尚先著《理瀹骈文》，为外用膏剂之大成。温病学派的形成，促进了中成药的发展，如吴鞠通著《温病条辨》，创制了疏风解表、清热解毒的银翘散，疏散风热、宣肺止咳的桑菊饮，镇心安神的安宫牛黄丸等一系列成药。

中华人民共和国成立后，中成药生产、经营、应用都得到重大发展。1957 年，郑显庭著《丸散膏丹集成》，载历代中成药 1782 种。1962 年卫生部组织编写了《全国中成药处方集》，载各类中成药 2700 种，是继《太平惠民和剂局方》问世以来，具有承上启下作用的重要著作。1983 年出版的《中成药制剂汇编》载中成药 3873 种。1988 年和 1991 年国家筛选出版《中国基本中成药》一、二部，共收载中成药 1500 种，保健中成药 234 种。1995 年出版的《中国中成药优选》收载中成药 1443 种。一些新的速效、高效中成药相继研制成功，并已在临床上广泛应用，如治疗休克的生脉注射液、枳实注射液；治高热神昏的清开灵注射液；治冠心病、心肌梗死、心绞痛的活心丹、心灵丹、益心丸、复方丹参滴丸及治疗病态窦房结综合征的心宝丸；令世界瞩目的抗疟中成药青蒿素注射液和具有辅助治疗原发性非小细胞肺癌及原发性肝癌的中成药康莱特注射液等。

中华人民共和国成立以来，我国已颁布了 11 版《中国药典》。第一版《中国药典》于 1953 年由卫生部编印发行，该版药典没有单独收载中成药。其后有 1963 年版、1977 年版、1985 年版、1990 年版、1995 年版、2000 年版、2005 年版、2010 年版、2015 年版。各版药典一部收载药材、饮片、成方制剂及单味制剂（中成药），如 1963 年版收载中成药 197 种，为我国药典第一次收载中成药，是中成药发展史上的一个重要阶段。1977 年版收载中成药 270 种，1985 年版收载中成药 207 种，1990 年版收载中成药 275 种，1995 年版收载中成药 398 种，2000 年版收载中成药 462 种（不含 2004 年增补本），2005 年版收载中成药 571 种（含增补本 7 种），2010 年版收载中成药 962 种，2015 年版收载中成药 1493 种。

我国现行药典是 2020 年版《中国药典》。新版药典新增 319 种，修订 3177 种，不再收载 10 种，品种调整合并 4 种，共收载品种 5911 种。一部中药收载 2711 种，其中收载成方制剂和单味制剂 1608 种。二部化学药收载 2712 种，三部生物制品收载 153 种，四部收载通用技术要求 361 个。2020 年版药典编制工作基本达到了编制大纲设立的各项既定目标。一是收载品种适度增加，总数达到 5911 种，进一步稳步提高药典收载品种数量。二是基本完成国家药品标准清理工作，其中涉及化学药 6263 个品种、中成药 9585 个品种、饮片药材 1252 个品种、中药提取物 9 个品种、生物制品 373 个品种，为完善标准提高和淘汰机制奠定了基础。三是以实施"两法两条例"为契机，全面完善了药典标准体系，贯彻药品质量全程管理的理念，提高了横向覆盖中药、化学药、生物制品、原料药、药用辅料、药包材以及标准物质的质量控制技术要求，完善了纵向涵盖药典凡例、制剂通则、检验方法以及指导原则的制修订，加强了涉及药品研发、生产、质控、流通和使用等环节的通用技术要求体系的建设。四是强化了《中国药典》的规范性，药典各部之间更加协调统一。建立、完善了统一规范的药品、药用辅料和药包材通用名称命名原则，加强了通用技术要求与品种标准内容的统一。五是加强药典通用技术要求，重点完善了药品安全性和有效性的控制要求，实现了"中药标准继续主导国际标准制定，化学药、药用辅料标准基本达到或接近国际标准水平，生物制品标准紧跟科技发展前沿，与国际先进水平基本保持一致"的总目标。六是加强了药典机构间的国际交流与合作，促进了与药典的协调统一，扩大了《中国药典》的国际影响力。

为加强药品管理和保证用药安全有效，国家颁布《中华人民共和国药品管理法》（简称《药品管理法》）、《中华人民共和国药品管理法实施条例》（简称《药品管理法实施条例》）、《药品生产质量管理规范》、《药品经营质量管理规范》等法律法规，建立健全了药政管理机构，使我国药政管理走上了法制轨道。特别是由全国人民代表大会常务委员会于 2016 年 12 月 25 日发布，自 2017 年 7 月 1 日起施行的《中华人民共和国中医药法》（简称《中医药法》），使中医药传承创新发展有了坚实的法律保障。《中医药法》实施以来中药传承发展有了新变化，取得了新成绩，中医药在防控 2019 年底发生的新冠疫情中的特色优势得到充分发挥，中药的价值得到充分彰显。

我国现取得生产许可的药品生产企业有八千余家，取得经营许可的药品经营企业五十三万多家，中成药生产企业由 1986 年的六百多家发展到现在一千多家，目前中药制剂生产已逐渐走向工业化和科学化的轨道，我国中药产业正朝着现代化、规模化、标准化、科学化方向迈进。许多中成药已在国际上赢得很高声誉。

二、中成药的现代研究

1. 系列化趋势　包括改进工艺和剂型的传统名牌中成药系列，如曾获国家金质奖的李时珍牌安宫牛黄丸、上药牌六神丸、茶花牌云南白药等；新优名牌中成药系列，如曾获传统药长城国际金奖的星牌华佗再造丸和四角牌心灵丸，曾获汉方世界杯奖、中成药销售金奖的三九胃泰等；育儿益智系列，如肥儿丸、龙牡壮骨颗粒、复方手参益智胶囊、乌麦益智合剂等；保健益寿系列，如七宝美髯颗粒、龟龄集、全鹿丸等。

2. 重视剂型研究，开发新剂型　多年来对中成药剂型研究较为活跃，在开发新剂型方面，主要有灌肠剂，如葛根芩连汤研制成灌肠液，其抗菌、消炎、退热作用均较好；滴鼻剂，如黄连滴鼻剂控制金黄色葡萄球菌感染引起的新生儿化脓性炎症效果较好；袋泡剂，如银翘散袋泡剂，与其汤剂、口服剂、口服液相比，疗效较理想；软胶囊，如复方丹参软胶囊比其片剂稳定性和疗效好；气雾剂，如复方丹参气雾剂用于心绞痛比其片剂疗效迅速而显著；涂膜剂，如秋葵涂膜剂治疗烧伤、烫伤效果好；膜剂，如用丹皮酚、甘草酸单铵盐及聚乙烯醇（PVA）制成膜剂，贴敷于口腔患处可发挥很好的镇痛消炎作用；滴丸，如强心灵滴丸，在相同时间内其溶出速率比片剂快 32 倍；喷雾剂，如健脑精喷雾剂，每日自鼻腔、口咽部喷数次，即可达到治疗效果等。同时，在加强中成药质量的研究、完善中成药质量标准、改进中成药制剂质量检测方法及完善中成药体外释放度、体内吸收、分布规律的研究等方面也越来越受到重视。

3. 研发新产品　根据当前国际天然药物市场的总趋势和我国对发展中药事业的长期规划，中成药的新药开发应以剂量小而高效、速效、长效，具有抗病毒、抗肿瘤、抗衰老、抗免疫缺陷、治疗心脑血管疾病、防治获得性免疫缺陷综合征（艾滋病）和健康保健等作用为重点，重视研制治疗常见病、多发病及急重病症用药。

4. 建立技术评价体系　国家鼓励运用现代科学技术和传统中药研究方法开展中药科学技术研究和药物开发，建立和完善符合中药特点的技术评价体系，促进中药传承创新。建立一个科学的、能够评价中药疗效的评价系统，使之科学化、规范化，对中成药的发展有重要意义。

三、中成药的应用现状及未来

中成药安全有效，其在抗肿瘤、抗肝炎、抗心血管疾病、抗衰老、治疗脑血管病和保健方面有独特的作用，加之国家的大力推广应用，掀起了研究、开发、应用的又一次高潮。

随着经济发展和人民生活水平的提高，医药产业的地位逐渐提升，在整个医药行业销量平稳增长的情况下，我国中成药产业仍然保持着快速增长态势，新医改的推进及国家相应的扶持政策是销量仍然上升的原因，加之我国人民对中药的偏好，使得中成药产业快速增长。

2016 年 2 月 14 日，国务院第 123 次常务会议研究讨论了《中医药发展战略规划纲要（2016—2030 年）》，目标到 2030 年，中医药治理体系和治理能力现代化水平显著提升，中医药服务领域实现全覆盖，中医药健康服务能力显著增强，在治未病中的主导作用、在重大疾病治疗中的协同作用、在疾病康复中的核心作用得到充分发挥；中医药科技水平显著提高，基本形成一支由百名国医大师、万名中医名师、百万中医师、千万职业技能人员组成的中医药人才队伍；公民中医健康文化素养大幅度提升；中医药工业智能化水平迈上新台阶，对经济社会发展的贡献率进一步增强，我国在世界传统医药发展中的引领地位更加巩固，实现中医药继承创新发展、统筹协调发展、生态绿色发展、包容开放发展和人民共享发展，为健康中国建设奠定坚实基础。在该规划纲要中提出：开展中成药上市后再评价，加大中成药二次开发力度，开展大规模、规范化临床试验，培育一批具有国际竞争力的名方大药。

在国际上，日本是应用中药较普遍的国家，日本政府批准 200 多个汉方成药（日本称中药为汉方药）和 150 多种保健品可公费报销。日本也是中药研究和发展最先进的国家之一，其研究机构遍及全国，如闻名于世的日本富山大学和汉药研究所。日本已有 200 多家中药厂生产中成药，多年来日本商社利用先进的生产技术、包装等，生产各类保健品、健康食品、药酒、成药销往世界各地，尤其是销往东南亚国家和地区。

朝鲜称中药为东药或汉药，在中药发展中有自己的优势。朝鲜北方有中药材 600 多种，常用的有 200 多种，生产的中药饮片有 300 多种，除配方外，经提取、加工制成的中成药数百种，有注射剂、片剂、颗粒剂、酒剂、膏剂等。1980 年设东药管理局，负责相应的药事管理，并建有东医研究所，负责中医药研究工作。平壤医科大学设有东医系和东药系，专门培养中医药高级人才。

韩国设有汉医院及汉医诊所，中药材和中成药的应用都很普遍，他们着重研究了近百种中药方剂，并出版了《汉药协报》《东亚药报》《中药情报》等多种期刊。

中医中药在东南亚地区受到人民普遍欢迎，新加坡有中药店 600 多家，中医诊所100 余家，中医慈善机构 20 多家，每年从香港进口中国人参近 50 吨，中草药 1000 多种，并规定每年 3 月 17 日为"中医节"。菲律宾销售的中成药达 1000 种以上，大部分从我国进口，其余自日本和印度进口。泰国有 800 多家中药厂，主要生产蜜丸、粉剂、酊剂等剂型，政府有关人士多次表示，发展传统医药要走中国的道路。

西方国家对中药的兴趣越来越浓，西方市场上现有 500 多种中药材，上百种中成药。其中以法国应用和推广中医药最早，是推动欧洲国家"中医热"不断发展的中心。在英国，仅 1995 年就出现了上百万张中医处方。美国设有美洲中医学院，中医药的地位在不断提高，人参蜂王浆、刺五加颗粒、青春宝、双宝素、北芪精、首乌片等作为保健品已获准公开销售。

📖 第三节 中成药的处方来源与组方原则

PPT

一、中成药的处方来源

中成药的处方有 3 个来源，即历代医药文献方、经验方（含秘方）和新研制方（又称研制方）。

1. 历代医药文献方 指来源于历代医药文献（历代的医书、本草书及方书）的处方。该类数量最大，约占中成药总量的 3/5，而且具有组方严密、药味较少、针对性强、疗效确切等特点。如宋代钱乙《小儿药证直诀》载六味地黄丸（熟地黄、茱萸肉、山药、牡丹皮、茯苓、泽泻）、金代刘完素《伤寒标本》中的六一散（滑石、甘草）、元代朱丹溪《丹溪心法》中的二妙散（黄柏、苍术），药味均较少，疗效亦佳，现在仍为著名中成药。

2. 经验方 指历代医药文献未予收载，而散在民间且流行较广的有效经验处方，包括出自民间医生以及药店自创的处方。经验方成药虽然有效，但处方庞杂，近似品多，如小儿至宝丸（处方由 25 味药组成），阿魏化痞膏（处方由 24 味药组成）及二十味定坤丸、七十味珍珠丸等。源于经验方的中成药多为妇科、儿科疾病用药及内科的胃肠疾病、虚证、季节性疾病用药。

3. 新研制方 指中华人民共和国成立以来，经过药理、药化、临床等研究、试制，国家主管部门批准生产的一类中成药，约占中成药总量的 1/5，并有较为快速增加之势。其特点是以药理、药化研究结果为指导；药味组成精炼，单味药者亦不少；临床应用时间相对较短，如穿心莲片、猴耳环消炎片、连花清瘟胶囊、急支糖浆、了哥王片、血脂康片、刺五加颗粒、人参蜂王浆胶囊、龙牡壮骨颗粒、生脉注射液、注射用双黄连等。新研方成药中不乏优秀产品，如连花清瘟胶囊、急支糖浆、复方丹参滴丸、补肾防喘片等。新研制方中成药中有些品种为中、西药合用，尤以感冒类的最突出，如感冒灵颗粒（胶囊）的组成有三叉苦、岗梅、金盏银盘、薄荷油、野菊花、马来酸氯苯那敏、咖啡因、对乙酰氨基酚；感冒清片的组成有南板蓝根、大青叶、金盏银盘、岗梅、山芝麻、对乙酰氨基酚、穿心莲叶、盐酸吗啉胍、马来酸氯苯那敏；维 C 银翘片中含有山银花、连翘、荆芥、淡豆豉、淡竹叶、牛蒡子、芦根、桔梗、甘草、马来酸氯苯那敏、对乙酰氨基酚、维生素 C、薄荷素油等。

二、中成药的组方原则

中医学治病特别强调理法方药，其处方是在辨证论治思想指导下，根据病情确定治法，选择恰当的药物配伍而成。君、臣、佐、使（或称主、辅、佐、使）是中医方剂的组方原则，也是中成药的组方原则。

1. 君药　是针对主病或主证起主要治疗作用的药物，是方中不可缺少的一类药物。

2. 臣药　有两种意义。①辅助君药加强治疗主病或主证作用的药物。②针对兼病或兼证起主要治疗作用的药物。

3. 佐药　有三种意义。①佐助药，即配合君、臣药以加强治疗作用，或直接治疗症状或次要兼证的药物。②佐制药，即用以消除或减弱君、臣药的毒性，或能制约君、臣药峻烈之性的药物。③反佐药，即病重邪甚，可能拒药时，配用与君药性味相反而又能在治疗中起相成作用的药物。

4. 使药　有两种意义：引经药，即能引方中诸药至病所的药物；调和药，即具有调和方中诸药作用的药物。

以理中丸（《伤寒论》）为例分析组方原则。

处方：炮姜 50g　　党参 75g　　土白术 75g　　炙甘草 75g

功能：温中散寒，健胃。

主治：用于脾胃虚寒，呕吐泄泻，胸满腹胀，消化不良。

方解：本方用于治疗脾胃虚寒证。方中炮姜苦辛温散，微涩兼收，入脾、胃经，既能温中祛寒以治本，又能止泻、止痛以治标，为君药。党参甘温，补气健脾为臣药。君臣相配，温中散寒健脾。白术甘温苦燥，善益气健脾，燥湿利水，为佐药。炙甘草甘平偏温，善于补脾益气、缓急止痛，同时调和诸药，为方中使药。全方配伍共奏温中祛寒、健脾之功。

中成药处方中药物的君、臣、佐、使的确定，主要是以药物在方中所起作用的主次地位为依据。除君药外，臣、佐、使药都具有两种或两种以上的意义。在遣药组方时并没有固定的模式，既不是每一种意义的臣、佐、使药必须具备，也不是每味药只任一职。每一处方中除君药不可少外，具体药味多少，以及臣、佐、使药是否齐备，是由所治病情和治疗要求的不同及所选药物的功能来决定的，如板蓝根颗粒，处方中只有板蓝根一味药；六味地黄丸的处方由六味药物组成；补中益气丸的处方由十味药物组成。庞杂的处方，尤其是一些源于经验方的中成药处方，为了适应面广，有利销售，常面面俱到，药味较多，无法按君、臣、佐、使的组方原则进行分析。这类中成药处方在分析时，可把具有相同作用的药物进行归类分组，明确处方框架结构即可，如小儿至宝丸。某些中成药的处方只写出部分药物或不公布处方，就无法进行处方分析，如片仔癀、云南白药。有些源于新研方的中成药中含有西药成分也不适合用组方原则进行处方分析，如感冒灵颗粒。

第四节　中成药的命名

PPT

中成药在长期医疗实践中形成，有其特有的命名方式。理想的命名，应能对中医辨证论治、理法方药、中成药的主要药物、特点、功能、主治病证做出最精炼的概括和提示，以方便医生、销售人员及消费者记忆和掌握，有利于销售和正确使用。许多中成药的名称已成为命名的典范，在学习中成药时，应研究中成药命名特点和规律，以利于理解、掌握和合理使用中成药。尤其是初学者掌握了中成药的命名一般规律后，在学习中成药时可执简驭繁、举一反三。中成药的命名分为如下两个部分。

一、剂型词部分

以藿香正气（口服液、水、软胶囊、滴丸、丸）；六味地黄（丸、浓缩丸、软胶囊、胶囊、颗粒）；银翘解毒（丸、片、软胶囊、胶囊、颗粒）为例，剂型词一般用药名的最后 1～3 个字来表示；亦有剂型词放在药名开始者，即粉末状或浓缩液型的注射剂，其名称起始用"注射用"三字表示，如注射用灯盏花素、注射用双黄连、注射用血塞通等。98% 以上的中成药在其名称里包含了剂型词部分。

少数的中成药其药名中不能明示其剂型，需加以注意。如仁丹（丸剂）、人丹（丸剂）、一捻金（散剂）、片仔癀（锭剂）、清凉油（软膏剂）、四逆汤（合剂）、龟龄集（硬胶囊剂）、强力枇杷露（糖浆剂）、十滴水（酊剂）、风油精（搽剂）、沈阳红药（片剂）、坎离砂（熨剂、散剂）等。

你知道吗

片仔癀原是明代太医的秘方。福建漳州方言把一切炎症统称"癀"，由于外形如条索，用时切一小片内服或外敷片刻见效，故名片仔癀。该药选用麝香、牛黄、蛇胆、田七等多种贵重药材精制而成。对急慢性肝炎、喉痛、烧伤、刀枪伤痛、无名肿毒及一切炎症引起的疼痛、发热，具有消炎止痛、清凉解毒的作用。外科手术后服用，能消炎止痛，防止伤口感染，加快愈合，因疗效好，适用范围广，副作用小，被视为医药珍品，驰名中外，在国际上誉为"神州妙药""中国特效抗菌素"。

二、主体词部分

中成药的名称中除了剂型词外的部分，称为主体词。不同的主体词有不同的含义，主体词命名形式主要归纳如下。

（一）以处方来源为主体词命名

如局方至宝丹、济生肾气丸、万氏牛黄清心丸，它们分别来源于《太平惠民和剂局方》《济生方》和明代万密斋《痘疹世医心法》。其他如金匮肾气丸、普济回春丸、庆余辟瘟丹等亦属此类。

（二）以处方的创制人为主体词命名

如史国公药酒或国公药酒、冯了性风湿跌打药酒，就是用创制人史国公、冯了性对该成药进行命名。其他如马应龙八宝眼膏、马应龙麝香痔疮膏、季德胜蛇药片、华佗再造丸等亦属此类。

（三）以中成药产地或中成药中君药（主药）的产地为主体词命名

以中成药产地命名如镇江膏药、云南白药、昆明山海棠片、沈阳红药等。以中成药中的君药产地命名如云南白药、都梁丸等，前者因处方中君药三七的主产地为云南，后者处方中君药白芷以出自江苏盱眙县之都梁山者效力最佳。

（四）以中成药的功能（功效）为主体词命名

一些中成药的名称中直接表达其部分或全部功能，如补中益气丸具有补中益气、升阳举陷的功能，用于脾胃虚弱、中气下陷之证；养阴清肺膏具有养阴润肺、清肺利咽的功能，用于阴虚肺燥之证；血府逐瘀口服液具有活血祛瘀、行气止痛的功能，用于气滞血瘀所致的胸痹等。

另一些中成药采取比拟或间接的方式表达其功能，如逍遥丸能治肝郁气滞、胁胀烦闷等，病去有逍遥之乐；理中丸有调理脾胃之功；回春再造丸主治中风、半身不遂、肢体麻木；缩泉丸能补肾缩尿（缩泉），用于肾虚所致的小便频数、夜间遗尿；华佗再造丸能对中风瘫痪、心绞痛、脑血栓、脑动脉粥样硬化有显著疗效，寓有华佗治病救人神奇之功。

（五）以处方药物组成为主体词命名

1. 以处方全部药物组成为主体词　双黄连颗粒（由金银花、黄芩、连翘组成）；银黄片（由金银花、黄芩组成）；板蓝根颗粒（由板蓝根组成）；益母草膏（由益母草组成）；良附丸（由高良姜、香附组成）；玄麦甘桔颗粒（由玄参、麦冬、甘草、桔梗组成）；乌贝散（由海螵蛸、浙贝母组成，海螵蛸即乌贼骨）等。

2. 以处方中的君药为主体词　主要可分为三类。①直接用君药命名：这种命名法比较直观，较易了解中成药的功能和主治，如辛芩颗粒，细辛、黄芩为君药；独活寄生丸，独活、桑寄生为君药；橘红丸，化橘红为君药；槐角丸，槐角为君药；荷叶丸，荷叶为君药；大山楂丸中的山楂；麻仁丸中的火麻仁；天麻杜仲丸中的天麻、杜仲；大黄䗪虫丸中的大黄、䗪虫（土鳖虫）等。②君药与功能结合命名：如银翘解毒丸、龙胆泻肝丸、藿香正气口服液、连花清瘟胶囊、麝香保心丸、防风通圣丸、龙牡壮骨颗粒、牛黄解毒片、元胡止痛片、香砂养胃丸、当归调经丸等。③君药与主治病证结合命名：如桑菊感冒片、桑姜感冒片、辛夷鼻炎丸、麝香痔疮栓、麝香风湿胶囊等。

3. 以处方药味数为主体词　如九味羌活丸（以羌活为君药，共9味药组成）；五苓散（以茯苓为君，共5味药物组成）；六味地黄丸（以熟地黄为君，共6味药组成）；有的采用假借、比喻的方式，如六神丸（六神喻牛黄、麝香、珍珠、冰片、雄黄、蟾酥6味药物）；及八珍丸、十全大补丸等。

（六）以中成药主治病证为主体词命名

为方便临床使用及患者选用，一部分中成药以所治病证（中医病证）命名，如鼻渊舒口服液（治鼻炎、鼻窦炎）；牙痛一粒丸（治各种风火牙痛、牙龈肿痛和龋齿引起的肿痛）；风寒咳嗽颗粒（治疗风寒咳嗽）；感冒清片（治感冒流涕、发热头痛，咽喉炎)、百日咳片（治儿童百日咳）、阴虚胃痛颗粒（治阴虚胃痛）、白带丸（治妇女白带）、痔疮栓（治痔疮）、耳聋左慈丸（治肝肾阴虚耳鸣耳聋）等。

（七）以中成药性状为主体词命名

紫雪散为主治高热神昏、抽搐之要药。本品含朱砂、石膏、麝香、犀角（现用水牛角代）等。研后色呈深紫，质松如霜雪，故名"紫雪"，简要地概括出了本品的性状特征。辟瘟解毒、消肿止痛的紫金锭，因为固体纺锤形制剂，故称"锭剂"。又因含雄黄、朱砂，色呈橙红，故名"紫金锭"。云南白药（为白色粉末）、桃花散（为粉红色粉末）、一捻金（为金黄色粉末）等均属此类命名。

（八）以中医术语为主体词命名

此类命名充分体现了辨证论治的中医特色，故多见。如百合固金丸，肺在五行中属金，百合固金丸功能为滋阴清热、润肺止咳，主治肺肾阴虚咳嗽，痰中带血，咽干喉痛。导赤散，在五行中赤属心，此药能引导心火从小便而去，故名。泻白丸功能为清泻肺热，白在五行中属金通于肺。

（九）以服用方法（或用量）为主体词命名

如川芎茶调散主治偏正头痛，宜饭后以清茶水送服；牛黄噙化丸主治咽喉肿痛，咳嗽声哑，宜含于口中缓缓溶化后咽下；七厘散主治跌打损伤，每次仅服7厘；跌打按摩药膏主治急慢性扭挫伤、风湿关节痛，宜外用涂擦并按摩患处。

（十）其他命名方式

源于历代医药文献处方的中成药也有借神话人物、传说、典故等来命名的，如小青龙合剂、青娥丸、诸葛行军散等。二陈丸的"二陈"是指方中的陈皮、半夏均以陈久者为良；六一散是以中成药处方中药物比例量来命名，即处方中滑石与甘草的用量比例为6：1；三两半药酒中的"三两半"是指处方中四味药的用量（当归100g、炙黄芪100g、牛膝100g、防风50g）。片仔癀的命名与方言有关。

一部分源于新研制方的中成药用其药理作用或所治病（西医病名）命名，如抗病毒颗粒（抗病毒指药理作用）、麝香抗栓胶囊（抗栓指药理作用）、安宫降压丸（降压指药理作用）；鼻炎康片（治急慢性鼻炎、过敏性鼻炎）、更年安片（治更年期综合征）、急支糖浆（治急性支气管炎等）、糖脉康片（治糖尿病）等。

> **请你想一想**
> 从中成药的名称里我们可以获得哪些信息？

第五节 中成药的分类

PPT

一、按传统的科门系统分类

先将中成药按内科、外科、妇科、儿科、五官科和其他科分类，然后在科下再按总功效或治病特点分若干门，或门下又按主要功效分若干类。如内科成药下分风痰门、补益门、痰嗽门、气滞积聚门、时感瘟疫门、暑湿门、燥火门、血证门、脾胃门、泻痢门。补益门下又分补阴类、补阳类、补气类、补血类。亦有科下面按功效分剂的，如《中国基本中成药》。还有只分门的，如《中国商品大辞典·中成药分册》。

本分类法的优点是便于问病给药。缺点是分类粗略，概念含混，剂型不明，不便库房管理和贮藏养护。

二、按现代方剂学分类法分类

分为解表、祛暑、止咳平喘、祛风湿、开窍、熄风止痉、清热、温里、消食、利水渗湿、理气、理血、补益、安神、收涩、驱虫、泻下、外用等近20类成药。

这种分类方法有概念清楚、便于理解、便于选用等优点。缺点是剂型不明，不便库房贮藏保管，但适用于教学。

三、按剂型分类

将中成药按丸剂、散剂、片剂等剂型分类，优点便于库房贮藏保管和养护，但由于功效不明，不便使用，多用于生产、经营部门。

四、按剂型与传统科门类系统相结合分类

如丸剂下面分内、外、妇、儿、五官科等，科下再分若干门。本法具有剂型清楚，功效明白，方便查阅等优点，亦有门类重复的缺点。

五、按临床科别与中成药的主要功能结合分类

先按临床科别分类，各科用中再结合功能及主治病证分小类。如内科成药，下分解表、理气、补益等类，这样分类便于学习和应用。

六、按药性分类

为北齐徐之才首创，后世本草著述广为传引的"十剂"分类法，分为宣、通、补、泄、轻、重、涩、滑、燥、湿；后世医家又增补"寒""热""升""降""和""利""清""火"为十八剂。这种以药性与管理作用为依据的分类法，具有相当的科学性，实用性也较强。

七、按所治疾病的病名分类

西医多辨病治疗，故病名多为群众熟知。将中成药按所治疾病分为感冒类、咳嗽类、哮喘类、中暑类、伤食类、胃痞类、胃脘痛类、泄泻类、便秘类等，有利于群众选药用药。

PPT

第六节　中药保护

我国中药研究成果的保护形式主要有国家保密保护、中药品种保护、新药保护、商标保护、专利保护、商业秘密保护、原产地域产品保护等，以下主要介绍前三种形式的中药保护。

一、国家中药保密品种

中药保密是目前国内对中药的最高级别保护，是根据《中华人民共和国保守国家秘密法》《科学技术保密规定》等有关规定，对已列入国家秘密技术项目的中药品种，处方和制法从略；或只写部分药味，不注明药量；或写出处方药味和简要制法，不注明药量。其处方、剂量、制法等内容进行保密。

绝密级保护指我国特有的、一旦泄密会使国家遭受严重危害和重大损失的保密项目。国家中药保密品种现分为两种：绝密级的中药制剂，绝密级的中药饮片；前者有云南白药、片仔癀和雷允上六神丸等。

二、国家中药保护品种

根据《中药品种保护条例》（国务院令第 106 号）规定，被批准保护的中药品种，在保护期内限于由获得《中药保护品种证书》的企业生产。保护分为一级保护，保护期限为 30 年、20 年、10 年，其余均为二级保护，保护期限为 7 年。如养血清脑丸保护期限为 7 年（2019 年 01 月 15 日—2025 年 04 月 03 日）。

三、新药保护品种

国务院药品监督管理部门根据保护公众健康的要求，可以对药品生产企业生产的新药品种设立不超过 5 年的监测期；在监测期内，不得批准其他企业生产和进口。

目标检测

一、单项选择题

1. 主要以中药饮片为原料，依据防治目的及配伍原则配方并由主管部门审核批准，依法生产加工而成的随时可以取用的现成药品称为（　　）
   A. 中药饮片　　　　　　B. 中成药　　　　　　C. 药品
   D. 保健食品　　　　　　E. 保健用品
2. 下列对中成药特征描述错误的是（　　）
   A. 属药品中的一类

B. 以中药饮片为主要原料

C. 无注射剂

D. 批准文号为国药准字 Z + 四位年号 + 四位顺序号

E. 标注"功能主治"

3. 中成药处方中不可缺少的组成部分是（　　）

A. 臣药　　　　　　　B. 佐制药　　　　　　C. 使药

D. 君药　　　　　　　E. 佐助药

4. 下列以功能为主体词命名的中成药是（　　）

A. 急支糖浆　　　　　B. 补中益气丸　　　　C. 耳聋左慈丸

D. 四逆汤　　　　　　E. 千柏鼻炎片

5. 下列以性状描述为主体词命名的中成药是（　　）

A. 紫雪散　　　　　　B. 乌鸡白凤丸　　　　C. 仁丹

D. 橘红丸　　　　　　E. 三两半药酒

6. 源于历代医药文献方的中成药的特点是（　　）

A. 药味较多　　　　　B. 组方严密　　　　　C. 疗效突出

D. 成分单一　　　　　E. 中、西药合用

7. "国药准字 ZJ + 四位年号 + 四位顺序号"是下列哪类药品的批准文号（　　）

A. 化学药　　　　　　B. 进口中成药　　　　C. 生物制品

D. 中成药　　　　　　E. 中药饮片

8. 在标签和说明书中标注"功能主治"的是（　　）

A. 中药材　　　　　　B. 保健食品　　　　　C. 化学药

D. 抗生素　　　　　　E. 中成药

9. 金嗓子喉片的批准文号为：国药准字 B20020993，丁桂儿脐贴的批准文号为：国药准字 B20020882。此二药属于（　　）

A. 保健用品　　　　　B. 保健食品　　　　　C. 医疗器械

D. 保健药品（中成药）　E. 生物制品

10. 设立"熟药所"的朝代是（　　）

A. 唐朝　　　　　　　B. 元朝　　　　　　　C. 汉朝

D. 明朝　　　　　　　E. 宋朝

11. 我国历史上第一部中成药药典是（　　）

A.《千金方》　　　　　B.《普济方》　　　　　C.《太平惠民和剂局方》

D.《中国药典》1953 年版　　　　　　　　　E.《小儿药证直诀》

12. 下列源于历代医药文献方的中成药是（　　）

A. 阿魏化痞膏　　　　B. 六味地黄丸　　　　C. 感冒清片

D. 穿心莲片　　　　　E. 清开灵颗粒

13. 下列源于经验方的中成药是（　　）

    A. 二陈丸   B. 补中益气丸   C. 急支糖浆

    D. 藿香正气口服液   E. 云南白药

14. 下列源于新研制方的中成药是（　　）

    A. 二妙散   B. 小儿至宝丸   C. 维 C 银翘片

    D. 九味羌活丸   E. 十全大补丸

15. 清凉油的剂型是（　　）

    A. 搽剂   B. 煎膏剂   C. 软膏剂

    D. 凝胶剂   E. 胶剂

16. 片仔癀的剂型是（　　）

    A. 片剂   B. 丸剂   C. 散剂

    D. 锭剂   E. 膏药

二、思考题

1. 中成药有哪些特征？

2. 中成药有哪些处方来源？不同处方来源的中成药有何特点？

3. 从中成药的药名中可以获取哪些信息？

书网融合……

      e 划重点   自测题

第二章 熟悉中成药的剂型

学习目标

知识要求

1. **掌握** 中成药常用剂型及各剂型的特点。
2. **熟悉** 中成药剂型与药效的关系。
3. **了解** 中成药剂型分类。

能力要求

1. 能够熟练掌握中成药常用剂型及各剂型的特点。
2. 能够理解并应用中成药剂型与药效的关系。
3. 能够对中成药进行正确的剂型分类。

实例分析

实例 张某，女，24 岁，公司职员。妊娠 14 周时 B 超检查无胎心，诊断为胎停育。终止妊娠后用中药调理，方用八珍汤加味，服用 15 剂后，将原方改为煎膏剂服用近二个月，身体渐渐康复，继而用八珍益母丸和肾气丸补益气血、温通经脉。经过调理张女士后来顺利产下一健康宝宝。

问题 张女士服用了几种剂型的药物？为什么要更换剂型？

第一节 剂型与剂型分类

PPT

剂型是指方剂组成以后，根据病情的防治需要及药物特点而制成一定的药物应用形式。中成药剂型依据其不同分类形式，分类结果差异较大，目前主要分类方法如下。

1. 按剂型的历史分类 有传统剂型和现代剂型之分。传统剂型如丸剂（含水丸、蜜丸、水蜜丸、糊丸、蜡丸）、散剂、膏剂、丹剂、胶剂、酒剂、露剂、茶剂、曲剂、锭剂、灸剂、熨剂等；现代剂型如片剂、颗粒剂、糖浆剂、酊剂、膜剂、软膏剂、贴膏剂、滴丸、胶囊剂、注射剂、气雾剂、喷雾剂等。

2. 按形态分类 有液体剂型（如合剂、糖浆剂、酒剂、酊剂、注射剂等）、半固体剂型（如软膏剂、糊剂等）、固体剂型（如丸剂、散剂、片剂、颗粒剂、胶囊剂、栓剂、膜剂等）和气体剂型（如气雾剂、吸入剂等）。

3. 按给药途径分类 经胃肠道给药的剂型有丸剂、合剂、糖浆剂、颗粒剂、片剂等；经直肠给药的剂型有灌肠剂、栓剂等。非胃肠道给药中注射给药的剂型有静脉、肌内、皮下、皮内及穴位注射剂；呼吸道给药的剂型有气雾剂、吸入剂等；皮肤给药的剂型有洗剂、搽剂、软膏剂、糊剂、涂膜剂、透皮贴膏等；黏膜给药的剂型有眼用制剂、鼻用制剂、口腔膜剂、舌下片剂、含漱剂等。

4. 按制法分类　将用浸出方法制备的汤剂、合剂、酊剂、酒剂、流浸膏剂与浸膏剂等统称为浸出药剂；而将采用灭菌方法或无菌操作法制备的注射剂、眼用制剂等统称为无菌制剂。此分类方法因带有归纳不全等局限性，故较少应用。

5. 按分散系统分类　分为真溶液类剂型（如芳香水剂、溶液剂等）、胶体溶液类剂型（如胶浆剂、涂膜剂等）、乳浊液类剂型（如乳剂等）、混悬液类剂型（如合剂、洗剂、混悬剂等）、气体分散类剂型（如气雾剂、吸入剂等）、固体分散类剂型（如散剂、颗粒剂、丸剂等）、微粒类（如微囊、脂质等）。该分类方法便于应用物理化学的原理说明各类剂型的特点，但不能反映给药途径与用药方法对剂型的要求。

近年来，随着科学技术的飞速发展，在中成药剂型的基础研究、剂型改革、新剂型开发、高效速效中成药的研制等方面，都取得了令人瞩目的成果。目前我国中药制剂水平已从传统经验型逐步上升到科学制药水平，现代制药设备的引进和新技术的应用，呈现了一批现代中药新剂型，不仅满足了治疗常见病的需要，还用于危重急症的抢救。

中成药因剂型不同，服用后产生的疗效、持续的时间、作用的特点也不同，如果使用途径不当，甚至会出现不良的结果。剂型决定中成药使用和携带的方便性、贮藏中质量的稳定性、生产的难易性，还直接影响生产、经营、医疗机构的经济效益和社会效益。因此，充分认识中成药的剂型具有十分重要的意义。理想的剂型应具备体积小、服用量少、易吸收、显效快、质量稳定、使用方便等优点。

你知道吗

云南白药

云南白药原名百宝丹，为云南医家曲焕章所创。这种白色的粉末具有强大的止血生肌和活血散瘀功能。在刀光剑影的江湖里，它是侠士们除暴安良的随身必备品；在枪林弹雨的战场上，它是战士们起死回生的"救命仙丹"。后来人们根据它的外观把它叫做"云南白药"，是专门用于伤科治疗的中成药散剂。

第二节　剂型与药效的关系

PPT

中成药的剂型应用历史悠久，有着丰富的理论和宝贵的实践经验。梁代陶弘景指出："疾有宜服丸者，宜服散者，宜服汤者，宜服酒者，亦兼参用所病之源以为制耳。"金代李杲指出："大抵汤者荡也，去大病用之。散者散也，去急病用之。丸者缓也，不能速去病，其用药之舒缓，而治之意也。"充分肯定了剂型选择对发挥中成药疗效的重要性。同为丸剂，应用时选择水丸取其易化，蜜丸取其缓化，糊丸取其迟化、蜡丸取其难化，这些精辟的论述，充分说明了剂型对药效的重要影响，选择恰当的剂型能最大限度地发挥药效，并且便于生产、服用、运输、携带和贮存。

随着生物药剂学的发展，充分认识到剂型既能影响药效，又能因某些药物给药途径不同而较大程度地改变药效。如双黄连口服液（片、胶囊、颗粒）的功能是疏风解表、清热解毒，主治外感风热所致的感冒，症见发热、咳嗽、咽痛；双黄连滴眼剂的功能是驱风清热，解毒退翳，主治风邪热毒型单纯疱疹病毒性树枝状角膜炎。又如天花粉口服剂型为清热化痰药，制成注射剂则用于妇女中期妊娠引产，剂型改变后给药途径发生改变，药效也发生了改变。可见，中成药中的药物含量并不是衡量临床疗效的唯一标准，化学等值而剂型不同不等于生物等值，还要通过血药浓度、尿中药物排泄量、组织药物浓度等生物指标检查来反映中成药在体内被实际利用的程度与速度（即生物利用度），以推断其疗效。

现代衡量一个制剂的疗效首先要衡量其生物利用度。生物利用度是指制剂中的有效成分被吸收进入血液的程度和速度，如静脉注射剂，是通过静脉注射而直接进入血液，不存在吸收问题，与口服制剂比较，其生物利用度为绝对生物利用度。口服固体制剂如丸、片剂等，药物服用后需要先从剂型中释放出有效成分并溶解在体液中才能被吸收，与吸收快而完全的溶液性剂型比较，由于吸收利用不完全，其生物利用度为相对生物利用度。生物利用度既可用于比较不同制剂或剂型的吸收程度，又可用于比较它们的吸收速度。一般而言，不同的剂型不同给药途径的药物吸收速度，由快到慢排序为静脉＞吸入＞肌肉＞皮下＞直肠或舌下＞口服＞皮肤。但某些药物，采用舌下或直肠给药时，其吸收速度仅次于静脉注射和吸入法。由于受不同厂家的工艺水平、所用赋形剂种类及个体生理因素等影响，可出现不同的吸收速率。一般口服类剂型药物的吸收速度由快到慢可排序为溶液型＞混悬型＞散剂＞胶囊剂＞片剂＞丸剂。

第三节　中成药的常见剂型

PPT

中成药的剂型历经数量由少到多、从简单到复杂、从粗糙到精细的发展过程，使之更能满足临床用药安全有效的需求。现常见的剂型中一部分为中成药独有剂型。剂型中的原料药物系指用于制剂制备的活性物质，包括中药、化学药、生物制品原料药物。中药原料药物系指饮片、植物油脂、提取物、有效成分或有效部位。以 2020 版《中国药典》四部制剂通则部分内容为依据，将常见剂型介绍如下。

一、丸剂

丸剂系指原料药物与适宜的辅料制成的球形或类球形固体制剂，主要供内服。丸剂包括蜜丸、水蜜丸、水丸、糊丸、蜡丸、浓缩丸、滴丸和糖丸，其主要特点是在胃肠道内溶散缓慢，药效缓和持久，某些毒剧药或有刺激性的药物制成丸剂，可降低毒副作用和刺激性，能掩盖某些药物的不良气味，分剂量较准确，贮存、运输、服用和携带较方便。但服用剂量较大（除浓缩丸外），儿童服用不便，制备技术差异易导致溶散时限不一致。

（一）蜜丸

蜜丸系指饮片细粉以炼蜜为黏合剂制成的丸剂。其中每丸重量在 0.5g（含 0.5g）以上的称大蜜丸，如牛黄解毒；每丸重量在 0.5g 以下的称小蜜丸，如麻仁丸、上清丸、归脾丸等。与其他丸剂相比具有溶散、吸收缓慢，作用缓和，口感好，成本较高等特点。

【成品性状】蜜丸外观应圆整均匀，色泽一致，细腻滋润，软硬适中。色泽呈原辅料的混合物色泽，多为黄棕色或棕黑色，包衣丸显衣料色泽，如包朱砂衣者呈红色。

你知道吗

欲制作好蜜丸，要炼制好蜂蜜

蜂蜜的炼制方法：将蜂蜜置锅内，先用武火加热，沸腾后改用文火，并不时捞出漂浮的泡沫及蜡质等，趁热过筛，去净杂质备用。炼至有黏性色泽无变化时为嫩蜜，适合黏性好的药材制丸；有黏性色泽淡黄者为中蜜，适合黏性中等的药材制丸；有强黏性且呈红棕色有气泡者为老蜜，适合黏性差的矿物质和纤维性药材制丸。

（二）水蜜丸

水蜜丸系指饮片细粉以蜂蜜和水为黏合剂制成的丸剂。与蜜丸相比，水蜜丸具有丸粒小，光滑圆整，比较坚硬，易于吞服的特点，如六味地黄丸、苏合香丸等。成品性状与蜜丸近似。

（三）水丸

水丸又称水泛丸，系指饮片细粉以水（或根据制法用黄酒、醋、稀药汁、糖液、含5%以下的炼蜜的水溶液等）为黏合剂制成的丸剂。与其他丸剂相比具有体积较小、溶散快、显效速、成本低等优点，如防风通圣丸、逍遥丸等。

【成品性状】分素丸和包衣丸。水丸外观色泽应一致，大小均匀、圆整、坚硬。素丸外观多呈原料药的混合色泽，多为黄绿色或棕黑色。一般 500 粒重 31g，微丸每克 160～300 粒。包衣丸外观呈衣料色泽，如包滑石衣为白色等。

（四）糊丸

糊丸系指饮片细粉以米粉、米糊或面糊等为黏合剂制成的丸剂。与其他丸剂相比具有质地硬、体积小、溶散慢、作用持久等特点。多将含毒剧药或刺激作用强的药的处方制成糊丸，如小金丸、黎峒丸、西黄丸（亦有水丸）等。近年来为简化操作，有的将部分糊丸改制成水丸（如一粒珠、白金丸）或蜜丸。

【成品性状】糊丸外观应大小均匀，色泽一致，表面光滑，无破裂碎丸。

（五）蜡丸

蜡丸系指饮片细粉以蜂蜡作黏合剂制成的丸剂。与其他丸剂相比具有溶散最慢、疗效持久的特点。多将解毒消肿、散瘀止痛类处方制成蜡丸。如威喜丸。

【成品性状】蜡丸表面应光滑无裂纹，色泽一致，内外均匀。丸内不应有蜡点或颗粒。

（六）浓缩丸

浓缩丸系指饮片或者部分饮片提取浓缩后，与适宜的辅料或其余饮片细粉，以水、炼蜜或炼蜜和水为黏合剂制成的丸剂。根据所用的黏合剂不同，分为浓缩水丸、浓缩蜜丸和浓缩水蜜丸，如木瓜丸、安神补心丸等。与其他丸剂相比具有体积小，含药浓度高，服用剂量小等特点，但因含清膏或浸膏量大，黏性强，崩解较慢。

【成品性状】浓缩丸应圆整坚硬，色泽一致，大小均匀。

（七）滴丸

滴丸指原料药物与适宜的基质加热熔融混匀，滴入不相混溶、互不作用的冷凝介质中制成的球形或类球形制剂。如复方丹参滴丸、益心酮滴丸、益肝灵滴丸等。与其他丸剂相比具有疗效迅速、生物利用度高、质量易控制、重差小、含药量准、质量稳定等优点。

【成品性状】滴丸应圆整均匀，色泽一致，无粘连现象，表面无冷凝介质黏附。

（八）糖丸

糖丸系指以适宜大小的糖粒或基丸为核心，用糖粉和其他辅料的混合物作为撒粉材料，选用适宜的黏合剂或润湿剂制丸，并将原料药物以适宜的方法分次包裹在糖丸中而制成的制剂。中成药暂时没有糖丸类品种。

除另有规定外，丸剂应密封贮存，防止受潮、发霉、虫蛀、变质。蜜丸、水蜜丸若制备工艺不当，保管不善或用含糖、黏液质多的药物制成，贮藏过程中受湿、热空气影响，易吸水变潮，发霉或发黏、发酵，且易生虫长螨。多用塑料薄膜包裹装盒或蜡壳封装，宜密封贮存于阴凉干燥处，并注意防潮、防热。水丸中若含糖、黏液质的药材较多，入库时含水量过高或因吸湿而易霉蛀，但发霉是水丸的主要变异。同时还因制备工艺、药物性质、贮藏环境等原因，有时易出现掉衣、泛油、变色、破碎、虫蛀等变异。因此，水丸入库时应着重检查有无发霉、虫蛀、散气等。袋装或者瓶装。糊丸许多性质近似水丸，但更易虫蛀，也较易泛油、散气。除另有规定外，糊丸应密封贮存，注意防虫。大蜡丸单独分装，小蜡丸袋装或瓶装。贮藏中遇热易软化变性，熔化流失等。除另有规定外，蜡丸应置于阴凉干燥处贮存，注意防热，不能烘烤。浓缩丸多瓶装或塑料袋装，贮藏养护可分别参照水丸和蜜丸，但因吸湿性强，更易霉变、虫蛀，应注意密封、防潮。

二、散剂

散剂系指原料药物或与适宜的辅料经粉碎、均匀混合制成的干燥粉末状制剂，分口服散剂和局部用散剂。由于散剂有效表面积大，服用后仅受到胃肠液的浸润、溶出速度的限制，故生物利用度高于胶囊剂、片剂、丸剂，奏效迅速。散剂还有制作简单、携带方便等优点，如参苓白术散、足光散、黛蛤散、珠黄散、七厘散、紫雪散等。但是散剂存在口感不良、易引起呛咳、易吸湿、挥发成分易散失等缺点。现有的已将其制成胶囊剂，克服了上述缺点。

【成品性状】散剂应干燥、疏松、混合均匀、色泽一致，其色泽因原料药而异。口服用散剂为细粉，儿科用及局部用散剂应为最细粉。

【贮藏】除另有规定外，散剂应密闭贮存，含挥发性原料药物或易吸潮原料药物的散剂应密封贮存。多以防潮为主要养护手段。散剂表面积大，与空气接触面广，化学活性增加，故常出现气味散失、吸湿结块、虫蛀发霉等变异现象。一般而言，内服散剂比煮散剂更易吸潮结块发霉，含芳香挥发性药材的散剂易走失气味，富含淀粉、黏液质、糖质药材的散剂易虫蛀，含树脂、油性药材的散剂易黏结成块等。散剂用袋、玻璃瓶、铝塑等包装。

三、颗粒剂

颗粒剂系指原料药物与适宜的辅料混合制成具有一定粒度的干燥颗粒状制剂。颗粒剂可分为可溶颗粒（通称为颗粒）、混悬颗粒、泡腾性颗粒、肠溶颗粒、缓释颗粒和控释颗粒等。亦有含蔗糖和不含蔗糖颗粒剂。颗粒剂具有口感好、体积小、服用和携带方便、疗效快、比汤剂等稳定的优点，如板蓝根颗粒、银黄颗粒、银柴颗粒、橘红颗粒、小青龙颗粒等。

【成品性状】颗粒剂应干燥、颗粒均匀、色泽一致，无吸潮、软化、结块、潮解等现象。色泽受浸膏和软材干湿度影响较大，多为黑褐色或黄棕色。

【贮藏】除另有规定外，颗粒剂应密封，置干燥处贮存，防止受潮。颗粒剂多用塑料薄膜包装，近年开始用铝塑复合膜、铝箔包装。颗粒剂因含浸膏，且多数含蔗糖，因此容易吸潮、软化、结块、生霉。

四、片剂

片剂系指原料药物或与适宜的辅料制成的圆形或异形的片状固体制剂。有提纯片、浸膏片、半浸膏片和全粉片。片剂以口服普通片为主，另有含片、舌下片、口腔贴片、咀嚼片、分散片、可溶片、泡腾片、阴道片、阴道泡腾片、缓释片、控释片、肠溶片与口崩片等。片剂在制备时所加入的黏合剂或药物本身有较强的黏性，压制时又受到撞击加压的作用，减少了药物的有效面积，服用后延长了在胃内的崩解过程，从而减慢了药物从片剂中释放、溶出到胃肠液的速度。糖衣片，由于在包衣过程中加入了胶浆、糖浆、滑石粉等材料，经过层层干燥，形成了牢固的衣层，使崩解时间进一步延长，故糖衣片的生物利用度相对较低，药效较慢。片剂具有质量稳定，疗效比丸剂快，服用、携带、运输、贮存方便，机械化生产成本低等优点，如桑菊感冒片、牛黄解毒片、护肝片、复方丹参片、银黄片等；但也有儿童、昏迷患者不易吞服，少数片剂服用量较大等缺点。

【成品性状】　片剂外观应完整光洁，色泽均匀，有适宜的硬度和耐磨性，以免包装、运输过程中发生磨损或破碎。

你知道吗

片剂外面包裹的一层材料为片剂的包衣。包衣能增加药物的稳定性、掩盖不良气味、控制药物的释放部位、防止有配伍禁忌的药物发生变化及改善片剂的外观。目前有糖衣、薄膜衣、半薄膜衣和肠溶衣四种。

【贮藏】　片剂应注意贮存环境中温度、湿度以及光照的影响，除另有规定外，片剂应密封贮存。素片在贮藏过程中易发霉、虫蛀、变色、走气、裂片等，糖衣片易出现黏结、变色、裂片、透色等变异现象。透色是指糖衣片因糖衣或内含药物发生变异而在片剂表面出现内含药物色泽的一种变异现象。在贮藏中，素片以防潮为主，糖衣片还应注意防热、避光等。

五、锭剂

锭剂系指饮片细粉与适宜黏合剂（或利用饮片细粉本身的黏性）制成不同形状的固体制剂。锭剂因以液体研磨或粉碎后与液体混匀供内服或外用，故具有疗效快、使用方便等优点，如紫金锭、八宝五胆药墨、片仔癀等。

【成品性状】　锭剂应平整光滑，色泽一致，无皱缩、飞边、裂隙、变形及空心。

【贮藏】　锭剂含有糯米糊或蜂蜜等黏合剂，变异情况与糊丸、蜜丸近似，除另有规定外，锭剂应密闭，置阴凉干燥处贮存。

六、胶剂

胶剂系指将动物皮、骨、甲或角用水煎取胶质，浓缩成稠胶状，经干燥后制成的固体块状内服制剂。按原料来源不同，胶剂可分为以动物皮为原料制成的皮胶，以动物骨化的角为原料制成的角胶，以动物的骨骼为原料制成的骨胶，以动物的甲壳为原料制成的为甲胶等。如阿胶、鹿角胶、鹿骨胶、龟甲胶等。胶剂含丰富的蛋白质等营养成分，为补益药品，常用于老人、体弱者或久病体虚者。胶剂在国内外享有很高的信誉，被广泛使用。可单独服用，亦可制成丸散或加入汤剂中烊化后服用。

【成品性状】　多呈黄褐色或黑褐色具有光泽的长方块状。胶剂应色泽均匀，无异常臭味的半透明固体。溶于热水后应无异物。

【贮藏】　胶剂应密闭贮存，防止受潮。胶剂常见变异是受潮、粘连、发霉或脆裂。

七、糖浆剂

糖浆剂系指含有原料药物的浓蔗糖水溶液。含蔗糖量不低于45%。糖浆剂具有口感好，吸收快，利于服用，尤适用于儿童，如川贝枇杷糖浆、远志糖浆、肾宝糖浆、夜宁糖浆、肥儿糖浆、消咳喘糖浆等。

【成品性状】除另有规定外，糖浆剂应澄清。在贮存期间不得有发霉、酸败、产生气体或其他变质现象，允许有少量摇之易散的沉淀。

【贮藏】除另有规定外，糖浆剂应密封，避光置干燥处贮存。糖浆剂若含糖量不够，原料或生产过程中被酵母菌、霉菌污染，极易发酵、酸败、霉变、沉淀、混浊，故宜瓶装。

八、合剂

合剂系指饮片用水或其他溶剂，采用适宜的方法提取制成的口服液体制剂（单剂量灌装者也可称"口服液"）。合剂若以蔗糖作为附加剂，其含蔗糖量一般不高于20%。合剂具有汤剂吸收快、奏效迅速的优点，又克服了汤剂用量大及服用、携带、贮藏不便的缺点，如藿香正气口服液、四君子合剂、逍遥合剂、阳春口服液、银黄口服液等。

【成品性状】除另有规定外，合剂应澄清。

【贮藏】除另有规定外，合剂应密封，置阴凉处贮存。贮存期间不得有发霉、酸败、异物、变色、产生气体或其他变质现象，允许有少量摇之易散的沉淀。

九、口服溶液剂、口服混悬剂及口服乳剂

口服溶液剂系指原料药物溶解于适宜溶剂中制成的供口服的澄清液体制剂。口服溶液剂原多用具有滋补强壮，增强人体抵抗力，能防病治病的名贵药材制成，目前已成为用于治疗常见病的常用中成药品种。口服溶液剂具有服用剂量小、味道好、吸收快、奏效迅速、质量稳定的特点，单剂量包装又有服用和携带方便等优点。如鸦胆子油口服乳液。口服混悬剂系指难溶性固体原料药物分散在液体介质中制成的供口服的混悬液体制剂，也包括干混悬剂或浓混悬液。口服乳剂系指两种互不相溶的液体制成的供口服等胃肠给药的水包油型液体制剂。

【成品性状】制剂应稳定，无刺激性、不得有发霉、酸败、变色、异物、产生气体或其他变质现象。

【贮藏】除另有规定外，应避光、密封贮存。

请你想一想

合剂和口服溶液剂有什么不同？

十、露剂

露剂亦称药露，系指含有挥发性成分的饮片用水蒸气蒸馏法制成的芳香水剂。供内服，多具有解表清暑、清热解毒等功效，亦可作芳香矫味剂。其特点是气味清淡，口感较好，夏天常用，如金银花露。因饮片的大部分成分不能被蒸馏出来，又不易保存，因此，有的露剂品种，已逐渐改为其他剂型，如糖浆剂、合剂等，但有的仍沿用"露"名，如银杏露（合剂、糖浆剂）、宁嗽露（糖浆剂）、强力枇杷露（糖浆剂）等。

【成品性状】露剂应澄清，不得有沉淀和杂质等。露剂应具有与原有药物相同的气味，不得有异臭。

【贮藏】露剂因含挥发成分，应瓶装密封，置阴凉处贮存。

十一、胶囊剂

胶囊剂系指原料药物或与适宜辅料充填于空心胶囊或密封于软质囊材中制成的固体制剂。主要供口服用。如百宝丹胶囊、参胶胶囊、增光胶囊、银黄胶囊、牡荆油胶丸等。胶囊剂分类如下。①硬胶囊（通称为胶囊）：系指采用适宜的制剂技术，将原料药物或加适宜辅料制成的均匀粉末、颗粒、小片、小丸、半固体或液体等，充填于空心胶囊中的胶囊剂，如穿心莲胶囊。②软胶囊：系指将一定量的液体原料药物直接密封，或将固体原料药物溶解或分散在适宜的辅料中制备成溶液、混悬液、乳状液或半固体，密封于软质囊材中的胶囊剂。可用滴制法或压制法制备。软质囊材一般是由胶囊用明胶、甘油或其他适宜的药用辅料单独或混合制成，又称弹性胶囊剂、胶丸剂，如牡荆油胶丸。③缓释胶囊：系指在规定的释放介质中缓慢地非恒速释放药物的胶囊剂。④控释胶囊：系指在规定的释放介质中缓慢地恒速释放药物的胶囊剂。⑤肠溶胶囊：系指用肠溶材料包衣的颗粒或小丸充填于胶囊而制成的硬胶囊，或用适宜的肠溶材料制备而得到的硬胶囊或软胶囊。肠溶胶囊不溶于胃液，但能在肠液中崩解而释放活性成分。

胶囊剂具有分散快，吸收好，生物利用度高，稳定性好，并可掩盖药物不良气味，外形美观，服用、携带方便等优点。

【成品性状】胶囊剂应整洁，不得有黏结、变形、渗漏或囊壳破裂现象，并应无异臭。

【贮藏】除另有规定外，胶囊剂应密封贮存，其存放环境温度不高于30℃，湿度应适宜，防止受潮、发霉、变质。胶囊剂易受湿、温度影响，高湿度（相对湿度大于60%，温室）易使包装不良的胶囊剂变软、发黏、膨胀并有利于微生物生长，故宜用玻璃瓶或铝箔包装。

十二、流浸膏剂与浸膏剂

流浸膏剂、浸膏剂系指饮片用适宜的溶剂提取，蒸去部分或全部溶剂，调整至规定浓度而成的制剂。如桔梗流浸膏、益母草流浸膏、甘草浸膏等。流浸膏剂、浸膏剂直接用于临床的品种不多。流浸膏剂常用于配制酊剂、合剂、糖浆剂等制剂；浸膏剂多作片、丸、散、颗粒剂和胶囊剂的原料。

【成品性状】流浸膏剂外观为澄清液体，有乙醇气味。久置若产生沉淀时，在乙醇量和有效成分含量符合各品种项下规定的情况下，可滤过除去沉淀。

【贮藏】除另有规定外，应置遮光容器内密封，流浸膏剂应置阴凉处贮存。浸膏剂含有蛋白质、黏液质等无效成分，会使之吸潮、变质分解、产生异臭。稠浸膏易失水干燥，干浸膏在贮藏过程中易吸湿软化、结块。

十三、煎膏剂（膏滋）

煎膏剂系指饮片用水煎煮，取煎煮液浓缩，加炼蜜或糖（或转化糖）制成的半流体制剂。该剂型体积小，便于服用，又含有大量的蜂蜜或糖，味甜而营养丰富，有滋补作用，如龟鹿二仙膏、山东阿胶膏、京都念慈菴蜜炼川贝枇杷膏、法半夏枇杷膏等。

【成品性状】煎膏剂应无焦臭、异味，无糖的结晶析出。多为黑褐色稠厚状半流体。

【贮藏】除另有规定外，煎膏剂应密封，置阴凉处贮存。煎膏剂常见变异是发霉、发酵变味、返砂等，尤其是制备工艺不当、浓度低、炼蜜太嫩、容器污染或装瓶时沾了生水，更易变异。宜用无菌大口瓶包装，常以防潮、防热、防冻为养护手段。

> **请你想一想**
>
> 糖浆剂与煎膏剂有何异同？

十四、软膏剂与乳膏剂

软膏剂系指原料药物与油脂性或水溶性基质混合制成的均匀的半固体外用制剂。因原料药物在基质中分散状态不同，软膏剂分为溶液型软膏剂和混悬型软膏剂。软膏剂主要有保护创面、润滑皮肤和局部治疗作用。如清凉油、痤疮软膏、紫草软膏、青鹏软膏等。

乳膏剂系指原料药物溶解或分散于乳状液型基质中形成的均匀半固体制剂。乳膏剂由于基质不同，可分为水包油型乳膏剂和油包水型乳膏剂。如复方硫黄乳膏、疤痕止痒软化乳膏等。

软膏剂、乳膏剂应具有适当的黏稠度，应易涂布于皮肤或黏膜上，不融化，黏稠度随季节变化应很小。

【成品性状】软膏剂、乳膏剂基质应均匀、细腻，涂于皮肤或黏膜上应无刺激性。应无酸败、异臭、变色、变硬等变质现象。乳膏剂不得有油水分离及胀气现象。

【贮藏】除另有规定外，软膏剂应避光密封贮存。乳膏剂应避光密封置25℃以下贮存，不得冷冻。贮藏不当易发酵、酸败、冻结。

十五、膏药

膏药系指饮片、食用植物油与红丹（铅丹）或官粉（铅粉）炼制成膏料，摊涂于裱背材料上制成的供皮肤贴敷的外用制剂。前者称为黑膏药，后者称为白膏药。黑膏药是临床上常用的膏药，如狗皮膏。膏药具有内外兼治的功能，且疗效可靠，作用持久，用法简单。

【成品性状】膏药的膏体应油润细腻、光亮、老嫩适度、摊涂均匀，无飞边缺口，背衬布面应平整、洁净、无漏膏现象。加温后能粘贴于皮肤上且不移动。黑膏药应乌黑，无红斑；白膏药应无白点。

【贮藏】膏药所含芳香挥发性成分易挥发散失，受热、受冻或贮藏日久，膏质易渗透到裱背外，膏质黏性下降，贴用后易脱落移位。除另有规定外，膏药应密闭，置于阴凉处贮存，注意防热、防冻。

十六、酒剂

酒剂系指饮片用蒸馏酒提取调配而制成的澄清液体制剂，习称药酒。酒剂具有使用方便，易于保存，能通血脉，行药势等优点，如国公酒、史国公药酒、舒筋活络酒、蕲蛇药酒、枸杞药酒等。供内服、外用或内外兼用，常见于跌打损伤类、祛风湿类、补益类中成药。

【成品性状】外观为不同颜色的澄清液体，有较浓的酒香气。

【贮藏】药酒所含乙醇有抑菌作用，但若包装不严乙醇易挥发而产生沉淀，故药酒宜瓶装。除另有规定外，酒剂应密封，置于阴凉处贮存。在贮存期间允许有少量摇之易散的沉淀。

十七、酊剂

酊剂系指将原料药物用规定浓度的乙醇提取或溶解而制成的澄清液体制剂，也可用流浸膏稀释制成。供口服或外用。酊剂在药名中的剂型词可以是"酊"也可是"水"。酊剂具有有效成分含量高，服用剂量小、奏效快，易保存等优点，如骨痛灵酊、止痒酊、颠茄酊、藿香正气水、十滴水等。

【成品性状】外观为澄清液体，有较浓的乙醇气味。酊剂久置允许有少量摇之易散的沉淀。

【贮藏】除另有规定外，酊剂应遮光，密封，置于阴凉处贮存。

十八、注射剂

注射剂系指原料药物或与适宜的辅料制成的供注入体内的无菌制剂。注射剂分类如下。①注射液：系指原料药物或与适宜的辅料制成的供注入人体内的无菌液体制剂，包括溶液型、乳状液型或混悬型等注射液。可用于皮下注射、皮内注射、肌内注射、静脉注射、静脉滴注、鞘内注射、椎管内注射等，如柴胡注射液、丹参注射液、穿心莲注射液等。其中供静脉滴注用的大容量注射液（除另有规定外，一般不小于100ml，生物制品一般不少于50ml）也可称为输液。中药注射剂一般不宜制成混悬型注射液。②注射用无菌粉末：系指原料药物或与适宜辅料制成的供临用前用无菌溶液配制成注射液的无菌粉末或无菌块状物，可用适宜的注射用溶剂配制后注射，也可用静脉输液配制后静脉滴注。以冷冻干燥法制备的注射用无菌粉末，也可称为注射用冻干制剂。如注射用双黄连、注射用灯盏花素等。③注射用浓溶液：系指原料药物与适宜辅料制成的供临用前稀释后注射的无菌浓溶液。如注射用红花黄色素、注射用薏苡仁油等。

注射剂具有吸收快、显效快、剂量准等优点。缺点是使用不便，注射部位疼痛，反复使用易致皮下硬结，有时可产生过敏反应等。多属于急救类或治疗危重病症的成药。

【成品性状】溶液型注射剂应澄明。乳状液型注射剂应稳定，不得有相分离现象，不得用于椎管注射；静脉用乳状液型注射液中90%的乳滴粒径应在$1\mu m$以下，不得有大于$5\mu m$的乳滴。除另有规定外，静脉输液应尽可能与血液等渗。

【贮藏】注射剂用玻璃安瓿、玻璃瓶、塑料安瓿、塑料瓶（袋）灌装。除另有规定外，容器应足够透明，以便内容物的检视。除另有规定外，注射剂应避光贮存。注意防热、防压。

十九、茶剂

茶剂系指饮片或提取物（液）与茶叶或其他辅料混合制成的内服制剂。具有吸收快，奏效迅速，使用方便，适合于机械化生产等优点。如甘和茶、罗布麻茶、午时茶、莲花峰茶、刺五加茶等。茶剂分类如下。①块状茶剂：可分不含糖块状茶剂和含糖块状茶剂。不含糖块状茶剂系指饮片粗粉、碎片与茶叶或适宜的黏合剂压制成块状的茶剂；含糖块状茶剂系指提取物、饮片细粉与蔗糖等辅料压制成块状的茶剂。②袋装茶剂：系指茶叶、饮片粗粉或部分饮片粗粉吸收提取液经干燥后，装入袋的茶剂，其中装入饮用茶袋的又称袋泡茶剂。③煎煮茶剂：系指将饮片适当碎断后，装入袋中，供煎服的茶剂。

【成品性状】茶剂应干燥，混合均匀，无异物、杂质，无虫蛀、霉变现象。包装完整，能保持产品香气。

【贮藏】茶剂应密闭贮存；含挥发性及易吸潮原料药的茶剂应密封贮存。

二十、气雾剂

气雾剂系指原料药物或原料药物和附加剂与适宜的抛射剂共同装封于具有特制阀门系统的耐压容器中，使用时借助抛射剂的压力将内容物呈雾状物喷至腔道黏膜或皮肤的制剂。如云南白药气雾剂、宽胸气雾剂、止喘灵气雾剂、麝香祛痛气雾剂等。

内容物喷出后呈泡沫状或半固体状，则称之为泡沫剂或凝胶剂/乳膏剂。按用药途径可分为吸入气雾剂、非吸入气雾剂。按处方组成可分为二相气雾剂（气相与液相）和三相气雾剂（气相、液相、固相或液相）。按给药定量与否，可分为定量气雾剂和非定量气雾剂。

【成品性状】溶液型气雾剂应澄清；乳状液型气雾剂的液滴在液体介质中应分散均匀；混悬型气雾剂应将药材细粉和附加剂充分混匀、研细、制成稳定的混悬液。吸入用气雾剂的药粉粒度应控制在$10\mu m$以下，其中大多数应为$5\mu m$以下，一般不使用药材细粉。

气雾剂的容器应能耐受气雾剂所需的压力，阀门各部件的尺寸精度和溶胀性必须符合要求，并均不得与药物或附加剂发生理化反应；除另有规定外，气雾剂应能喷出均匀的雾滴（粒）。定量阀门气雾剂每揿压一次应喷出准确的剂量。非定量阀门气雾剂喷射时应能持续喷出均匀的剂量。

【贮藏】气雾剂应置凉暗处贮存，并避免暴晒、受热、敲打、撞击。

二十一、喷雾剂

喷雾剂系指原料药物或与适宜辅料填充于特制的装置中，使用时借助手动泵的压力、高压气体、超声振动或其他方法将内容物呈雾状物释出，直接喷至腔道黏膜或皮肤等的制剂。如烧伤喷雾剂、心痛宁喷雾剂、口腔炎喷雾剂等。

喷雾剂按内容物组成分为溶液型、乳状液型或混悬型。按用药途径可分为吸入喷雾剂、鼻用喷雾剂及用于皮肤、黏膜的非吸入喷雾剂。按给药定量与否，喷雾剂还可分为定量喷雾剂和非定量喷雾剂。

【成品性状】溶液型喷雾剂的药液应澄清；乳状液型喷雾剂的液滴在液体介质中应分散均匀；混悬型喷雾剂应将原料药物细粉和附加剂充分混匀、研细，制成稳定的混悬液。

【贮藏】除另有规定外，喷雾剂应避光密封贮存。

二十二、丹剂

丹剂系指用汞及某些矿物药，经过高温炼制而成不同结晶状的无机化学制剂，又称丹药。丹剂大多是含汞的化合物，如红升丹为红色的氧化汞，白升丹又名轻粉，其主要成分为氯化亚汞，白降丹主要成分为氯化汞。丹剂具有消炎解毒、消肿生肌等作用。如用红升丹、白降丹等治疗疮疖、痈疽、疔、瘘等外科疾病，用量少，疗效确切。

中医药古典籍中，以"丹"字冠名的中成药，以示疗效好，犹如"灵丹妙药"，或是取其名贵或色赤之意，如大活络丹、玉枢丹等。

【成品性状】红升丹以色鲜红或橘红、有光泽、呈片状或粉末状结晶为佳，习称红粉。白降丹以白色针状结晶，有光泽，不具异色为佳，习称粉霜。

【贮藏】丹剂应密闭避光贮存。

二十三、栓剂

栓剂系指原料药物与适宜基质等制成供腔道给药的固体制剂。栓剂因施用腔道的不同，分为直肠栓、阴道栓和尿道栓。直肠栓为鱼雷形、圆锥形或圆柱形等，如麝香痔疮栓、前列通栓、盆炎清栓等；阴道栓为鸭嘴形、球形或卵形等，如宫颈癌栓、消糜栓等；尿道栓一般为棒状。阴道栓可分为普通栓和膨胀栓。栓剂可克服口服剂型，可能对胃肠道的刺激和可能发生的肝脏首过效应，具有全身或局部治疗作用。

【成品性状】栓剂中的原料药物与基质应混合均匀，其外形应完整光滑，放入腔道后应无刺激性，应能融化、软化或溶化，并与分泌液混合，逐渐释放出药物，产生局部或全身作用；并应有适宜的硬度，以免在包装或贮存时变形。

【贮藏】除另有规定外，应在30℃以下密闭贮存和运输，防止因受热、受潮而变形、发霉、变质。

二十四、膜剂

膜剂系指原料药物与适宜的成膜材料经加工制成的膜状制剂。供口服或黏膜用。膜剂是近年研发的一种新剂型，研究进展很快，中药膜剂的品种亦不少，如川花止痛膜、苦参膜、博性康药膜、蜂胶口腔膜等品种，取得较好的临床效果。

【成品性状】膜剂外观应完整光洁、厚度一致、色泽均匀、无明显气泡。多剂量的膜剂，分格压痕应均匀清晰，并能按压痕撕开。

【贮藏】除另有规定外，膜剂应密封贮存，防止受潮、发霉和变质。

二十五、凝胶剂

凝胶剂系指原料药物与能形成凝胶的辅料制成的具凝胶特性的稠厚液体或半固体制剂。除另有规定外，凝胶剂限局部用于皮肤及体腔，如鼻腔、阴道和直肠等。

乳状液型凝胶又称乳胶剂。由高分子基质如西黄蓍胶制成的凝胶剂也可称为胶浆剂。凝胶剂使用、携带较方便，用于烧伤及各种创伤效果较好，如苦参凝胶、六神凝胶、肿痛凝胶等。

【成品性状】凝胶剂应均匀、细腻，在常温时保持凝胶状，不干涸或液化。

【贮藏】除另有规定外，凝胶剂应避光、密闭贮存，并应防冻。

二十六、洗剂

洗剂系指用于清洗无破损皮肤或腔道的液体制剂，包括溶液型、乳状液型和混悬型洗剂。

洗剂一般具有清洁、消毒、止痒、收敛和保护的作用，如洁尔阴洗液、参柏洗液、复方岗松止痒洗液等。

【成品性状】洗剂应无毒、无局部刺激性，性质稳定。

【贮藏】除另有规定外，洗剂应密闭贮存。

二十七、涂剂

涂剂系指含原料药物的水性或油性溶液、乳状液、混悬液，供临用前用消毒纱布或棉球等柔软物料蘸取涂于皮肤或口腔与喉部黏膜的液体制剂。也可为临用前用无菌溶剂制成溶液的无菌冻干制剂，供创伤面涂抹治疗用。如复方黄柏液涂剂。

除另有规定外，涂剂在启用后最多可使用4周。

【成品性状】涂剂应稳定，无酸败等变质现象。

【贮藏】除另有规定外，应避光、密闭贮存。对热敏感的品种，应在2~8℃保存和运输。

二十八、贴膏剂

贴膏剂系指将原料药物与适宜的基质制成膏状物、涂布于背衬材料上供皮肤贴敷、可产生全身性或局部作用的一种薄片状柔性制剂。如麝香止痛贴膏、少林风湿跌打膏、小儿健脾贴膏、伤湿止痛膏。

贴膏剂包括凝胶贴膏（原巴布膏剂或凝胶膏剂）和橡胶贴膏（原橡胶膏剂）。

【成品性状】贴膏剂的膏料应涂布均匀，膏面应光洁、色泽一致，贴膏剂应无脱膏、失黏现象；背衬面应平整、洁净、无漏膏现象。

【贮藏】除另有规定外，贴膏剂应密封贮存。

二十九、灌肠剂

灌肠剂系指以治疗、诊断或提供营养为目的供直肠灌注用液体制剂，包括水性或油性溶液、乳剂和混悬液。如结肠宁、红虎灌肠液、肾衰康灌肠液。

【成品性状】灌肠剂应无毒、无局部刺激性。

【贮藏】除另有规定外，灌肠剂应密封贮存。

三十、眼用制剂

眼用制剂系指直接用于眼部发挥治疗作用的无菌制剂。眼用制剂在启用后最多可使用4周。

眼用制剂可分为眼用液体制剂（滴眼剂、洗眼剂、眼内注射溶液等）、眼用半固体制剂（眼膏剂、眼用乳膏剂、眼用凝胶剂等）、眼用固体制剂（眼膜剂、眼丸剂、眼内插入剂等）。眼用液体制剂也可以固态形式包装，另备溶剂，在临用前配成溶液或混悬液。如障翳散、拨云眼膏、熊胆滴眼液、白敬宇眼药、珍珠明目滴眼液等。

①滴眼剂：系指由原料药物与适宜辅料制成的供滴入眼内的无菌液体制剂。可分为溶液、混悬液或乳状液。②洗眼剂：系指由原料药物制成的无菌澄明水溶液，供冲洗眼部异物或分泌液、中和外来化学物质的眼用液体制剂。③眼内注射溶液：系指由原料药物与适宜辅料制成的无菌液体，供眼周围组织（包括球结膜下、筋膜下及球后）或眼内注射（包括前房注射、前房冲洗、玻璃体内注射、玻璃体内灌注等）的无菌眼用液体制剂。④眼膏剂：系指由原料药物与适宜基质均匀混合，制成溶液型或混悬型膏状的无菌眼用半固体制剂。⑤眼用乳膏剂：系指由原料药物与适宜基质均匀混合，制成乳膏状的无菌眼用半固体制剂。⑥眼用凝胶剂：系指原料药物与适宜辅料制成的凝胶状无菌眼用半固体制剂。⑦眼膜剂：系指原料药物与高分子聚合物制成的无菌药膜，可置于结膜囊内缓慢释放药物的眼用固体制剂。⑧眼丸剂：系指原料药物与适宜辅料制成的球形、类球形的无菌眼用固体制剂。⑨眼内插入剂：系指原料药物与适宜辅料制成的适当大小和形状、供插入结膜囊内缓慢释放药物的无菌眼用固体制剂。

【成品性状】眼膏剂、眼用乳膏剂、眼用凝胶剂应均匀、细腻、无刺激性，并易涂布于眼部，便于原料药物分散和吸收。除另有规定外，滴眼剂每个容器的装量应不超过 10ml；洗眼剂每个容器的装量应不超过 200ml；眼用半固体制剂每个容器的装量应不超过 5g。包装容器应无菌、不易破裂，其透明度应不影响可见异物检查。

【贮藏】除另有规定外，眼用制剂应遮光密封贮存。

三十一、鼻用制剂

鼻用制剂系指直接用于鼻腔，发挥局部或全身治疗作用的制剂。鼻用制剂应尽可能无刺激性，并不可影响鼻黏膜和鼻纤毛的功能。除鼻用气雾剂、鼻用喷雾剂和鼻用粉雾剂外，多剂量包装的鼻用制剂在启用后一般不超过 4 周。

鼻用制剂可分为鼻用液体制剂（滴鼻剂、洗鼻剂、喷雾剂等）、鼻用半固体制剂（鼻用软膏剂、鼻用乳膏剂、鼻用凝胶剂等）、鼻用固体制剂（鼻用散剂、鼻用粉雾剂和鼻用棒剂等）。鼻用液体制剂也可以固态形式包装，配套专用溶剂，在临用前配成溶液或混悬液。如鼻塞通滴鼻液、鼻通滴鼻剂、苍夷滴鼻油、鼻通宁滴剂、清凉鼻舒吸入剂等。

①滴鼻剂：系指由原料药物与适宜辅料制成的澄明溶液、混悬液或乳状液，供滴入鼻腔用的鼻用液体制剂。②洗鼻剂：系指由原料药物制成符合生理 pH 值范围的等渗水溶液，用于清洗鼻腔的鼻用液体制剂，用于伤口或手术前使用者应无菌。③鼻用气雾剂：系指由原料药物和附加剂与适宜抛射剂共同装封于耐压容器中，内容物经雾状喷出后，经鼻吸入沉积于鼻腔的制剂。④鼻用喷雾剂：系指由原料药物与适宜辅料制成的澄明溶液、混悬液或乳状液，供喷雾器雾化的鼻用液体制剂。⑤鼻用软膏剂：系指由原料药物与适宜基质均匀混合，制成溶液型或混悬型膏状的鼻用半固体制剂。⑥鼻用乳膏剂：系指由原料药物与适宜基质均匀混合，制成乳膏状的鼻用半固体制剂。⑦鼻用凝胶剂：系指由原料药物与适宜辅料制成凝胶状的鼻用半固体制剂。⑧鼻用散剂：系指由原料药物与适宜辅料制成的粉末，用适当的工具吹入鼻腔的鼻用固体制剂。⑨鼻用粉雾剂：系指由原料药物与适宜辅料制成的粉末，适当的给药装置喷入鼻腔的鼻用固体制剂。⑩鼻用棒剂：系指由原料药物与适宜基质制成棒状或类棒状，供插入鼻腔用的鼻用固体制剂。

【成品性状】鼻用制剂应无刺激性，对鼻黏膜及其纤毛不应产生副作用。鼻用溶液剂应澄清，不得有沉淀和异物。鼻用混悬液若出现沉淀物，经振摇应易分散；鼻用乳状液若出现油相与水相分层，经振摇应易恢复成乳状液；鼻用半固体制剂应软细腻，易涂布。除另有规定外，鼻用制剂装量不超过 10ml 或 5g。

【贮藏】除另有规定外，鼻用制剂应密闭贮存。

中成药的剂型较多，在应用时针对患者体质、病情根据防治疾病的需要结合不同剂型作用的强弱快慢等特点不同进行合理选用。体虚者可选用作用和缓的剂型，如蜜丸、膏滋、胶剂等。体实者可选用药效较快的剂型，如胶囊剂、片剂、水丸等。急重症患者适宜选用注射剂、气雾剂、舌下含片、滴丸等，以达到起效迅速的目的；慢性病患者适宜选用丸剂、散剂、片剂、外用膏剂等，实现作用和缓、持久的目的；皮肤病适宜选用软膏剂、涂膜剂、搽剂、洗剂等局部使用并配相应的内服剂型；腔道疾病适宜选择栓剂、膜剂、灌肠剂等局部使用，疗效更佳。

目标检测

一、单项选择题

1. 方剂组成以后，根据病情的防治需要及药物特点而制成一定的药物应用形式是（　　）
   A. 药物　　　B. 剂型　　　C. 制剂　　　D. 中成药　　　E. 新药

2. 中成药的传统剂型不包括（　　）
   A. 膏药　　　B. 丹剂　　　C. 注射剂　　　D. 丸剂　　　E. 散剂

3. 不属于液体类剂型的是（　　）
   A. 合剂　　　B. 露剂　　　C. 软膏剂　　　D. 酊剂　　　E. 糖浆剂

4. 不属于固体类剂型的是（　　）
   A. 丸剂　　　B. 颗粒剂　　　C. 栓剂　　　D. 涂剂　　　E. 茶剂

5. 云南白药的剂型是（　　）
   A. 颗粒剂　　　B. 散剂　　　C. 锭剂　　　D. 搽剂　　　E. 合剂

6. 关于剂型的分类，下列叙述错误的是（　　）
   A. 糖浆剂为液体剂型　　　　B. 软膏剂为半固体剂型
   C. 栓剂为半固体剂型　　　　D. 气雾剂为气体分散型
   E. 胶剂为固体剂型

7. 下列剂型中不属于经胃肠给药的是（　　）
   A. 颗粒剂　　　B. 注射剂　　　C. 胶囊剂　　　D. 片剂　　　E. 丸剂

8. 各类丸剂中吸收和生效快，而持续作用时间短的是（　　）
   A. 蜜丸　　　B. 糊丸　　　C. 水蜜丸　　　D. 蜡丸　　　E. 水丸

9. 饮片细粉以水（或根据制法用黄酒、醋、稀药汁、糖液、含5%以下的炼蜜的水溶液等）为黏合剂制成的丸剂是（　　）
   A. 蜜丸　　　B. 水蜜丸　　　C. 糊丸　　　D. 糖丸　　　E. 水丸

10. 不属于贮存养护片剂的方法是（　　）
    A. 防潮　　　B. 防热　　　C. 防冻　　　D. 防走气　　　E. 防变色

11. 胶剂说法错误的是（　　）
    A. 富含蛋白质　　　　B. 烊化后服用　　　　C. 半透明固体
    D. 可有异常臭味　　　E. 密闭贮存，防止受潮

12. 关于合剂，下列描述错误的是（　　）
    A. 单剂量灌装者也可称"口服液"

B. 含蔗糖量一般不高于40%

C. 应澄清

D. 贮存期间允许有少量摇之易散的沉淀

E. 阴凉处贮存

13. 下列不属于煎膏剂的是（　　　）

  A. 法半夏枇杷膏　　　　　　　　　　B. 伤湿止痛膏

  C. 京都念慈菴蜜炼川贝枇杷膏　　　　D. 山东阿胶膏

  E. 龟鹿二仙膏

14. 酒剂所使用的酒是（　　　）

  A. 黄酒　　　　B. 酒精　　　　C. 蒸馏酒　　　　D. 啤酒　　　　E. 红酒

15. 下列除哪种药外均是酊剂（　　　）

  A. 四逆汤　　　B. 十滴水　　　C. 藿香正气水　　D. 骨痛灵酊　　　E. 正骨水

16. 眼用制剂在启用后最多可使用（　　　）

  A. 2周　　　　B. 4周　　　　C. 6周　　　　D. 8周　　　　E. 10周

二、思考题

1. 剂型的含义是什么？剂型是如何分类的？

2. 剂型对药效的影响表现在哪些方面？

3. 什么是丸剂？丸剂的特点有哪些？

4. 什么是颗粒剂？颗粒剂的优点有哪些？

书网融合……

    划重点   自测题

第三章 理解中成药的经营流程

学习目标

知识要求

1. **掌握** 在验收和销售过程中中成药的说明书及标签的应用。
2. **熟悉** 中成药的贮藏与养护的规律；中成药验收要点。
3. **了解** 中成药的采购。

能力要求

1. 能够理解药品流通的每个环节的关键重要工作任务。
2. 能够熟练掌握中成药在收货和验收、养护、销售中需要注意的问题。
3. 能够熟知中成药的说明书和标签的规范格式、内容并理解其表达的意识。

实例分析

实例 某一食品药品监督管理局开展药品专项整治行动，检查到某一药品经营企业采购和销售以下品种：

1. 风痛宁胶囊　　国药准字 Z19993086　　山西黄河中药有限公司
2. 参鹿健肺胶囊　国药准字 Z20026508　　重庆天骄药业有限公司
3. 麝香壮骨膏　　国药准字 Z12020280　　天津同仁堂集团股份有限公司
4. 肠康胶囊　　　国药准字 Z20000131　　张家界市长康制药有限责任公司

问题 该企业采购和销售的以上品种是否为合法的中成药？为什么？

第一节　中成药的采购

中成药的采购、收货与验收、贮藏与陈列及养护、销售是经营流通的重要环节，必须遵守《药品管理法》、《药品管理法实施条例》、《药品经营质量管理规范》（GSP）的相关规定。但中成药与化学药、生物制品等有共同点亦有不同点，因此在以上环节中有需要相应注意的问题。

药品的采购活动应当符合以下要求：①确定供货单位的合法资格；②确定所购入药品的合法性；③核实供货单位销售人员的合法资格；④与供货单位签订质量保证协议。

采购中成药必须符合以上 4 个要求，在收集齐供货单位的资质材料后一定要查验所购品种是否属于药品生产许可证或者药品经营许可证核定的生产范围（剂型）或经营范围（药品类别）内。如必须从核定范围有颗粒剂的生产单位采购板蓝根颗粒；又如欲从某一生产单位采购柴胡注射液，但提供该生产范围里没有小剂量注射液只有粉针剂，那说明该单位没有资格生产该品种，该品种的生产、销售行为违法，应禁止采购行为的发生。必须从有中成药经营范围的药品批发企业采购中成药。

确定采购中成药的合法性主要通过收集相关证明资料及从国家药品监督管理局的官网上通过数据查询中确认。例如，某一中成药批准文号为国药准字Z20120020，通过批准文号在数据查询中对应的品种是排石利胆片、生产企业为华佗国药股份有限公司，其他相关信息完全吻合，证明该品种为合法品种。

核实供货单位销售人员的合法资格和与供货单位签订质量保证协议应符合 GSP 要求。

> **请你想一想**
>
> 我们到药品零售企业（药店）购买到的是否全都是药品？如果不是，还有哪些类别的商品？

第二节　中成药的收货与验收

PPT

企业规范采购行为后应当按照规定的程序和要求对到货药品逐批进行收货、验收，防止不合格药品入库或上架。对于药品收货和验收过程中出现的不符合质量标准或疑似假、劣药的情况，应当交由企业质量管理部门按照有关规定进行处理，必要时上报药品监督管理部门。

一、中成药的收货

药品到货时，收货人员应当核实运输方式是否符合要求，并对照随货同行单（票）和采购记录核对药品，做到票、账、货相符。如检查运输工具是否密闭；检查有无随货同行票据，票据内容是否完整齐备；根据票据核对实物等。收货人员对符合收货要求的药品，应当按品种特性要求放于相应待验区域，或者设置状态标志，通知验收。

二、中成药的验收

中成药的验收主要分为整件药品的抽样验收和零货的验收。整件药品的抽样应当具有代表性。验收以《药品经营质量管理规范》及相关附录为依据。负责验收的工作人员应当对所验收中成药的外观、包装、标签、说明书以及相关的证明文件等逐一进行检查、核对，确认是否符合相关要求。验收合格的中成药才能入库贮藏（药品批发企业或药品零售企业）或陈列存放（药品零售企业）。《药品管理法》第 49 条"药品包装应当按照规定印有或者贴有标签并附有说明书。标签或者说明书应当注明药品的通用名称、成分、规格、上市许可持有人及其地址、生产企业及其地址、批准文号、产品批号、生产日期、有效期、适应证或者功能主治、用法、用量、禁忌、不良反应和注意事项。标签、说明书中的文字应当清晰，生产日期、有效期等事项应当显著标注，容易辨识。"

（一）中成药的说明书

药品说明书应当包含药品安全性、有效性的重要科学数据、结论和信息，用以指导安全、合理使用药品。药品说明书的具体格式、内容和书写要求由国家药品监督管理局制定并发布。药品说明书必须经国家药品监督管理局核准。

根据《药品说明书和标签管理规定》（局令第 24 号）和《处方药与非处方药分类管理办法》（局令第 10 号），为做好非处方药说明书规范工作，国家局组织制定了《关于印发非处方药说明书规范细则的通知》（《化学药品非处方药说明书规范细则》和《中成药非处方药说明书规范细则》）及《关于印发中药、天然药物处方药说明书格式内容书写要求及撰写指导原则的通知》。

1. 中成药非处方药说明书格式　见表 3 – 1。

表 3 – 1　中成药非处方药说明书格式

非处方药、外用药品标识位置
X X X 说明书
请仔细阅读说明书并按说明使用或在药师指导下购买和使用
警示语
【药品名称】
【成分】
【性状】
【功能主治】
【规格】
【用法用量】
【不良反应】
【禁忌】
【注意事项】
【药物相互作用】
【贮藏】
【包装】
【有效期】
【执行标准】
【批准文号】
【说明书修订日期】
【生产企业】
如有问题可与生产企业联系

2. 中成药非处方药说明书各项内容书写要求

（1）非处方药、外用药品标识在说明书首页右上角标注。

1）外用药品专用标识为红色方框底色内标注白色"外"字。药品说明书如采用单色印刷，其说明书中外用药品专用标识亦可采用单色印刷。

2）非处方药专有标识按《关于公布非处方药专有标识及管理规定的通知》规定使用。

（2）说明书标题　"XXX 说明书"中的"XXX"是指该药品的通用名称。

（3）"请仔细阅读说明书并按说明使用或在药师指导下购买和使用"这一忠告语必须标注，采用加重字体印刷。

（4）警示语　是指需特别提醒用药人在用药安全方面需特别注意的事项。有该方面内容的，应当在说明书标题下以醒目的黑体字注明。无该方面内容的，不列该项。

（5）药品名称　按下列顺序列出。①通用名称：如该药品属《中国药典》收载的品种，其通用名称应当与药典一致；药典未收载的品种，其名称应当符合药品通用名称命名原则。②汉语拼音。

（6）成分　除《中药品种保护条例》第十三条规定的情形外，必须列出全部处方组成和辅料，处方所含成分及药味排序应与药品标准一致。

处方中所列药味其本身为多种药材制成的饮片，且该饮片为国家药品标准收载的，只需写出该饮片名称。

《中国药典》2020 年版一部中片仔癀、云南白药、季德胜蛇药片、华佗再造丸、心元胶囊、七十味珍珠丸等没有标识处方一栏。

（7）性状　包括药品的外观（颜色、外形）、气、味等，依次规范描述，性状应符合药品标准。

（8）功能主治　按照国家药品监督管理局公布的非处方药功能主治内容书写，并不得超出国家药品监督管理局公布的该药品非处方药功能主治范围。

（9）规格　应与药品标准一致。数字以阿拉伯数字表示，计量单位必须以汉字表示。每一说明书只能写一种规格。

（10）用法用量　用量按照国家药品监督管理局公布的该药品非处方药用量书写。数字以阿拉伯数字表示，所有重量或容量单位必须以汉字表示。

用法可根据药品的具体情况，在国家药品监督管理局公布的该药品非处方药用法用量和功能主治范围内描述，用法不能对用药人有其他方面的误导或暗示。需提示用药人注意的特殊用法用量应当在注意事项中说明。

（11）不良反应　药品不良反应，是指合格药品在正常用法用量下出现的与用药目的无关的有害反应。

在本项目下应当实事求是地详细列出该药品已知的或者可能发生的不良反应。并按不良反应的严重程度、发生的频率或症状的系统性列出。国家药品监督管理局公布的该药品不良反应内容不得删减。

（12）禁忌　应列出该药品不能应用的各种情况，如禁止应用该药品的人群或疾病等情况。国家药品监督管理局公布的该药品禁忌内容不得删减。

【禁忌】内容应采用加重字体印刷。

（13）注意事项　应列出使用该药必须注意的问题，包括需要慎用的情况（如肝、肾功能的问题），影响药物疗效的因素（如食物、烟、酒等），孕妇、哺乳期妇女、儿童、老人等特殊人群用药，用药对于临床检验的影响，滥用或药物依赖情况，以及其他保障用药人自我药疗安全用药的有关内容。

1）必须注明"对本品过敏者禁用，过敏体质者慎用。""本品性状发生改变时禁止使用。""如正在使用其他药品，使用本品前请咨询医师或药师。""请将本品放在儿童不能接触的地方。"

2）对于可用于儿童的药品必须注明"儿童必须在成人监护下使用"。处方中含兴奋剂的品种应注明"运动员应在医师指导下使用"。（《反兴奋剂条例》第十七条 药品、食品中含有兴奋剂目录所列禁用物质的，生产企业应当在包装标识或者产品说明书上用中文注明"运动员慎用"字样。）

3）对于是否适用于孕妇、哺乳期妇女、儿童、老人等特殊人群尚不明确的，必须注明"应在医师指导下使用"。

4）如有与中医理论有关的证候、配伍、饮食等注意事项，应在该项下列出。

5）中药和化学药品组成的复方制剂，应注明本品含 XX（化学药品通用名称），并列出成分中化学药品的相关内容及注意事项。

6）国家药品监督管理局公布的该药品注意事项内容不得删减。

【注意事项】内容应采用加重字体印刷。

（14）药物相互作用　应列出与该药产生相互作用的药物及合并用药的注意事项。未进行该项实验且无可靠参考文献的，应当在该项下予以说明。

必须注明"如与其他药物同时使用可能会发生药物相互作用，详情请咨询医师或药师。"

（15）贮藏　按药品标准书写，有特殊要求的应注明相应温度。

（16）包装　包括直接接触药品的包装材料和容器及包装规格，并按该顺序表述。

（17）有效期　是指该药品在规定的贮藏条件下，能够保持质量稳定的期限。有效期应以月为单位描述，可以表述为 XX 个月（X 用阿拉伯数字表示）。

（18）执行标准　列出执行标准的名称、版本或药品标准编号，如《中国药典》2020 年版一部、国家药品标准 WS_3-687（$Z-132$）$-2009Z-2017$。

（19）批准文号　是指该药品的药品批准文号。

（20）说明书修订日期　是指经批准使用该说明书的日期。

（21）生产企业　国产药品该项应当与药品生产许可证载明的内容一致，进口药品应当与提供的政府证明文件一致。按下列方式列出。

企业名称：XXXXXX。

生产地址：XXXXXX。

邮政编码：XXXXXX。

电话号码：XXXXXX（须标明区号）。

传真号码：XXXXXX（须标明区号）。

> **请你想一想**
> 中成药非处方药的说明书必须有哪些项内容？

网址：XXXXXX（如无网址可不写，此项不保留）。

（22）如有问题可与生产企业联系。该内容必须标注，并采用加重字体印刷在【生产企业】项后。

3. 中成药处方药说明书格式　见表 3-2。

表 3 - 2 中成药处方药说明书格式

核准日期和修改日期	特殊药品、外用药品标识位置

ＸＸＸ说明书
请仔细阅读说明书并在医师指导下使用
警示语

【药品名称】
　通用名称：
　汉语拼音：
【成分】
【性状】
【功能主治】
【规格】
【用法用量】
【不良反应】
【禁忌】
【注意事项】
【孕妇及哺乳期妇女用药】
【儿童用药】
【老年用药】
【药物相互作用】
【临床试验】
【药理毒理】
【药代动力学】
【贮藏】
【包装】
【有效期】
【执行标准】
【批准文号】
【生产企业】
　企业名称：
　生产地址：
　邮政编码：
　电话号码：
　传真号码：
　注册地址：
　网　　址：

4. 中成药处方药说明书各项内容书写要求

（1）核准日期和修改日期　应当印制在说明书首页左上角。修改日期位于核准日期下方，进行过多次修改的，仅列最后一次的修改日期；未进行修改的，可不列修改日期。

核准日期：XXXX 年 XX 月 XX 日或 XXXX. XX. XX（X 用阿拉伯数字表示，以下同）。

修改日期：XXXX 年 XX 月 XX 日或 XXXX. XX. XX。

（2）特殊药品、外用药品标识　专用标识在说明书首页右上方标注。

（3）说明书标题　"XXX 说明书"中的"XXX"是指该药品的通用名称。

（4）"请仔细阅读说明书并在医师指导下使用"这一内容必须标注，并印制在说明书标题下方。

（5）警示语　是指对药品严重不良反应及其潜在的安全性问题的警告，还可以包括药品禁忌、注意事项及剂量过量等需提示用药人群特别注意的事项。含有化学药品（维生素类除外）的中药复方制剂，应注明本品含 XX（化学药品通用名称）。有该方面内容的，应当在说明书标题下以醒目的黑体字注明。无该方面内容的，可不列此项。

（6）药品名称　应与国家批准的该品种药品标准中的药品名称一致。

（7）成分　应列出处方中所有的药味或有效部位、有效成分等。注射剂还应列出所用的全部辅料名称；处方中含有可能引起严重不良反应的辅料的，在该项下也应列出该辅料名称。

成分排序应与国家批准的该品种药品标准一致，辅料列于成分之后。对于处方已列入国家秘密技术项目的品种，以及获得中药一级保护的品种，可不列此项。

（8）性状　应与国家批准的该品种药品标准中的性状一致。

（9）功能主治　应与国家批准的该品种药品标准中的功能主治或适应证一致。

（10）规格　应与国家批准的该品种药品标准中的规格一致。同一药品生产企业生产的同一品种，如规格或包装规格不同，应使用不同的说明书。

（11）用法用量　应与国家批准的该品种药品标准中的用法用量一致。

（12）不良反应　应当实事求是地详细列出该药品不良反应。并按不良反应的严重程度、发生的频率或症状的系统性列出。尚不清楚有无不良反应的，可在该项下以"尚不明确"来表述。

（13）禁忌　应当列出该药品不能应用的各种情况，例如禁止应用该药品的人群、疾病等情况。尚不清楚有无禁忌的，可在该项下以"尚不明确"来表述。

（14）注意事项　列出使用时必须注意的问题，包括需要慎用的情况（如肝、肾功能的问题），影响药物疗效的因素（如食物、烟、酒），用药过程中需观察的情况（如过敏反应，定期检查血象、肝功、肾功）及用药对于临床检验的影响等。

1）如有药物滥用或者药物依赖性内容，应在该项下列出。

2）如有与中医理论有关的证候、配伍、妊娠、饮食等注意事项，应在该项下列出。

3）处方中如含有可能引起严重不良反应的成分或辅料，应在该项下列出。

4）注射剂如需进行皮内敏感试验的，应在该项下列出。

5）中药和化学药品组成的复方制剂，必须列出成分中化学药品的相关内容及注意事项。

6）尚不清楚有无注意事项的，可在该项下以"尚不明确"来表述。

（15）孕妇及哺乳期妇女用药　如未进行该项相关研究，可不列此项。

（16）儿童用药　如未进行该项相关研究，可不列此项。

（17）老年用药　如未进行该项相关研究，可不列此项。

（18）药物相互作用　如未按规定进行过临床试验的，可不列此项。

（19）药理毒理　如未进行相关研究的，可不列此项。

（20）药代动力学　如未进行相关研究的，可不列此项。

（21）贮藏　应与国家批准的该品种药品标准〔贮藏〕项下的内容一致。需要注明具体温度的，应按《中国药典》中的要求进行标注。如：置阴凉处（不超过20℃）。

（22）包装　包括直接接触药品的包装材料和容器及包装规格，并按该顺序表述。包装规格一般是指上市销售的最小包装的规格。

（23）有效期　应以月为单位表述。

（24）执行标准　应列出目前执行的国家药品标准的名称、版本及编号，或名称及版本，或名称及编号。

（25）批准文号　是指国家批准该药品的药品批准文号。

（26）生产企业　是指该药品的生产企业，该项内容必须与药品批准证明文件中的内容一致，并按下列方式列出。

企业名称：XXXXXXXX。

生产地址：XXXXXXXX。

邮政编码：XXXXXXXX。

电话号码：XXXXXXXX（须标明区号）。

传真号码：XXXXXXXX（须标明区号）。

注册地址：XXXXXXXX（应与药品生产许可证中的注册地址一致）。

网址：XXXXXXXX（如无网址，此项可不保留）。

（二）中成药的包装标签

药品的标签是指药品包装上印有或者贴有的内容，分为内标签和外标签。药品内标签指直接接触药品包装的标签，外标签指内标签以外的其他包装的标签。

药品的内标签应当包含药品通用名称、适应证或者功能主治、规格、用法用量、生产日期、产品批号、有效期、生产企业等内容。包装尺寸过小无法全部标明上述内容的，至少应当标注药品通用名称、规格、产品批号、有效期等内容。药品外标签应当注明药品通用名称、成分、性状、适应证或者功能主治、规格、用法用量、不良反应、禁忌、注意事项、贮藏、生产日期、产品批号、有效期、批准文号、生产企业等内容。适应证或者功能主治、用法用量、不良反应、禁忌、注意事项不能全部注明的，应当标出主要内容并注明"详见说明书"字样。

用于运输、贮藏的包装的标签，至少应当注明药品通用名称、规格、贮藏、生产日期、产品批号、有效期、批准文号、生产企业，也可以根据需要注明包装数量、运输注意事项或者其他标记等必要内容。对贮藏有特殊要求的药品，应当在标签的醒目位置注明。

根据《药品说明书和标签管理规定》第三条，药品标签不得超出说明书的范围，不得印制暗示疗效、误导使用和不适当宣传产品的文字和标识。因此，药品标签不得印制"XX省专销""原装正品""进口原料""驰名商标""专利药品""XX监制""XX总经销""XX总代理"等字样。药品的标签应当以说明书为依据，但标签中一部分项目和内容与说明书不同。现就标签上与说明书有不同要求的项目和内容介绍如下。

1. 药品名称　药品说明书和标签中标注的药品名称必须符合国家药品监督管理局公布的药品通用名称和商品名称的命名原则，并与药品批准证明文件的相应内容一致。药品通用名称应当显著、突出，其字体、字号和颜色必须一致，并符合以下要求。①对于横版标签，必须在上1/3范围内显著位置标出；对于竖版标签，必须在右1/3范围内显著位置标出。②不得选用草书、篆书等不易识别的字体，不得使用斜体、中空、阴影等形式对字体进行修饰。③字体颜色应当使用黑色或者白色，与相应的浅色或者深色背景形成强烈反差。④除因包装尺寸的限制而无法同行书写的，不得分行书写。

药品商品名称不得与通用名称同行书写，其字体和颜色不得比通用名称更突出和显著，其字体以单字面积计不得大于通用名称所用字体的1/2。

2. 有效期　药品标签中的有效期应当按照年、月、日的顺序标注，年份用四位数字表示，月、日用两位数表示。其具体标注格式为"有效期至XXXX年XX月"或"有效期至XXXX年XX月XX日"；也可以用数字和其他符号表示为"有效期至XXXX.XX."或"有效期至XXXX/XX/XX"等。

预防用生物制品有效期的标注按照国家药品监督管理局批准的注册标准执行，治疗用生物制品有效期的标注自分装日期计算，其他药品有效期的标注自生产日期计算。

有效期若标注到日，应当为起算日期对应年月日的前一天，若标注到月，应当为起算月份对应年月的前一月。

请你想一想

中成药的说明书和标签对药品的有效期是如何标注的？各自的含义是什么？

3. 产品批号　批是指经一个或若干加工过程生产的、具有预期均一质量和特性的一定数量的原辅料、包装材料或成品。为完成某些生产操作步骤，可能有必要将一批产品分成若干亚批，最终合并成为一个均一的批。在连续生产情况下，批必须与生产中具有预期均一特性的确定数量的产品相对应，批量可以是固定数量或固定时间段内生产的产品量。

批号是指用于识别一个特定批的具有唯一性的数字和（或）字母的组合。通过药品产品批号可以追溯和审查该批药品的生产历史。在生产过程中，药品批号主要起标识作用。它在药品生产计划阶段产生，并可随着生产流程的推进而增加相应的内容，同时形成与之对应的生产记录。根据产品批号和相应的生产记录，可以追溯该批产品原料来源（如原料批号、制造者等）、药品形成过程的历史；在药品形成成品后，根据销售记录，可以追溯药品的市场去向；药品进入市场后的质量状况；在需要的时候可以控制或回收该批药品。对药品监督管理者来说，可以依据该批药品的抽检情况及使用中出现的情况进行药品质量监督和药品控制。在药品的使用中，也都涉及药品批号。

国家对产品批号的标注方法暂未作明确的规定，其表示的基本类型有两种：一组数字或一组数字加字母。第一类由6~8位阿拉伯数字（个别为8位以上的）组成，数字与生产日期的年月日有关；第二类由1个字母和几个阿拉伯数字组成，与生产日期和药品的年流水号有关，长度在8位数以内。

目前市场上常见的药品批号有 5 种表示方法。①6~8 位阿拉伯数字：一般前四位或六表示生产的年月，后面的数字有的表示生产日期、有的是表示班组编号等，如 150203、20150203、1503137。②字母加数字：字母可在前、后或中间，可有 1 个至数个，如 B150503007、A48068。③两组数字间有一个半字线，如 150203 - 2，其中后一组数字在生产企业通常被认为"拖号"，表示同一生产周期内的不同流水线或灭菌柜号。④一组数字或字母加数字后不紧密相连地跟有 l~2 个数字或字母，如 20150203A，多为生产企业的内部标记，如工号或班组号。⑤一组数字或字母加数字后不紧密相连地跟有几个数字，如 20150203　0753，多为生产企业的地区邮编、电话区号或销售地区号。

4. 药品追溯码　是指用于唯一标识药品各级销售包装单元的代码，由一列数字、字母和（或）符号组成。国家建立健全药品追溯制度。药品上市许可持有人、药品生产企业、药品经营企业和医疗机构应当建立并实施药品追溯制度，按照规定提供追溯信息，保证药品可追溯。药品追溯码符合《药品信息化追溯体系建设导则》和《药品追溯码编码要求》的要求。

5. 条形码　是将宽度不等的多个黑条和空白，按照一定的编码规则排列，用以表达一组信息的图形标识符。常见的条形码是由反射率相差很大的黑条（简称条）和白条（简称空）排成的平行线图案。条形码可以标出物品的生产国、制造厂家、商品名称、生产日期、图书分类号等许多信息，因而在商品流通、图书管理、邮政管理、银行系统等许多领域都得到广泛的应用。条码技术是一种自动识别技术，由于它输入速度快、准确度高、成本低、可靠性强、操作简单，故发展迅速，已在各行各业广泛应用，产生了巨大的经济效益和社会效益。条码技术现已成为出口商品的鉴证或身份证。

药品现主要使用一维条形码，线条下的数码通常由 13 位数组成，第 1~12 位为产品代码，其中前三位是国别码；中间 4 位为制造商，代表企业，具有唯一性；后 5 位是实际产品代码。第 13 位数为校验码。如广州白云山制药总厂为其产品感冒清制作的条码，其数码为 6902401920076，690 代表中国，2401 代表广州白云山制药总厂，92007 是该厂为感冒清编制的代码，6 为校验数码。

6. 储运图示标志　是根据药品某些特性而确定的标志。目的在于引起运输、装卸、贮存等人员的注意。储运图示标志应符合国家标准《包装储运图示标志》（GB 191—2000）规定。

（1）标志的打印　可采用印刷、粘贴、拴挂、钉附及喷涂等方法打印标志。印刷时，外框线及标志名称都要印上，喷涂时，外框线及标志名称可以省略。

（2）标志的数目和位置

1）一个包装件上使用相同标志的数目，应根据包装件的尺寸和形状决定。

2）标志在各种包装件上的粘贴位置具体如下。①箱类包装：位于包装端面或侧面。②袋类包装，位于包装明显处。③桶类包装：位于桶身或桶盖。④集装单元货物：应位于四个侧面。

3）下列标志的使用应按如下规定。①标志 1 "易碎物品"应标在包装件所有四个侧面的左上角处。②标志 3 "向上"应标在与标志 1 相同的位置上。当标志 1 和标志 3 同时使用时，标志 3 应更接近包装箱角。③标志 7 "重心"应尽可能标在包装件所有六个面的重心位置上，否则至少也应标在包装件四个侧、端面的重心位置上。④标志 11 "由此夹起"：只能用于可夹持的包装件；标志应标在包装件的两个相对面上；以确保作业时标志在叉车司机的视线范围内。⑤标志 16 "由此吊起"至少贴在包装件的两个相对面上。

储运图示标志见表 3 - 3、表 3 - 4。

表 3 - 3　储运图示标志名称和图形

序号	标志名称	标志图形	含义	备注/示例
1	易碎物品		运输包装件内装易碎品，因此搬运时应小心轻放	使用示例： 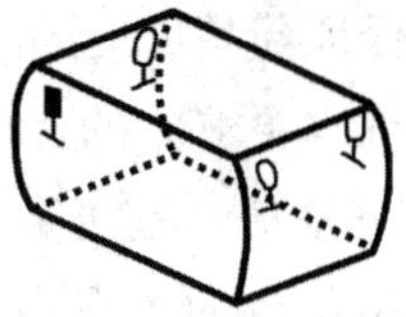
2	禁用手钩		搬运运输包装件时禁用手钩	—
3	向上		表明运输包装件的正确位置是竖直向上	使用示例：a) b) c) 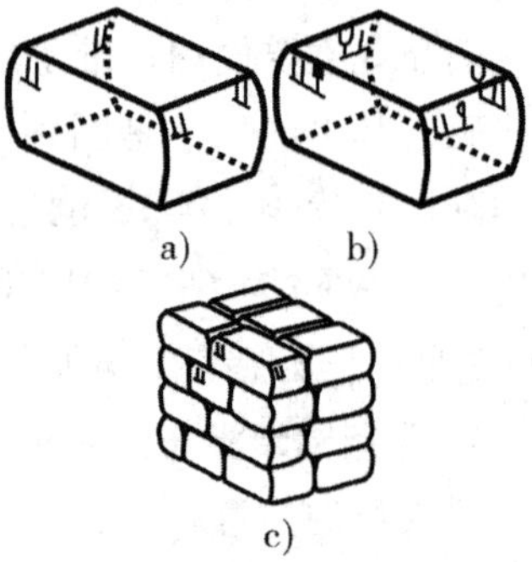
4	怕晒		表明运输包装件不能直接照晒	—

续表

序号	标志名称	标志图形	含义	备注/示例
5	怕辐射		包装物品一旦受辐射便会完全变质或损坏	—
6	怕雨		包装件怕雨淋	—
7	重心		表明一个单元货物的重心	使用示例： 本标志应标在实际的重心位置上
8	禁止翻滚		不能翻滚运输包装	—
9	此面禁用手推车		搬运货物时此面禁放手推车	—
10	禁用叉车		不能用升降叉车搬运的包装件	—
11	由此夹起		表明装运货物时夹钳放置的位置	—
12	此处不能卡夹		表明装卸货物时此处不能用夹钳夹持	—

续表

序号	标志名称	标志图形	含义	备注/示例
13	堆码重量极限	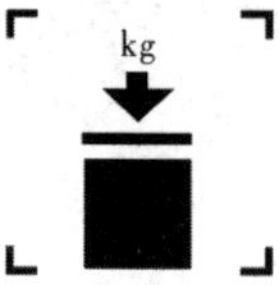 kg	表明该运输包装件所能承受的最大重量极限	—
14	堆码层数极限	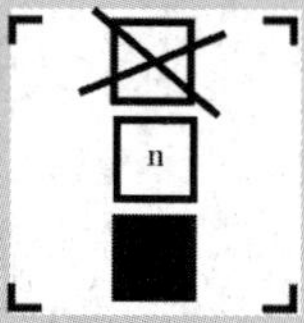 n	相同包装的最大堆码层数，n 表示层数极限	—
15	禁止堆码		该包装件不能堆码并且其上也不能放置其他负载	—
16	由此吊起	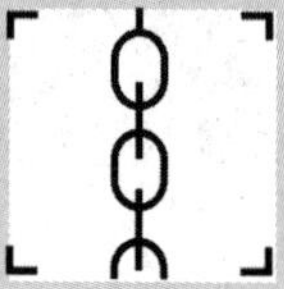	起吊货物时挂链条的位置	使用示例： 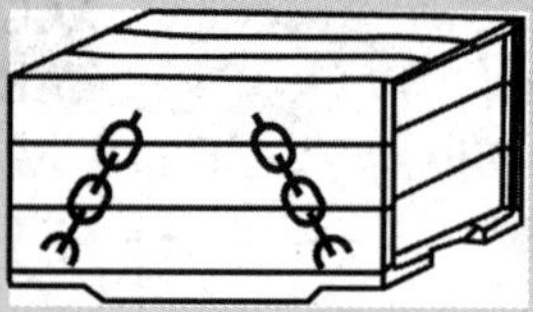 注：本标志应标在实际的起吊位置上
17	温度极限		表明运输包装件应该保持的温度极限	 a) 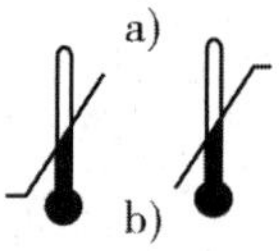 b)

表 3-4　储运标志尺寸

序号	尺寸（mm）	
	长	宽
1	70	50
2	140	100
3	210	150
4	280	200

7. 药品专用标志　《药品管理法》第 49 条规定："麻醉药品、精神药品、医疗用毒性药品、放射性药品、外用药品和非处方药的标签、说明书，应当印有规定的标志。"故应该在它们的大包装、中包装、最小销售单元包装的标签、说明书上印有符合规定的专用标志。药品专用标志见图 3-1。

图 3-1　药品专用标志

8. 商标　任何能够将自然人、法人或者其他组织的商品与他人的商品区别开的标志，包括文字、图形、字母、数字、三维标志、颜色组合和声音等，以及上述要素的组合，均可以作为商标申请注册。经国家核准注册的商标为"注册商标"，受法律保护。商标注册人有权标明"注册商标"或者注册标记"®"。商标注册通过确保商标注册人享有用以标明商品或服务，或者许可他人使用以获取报酬的专用权，而使商标注册人受到保护。

依据《中华人民共和国商标法》《中华人民共和国商标法实施条例》《药品管理法》以及《药品说明书和标签管理规定》"第二十七条　药品说明书和标签中禁止使用未经注册的商标以及其他未经国家药品监督管理局批准的药品名称。药品标签使用注册商标的，应当印刷在药品标签的边角，含文字的，其字体以单字面积计不得大于通用名称所用字体的四分之一。"药品不再作为必须使用注册商标的商品，但如果要使用商标必须是注册商标。

（三）中成药的性状

须对中成药外观形状、颜色、气味等外观质量进行检查验收。检查时，除参照第二章中成药的常见剂型成品性状项质量要求检查外，蜜丸还应检查丸重差异，有无霉变、虫蛀等；水丸、浓缩丸、糊丸还应检查装量差异，有无霉变、虫蛀等；散剂尚应检查色泽、异物、吸潮、风化、溶化、霉变、异臭、复方散剂的均匀度、装量差异；

颗粒剂尚应检查粒度、溶化性、装量差异，有无吸潮、溶化、结块现象；素片尚应检查色泽、异物、潮解、溶化、硬度、片重差异，有无结晶析出、麻面、掉边、龟裂、碎片、发霉等；包衣片尚应检查有无脱壳、龟裂、掉衣、露边、褪色、花斑、膨胀、粘连、溶化、霉变、片心变色；胶囊剂应检查装量差异限度，有无漏粉、脱裂、粘连、霉变、异臭；胶丸应检查整洁度、透明度，有无黏瓶、变形破裂、漏油、异臭；注射剂主要检查装量、装量差异限度、有无可见异物、冷爆裂瓶、封口漏气、瓶口松动等；糖浆剂应检查装量差异、封口严密性、标签整洁度，对光检视应澄清且无混浊、沉淀、结晶、杂质异物等；软膏剂、锡管和塑料管灌装者应检查封闭的严密性、无膏质漏出，广口瓶与金属盒装者应检查有无颗粒、发硬、流油、分层、变色、酸败、霉变；眼膏剂应检查装量差异，有无沙眼、漏药、破裂等；栓剂应完整、光滑、硬度适宜、内外色泽一致，无熔化、走油、软化变形、干化出汗、腐败等现象；橡胶膏剂的药料涂布应均匀，胶面无颗粒状物，黏着力合格，不得有断胶、脱胶透油、老化失黏等现象。如七厘散为朱红色至紫红色的粉末或易松散的块状，气香，味辛、苦，有清凉感；复方丹参片除去糖衣后，片芯呈褐色，气香，味微苦。

第三节　中成药的贮藏、陈列与养护

PPT

一、中成药的贮藏

正确地贮藏中成药是保证用药安全、有效的重要环节。中成药剂型较多，所含成分复杂，制作方法不同，性质各异，因此成品质量受外界条件影响较大。如受热后，中成药所含的挥发油及芳香挥发性成分易于挥发、散失，疗效降低。而受潮后，含糖类、淀粉多的中成药易于潮解、霉变；含树脂、浸膏多的成分易于粘连。光照或空气中的氧气等，会使某些中成药变色。这些变化不仅影响到中成药的外观，还可引起有效成分的改变或丢失，直接影响到中成药的质量。

首先要弄清楚药品说明书、标签中不同的贮藏条件的含义。以下为《中国药典》2020 年版凡例的项目与要求中对贮藏内容的统一规定。

药品〔贮藏〕项下的规定，系对药品贮藏与保管的基本要求，除矿物药应置干燥洁净处不作具体规定外，一般以下列名词术语表示。

1. 遮光　系指用不透光的容器包装，例如棕色容器或黑色包装材料包裹的无色透明、半透明容器。

2. 避光　系指避免日光直射。

3. 密闭　系指将容器密闭，以防止尘土及异物进入。

4. 密封　系指将容器密封，以防止风化、吸潮、挥发或异物进入。

5. 熔封或严封　系指将容器熔封或用适宜的材料严封，以防止空气与水分的侵入并防止污染。

6. 阴凉处　系指不超过20℃。

7. 凉暗处　系指避光并不超过20℃。

8. 冷处　系指2~10℃。

9. 常温　系指10~30℃。

除另有规定外，〔贮藏〕项未规定贮存温度的一般系指常温。《药品经营质量管理规范》中规定："贮存药品相对湿度为35%~75%。""贮存药品应当按照要求采取避光、遮光、通风、防潮、防虫、防鼠等措施。"

中成药的贮藏温度要求主要是常温、阴凉或凉暗，暂无冷处贮藏要求的品种。按照《药品经营质量管理规范》的规定及中成药说明书、标签的贮藏项下的描述对中成药进行正确的存储。

> **请你想一想**
>
> 中成药贮藏项下有哪些不同的描述？各自的含义是什么？

二、中成药的陈列

药品零售企业经验收人员验收合格的药品可以直接存放、陈列于货架或柜台（称为上架）。中成药的陈列遵守药品陈列的所有要求（不包括对中药饮片、冷藏药品、特殊管理的药品等陈列的要求）。中成药的陈列应当符合以下要求。

1. 按剂型、用途以及贮存要求分类陈列，并设置醒目标志，类别标签字迹清晰、放置准确。

2. 放置于货架（柜），摆放整齐有序，避免阳光直射。

3. 处方药、非处方药分区陈列，并有处方药、非处方药专用标识。

4. 处方药不得采用开架自选的方式陈列和销售。

5. 外用药与其他药品分开摆放。

6. 拆零销售的药品集中存放于拆零专柜或者专区。

7. 药品的陈列区应与非药品区域明显隔离，并有醒目标志。

三、中成药的养护

中成药应根据各类剂型的特点、性质等妥善养护保管。

1. 口服固体剂型（蜜丸、水丸、片剂、散剂、颗粒剂等）　这类剂型的制剂要严密包装，贮存在阴凉、避光、干燥通风处。若包装密封不严、吸潮受热，会使丸剂、片剂、颗粒剂、散剂等霉变虫蛀；颗粒剂、散剂还会结块；蜜丸剂和糖衣片会粘连；大蜜丸在贮藏中由于温度过高或过分干燥会引起皱皮甚至干裂；由于吸潮，片剂、水丸还会出现体积膨胀、疏松易碎、松散落粉；糖衣片还会受空气中氧、日光、温度影响而褪色和褪光，产生花斑等。

2. 口服液体剂型（酒剂、糖浆剂、露剂、合剂、酊剂等）　酒剂不易霉变，保存中注意密封，存放在阴凉处即可；需要注意的是，必须严密封口以防酒中的乙醇挥发，因为溶媒浓度改变会产生沉淀或变色。有的酒剂其成分见光后会发生变化，因此应装于避光的容器中保存。糖浆剂、露剂、合剂、酊剂要密封，贮藏在阴凉干燥处，防止霉变、沉淀或发酵。如糖浆剂贮存中，受热会产生蒸汽凝结，使制剂表面糖的浓度稀释，适合酵母菌的生长繁殖，在酵母菌的作用下，发酵变酸产生大量气体，气体膨胀到一定程度会引起包装破裂。

3. 其他　煎膏剂一般密封保存于阴凉干燥处，由于含有大量糖类、蛋白质等物质，贮藏养护不当会出现酸败、霉变、反砂等现象，如龟鹿二仙膏、川贝雪梨膏等出现糖的结晶析出，俗称为"反砂"，是由于贮存温度过高，水分蒸发所致。膏药和贴膏剂宜存放在阴凉处，避免日光照射和风吹；若贮存不当或长时间受热，致膏质变脆，黏性降低，贴在皮肤上容易脱落。注射剂应保持包装的完整，置于凉暗处保存；中药注射剂有的稳定性相对较差，贮藏保管时受温度、pH 值、光的影响而出现沉淀变色等现象；如含黄酮类成分的注射液，可因 pH 值降低而析出。胶剂（阿胶、鹿角胶等）因干燥易裂成碎块；遇热熔化，黏结成饼；遇潮易生霉等，因此要做好防潮、防热等养护工作。

总之，中成药的养护既有共性也有个性，在掌握共性的基础上又要根据品种贮藏要求的个性不同给予合理的养护保管。贮藏药品的仓库从整体设计到库内布局要求不断提高，通过现代的科技手段控制温湿度以保持所贮藏的药品质量稳定，保证用药安全有效。

第四节　中成药的销售

PPT

国家对药品的销售有相关的法律法规要求，中成药的销售要遵守规定。中成药的销售分为批发和零售。中成药的批发销售对象是医疗机构和有中成药经营资格的药品批发企业或药品零售企业。药品零售企业是药品销售的终端，销售对象是广大的人民群众。本节主要介绍中成药零售过程中需要注意的有关问题。

你知道吗

疫苗、血液制品、麻醉药品、精神药品、医疗用毒性药品、放射性药品、药品类易制毒化学品等国家实行特殊管理的药品不得在网络上销售。（《中华人民共和国药品管理法》）

中成药分为处方药和非处方药，应遵守国家对处方药和非处方药销售的管理的相关规定。有的中成药属于双跨品种，以标签和说明书为准来确定是处方药还是非处方药。

中成药中暂无属于特殊管理的药品的品种。但在销售过程应注意如下事项。

1. 洋参保肺丸、止嗽化痰丸等处方中含有罂粟壳（麻醉药品）；片仔癀、安宫牛黄丸、六神丸、西黄丸等处方中含有麝香，均要求在标签和（或）说明书中标注"运动员慎用"字样。

2. 通宣理肺丸、急支糖浆、复方川贝精片、止咳定喘口服液、防风通圣丸等处方中含有麻黄，也要求标注"运动员慎用"。同时，对高血压及失眠的患者慎用。

你知道吗

2000 年悉尼奥运会上，罗马尼亚 16 岁的体操运动员拉杜坎在比赛前感冒，队医让她吃了一片感冒药。尽管拉杜坎在奥运会女子全能体操比赛中获得了金牌，但赛后的兴奋剂检测表明，其尿样中含有禁用物质麻黄碱，国际奥委会做出了取消拉杜坎参赛资格并收回其所获得的金牌的裁决。

3. 外用类中成药不能内服，如如意金黄散、坎离砂、克伤痛搽剂、狗皮膏、京万红软膏等中成药只能外用。但一些内服中成药可以外用，如片仔癀、云南白药、六神丸等。

4. 同一种品种其标识和身份会有不同，因此其贮藏和销售应有不同。如风油精有标识外用的（如龙虎牌风油精）、也有未标识外用的（如水仙牌风油精），标识外用的风油精应按外用药贮藏和销售、没有标识外用的风油精按内服药贮藏和销售。

5. 含化学药成分的中成药，在销售该类中成药时应告之患者所含的化学药物成分可能造成的药品不良反应及注意事项。如感冒类中成药中如含有对乙酰氨基酚应告之购药者可能导致的不良反应，具体如下。①服用常用剂量时引起不良反应较少。偶可发生粒细胞减少、高铁血红蛋白、血小板减少、过敏性皮炎、肝炎等。②长期、大量服用本品可出现排尿疼痛、少尿、血尿等急性肾衰竭症状，在肾功能低下者尤甚。③逾量服用本品时，可出现腹泻、出汗等。含有马来酸氯苯那敏的中成药服用后可导致的主要不良反应有嗜睡、口渴、多尿、咽喉痛、困倦、虚弱感、心悸、皮肤瘀斑、出血倾向。糖尿病类中成药如含有格列本脲可见如下不良反应。①可有腹泻、恶心、呕吐、头痛、胃痛或不适。②较少见的有皮疹。③少见而严重的有黄疸、肝功能损害、骨髓抑制、粒细胞减少（表现为咽痛、发热、感染）、血小板减少症（表现为出血、紫癜）等。同时要强调此类治疗糖尿病的中成药切不可过量服用，尤其是与其他降糖药合用时注意控制用量，防止发生低血糖现象。

在我国批准注册的中成药中，有一百多种是中西药复方制剂，即含有化学药的中成药。医师、药师及患者都必须清楚，这类中成药在销售使用时应特别注意。

> **请你想一想**
> 复方甘草片是不是中成药？购买时为什么要登记身份信息？

6. 中成药因辅料的不同对其发挥作用亦有影响。如抗病毒口服液和抗病毒颗粒，抗病毒口服液的辅料为蜂蜜、蔗糖、纯化水，而抗病毒颗粒的辅料有蔗糖、糊精、广藿香油、薄荷油、白芷酊。

7. 中成药中出现主体词相同而剂型词不同，视为不同剂型相同处方的中成药，其功能主治一致。但少数例外，如四逆汤与四逆散、活血止痛散（胶囊、软胶囊）与活血止痛膏、清肺抑火丸与清肺抑火片等，见表 3-5、表 3-6、表 3-7。

表3-5　四逆汤与四逆散

品名	分类	处方	功能	主治
四逆汤	温里中成药	淡附片、干姜、炙甘草	温中散寒，回阳救逆	阳虚欲脱，冷汗自出，四肢厥逆，下利清谷，脉微欲绝
四逆散	和解中成药	柴胡、芍药、枳实、炙甘草	透邪解郁，疏肝理脾	热厥手足不温，脘腹胁痛，泄痢下重

表3-6　活血止痛散与活血止痛膏

品名	分类	处方	功能	主治
活血止痛散	骨伤科中成药	当归、三七、乳香、冰片、土鳖虫、煅自然铜	活血散瘀，消肿止痛	跌打损伤，瘀血肿痛
活血止痛膏	外科、皮肤科中成药	干姜、山奈、白芷、甘松、大黄、生天南星、生半夏、没药、乳香、冰片、薄荷脑、樟脑、陈皮、当归、丁香、胡椒、香加皮、细辛、荆芥、桂枝、辛夷、川芎、独活、牡丹皮、辣椒、苍术、颠茄流浸膏、水杨酸甲酯	活血止痛，舒筋通络	筋骨疼痛，肌肉麻痹，痰核流注，关节疼痛

表3-7　清肺抑火丸与清肺抑火片

品名	分类	处方	功能	主治
清肺抑火丸	清热化痰中成药	黄芩、栀子、知母、浙贝母、黄柏、苦参、桔梗、前胡、天花粉、大黄	清肺止咳，化痰通便	痰热阻肺所致的咳嗽、痰黄稠黏、口干咽痛、大便干燥
清肺抑火片	清热化痰中成药	黄芩、栀子、黄柏、大黄、苦参、天花粉、知母、桔梗、前胡	清肺止嗽，降火生津	肺热咳嗽，痰涎壅盛，咽喉肿痛，口鼻生疮，牙齿疼痛，牙根出血，大便干燥，小便赤黄

8. 某些属于双跨品种（既是处方药又是非处方药）的中成药，其功能一致，但其主治病证有差异，如益母草胶囊（膏、颗粒、片、口服液等）的功能是活血调经，主治血瘀所致的月经不调、产后恶露不绝，症见月经量少、淋漓不净，产后出血时间过长；产后子宫复旧不全见上述证候者。但作为非处方药的益母草胶囊功能不变，主治血瘀所致的月经不调，症见经水量少。其主治的范围明显变窄了。该品种如果销售的非处方药的主治病证与处方药相同的话，那就涉嫌经营销售假药。

9. 注意名称相近似的中成药的功能主治、用法用量等的异同，做到正确理解和正确应用。如感冒清热颗粒与感冒退热颗粒、温胃舒颗粒与养胃舒颗粒、大活络丸与小活络丸、妇宁康片与妇康宁片等。

国家实施中药现代化、《中医药法》的颁布实施等利好因素拉动中成药生产、销售稳步增长。中成药品种在医药销售领域主要分布在心脑血管疾病用药、肿瘤用药、呼吸系统疾病用药、肝病用药、骨骼肌肉系统疾病用药及虚证类疾病用药领域，皮肤科疾病用药、妇科疾病用药及儿科疾病用药增长也较快。随着居民消费水平的提高，越来越多的人群开始关注养生保健，促使相应中成药需求在不断增大。

目标检测

一、单项选择题

1. 对中成药合法性的确认依据是（　　　）
   A. 根据药品标签　　　　　　　B. 根据药品说明书
   C. 根据收集的药品资料　　　　D. 根据收集的药品资料及官网上数据查询的结果
   E. 销售人员的介绍

2. 下列表述错误的是（　　　）
   A. 收货和验收的目的是防止不合格药品入库或上架
   B. 收货后进行验收
   C. 药品的运输工具没有要求
   D. 验收包括整件药品的抽样验收和零货的验收
   E. 上市许可持有人及其地址应印在标签或者说明书上

3. 中成药说明书中不会出现的项目是（　　　）
   A. 适应证　　　B. 成分　　　C. 不良反应　　　D. 禁忌　　　E. 有效期

4. 外用药品的专用标识颜色是（　　　）
   A. 红底白字　　　　　　B. 白底红字　　　　　　C. 绿底红字
   D. 黄底红字　　　　　　E. 白底黑字

5. "请仔细阅读说明书并按说明使用或在药师指导下购买和使用"该句话是（　　　）
   A. 处方药的忠告语　　　B. 非处方药的忠告语　　　C. 处方药的警示语
   D. 非处方药的警示语　　　E. 药品提示语

6. 中成药非处方药说明书中不必采用加重字体印刷的是（　　　）
   A. 不良反应　　　　　　B. 注意事项　　　　　　C. 禁忌
   D. 忠告语　　　　　　E. 如有问题可与生产企业联系

7. 处方中含兴奋剂的中成药应在说明书和标签中注明（　　　）
   A. 儿童在医师指导下使用　　　　B. 高血压患者在医师指导下使用
   C. 运动员慎用　　　　　　　　D. 孕妇禁用
   E. 失眠患者禁用

8. 药品包装上印用或贴有的内容称为（　　　）
   A. 说明　　　　　　B. 包装说明　　　　　　C. 标签
   D. 标识　　　　　　E. 提示语

9. 药品外标签上易碎物品的标志是（　　　）

　　　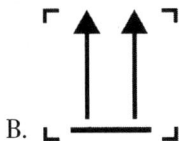　　　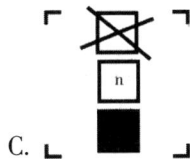

A.　　　　　　　　B.　　　　　　　　C.

D.   E.

10. 条形码线条下的数码通常由（   ）数组成

    A. 12   B. 13   C. 14   D. 15   E. 20

11. 无需在药品标签、说明书中印有规定标志的是（   ）

    A. 麻醉药品   B. 医疗用毒性药品   C. 外用药品

    D. 精神药品   E. 处方药

12. 某一药品的标签上标注有效期至 2025 年 09 月，其超过效期的起算时间是（   ）

    A. 2025 年 09 月 01 日   B. 2025 年 08 月 30 日   C. 2025 年 09 月 31 日

    D. 2025 年 09 月 15 日   E. 2025 年 10 月 01 日

13. 常温贮藏的温度要求是（   ）

    A. 2 ~ 10℃   B. 不超过 20℃   C. 10 ~ 30℃   D. 无温度要求   E. 0 ~ 25℃

14. 贮藏药品的相对湿度是（   ）

    A. 35% ~ 75%   B. 45% ~ 75%   C. 35% ~ 70%

    D. 45% ~ 70%   E. 30% ~ 75%

15. 2020 年 12 月 30 日之后生产的中成药执行的《中华人民共和国药典》标准的版本是（   ）

    A. 2010 年版   B. 2015 年版   C. 2016 年版

    D. 2011 年版   E. 2020 年版

16. 下列说法错误的是（   ）

    A. 处方中含有罂粟壳或麝香或麻黄的中成药应标注"运动员慎用"

    B. 一些内服中成药可以外用

    C. 含化学成分的中成药与不含化学成分的中成药使用上有区别

    D. 有的中成药属于双跨品种

    E. 四逆汤与四逆散功能主治相同，剂型不同

二、思考题

1. 药品的采购活动应当符合哪些要求？

2. 中成药非处方药说明书格式是怎么规定的？

书网融合……

    划重点   自测题

第四章 熟知中成药的应用

学习目标

知识要求

1. **掌握** 中成药应用的基本原则。
2. **熟悉** 中成药的用法用量。
3. **了解** 中成药用药禁忌和不良反应。

能力要求

1. 能够依据中成药应用的基本原则指导合理选用中成药。
2. 能够依据中成药的用法用量正确使用中成药。
3. 学会通过中成药用药禁忌和不良反应避免错误使用中成药，以保证用药安全。

实例分析

实例 李某，男，36岁，自述感冒不适，发热，头痛，口干，咽喉肿痛，咳嗽，鼻塞，流浊涕。就诊后医生开处方药有双黄连口服液、白加黑和维生素C，并叮嘱患者饮食要清淡，忌烟酒，多饮水，适当休息。

问题 双黄连口服液、白加黑和维生素C配合的作用特点是什么？

第一节 中成药应用的基本原则

PPT

一、中成药选用原则

中成药遵循辨证选用、辨病选用、辨病与辨证结合选用的原则。

（一）辨证选用

辨证选用是指根据中医理论，辨别分析疾病的证候，针对证候选用适当的中成药。中医的辨证方法主要有八纲辨证、病因辨证、气血津液辨证、脏腑辨证、经络辨证、六经辨证、卫气营血辨证和三焦辨证等，其中八纲辨证是各种辨证的总纲，包括阴证、阳证、表证、里证、寒证、热证、虚证、实证八类基本证候。

疾病的发生、发展与变化相当复杂，但总不外乎"正"和"邪"，人体正气虚是产生疾病的主要因素，外邪入侵是致病的条件。一般说来，"正气存内，邪不可干。""邪之所凑，其气必虚。"致病因素有风、寒、暑、湿、燥、火之邪气和喜、怒、忧、思、悲、恐、惊七情过极，饮食劳逸、痰饮瘀血、外伤、虫兽伤等。由于致病原因和机体正气的强弱不同，疾病的症状也不同。中医学治病的特点就是要首先辨明证候，针对证候确定治法，然后遣药组方进行治疗。中成药是中医药学的重要组成部分，故须辨证选用针对性强的中成药，才能发挥出较好的疗效，否则不仅疗效差，甚至延误病情，导致他变的不良后果。例如外感风寒之头痛、身痛，宜用九味羌活丸或清眩丸；外感风热头痛、身痛，宜用芎菊上清丸、银翘解毒丸；外感风寒之咳嗽、痰多，吐痰清稀，宜用解表散寒、宣肺止嗽的通宣理肺丸，不宜用治疗风热咳嗽的桑菊感冒片，也不宜用治疗阴虚咳嗽的养阴清肺膏或治疗肺热咳嗽的川贝枇杷糖浆；而平素体虚，外感风寒引起的咳嗽痰多，脉象无力，宜用益气解表、疏风解表、祛痰止咳的参苏丸。

> **请你想一想**
>
> 小丽同学因过食了麻辣的食物出现口干舌燥、口角溃烂、大便干结等症状。经过分析后给她用了清热泻火中成药。这是不是遵循了辨证选用的原则？

（二）辨病选用

辨病选用是指即针对中医的特殊疾病，或经西医确诊的一些疾病，根据疾病的特点，选用针对性强的中成药。例如治疗慢性胃炎可选用三九胃泰胶囊、胃乃安胶囊，消化性溃疡可选用海洋胃药。这种选药途径有利于患者根据疾病特征自行选用中成药。

（三）辨病与辨证结合选用

辨病与辨证结合是指将西医辨病与中医辨证相结合，选用适当的中成药。西医治病依病给药，中医治病辨证施治，取其两种医疗体系之长，走中西医结合之路。如经西医确诊的慢性萎缩性胃炎，再运用中医辨证分清虚寒血瘀型、阳虚型、阴虚型等，可分别选用摩罗丹、温胃舒颗粒、养胃舒颗粒等治疗。但要真正做到辨病辨证结合使用，必须兼通中西医和中西药。

在实际选用时，还需考虑剂型的特点。就口服剂型而言，慢性病需长期服药的，宜选用颗粒剂、糖浆剂、片剂、蜜丸、胶囊剂或酒剂，需短期服药的，可选用合剂、口服液、滴丸剂、散剂、胶囊剂、水丸等。急性发作的疾病，选用注射剂、滴丸、散剂、水丸较好。多剂型的同一品种，应根据患者体质和病情选用，体质壮实者宜用水丸，体质虚弱者宜用蜜丸、煎膏剂。病较重者可选用注射剂，但应注意要求做皮试的一定要做皮试，以防过敏。贴膏剂显效快，适合于治疗急性疼痛、炎症等，黑膏药贴用可相对长些，以治疗慢性疾病较好。

你知道吗

中成药的发展前景包括四方面：一是疾病谱的改变，化学药物对"身心疾病"的疗效不明显；二是人们安全用药的意识越来越强，毒副作用较小的中成药受到青睐；三是老龄社会的到来，人们把养生防衰、延年益寿、康复保健的目光投向了历史悠久的中医药；四是中医药研发的世界潮流，天然药物、自然疗法引起全世界的关注和极大兴趣。

二、中成药配合使用

中成药处方组成固定，而且都是针对某一疾病证型的一般表现而设计的，但临床上病情表现不尽相同，常出现主要症状的差异，如外感风寒，有的以发热恶寒、头痛身痛为主，有的以鼻塞、流清涕为主，有的以咳嗽为主。一种成药往往难以照顾全面。因此，除辨证选择适当的中成药外，还可通过配合使用，以获得更好、更全面的效果。中成药配合使用的形式主要有以下几种类型。

（一）中成药与汤剂配合使用

适用于病情复杂或较重，单用中成药难于见效，需中成药配合汤剂使用效果更佳者。中成药与汤剂配合使用主要有三种形式。①中成药与汤剂同服：即用汤剂送服或化服中成药，如治疗乙脑高热神昏、抽搐，用汤剂清瘟败毒饮与安宫牛黄丸或紫雪散同服。②汤剂与中成药交替服用：或白天服汤剂，早晚服中成药；③中成药与汤剂同煎服：即将中成药装入布袋与饮片同煎或直接与饮片同煎。一些贵重中成药如安宫牛黄丸，在服用时可配伍清热解毒凉血的汤剂同服，以利于服用和增强疗效。据报道，有人用云南白药配伍六味地黄丸加其他滋阴补阳药汤剂合用，治疗白血病获得一定疗效。

（二）中成药与药引配合使用

药引是指起引经作用或协同作用的次要药，它们发挥协同作用或引经作用而增强中成药的疗效。药引的正确应用对引药入经，直达病所，提高药效，照顾兼症，扶助正气，调和药性，降低毒性，矫臭矫味，便于服用等有重要作用。常用药引有以下几种。

1. 生姜　能发散风寒，温胃止呕。可配合治疗风寒感冒、胃寒呕吐、脘腹冷痛的中成药使用。一般用5~8片（9~12g），煎汤趁温送服，如九味羌活丸、附子理中丸、藿香正气丸等。

2. 芦根　甘寒，能清热、生津、止渴。以鲜者为佳。可配合治疗外感风热、胃热呕吐或痘疹初起的中成药使用，如银翘解毒丸、小儿回春丸等。用鲜品20~30g或干品10~15g煎汤送服。

3. 黄酒（白酒）　辛热，能散寒、通经、活血。可配合治疗风寒湿痹，跌打损伤，腰腿肩臂疼痛，寒凝经闭、痛经、疝气的中成药使用，如活络丸、七厘散、宁坤养血丸等。用黄酒25~50ml，白酒酌减，加温开水适量趁温送服。特别注意酒的用量宜根据患者性别、年龄、体质、饮酒量而定，勿令醉，不能饮酒者亦可用温开水送服。

4. 食盐　咸寒，能引药入肾。可配合补肾、涩精、疗疝等中成药使用，如六味地黄丸、大补阴丸、健步强身丸、茴香橘核丸等。用食盐0.5~1.5g，温开水半杯兑成淡盐水送服。

5. 米汤　甘寒，能益胃生津，保护胃气。可配合治疗胃肠疾病而苦寒性较重的中成药使用,如更衣片(胶囊)等。

6. 红糖 甘温,能补血散寒、活血祛瘀。可配合治疗妇女血虚、血寒之月经不调、经闭、痛经,产后恶露不尽,乳汁稀少的中成药使用,如艾附暖宫丸、调经丸、八珍益母丸等。用 15~30g 红糖,开水溶化趁温送服。

7. 葱白 辛温,能解表散寒,通阳。可配合治疗外感风寒的中成药使用,如九味羌活丸、川芎茶调丸等。用葱白(连须)3~5 个,切碎,煎汤趁温送服。

8. 蜂蜜 蜂蜜能补中缓急,润肺止咳,润肠通便。可配合治疗肺燥咳嗽、阴虚久咳、习惯性便秘等中成药使用,如蛇胆川贝散、养阴清肺膏、麻仁丸等。用蜂蜜适量兑温开水送服。

9. 大枣 甘温,能补中益气,养血宁神。可配合治疗脾胃虚弱、中气不足的中成药使用,如补中益气丸、参苓白术丸等。一般用 5~10 枚,煎汤送服中成药。

10. 大枣加生姜 大枣加生姜能补益脾胃,增进食欲,促进药物吸收。可配合治疗脾胃虚寒的中成药使用,如理中丸、小建中合剂等。煎汤送服中成药。

11. 藕汁 甘寒,能清热、凉血、止血。可配合治疗血热妄行的中成药使用,如荷叶丸、十灰散等。用生藕捣汁或用 5~10 个藕节煎水送服中成药。

中药药引众多,尚有薄荷、荆芥、苏叶、西瓜、梨、饴糖、冰糖等,临床根据病情需要酌情选用。

(三)中成药之间配合使用

当患者病情较重或复杂时,一种中成药难以满足治疗需要,可以选择两种或两种以上的中成药配合使用。合理的中成药之间的配合使用可以达到增强疗效、扩大治疗范围,减少不良反应的目的,这样的配合使用产生的作用又称为协同作用;不合理的中成药之间的配合使用会导致疗效降低或不良反应明显增多,这样的配合使用产生的作用又称为拮抗作用。

1. 协同作用的配伍

(1)增强疗效,扩大治疗范围 ①功效相近的中成药配合使用。如胃热牙痛、口臭、咽痛,可用牛黄解毒片配清胃黄连丸治疗;心火舌肿、尿赤、烦躁,可用牛黄解毒片配导赤散治疗;肺阴虚声音嘶哑,可用养阴清肺膏配清音丸治疗;治五更泄用四神丸配理中丸;治风湿热邪郁滞之皮肤刺痒,可用防风通圣丸配银翘解毒丸。②功效不同的中成药配合使用。如外感风寒表证、咳嗽均重,可用九味羌活丸配通宣理肺丸;外感风热表证、咳嗽均重,可用银翘解毒丸配川贝枇杷糖浆或清气化痰丸、蛇胆陈皮散;外感风热头痛甚者,可用银翘解毒丸配芎菊上清丸;腹部受寒腹痛、腹泻,可用附子理中丸配六合定中丸;肝火亢盛之高血压头昏、头胀痛、失眠,可用牛黄清心丸或龙胆泻肝丸配磁朱丸;外感暑湿,内伤饮食较重,可用藿香正气丸配保和丸等。应该指出,这类两种成药功效不同,是指按功效分类不同而言,并非二者之间毫无关系,如银翘解毒丸属解表类中成药,川贝枇杷糖浆、清气化痰丸、蛇胆陈皮散属止咳平喘类中成药,前者以清热解表为主,后者以清肺止咳见长,均可用于肺热咳嗽,故外感风热表证、咳嗽均重，二者可以配合使用，取长补短，提高疗效。

（2）减少不良反应　如肾虚腰痛可用青娥丸配二至丸治疗，前者温补肾阳，后者滋补肾阴，又可防久服青娥丸升火。

2. 拮抗作用的配伍　当两种中成药的作用相反或两种中成药处方中分别含有作用和功效相反的药物而又配合使用时，可能导致疗效降低或不良反应明显增多，应尽量避免有拮抗作用的配伍。如清热类中成药与温里散寒类中成药配合使用；补气类中成药与行气类中成药配合使用；泻下类中成药与收涩止泻类中成药配合使用等。

（四）中成药与化学药配合使用

中成药与化学药配合使用已较广泛，中成药配伍化学药可取得比单用化学药或单用中成药更满意的效果，如难治性癫痫用青阳参片与苯妥英钠配合服用疗效较好。部分有不良反应的化学药与中成药配伍后，可降低化学药的不良反应，如健脾益肾中药与化疗药合用，可降低化疗药的不良反应。有报道，在注射链霉素的同时内服治肾虚耳鸣的骨碎补煎剂可减轻或消除链霉素的不良反应。但实际配合使用时应注意它们的协同作用和对药物吸收排泄的影响。必须指出，中成药与化学药配合使用必须以中西医药理论为指导，在配合使用时必须弄清楚中成药与化学药彼此的性能和特点，才能降低其毒性或不良反应，提高疗效。并注意避免下列问题出现。

1. 形成难溶性物质，降低疗效　如含钙、铝、镁、铁、铋等的中药与四环素类、异烟肼等抗生素合用，可降低这些抗生素的疗效。仅含钙的中成药就很多，如牛黄解毒丸、牛黄上清丸、牛黄清胃丸、骨折挫伤胶囊、利胆排石片、六一散、益元散、乌贝散、木香槟榔丸、槟榔四消丸、橘红丸、二母宁嗽丸、蛤蚧定喘丸等。

2. 产生有毒化合物　如六神丸、安宫牛黄丸、牛黄解毒丸、喉症丸等含雄黄的中成药与含硫酸盐、硝酸盐的硫酸镁、硫酸亚铁合用，会使雄黄中的主要成分硫化砷氧化而增加毒性；含朱砂的中成药如朱砂安神丸、六神丸、六应丸、梅花点舌丸、仁丹、七珍丸、七厘散、紫雪散、苏合香丸、冠心苏合丸等，与还原性溴化物、碘化物、亚铁盐、亚硝酸盐等同服，产生有毒的溴化汞和碘化汞，导致赤痢样大便甚至药源性肠炎。

3. 产生沉淀，降低疗效　含鞣质较多的中药与钙剂、铁剂、硅炭银、氯化钴等同服，可在回盲部结合，生成难以吸收的沉淀物而降低药物的疗效。

4. 酸碱中和　酸性中成药如大山楂丸、脉安颗粒等与氨茶碱、胃舒平、碳酸氢钠等碱性化学药合用，会使二者疗效降低。

5. 拮抗作用　鹿茸含有糖皮质激素样物质，能升高血糖，故含鹿茸的中成药如鹿茸精注射液、鹿胎膏等与胰岛素、苯乙双胍（降糖灵）、格列本脲（优降糖）、甲苯磺丁脲（D–860）等降糖药物合用，会抵消降糖药物的部分降糖作用。含大黄的泻下中成药如四消丸、清宁丸等与土霉素、新霉素等化学药合用，会因肠道细菌被抗生素抑制，而影响大黄的泻下作用。

6. 因酶促作用降低疗效　国公酒等药酒含有乙醇，若与苯巴比妥（鲁米那）、苯妥英钠、安乃近、胰岛素、甲苯磺丁脲（D－860）、苯乙双胍（降糖灵）等同服，因乙醇是一种药酶诱导剂，能增强肝药酶活性，使上述药物在体内代谢加快，半衰期缩短，而显著降低疗效。

7. 酶抑作用增加毒性　大活络丸、九分散、半夏露颗粒等含麻黄的中成药，与呋喃唑酮（痢特灵）、帕吉林（优降灵）、苯乙肼等单胺氧化酶抑制剂合用，麻黄中的麻黄碱可促使被贮存于神经末梢中的去甲肾上腺素大量释放，严重时可致高血压危象和脑出血。

8. 其他生物效应引起的不良反应　含甘草、鹿茸的中成药与阿司匹林合用，阿司匹林对胃黏膜有刺激，而甘草、鹿茸则含糖皮质激素，能使胃酸分泌增多，并能减少胃黏液分泌，降低胃肠抵抗力，从而诱发加重胃、十二指肠溃疡病。

9. 药理作用相互影响，增加毒性　如含钙离子的中药与洋地黄类药物合用，可增强洋地黄类药物的作用与毒性；黄药子、诃子、五倍子、地榆和四季青等中药对肝脏有一定的毒性，与四环素、利福平、氯丙嗪、异烟肼和红霉素等有肝毒性的药物合用时，应警惕发生药源性肝病。

此外，中西医结合时还应注意药物对疾病证型的干扰，妨碍中医辨证施治。如原属中医气虚血瘀型患者，因血压高，西医给予地巴唑、曲克芦丁（维脑路通）等血管扩张药治疗，服药后可出现面部潮红、灼热等症状。如果此时再就诊中医，很容易误诊为"肝阳上亢"。

第二节　中成药的使用方法

PPT

中成药的使用方法包括给药方法、给药时间、用药剂量三方面。正确地使用中成药，是保证其安全有效的一个重要环节。

一、给药方法

常见的给药方法有内服（口服）、外用及注射。

（一）内服

1. 直接口服　液体中成药如口服液、水剂、糖浆剂、露剂、药酒、膏滋等均可直接口服。药酒、膏滋亦可加入少量温开水兑服。

2. 送服　俗称吞服。用温开水或其他液体药引将中成药送服体内，如丸剂、散剂、片剂、胶囊剂等。体大的蜜丸可先嚼碎后饮水吞服。

3. 冲服　用温开水冲化、搅匀后饮服，如颗粒剂类、膏滋类及不习惯送服散剂的，均可用此法，但加水要适量。

4. 调服　吞咽困难的患者及小儿服用散剂、丸剂（蜜丸研成糊）、片剂时，用糖水、温开水或乳汁将药调成糊状后服用。

5. 含化　将药物含于口中，缓缓溶解后咽下。防治心绞痛、咽喉病、暑病的中成药如速效救心丸、苏冰滴丸、复方草珊瑚含片、健民咽喉片、仁丹等用此法。

　　6. 炖服　胶剂可用开水或黄酒炖化后服用，黄酒有矫味、缓腻作用。

　　7. 泡服　茶剂、袋泡剂用开水泡后直接饮服。

　　（二）外用

　　1. 涂搽　将患处清洁或消毒后，将药物均匀涂搽在病灶部位。外用软膏剂、涂剂、酊剂、搽剂，如京万红软膏、擦癣药水、风油精等用此法。

　　2. 撒布　将患处清洁或消毒后，将药物均匀撒布其上，再用膏药或消毒纱布贴盖固定。外用散剂、丹剂，如黄升丹、生肌散及止血用云南白药（亦可配以内服）用此法。

　　3. 调敷　将患处清洁或消毒后，外用散剂用水或其他液体辅料调成糊状敷布患处，垫油纸后用纱布固定。常用液体辅料有茶水、酒、醋、蜂蜜、花椒油、麻油、菜油等。茶水、醋调敷如意金黄散，有助于解毒、消肿；白酒调敷九分散，有助于活血止痛；花椒油调敷四圣散、青蛤散，有助于燥湿止痒。蜂蜜、麻油、菜油调敷药物，取其滋润不易变干。

　　4. 吹布　用红棉散吹耳治耳内流脓，用前须将耳脓用消毒棉签搅洗干净。用锡类散、西瓜霜、冰硼散、双料喉风散吹布咽喉，以治疗咽喉肿痛。此外，一些醒脑开窍的急救药，常用少许吹入鼻中，刺激取嚏，如行军散、通关散。

　　5. 塞入　栓剂、外用片剂采取塞入阴道或肛门内治疗阴痒、痔疮等，如双黄连栓（小儿消炎栓）等。

　　6. 熨　如坎离砂加米醋拌匀，用棉垫或毛巾包好，待发热后熨患处。

　　7. 灸　将药艾条点燃并去掉明火后薰烤患处。

你知道吗

　　艾灸指点燃用艾叶制成的艾炷、艾条，熏烤人体的穴位以达到保健治病的一种自然疗法。灸法能温通经络、行气活血、温中散寒、回阳复脉、升举阳气、活血散瘀、消肿止痛等，尤其适用于慢性虚弱性疾病及风寒湿邪所致的病证。

　　8. 点眼　眼用制剂用点眼方法给药。眼用散剂用所附的小玻棒沾凉开水润湿，再沾眼药点眼角，如八宝拨云散。眼用锭剂直接用药沾凉开水点眼角，或合眼夹住片刻更宜。眼用软膏剂直接挤入眼内，如白敬宇眼膏。

　　（三）注射

　　注射是将无菌药液注入人体，以达到诊断、治疗和预防疾病的目的。中成药注射剂有皮内注射、皮下注射、肌内注射、静脉注射和穴位注射之分，由医护人员按严格的操作程序进行，以免出现医疗事故。

二、给药时间

　　1. 空腹给药　补益药宜空腹服，以利于充分发挥药效。日服 1 次的宜早晨服；日服 2 次的早晨、睡前各服 1 次。治阴虚、血虚药宜早晨一次顿服；补阳药宜早晨 6 ~ 9 时一次服用；祛痰药宜饭前服，以利间接促进支气管分泌，稀释痰液，便于排痰。峻下逐水药，宜清晨服，以利消除水肿水胀。驱虫消积药，清晨空腹或晚上睡前服，效果较佳。其他，如镇静安神药，宜睡前 1 ~ 2 小时服；药酒宜睡前服；开胃药宜饭前服；涩精止遗药宜早晚各服 1 次；润肠通便药，宜空腹或半空腹服用；制酸药和消食药宜饭前服。

2. 饭后给药　消食导滞药和对胃肠道有刺激作用的药宜饭后 15 ~ 30 分钟或 1 小时服用。

3. 及时给药　需及时给药的有缓解心绞痛药、解表药、咽喉疾患局部用药、止泻药、止呕药和危急重症用药，宜及时给药。

4. 提前给药　截疟药，口服者宜在疟疾发作前 2 ~ 3 小时服用；调经药宜在经前 3 ~ 5 天服用，如属肝郁型痛经或乳胀在经前 3 ~ 5 天服用疏肝解郁药可收到良好效果；平喘药在哮喘发作前 1 ~ 2 小时口服为宜，而气雾剂则宜在哮喘发作前用药 3 ~ 5ml 为宜。

三、用药剂量

中成药的用量既直接影响药效，又关系到患者用药安全。用量过少，药力不足，疗效低；用量过大，药力过猛，会引起中毒等不良反应。因此，应根据患者生理条件等考虑中成药的用量。如儿童尤其是幼儿，因生理、生化功能不完善，肝药酶活力不高，肾脏排泄功能和血脑屏障均不健全，故对药物较敏感。老人生理功能减退，代偿适应能力弱，对药物亦较敏感。因此，儿童、老人用药量应酌减。女患者对某些药物较敏感，尤其在月经、妊娠、分娩、哺乳期用药应特别注意。

大多数中成药作用力和缓，可按说明书规定剂量服用。但体健的急性患者，在医生指导下可适当增加用药量或服用次数，体虚患者和慢性病患者，用药量和用药次数可适当减少或改为日服 1 次，长期服用。

含毒剧药的中成药，如含马钱子碱的风湿马钱片，含乌头碱的小活络丸等，应严格按规定剂量服用，以免中毒。老幼给药剂量可按成人服用量折算，一般初生至 1 个月用成人量 1/18 ~ 1/14，1 ~ 6 个月用成人量 1/14 ~ 1/7，6 个月 ~ 1 岁用成人量 1/7 ~ 1/5，1 ~ 2 岁用成人量 1/5 ~ 1/4，2 ~ 4 岁用成人量 1/4 ~ 1/3，4 ~ 6 岁用成人量 1/3 ~ 1/2，6 ~ 9 岁用成人量 2/5 ~ 1/2，9 ~ 14 岁用成人量 1/2 ~ 2/3，14 ~ 18 岁用成人量 2/3 ~ 全量，18 ~ 60 岁用全量，60 岁以上用成人量 3/4。

第三节　中成药的用药禁忌与不良反应

PPT

一、中成药的用药禁忌

（一）妊娠禁忌

某些药物具有损害胎儿以致堕胎的副作用，应该作为妊娠禁忌药物。根据药物对胎儿损害程度的不同，一般可分为禁用、忌用和慎用三类。禁用的大多是毒性较强，或药性猛烈的药物，如牛黄解毒片（丸）、小活络丸、木香槟榔丸、玉真散、失笑散、当归龙荟丸、苏合香丸、纯阳正气丸、冠心苏合丸、紫雪散、跌打丸、醒消丸等。忌用的如大活络丸、云南白药、梅花点舌丸、紫金锭、礞石滚痰丸等。慎用的药物，如黄连上清丸、女金丸、天麻丸、龙胆泻肝丸、安宫牛黄丸、防风通圣丸、附子理中丸等。

凡禁用的药物，妊娠期间绝对不能使用；忌用的药物，原则上不能使用；慎用的药物，则可根据孕妇患病的情况酌情选用。若没有特殊必要时，应尽量避免使用，以防发生事故。

（二）饮食禁忌

患者在服药或用药期间，某些食物不能同时食用，前人称为服药禁忌，简称忌口。具体地讲，在服药期间，不宜吃与药性相反或影响疾病治疗的食物。因为各种食物与药物一样，都具有不同的性能，要使忌口适宜，必须根据疾病和药物的性能特点来考虑忌口，这样才能不致忌得过多、过少或忌错，而有利于发挥药效，缩短病程，早日恢复健康。例如，脾胃虚寒或胃寒疼痛等患者，服用温中祛寒药如四逆汤、附子理中丸等时，不宜食生冷寒凉食物，以免助寒；热性病患者，服用清热解毒药（如六神丸、牛黄解毒丸等）、清热泻火药（导赤丸、三黄片等），忌食辛辣、温热、油腻等助热食物；脾胃消化功能减退的食积不化、胸腹胀闷等患者，服用健脾消导药时，不宜吃黏腻、油煎等不易消化的食物；神经衰弱之心悸失眠的患者，在服用镇静安神药时不宜吃辛辣、酒、浓茶等刺激和兴奋中枢神经的食物；麻疹患者服用清热透疹药，如小儿紫草丸、透表回春丸等时，忌食油腻酸涩食物；服用含人参的中成药如人参养荣丸、健脑补肾丸等时，忌食萝卜；服用含铁的中成药如磁朱丸等时，不宜饮茶、吃柿子等；外科疮疡肿毒、哮喘、咳嗽等患者，对姜、椒、酒、鱼、虾等发物类食物，当在禁忌之列，否则宜助热动血，加重炎症，增加病痛。

总之，服药和用药期间的饮食禁忌，与治疗进程是有密切关系的。要恢复健康，除药物的力量外，还须患者饮食调理得当，在服药期间不能食用影响药物疗效的食物，随时注意"吃药"和"调理"的密切结合，才能达到尽快恢复健康的目的。

二、中成药的不良反应

过去对中成药的不良反应认识不足，现在经临床报道发现有些中成药也有不良反应，临床应用时当引起重视。

（一）过敏反应

过敏反应是指少数患者由于体质特异，对某些药物所产生的病理性免疫反应，又称变态反应。轻者表现为药物热、皮疹、血管神经性水肿，重者可引起过敏性休克。如地龙注射液、鱼腥草注射液、云南白药、六神丸等能引起过敏性休克，极少数人口服藿香正气丸后引起过敏性药疹，其他如板蓝根注射液、牛黄解毒片等亦有引起过敏反应的报道。过敏反应与用药剂量无关，不同药物有时可出现相似的反应，故对易引起过敏反应的患者，应了解其用药史，注射液用药前根据要求做过敏试验，以保证用药安全。

（二）毒性反应

指药物对机体产生的明显损害性反应。中成药中毒多因用药剂量过大或用药时间过长所致。因剂量过大而立即发生的中毒称为急性中毒，因长期服药逐渐产生的中毒称为慢性中毒。如长期服用含雄黄的中成药，会逐渐引起皮肤角化及色素沉着（即砷角化病和砷黑变病）；又如长期服用含蒽醌类成分（大黄、番泻叶、芦荟、决明子等含有蒽醌类成分）的中成药可导致结肠黑变病，即为慢性中毒。在治疗中必须避免中成药的毒性反应，注意控制用药剂量和连续用药的时间，必要时应停止用药或改用其他中成药。

（三）副作用

副作用系指药物在治疗量时所出现的与防治作用无关的作用，给患者带来一些轻微的不适。如牛黄解毒片、藿香正气丸等可引起胃肠道不良反应，云南白药、复方斑蝥胶囊等可致肾脏不良反应。含有化学药物的中成药维 C 银翘片、感冒清片、复方感冒灵片、鼻炎康片等，因含抗组织胺药马来酸氯苯那敏（扑尔敏），常出现嗜睡等副作用。

目标检测

一、单项选择题

1. 中成药临床应用基本原则有（　　）
    A. 辨证用药　　　　　　B. 辨病辨证结合用药　　　　C. 剂型的合理选择
    D. 合理选择给药途径　　E. 以上答案均是
2. 老年人使用剂量应取（　　）
    A. 偏小值　　　　　　　B. 偏大值　　　　　　　　　C. 偏中值
    D. 偏高值　　　　　　　E. 偏低值
3. 使用中药注射剂错误的是（　　）
    A. 用药前应仔细询问过敏史
    B. 辨证施药，禁止超功能主治用药
    C. 中药注射剂应单独使用，严禁混合配伍
    D. 加强用药监护
    E. 中药注射剂可以混合配伍
4. 以下哪些人群需要加强药品监护（　　）

　　A. 老人　　　　　　　　　　　B. 儿童　　　　　　　　　　　C. 肝肾功能异常

　　D. 初次使用中药注射剂的患者　　　　E. 以上答案均是

5. 中成药的配合使用不包括（　　　）

　　A. 中成药之间配合使用　　　　　　　B. 中成药与汤剂配合使用

　　C. 中成药与药引配合使用　　　　　　D. 中成药与保健食品配合使用

　　E. 中成药与化学药品配合使用

6. 服用九味羌活丸治疗风寒表证时，可以作为药引的是（　　　）

　　A. 芦根　　　B. 生姜　　　C. 藕汁　　　D. 醋　　　E. 食盐

7. 服用银翘解毒丸治疗风热表证时，可以作为药引的是（　　　）

　　A. 芦根　　　B. 生姜　　　C. 藕汁　　　D. 醋　　　E. 食盐

8. 服用麻仁丸治疗便秘时，可以作为药引的是（　　　）

　　A. 红糖　　　B. 生姜　　　C. 蜂蜜　　　D. 大枣　　　E. 黄酒

9. 下列属于协同作用的配伍的是（　　　）

　　A. 清热类中成药与温里散寒类中成药

　　B. 补气类中成药与行气类中成药

　　C. 泻下类中成药与收涩止泻类中成药

　　D. 牛黄解毒片与清胃黄连丸治疗胃火牙痛

　　E. 六神丸与硫酸亚铁

10. 能够减少不良反应的配伍的是（　　　）

　　A. 治五更泄用四神丸配理中丸

　　B. 治风湿热邪郁滞之皮肤刺痒用防风通圣丸配银翘解毒丸

　　C. 治肾虚腰痛用青娥丸配二至丸

　　D. 治肺阴虚声音嘶哑用养阴清肺膏配清音丸治疗

　　E. 治腹部受寒腹痛用附子理中丸配六合定中丸

二、思考题

1. 正在服用硫酸亚铁的贫血患者治疗口疮时，是否可以使用牛黄解毒片？为什么？

2. 胃炎患者服用了复方氢氧化铝后，是否可以使用大山楂丸促进消化？为什么？

书网融合……

🔲 划重点　　　　　🔲 自测题

中篇

各科常用中成药

第五章 熟悉内科常用中成药（上）

第一节 解表中成药

PPT

学习目标

知识要求

1. **掌握** 本节所列中成药的功能主治、使用注意及用法用量。

2. **熟悉** 解表中成药的概念、分类；四类解表中成药所治疗的病证成因、常见临床表现及代表性中成药；本节所列中成药使用时的辨证要点；感冒清热颗粒、川芎茶调丸、银翘解毒丸、桑菊感冒片、防风通圣丸的处方组成。

3. **了解** 本节所列中成药的药理作用及现代应用。

能力要求

1. 熟练掌握感冒的辨病辨证分型方法。

2. 学会运用本节所学专业知识介绍解表中成药的治疗特点、使用注意及用法用量等。

实例分析

实例 张先生，27 岁，发热（37.6℃）、咳嗽 2 天，到药店购买感冒药。现症状有发热，怕风，头痛，咳嗽，口干，咽痛，舌淡苔薄黄。

问题 1. 初步判断张先生所患何种病证？

2. 根据张先生所患病证，重点介绍哪类解表中成药？如何介绍？

一、概述

【概念】 凡以解表药为主组成，具有发汗、解肌等作用，主要用于治疗表证的中成药，称解表中成药。

【功能与主治】 解表中成药具有发汗解表、解除表证等作用。主治表证，临床主要表现为恶寒，发热，头痛，身痛，无汗或有汗，鼻塞，流涕，脉浮等。由于外感表证多兼有风湿热毒，所以本类中成药处方中多配伍祛风湿、清热解毒之品。

【分类】 解表中成药分为辛温解表、辛凉解表、表里双解、扶正解表四类中成药。

【使用注意】

1. 应用解表中成药，重在辨清表证的性质及其兼证。若表邪未尽，又出现里证，则须先解表后治里；表里并重，则应表里双解；若表邪已解，则不宜再用解表药。

2. 若麻疹已透，疮疡已溃，虚证水肿，吐泻失水，热病后期津亏等，亦不宜使用。

3. 服用解表中成药，宜以遍身微汗出为佳，若汗出不彻则病邪不解，太过则伤津耗气，重者还可导致亡阴亡阳之危症。

4. 服药期间忌食过多高脂肪食物，以免恋邪，并注意避风邪，防止重复感冒。

二、常见解表中成药

（一）辛温解表中成药

辛温解表中成药主治风寒表证（又称风寒感冒），为风寒袭表，肺卫功能失调所致，症见恶寒发热，恶寒重，发热轻，头痛，肢体酸痛，鼻塞，流清涕，不渴，无汗或有汗，苔薄白，脉浮紧或浮缓等。代表中成药有九味羌活丸、川芎茶调丸、感冒清热颗粒等。

九味羌活丸

Jiuwei Qianghuo Wan

【方源】《此事难知》《中国药典》2020 年版

【处方】羌活 150g　防风 150g　苍术 150g　细辛 50g　川芎 100g　白芷 100g　黄芩 100g　甘草 100g　地黄 100g

【功能】疏风解表，散寒除湿。

【主治】用于外感风寒夹湿所致的感冒，症见恶寒、发热、无汗、头重而痛、肢体酸痛。

【方解】方中羌活祛风散寒，除湿止痛，为君药。防风、苍术发汗祛湿，助羌活解表，为臣药。细辛、白芷、川芎发散风寒，宣通湿痹，除头身酸痛；黄芩、生地黄清热生津，治里热口苦微渴，又可防止方中辛散苦燥之药太过伤津，为佐药。甘草调和诸药为使。诸药合用，共奏疏风解表、散寒除湿之功，主治外感风寒夹湿证。

【药理作用】主要有明显的解热、镇痛、抗炎、抗菌、抗病毒、调节免疫等作用。

【临床应用】

1. 辨证要点　本品为治疗外感风寒湿邪兼有里热的常用中成药，临床以恶寒发热、头重而痛、肢体酸痛、无汗、口苦微渴、苔薄白腻、脉浮为辨证要点。临床应用时，可根据证情酌情配伍，如风寒偏胜，头痛剧烈，肢体酸痛，可与川芎茶调丸同用。

2. 现代应用　常用于普通感冒、流行性感冒、风寒湿痹、偏头痛、坐骨神经痛、腰肌劳损、荨麻疹、落枕、面神经麻痹等属外感风寒湿邪兼有里热者。

3. 使用注意　风热表证者不宜服用，孕妇慎用，阴虚少津者忌服。

【性状】本品为棕褐色的水丸；气香，味辛、微苦。

【剂型规格】丸剂。500 粒重 31g，每袋装 6g 或 18g。除此另有颗粒剂、合剂。

【用法用量】用姜葱汤或温开水送服，一次 6～9g，一日 2～3 次。

【贮藏】密闭，防潮。

川芎茶调丸
Chuanxiong Chatiao Wan

【方源】《太平惠民和剂局方》《中国药典》2020 年版

【处方】川芎 120g　白芷 60g　羌活 60g　细辛 30g　防风 45g　荆芥 120g　薄荷 240g　甘草 60g

【功能】疏风止痛。

【主治】用于外感风邪所致的头痛，或有恶寒、发热、鼻塞。

【方解】方中川芎治头顶、两侧头痛，羌活治后头痛，白芷治前额痛，共为君药。荆芥、防风、细辛、薄荷，善祛头目风邪，且散寒止痛，共为臣药。茶叶清上降下，使方中药性升中有降，防止辛散太过为佐药。甘草调和诸药为使。诸药合用，共奏散寒解表、疏风止痛之功，主治风寒头痛、鼻塞为其专长。

【药理作用】主要有镇痛、镇静、抗炎及解热等作用。

【临床应用】

1. 辨证要点　临床以头痛，恶风，鼻塞，舌淡苔薄白，脉浮为辨证要点。临床应用时，可根据证情酌情配伍，如外感风寒头痛，兼有咳嗽痰多色白者，可与半夏露同用；若头风头痛呈刺痛状，可与复方丹参片或参三七粉同用。

2. 现代应用　常用于感冒头痛、头风头痛、偏正头痛、血管神经性头痛、慢性鼻炎、鼻窦炎等属外感风邪者。

3. 使用注意　孕妇慎用。凡气虚、血虚或肝肾阴虚、肝阳上亢、肝风内动等所致的头痛不宜用。

【性状】本品为黄棕色至棕褐色的水丸；气香，味辛、甘、微苦。

【剂型规格】丸剂。水丸每袋装 6g 或 12g，或瓶装。除此另有浓缩丸、片剂、茶剂、散剂、颗粒剂。

【用法用量】口服。饭后清茶送服。一次 3～6g，一日 2 次。

【贮藏】密闭，防潮。

感冒清热颗粒
Ganmao Qingre Keli

【方源】新研制方《中国药典》2020 年版

【处方】荆芥穗 200g　薄荷 60g　防风 100g　柴胡 100g　紫苏叶 60g　葛根 100g　桔梗 60g　苦杏仁 80g　白芷 60g　苦地丁 200g　芦根 160g

【功能】疏风散寒，解表清热。

【主治】用于风寒感冒，头痛发热，恶寒身痛，鼻流清涕，咳嗽咽干。

【方解】方中荆芥穗香窜，气味轻扬，长于发表散风，为君药。防风、苏叶疏风散寒，薄荷、柴胡疏风散热，葛根解肌退热，升津止渴，为臣药。桔梗、苦杏仁宣肃肺气，化痰止咳，白芷解表散风，通窍止痛，地丁清热解毒，芦根清热生津止渴，为佐使药。诸药合用，共奏疏风散寒，解表清热之效，主治风寒表证。

【药理作用】主要有解热、镇痛、抗菌、消炎等作用。

【临床应用】

1. 辨证要点　临床以恶寒发热，鼻流清涕，咳嗽咽干，舌淡红，苔薄白或黄白，脉浮为辨证要点。

2. 现代应用　常用于普通感冒、流行性感冒、上呼吸道感染等属外感风寒，内有蕴热的病证。

3. 使用注意　外感风热或体弱者不宜应用。

【性状】本品为棕黄色颗粒，味甜、微苦；或为棕褐色颗粒，味微苦（无蔗糖或含乳糖）。

【剂型规格】颗粒剂。每袋装 12g 或 6g（无蔗糖）或 4g（无蔗糖）或 3g（含乳糖）。另有片剂、胶囊剂。

【用法用量】开水冲服。一次 1 袋，一日 2 次。

【贮藏】密封。

（二）辛凉解表中成药

辛凉解表中成药主治风热表证（又称风热感冒），为风热袭表，肺卫功能失调所致，症见发热头痛，汗出，微恶风寒，口渴咽痛，咳嗽，舌苔薄白或微黄，脉浮数等。代表中成药有银翘解毒丸、桑菊感冒片、清开灵颗粒、连花清瘟胶囊等。

银翘解毒丸
Yinqiao Jiedu Wan

【方源】《温病条辨》《中国药典》2020 年版

【处方】金银花 200g　连翘 200g　薄荷 120g　荆芥 80g　淡豆豉 100g　桔梗 120g　牛蒡子（炒）120g　淡竹叶 80g　甘草 100g

【功能】疏风解表，清热解毒。

【主治】用于风热感冒，症见发热头痛、咳嗽口干、咽喉疼痛。

【方解】方中金银花、连翘辛凉解表，清热解毒，为君药。薄荷、淡豆豉、荆芥解表透热，为臣药。牛蒡子、桔梗、甘草解毒利咽，宣肺祛痰，以治咳嗽咽痛；淡竹叶清上焦热，共为佐药。甘草调和诸药，又为使药。诸药合用，共奏辛凉解表，清热解毒之功，主治风热在表的卫分证，又治热毒袭肺的肺热证。

【药理作用】主要有发汗、解热、抗病原微生物、抗炎、镇痛、抗过敏及增强免疫功能等作用。

【临床应用】

1. 辨证要点　临床以发热，微恶风寒，咽痛，口渴，舌红苔薄黄，脉浮数为辨证要点。

2. 现代应用　本品使用范围较广，现代常用于普通感冒、流行性感冒、急性扁桃体炎、咽炎、上呼吸道感染、肺炎、麻疹初起、流行性脑膜炎、乙型脑炎、腮腺炎等急性发热性疾病的初期阶段属外感风热，邪在肺卫者。

3. 使用注意　风寒感冒不宜使用。服药期间忌生冷、油腻食物。

【性状】本品为棕褐色的浓缩蜜丸。气芳香，味微甜而苦、辛。

【剂型规格】丸剂。浓缩蜜丸每丸重3g。另有片剂、胶囊剂、颗粒剂等。

【用法用量】用芦根汤或温开水送服。一次1丸，一日2~3次。

【贮藏】密封。

桑菊感冒片
Sangju Ganmao Pian

【方源】《温病条辨》《中国药典》2020年版

【处方】桑叶465g　菊花185g　连翘280g　薄荷素油1ml　苦杏仁370g　桔梗370g　甘草150g　芦根370g

【功能】疏风清热，宣肺止咳。

【主治】用于风热感冒初起，头痛，咳嗽，口干，咽痛。

【方解】方中重用桑叶疏散上焦风热，清肺络而止咳，为君药。菊花疏散风热，清利头目而肃肺，桔梗、杏仁宣降肺气而止咳，三药合用，为臣药。薄荷疏散风热，连翘清热解毒，芦根清热生津以止渴，共为佐药。使以甘草调和诸药，与桔梗相配又能利咽。诸药相合，以奏疏风清热，宣肺止咳之功，主治外感风热咳嗽证。

【药理作用】主要有解热、发汗、抗炎、抑菌、抗病毒、镇咳、抑制肠蠕动亢进等作用。

【临床应用】

1. 辨证要点　临床以发热，头痛，咽痛，咳嗽，脉浮为辨证要点。

2. 现代应用　常用于感冒、麻疹初期、大叶性肺炎初期、百日咳、急性结膜炎等属外感风热（或温病）初起者。

3. 使用注意　体虚感冒慎用。

【性状】本品为浅棕色至棕褐色的片剂；或为糖衣片或薄膜衣片，除去包衣后显浅棕色至棕褐色；气微香，味微苦。

【剂型规格】片剂。薄膜衣片每片重0.62g。

【用法用量】口服。一次4~8片，一日2~3次。

请你想一想

银翘解毒丸和桑菊感冒片都属于辛凉解表中成药，二者在功能主治上有什么不同？二者治疗的重点分别是什么？

【贮藏】密封。

连花清瘟胶囊
Lianhuaqingwen Jiaonang

【方源】新研制方《中国药典》2020 年版

【处方】连翘 255g　金银花 255g　炙麻黄 85g　炒苦杏仁 85g　石膏 255g　板蓝根 255g　绵马贯众 255g　鱼腥草 255g　广藿香 85g　大黄 51g　红景天 85g　薄荷脑 7.5g　甘草 85g

【功能】清瘟解毒，宣肺泄热。

【主治】用于治疗流行性感冒属热毒袭肺证，症见发热，恶寒，肌肉酸痛，鼻塞流涕，咳嗽，头痛，咽干咽痛，舌偏红，苔黄或黄腻。

【方解】方中连花清瘟方含银翘散与麻杏石甘汤、连翘、薄荷、麻黄，外疏卫表；佐贯众、板蓝根助金银花和连翘清热解毒，石膏为清气分热之重剂，与麻黄配伍既可遏制其温散之性，又能协同加强宣肺泄热之效。如此，在疏散外邪的同时重用清热解毒之品，直清气分热毒，可收卫气同治，表里双解之功，主治流行性感冒属热毒袭肺证。方中麻黄与大黄同用，也含防风通圣表里双解之深意。

【药理作用】主要有抗菌、抗病毒、解热、镇痛等作用。

【临床应用】

1. 辨证要点　临床以高热，恶寒，肌肉酸痛，脉浮数有力为辨证要点。

2. 现代应用　主要用于治疗流行性感冒，甲型 H1N1 流感，严重急性呼吸综合征，伤寒，副伤寒等卫气同病者。

3. 使用注意　风寒感冒者慎服。

【性状】本品为硬胶囊，内容物为棕黄色至黄褐色的颗粒和粉末，气微香，味微苦。

【剂型规格】硬胶囊。每粒装 0.35g。

【用法用量】口服。一次 4 粒，一日 3 次。

【贮藏】密封，置阴凉处。

芎菊上清丸
Xiongju Shangqing Wan

【方源】《太平惠民和剂局方》《中国药典》2020 版

【处方】川芎 20g　菊花 240g　黄芩 120g　栀子 30g　炒蔓荆子 30g　黄连 20g　薄荷 20g　连翘 30g　荆芥穗 30g　羌活 20g　藁本 20g　桔梗 30g　防风 30g　甘草 20g　白芷 80g

【功能】清热解表，散风止痛。

【主治】用于外感风邪引起的恶风身热、偏正头痛、鼻流清涕、牙疼喉痛。

【方解】方中菊花、连翘疏散风热，清热解毒；川芎祛风止通，善治少阳、厥阴头痛，共为君药。薄荷、蔓荆子疏散风热，清利头目；黄连、黄芩、生栀子清热泻火共为臣药。羌活、荆芥穗、白芷、藁本、防风助主药宣散风邪以解表；且羌活善治太阳经头痛，白芷善治阳明经头痛，藁本善治厥阴经头痛，桔梗开宣肺气，共为佐药。甘草调和诸药为使。诸药合用，共奏解表清热，散风止痛之功，主治风热头痛证。

【药理作用】主要有解热、镇痛、抗菌、抗炎、降压、解痉、扩张血管等作用。

【临床应用】

1. 辨证要点　临床以身热恶风，偏正头痛，鼻塞流涕，舌红苔薄黄，脉浮数为辨证要点。

2. 现代应用　常用于神经性头痛，三叉神经痛，神经官能症，鼻渊脑痛，鼻窦炎，副鼻窦炎，萎缩性鼻炎，过敏性鼻炎，风火牙痛等属外感风热者。

3. 使用注意　体虚者慎用。凡外感风寒、气虚、血虚或肝肾阴虚、肝阳上亢、肝风内动等所致的头痛忌用。

【性状】本品为棕黄色至棕褐色的水丸，味苦。

【规格】水丸。另有片剂。

【用法用量】口服。一次6g，一日2次。

【贮藏】密闭，防潮。

双黄连口服液

Shuanghuanglian Koufuye

【方源】新研制方《中国药典》2020版

【处方】金银花375g　黄芩375g　连翘750g

【功能】疏风解表，清热解毒。

【主治】用于外感风热所致的感冒，症见发热、咳嗽、咽痛。

【方解】方中金银花、连翘芳香、苦寒，轻宜透表，清热解毒，为君药。黄芩苦寒，入肺以清热泻火，为臣药。三药合用，共奏辛凉解表，清热解毒之功，主治外感风热表证。

【药理作用】主要具有抗炎、抗病毒、抗病原微生物等作用。

【临床应用】

1. 辨证要点　该中成药主要用于外感风热表证。临床以发热、咽痛、口渴、舌红、苔薄黄，脉数为辨证要点。

2. 现代应用　常用于流行性感冒、上呼吸道感染、肺炎、麻疹、流行性脑膜炎、乙型脑炎、腮腺炎和带状疱疹等属外感风热者。

3. 使用注意　外感风寒者慎用。

【性状】本品为棕红色的澄清液体；味甜，微苦〔规格（1）、（2）〕；或为深棕色的澄清液体；味苦，微甜〔规格（3）〕。

【剂型规格】合剂（口服液）。

（1）每支装 10ml（每 1ml 相当于饮片 1.5g）。

（2）每支装 20ml（每 1ml 相当于饮片 1.5g）。

（3）每支装 10ml（每 1ml 相当于饮片 3.0g）。

（4）另有颗粒剂、胶囊剂等。

【用法用量】口服。一次 20ml〔规格（1）、（2）〕或 10ml〔规格（3）〕，一日 3 次；小儿酌减或遵医嘱。

【贮藏】密封，避光，置阴凉处。

清开灵颗粒
Qingkailing Keli

【方源】新研制方《中国药典》2020 年版

【处方】胆酸 13g　珍珠母 200g　猪去氧胆酸 15g　栀子 100g　水牛角 100g　板蓝根 800g　黄芩苷 20g　金银花 240g

【功能】清热解毒，镇静安神。

【主治】用于外感风热时毒、火毒内盛所致高热不退、烦躁不安、咽喉肿痛、舌质红绛、苔黄、脉数者；上呼吸道感染，病毒性感冒，急性化脓性扁桃体炎，急性咽炎，急性气管炎，高热等症属上述证候者。

【方解】方中胆酸清热解毒开窍，为君药。水牛角咸寒清心，解毒定惊为臣药。栀子、板蓝根、黄芩苷、猪去氧胆酸、金银花清热解毒为佐药。珍珠母安神定惊为使药。全方以苦寒、甘寒、咸寒并用，共奏清热解毒，镇静安神，芳香开窍之功，主治外感风热时毒、火毒内盛证。

【药理作用】主要有抗炎、解热、保护肝脏、改善脑循环、降低血黏度、促进脑坏死组织吸收等作用。

【临床应用】

1. 辨证要点　临床以高热，神昏，烦躁，谵语，抽搐，惊厥，舌红苔黄，脉洪大滑数为辨证要点。

2. 现代应用　常用于上呼吸道感染，肺炎，流行性乙型脑炎，病毒性脑炎，中毒性痢疾等。

3. 使用注意　久病体虚患者如出现腹泻时慎用。孕妇禁用。

【性状】本品为浅黄色或黄棕色至棕褐色的颗粒；味甜、微苦。

【剂型规格】颗粒剂。

（1）每袋装 1.5g（含黄芩苷 20mg，无蔗糖）。

（2）每袋装 3g（含黄芩苷 20mg）。

（3）每袋装 10g（含黄芩苷 20mg）。

【用法用量】口服。一次 1~2 袋，一日 2~3 次。儿童酌减，或遵医嘱。

【贮藏】密封。

（三）表里双解中成药

表里双解中成药主治表证未解，又出现里证的表里同病证，症见恶寒壮热，头目昏眩，口苦口干，胸膈痞闷，小便短赤，大便秘结，以及疮疡肿毒，丹斑瘾疹等。代表中成药有防风通圣丸等。

你知道吗

表里双解，指用具有表里同治功能的方剂治疗既有表证又有里证的疾病的方法。对于表证未除，里证又急者，如单用解表，则在里之邪难去；如仅治其里，则在表之邪不解，故须表里同治，使病邪得以分消。表里同病有表实里虚、表虚里实、表寒里热、表热里寒，以及表里俱虚、俱实、俱寒、俱热等。

防风通圣丸

Fangfeng Tongsheng Wan

【方源】《黄帝素问·宣明论方》《中国药典》2020年版

【处方】防风50g　荆芥穗25g　薄荷50g　麻黄50g　大黄50g　芒硝50g　栀子25g　滑石300g　桔梗100g　石膏100g　川芎50g　当归50g　白芍50g　黄芩100g　连翘50g　甘草200g　白术（炒）25g

【功能】解表通里，清热解毒。

【主治】用于外寒内热，表里俱实，恶寒壮热，头痛咽干，小便短赤，大便秘结，瘰疬初起，风疹湿疮。

【方解】本方由祛风、清热、通便、扶正四组药组成。用防风、荆芥穗、麻黄、薄荷疏风解表，使风邪从汗而解共为君药。大黄、芒硝泻热通便，栀子、滑石清热利尿，使里热从二便而出；石膏、黄芩、连翘清解肺胃蕴热，桔梗宣肺利咽共为臣药。当归、川芎、白芍养血活血。白术健脾燥湿共为佐药。甘草甘缓调和，使攻邪而不伤正为使药。诸药合用，共奏祛风、清热、通便、扶正之功，主治风热雍盛，表里俱实证。本品使汗不伤表，下不伤里，清不伤阳，疗效极佳，故名"通圣"。

【药理作用】主要有抗菌、抗病毒、解热镇痛、抗炎、抗过敏、调节免疫、降血脂、降血压等作用。

【临床应用】

1. 辨证要点　临床以恶寒发热，头痛目赤，口渴咽干，二便不利，舌红苔黄，脉数为辨证要点。

2. 现代应用　常用于急性肾炎、肥胖症、顽固性头痛、扁平疣、痤疮、结膜炎等属风热雍盛，表里俱实者。并治疮疡肿毒、湿疹瘙痒、风疹块、痔疮下血等。用于治疗高血压亦有效。

3. **使用注意** 孕妇慎用。

【性状】 本品为包衣或不包衣的水丸，丸芯颜色为浅棕色至黑褐色；味甘、咸、微苦。

【剂型规格】 丸剂。水丸每 20 丸重 1g。

【用法用量】 口服。一次 6g，一日 2 次。

【贮藏】 密封。

（四）扶正解表中成药

扶正解表中成药主治体质素虚，感受外邪而引发的病证，症见寒发热，鼻塞流涕，气短懒言，倦怠乏力，舌淡苔白，脉浮而按之无力等。代表中成药有参苏丸等。

参苏丸

Shensu Wan

【方源】 《太平惠民和剂局方》《中国药典》2020 年版

【处方】 党参 75g　紫苏叶 75g　葛根 75g　前胡 75g　茯苓 75g　半夏（制）75g　陈皮 50g　枳壳（炒）50g　桔梗 50g　甘草 50g　木香 50g

【功能】 益气解表，疏风散寒，祛痰止咳。

【主治】 用于身体虚弱、感受风寒所致的感冒，症见恶寒发热、头痛鼻塞、咳嗽痰多、胸闷呕逆、乏力气短。

【方解】 素体虚弱又感风寒，自当解表祛邪又益气补虚。以紫苏叶发散风寒，宣通止咳，行气宽中为君药。臣以葛根解肌发汗。半夏、前胡、桔梗止咳化痰，宣降肺气；木香、枳壳、陈皮理气宽胸；茯苓健脾渗湿助消痰；党参益气健脾，助正气以利驱邪外出，使全方散中有补，共为其佐。甘草补气安中，调和诸药为使。诸药合用共奏益气解表、祛痰止咳之功，主治气虚外感风寒，内有痰湿证。

【药理作用】 主要有解热、镇痛、镇咳、祛痰，提高非特异性免疫功能和抗病毒等作用。

【临床应用】

1. **辨证要点** 临床以恶寒发热，无汗头痛，咳痰色白，胸脘满闷，倦怠乏力，苔白，脉弱为辨证要点。

2. **现代应用** 常用于感冒、上呼吸道感染、慢性支气管炎、肺源性心脏病、气管炎哮喘等属气虚外感风寒兼有痰湿者。

3. **使用注意** 阴虚外感及外感风热患者不宜使用。

【性状】 本品为棕褐色的水丸；气微，味微苦。

【剂型规格】 丸剂。水丸每袋装 6g 或 9g 或 30g 或瓶装。

【用法用量】 口服。一次 6~9g，一日 2~3 次。

【贮藏】 密封。

其他解表中成药见表 5-1。

表 5 – 1　其他解表中成药

分类	品名	功能	主治	用法用量	使用注意
辛凉解表类	时疫清瘟丸	清热透表，散瘟解毒	外感时疫引起的头痛身痛，恶寒发热，四肢倦怠，喉痛咽干，痄腮红肿	鲜芦根煎汤或温开水送服，一次 1 ~ 2 丸，一日 2 ~ 3 次	忌食油腻食物
	荆防败毒丸	清热散风，解毒消肿	流行性感冒，恶寒发热，头痛咳嗽，瘟毒发颐	口服，一次 9g，一日 2 次	忌烟、酒及辛辣、生冷、油腻食物

第二节　止咳化痰、平喘中成药

PPT

学习目标

知识要求

1. **掌握**　本节所列中成药的功能主治、使用注意及用法用量。
2. **熟悉**　止咳化痰、平喘中成药的概念、分类；六类止咳化痰、平喘中成药所治疗的病证成因、常见临床表现及代表性中成药；本节所列中成药使用时的辨证要点；通宣理肺丸、羚羊清肺丸、清肺抑火丸、养阴清肺膏、苏子降气丸、二母宁嗽丸的处方组成。
3. **了解**　本节所列中成药的药理作用及现代应用。

能力要求

1. 熟练掌握咳嗽的辨病辨证分型方法。
2. 学会运用本节所学专业知识介绍止咳化痰、平喘中成药的治疗特点、使用注意及用法用量等。

实例分析

实例　赵先生，36 岁，发热（37.6℃）、咳嗽 3 天，到药店购买止咳药。现症状有咳嗽，发热，怕冷，鼻塞，舌淡苔薄白。

问题　1. 初步判断赵先生所患何种病证？

2. 根据赵先生所患病证，重点介绍哪类止咳化痰、平喘中成药？如何介绍？

一、概述

【概念】　凡以化痰、止咳平喘药为主组成，具有止咳、化痰、平喘等作用，主要用于治疗多种咳喘证的中成药，称止咳化痰、平喘中成药。

【功能与主治】　止咳化痰、平喘中成药具有化痰、止咳平喘等作用。主治咳喘证，临床主要表现为咳嗽，痰多色白或痰黄黏稠或少痰，兼有恶寒，发热，胸闷，舌苔薄白或薄黄等。由于咳喘证多兼有气滞，所以本类中成药处方中多配伍行气之品。

【分类】止咳化痰、平喘中成药分为解表止咳、清热化痰、燥湿化痰、温化寒痰、润肺化痰止咳、止咳平喘六类中成药。

【使用注意】

1. 应用止咳化痰、平喘中成药，重在辨清咳喘证的性质及其兼证。分清外感内伤，标本缓急而选药。

2. 感冒风寒咳嗽，宜选疏风宣肺中成药；感冒风热咳嗽，宜选清热散风中成药；肺阴虚咳嗽，宜选清热润肺止嗽中成药；痰热咳嗽，宜选清热化痰中成药；咳嗽痰喘，宜选止咳平喘中成药。

二、常见止咳化痰、平喘中成药

（一）解表止咳中成药

解表止咳中成药主治外感咳嗽证。为风寒、风热袭表犯肺所致，症见恶寒发热或发热恶寒、咳嗽阵作、鼻塞流涕，舌苔薄白。代表中成药有通宣理肺丸、小青龙合剂、羚羊清肺丸、橘红丸等。

1. 风寒咳嗽

通宣理肺丸

Tongxuan Lifei Wan

【方源】《证治准绳》《中国药典》2020 年版

【处方】紫苏叶 144g　前胡 96g　桔梗 96g　苦杏仁 72g　麻黄 96g　甘草 72g　陈皮 96g　半夏（制）72g　茯苓 96g　枳壳（炒）96g　黄芩 96g

【功能】解表散寒，宣肺止嗽。

【主治】用于风寒束表、肺气不宣所致的感冒咳嗽，症见发热、恶寒、咳嗽、鼻塞流涕、头痛、无汗、肢体酸痛。

【方解】方中麻黄、紫苏叶味辛性温，发散风寒，宣肺解表，共为君药。前胡、苦杏仁、桔梗、陈皮、半夏宣通肺气，止咳化痰，共为臣药。茯苓健脾渗湿，清利生痰之源；枳壳调理气机，黄芩清热以防肺气郁久而化热，皆为佐药。甘草调和诸药为使药。诸药合用，共奏解表散寒、止咳化痰之功效。主治风寒咳嗽。

【药理作用】主要有抗菌、抗病毒、解热、镇痛、抗炎、缓解肺及支气管痉挛、镇咳、祛痰和平喘作用。

【临床应用】

（1）辨证要点　本品为治疗风寒咳嗽的常用中成药，临床以咳嗽，恶寒重，发热轻、鼻塞、鼻流清涕，头痛，无汗，舌淡红，苔薄白脉浮紧为辨证要点。

（2）现代应用　常用于普通感冒、流行性感冒、肺炎、急性支气管炎、支气管哮喘等属外感风寒者均可选用。

（3）使用注意 风热或痰热咳嗽、阴虚干咳者不宜服用；有高血压、中风、心律不齐患者慎用。

【性状】本品为黑棕色至黑褐色的水蜜丸或大蜜丸；味微甜、略苦。

【剂型规格】丸剂。水蜜丸每100丸重10g；大蜜丸每丸重6g。另有片剂、胶囊剂、颗粒剂等。

【用法用量】口服。水蜜丸一次7g，大蜜丸一次2丸，一日2~3次。

【贮藏】密封。

小青龙合剂
Xiaoqinglong Heji

【方源】《伤寒论》《中国药典》2020年版

【处方】麻黄125g 桂枝125g 白芍125g 干姜125g 细辛62g 炙甘草125g 法半夏188g 五味子125g

【功能】解表化饮，止咳平喘。

【主治】用于风寒水饮，恶寒发热，无汗，喘咳痰稀。

【方解】方以麻黄、桂枝发汗解表，宣肺平喘为君药。白芍配桂枝可调和营卫为臣药。以干姜、细辛内可温肺化饮，外则辛散风寒；五味子温敛肺气止咳，并防肺气之耗散，意为散中有收；半夏燥湿化痰，蠲饮降浊共为佐药。用炙甘草温中补脾，调和诸药为使药。诸药合用，共奏散寒解表、化饮平喘之功。主治外感风寒，内停水饮证。

【药理作用】主要有平喘、抗过敏、扩张外周血管、升高皮肤温度、改善肾上腺皮质功能和肺功能、影响血液流变学、促进红细胞糖酵解等作用。

【临床应用】

（1）辨证要点 本品为治疗外感风寒，内停水饮的常用中成药，临床以恶寒发热，无汗，咳喘，痰多色白清稀，苔白滑，脉浮为辨证要点。

（2）现代应用 常用于支气管炎、支气管哮喘、肺炎、肺源性心脏病、百日咳、胸膜炎、过敏性鼻炎、水肿等属外寒里饮证者。

（3）使用注意 阴虚所致干咳无痰，痰热证、风热咳喘及正气不足之虚喘均不宜使用。

【性状】本品为棕褐色至棕黑色液体；气微香，味甜、微辛。

【剂型规格】合剂。每支装10ml；每瓶装100ml或120ml。另有颗粒剂。

【用法用量】口服。一次10~20ml，一日3次，用时摇匀。

【贮藏】密封，避光。

> **请你想一想**
>
> 通宣理肺丸和小青龙合剂都属于风寒咳嗽中成药，二者在功能主治上有什么不同？二者治疗的重点分别是什么？

2. 风热咳嗽

羚羊清肺丸
Lingyang Qingfei Wan

【方源】《全国中成药处方集》《中国药典》2020 版

【处方】浙贝母 40g　蜜桑白皮 25g　前胡 25g　麦冬 25g　天冬 25g　天花粉 50g　生地黄 50g　玄参 50g　石斛 100g　桔梗 50g　蜜枇杷叶 50g　炒苦杏仁 25g　金果榄 25g　金银花 50g　大青叶 25g　栀子 50g　黄芩 25g　板蓝根 25g　牡丹皮 25g　薄荷 25g　甘草 15g　熟大黄 25g　陈皮 30g　羚羊角粉 6g

【功能】清肺利咽，清瘟止嗽。

【主治】用于肺胃热盛，感受时邪，身热头晕，四肢酸懒，咳嗽痰盛，咽喉肿痛，鼻衄咳血，口干舌燥。

【方解】方以羚羊角、黄芩、桑白皮清泻肺火为君药。大黄泻肠中热结，栀子清泄三焦，丹皮清血中之热，大青叶、板蓝根、金银花清热解毒，共为臣药。杏仁、桔梗、陈皮、浙贝母、金果榄、薄荷、枇杷叶、前胡宣肺止咳，清金化痰利咽；生地、玄参、石斛、天冬、麦冬、天花粉甘寒养阴以润肺，共为佐药。甘草调和诸药为使药。全方配伍，具有清热泻肺、止咳化痰、解毒利咽、养阴润肺之功。主治肺胃热盛咳嗽。

【药理作用】主要有镇咳、祛痰、解热、抑菌、抗病毒等作用。

【临床应用】

（1）辨证要点　本品为治疗肺胃热盛的常用中成药，临床以咳嗽痰黄、身热头痛、口渴咽痛、鼻衄、咳血、舌质红、苔黄、脉浮数或弦数为辨证要点。

（2）现代应用　常用于流行性感冒、病毒性肺炎、扁桃体炎等属痰热闭肺者。

（3）使用注意　孕妇慎服，忌食辛辣食品。

【性状】本品为黑色的小蜜丸或大蜜丸；味微苦。

【剂型规格】丸剂。小蜜丸每 100 丸重 20g；大蜜丸每丸重 6g。

【用法用量】口服。小蜜丸一次 6g（30 丸），大蜜丸一次 1 丸，一日 3 次。

【贮藏】密封。

（二）清热化痰中成药

清热化痰中成药主治热痰证，为外感热邪或风寒日久入里化热，或由内伤肝郁化火，火热犯肺，炼液为痰所致，症见咳嗽，痰黄黏稠，不易咯出，苔黄腻，脉滑数；或兼见发热、口渴、气急、气喘等。代表中成药有清肺抑火丸等。

清肺抑火丸
Qingfei Yihuo Wan

【方源】《寿世保元》《中国药典》2020 年版

【处方】黄芩 140g　栀子 80g　知母 60g　浙贝母 90g　黄柏 40g　苦参 60g　桔梗 80g　前胡 40g　天花粉 80g　大黄 120g

【功能】清肺止咳，化痰通便。

【主治】用于痰热阻肺所致的咳嗽、痰黄稠黏、口干咽痛、大便干燥。

【方解】方以黄芩、黄柏、栀子、苦参苦寒降泻，黄芩清肺而泻上焦，黄柏入肾善泻下焦，栀子通泻三焦之火，苦参苦寒以清热燥湿。四药相合，其功加倍，直折火势，共奏清肺抑火、燥湿解毒之效为君药。臣以浙贝母清肺化痰，知母、天花粉既能清肺润燥，又能养阴生津，以防苦寒化燥伤津之弊。佐以前胡辛苦微寒，清肺下气，又能疏散风热以宣降肺气；桔梗开宣肺气，扬声利咽；大黄泻腑火，通热结，引肺火从大肠而去。诸药合用，共奏清肺抑火，止咳化痰之功。主治痰热阻肺咳嗽。

【药理作用】主要有抗菌、抗炎、祛痰止咳、止血等作用。

【临床应用】

1. 辨证要点　本品为治疗痰热阻肺的常用中成药，临床以咳嗽，痰黄稠黏，口干咽痛为辨证要点。

2. 现代应用　常用于急性上呼吸道感染、支气管炎、咽炎、肺炎等属痰热阻肺者。

3. 使用注意　孕妇慎用。儿童、哺乳期妇女、年老体弱及脾虚便溏者应在医师指导下服用。

【性状】本品为淡黄色至黄褐色的水丸，或为棕褐色的大蜜丸；气微，味苦。

【剂型规格】丸剂。大蜜丸每丸重 9g。

【用法用量】口服。水丸一次 6g，大蜜丸一次 1 丸，一日 2～3 次。

【贮藏】密封。

橘红丸
Juhong Wan

【方源】《古今医鉴》《中国药典》2020 年版

【处方】化橘红 75g　陈皮 50g　半夏（制）37.5g　茯苓 50g　甘草 25g　桔梗 37.5g　苦杏仁 50g　炒紫苏子 37.5g　紫菀 37.5g　款冬花 25g　瓜蒌皮 50g　浙贝母 50g　地黄 50g　麦冬 50g　石膏 50g

【功能】清肺，化痰，止咳。

【主治】用于痰热咳嗽，痰多，色黄黏稠，胸闷口干。

【方解】方以化橘红、陈皮理肺气，燥湿化痰；瓜蒌皮清肺化痰，利气宽胸，共为君药。半夏配化橘红、陈皮以燥湿化痰而止咳，石膏助瓜蒌皮以清肺脏之郁热，苦杏仁、浙贝母清宣肺热，以润肺化痰，共用为臣药。又以紫菀、款冬花、紫苏子、桔梗宣降肺气，肺气利则咳喘止；地黄、麦冬清热润肺，肺金润而火热消；更用茯苓、甘草健脾运以绝痰源；甘草兼以调和诸药，共为佐使。诸药合用，共奏清肺、化痰、止咳之功。主治痰热咳嗽。

【药理作用】　主要具有镇咳、祛痰等作用。

【临床应用】

1. 辨证要点　本品为治疗肺热咳嗽的常用中成药，临床以咳嗽，痰多，色黄黏稠为辨证要点。

2. 现代应用　用于肺脓疡、哮喘、支气管扩张、急慢性支气管炎、肺炎、喘息型支气管炎、肺炎见辩证要点所述症状者。

3. 使用注意　气虚咳喘及阴虚燥咳者不适用。有高血压、心脏病、肝病、糖尿病、肾病等慢性病严重者应在医师指导下服用。

【性状】　本品为棕褐色的水蜜丸、小蜜丸或大蜜丸；气微香，味甜、微苦。

【剂型规格】　丸剂。水蜜丸每100丸重10g；大蜜丸每丸3g或6g。

【用法用量】　口服。水蜜丸一次7.2g，小蜜丸一次12g，大蜜丸一次2丸（每丸重6g）或4丸（每丸重3g），一日2次。

【贮藏】　密封。

（三）燥湿化痰中成药

燥湿化痰中成药主治痰湿咳嗽证。为脾虚不能运化水液，聚而生痰所致，症见痰多色白，易于咳出，胸满痞闷，甚则气急而喘，肢体困倦，呕恶，或眩晕心悸，舌苔白滑或腻，脉缓或弦滑等症状。代表中成药有二陈丸。

二陈丸

Erchen Wan

【方源】　《太平惠民和剂局方》《中国药典》2020年版

【处方】　陈皮250g　半夏（制）250g　茯苓150g　甘草75g

【功能】　燥湿化痰，理气和胃。

【主治】　用于痰湿停滞所致的咳嗽痰多、胸脘胀闷、恶心呕吐。

【方解】　方以半夏，其性辛温而燥，最善燥湿化痰，且能和胃降逆而止呕为君药。以陈皮理气燥湿，使气顺而痰消为臣药。茯苓甘平而淡，健脾补中，渗湿利水，断其源、竭其流，使湿无所聚，痰无由生为佐药。甘草益气和中，调和药性为使药。四药配伍，共奏燥湿化痰、理气和胃之功。主治痰湿咳嗽。

【药理作用】　主要有镇咳、祛痰、平喘、止呕、解痉、保肝、利胆、抑菌和调节免疫功能等作用。

【临床应用】

1. 辨证要点　本品为治疗痰湿停滞所致的咳嗽常用中成药，临床以咳嗽痰多，色白或灰，多泡沫，胸脘胀闷为辨证要点。

2. 现代应用　常用于慢性支气管炎、肺气肿、内耳性眩晕见辩证要点所述症状者均可选用。

3. 使用注意　服药期间，若患者出现高热，体温超过38.5℃，或是出现喘促气急者，或是咳嗽加重，痰量明显增多，或是痰中带脓血者应到医院就诊。

【性状】本品为灰棕色至黄棕色的水丸；气微香，味甘、微辛。

【剂型规格】水丸。每袋装 9~18g 或 125g 或 250g。

【用法用量】口服，一次 9~15g，一日 2 次。

【贮藏】密封。

（四）温化寒痰中成药

温化寒痰中成药用于治疗寒痰病证。脾胃阳虚，寒饮侵肺所致，症见咳嗽，痰白清稀，气急而喘，舌淡苔白滑，脉沉迟等症状。代表中成药有消咳喘糖浆等。

消咳喘糖浆
Xiaokechuan Tangjiang

【方源】新研制方《中国药典》2020 年版

【处方】满山红 200g

【功能】止咳，祛痰，平喘。

【主治】寒痰阻肺所致的咳嗽气喘、咯痰色白；慢性支气管炎见前述症状者。

【方解】方以满山红辛、苦、温，能止咳祛痰，用治寒痰阻肺等证为君药。主治寒痰阻肺证。

【药理作用】主要有祛痰、镇咳、平喘、抗菌等作用。

【临床应用】

1. 辨证要点 本品为治疗寒痰阻肺所致的咳嗽常用中成药，临床以咳嗽气喘、咯痰色白为辨证要点。

2. 现代应用 常用于慢性支气管炎、肺气肿、感冒咳嗽。

3. 使用注意 肺热咳嗽忌用。

【性状】本品为红褐色的液体；气香，味甜、辛、苦。

【剂型规格】糖浆剂。每瓶装 50ml 或 100ml。

【用法用量】口服。一次 10ml，一日 3 次。小儿酌减。

【贮藏】密封。

（五）润肺化痰止咳中成药

润肺化痰止咳中成药适用于燥热咳嗽或阴虚咳嗽证。阴虚肺燥所致，症见咳嗽痰少，或干咳无痰或咯痰不爽，痰中带血，咳引胸痛，口干、咽干、鼻干、小便黄少，大便干燥；阴虚咳嗽，兼见潮热、盗汗，五心烦热，两颧发赤等虚热症状。代表中成药有养阴清肺膏、百合固金丸、二母宁嗽丸等。

养阴清肺膏
Yangyin Qingfei Gao

【方源】《重楼玉钥》《中国药典》2020 年版

【处方】地黄 100g　麦冬 60g　玄参 80g　川贝母 40g　白芍 40g　牡丹皮 40g　薄荷 25g　甘草 20g

【功能】养阴润燥，清肺利咽。

【主治】用于阴虚肺燥，咽喉干痛，干咳少痰或痰中带血。

【方解】方以地黄、玄参、麦冬养阴润燥，清肺热为君药。以白芍养阴敛阴，丹皮清热凉血，散结；川贝母润肺止咳，清化热痰；薄荷疏散风热，宣肺利咽，共为臣佐药。以甘草清热泻火，调和诸药为使药。诸药合用，共奏养阴润燥、清肺利咽之功。主治阴虚肺燥咳嗽。

【药理作用】主要具有镇咳、祛痰、抗炎等作用。

【临床应用】

1. 辨证要点　本品为治疗阴虚肺燥所致的咳嗽常用中成药，临床以咽喉干痛，干咳少痰或痰中带血为辨证要点。

2. 现代应用　常用于支气管扩张、肺脓疡、肺源性心脏病、肺结核、慢性支气管炎者。

3. 使用注意　糖尿病患者及有高血压、心脏病、肝病、肾病等慢性病严重者应在医师指导下服用。

【性状】本品为棕褐色稠厚的半流体；气香，味甜，有清凉感。

【剂型规格】煎膏剂，每瓶装 30g 或 60g 或 120g。

【用法用量】口服。一次 10～20ml，一日 2～3 次。

【贮藏】密封。

百合固金丸

Baihe Gujin Wan

【方源】《医方集解》《中国药典》2020 年版

【处方】百合 100g　地黄 200g　熟地黄 300g　麦冬 150g　玄参 80g　川贝母 100g　当归 100g　白芍 100g　桔梗 80g　甘草 100g

【功能】养阴润肺，化痰止咳。

【主治】用于肺肾阴虚，燥咳痰少，痰中带血，咽干喉痛。

【方解】方以百合、生地黄、熟地黄滋养肺肾为君药。以麦冬助百合润肺止咳，玄参助地黄滋阴清热为臣药。当归、白芍养血和阴；川贝母、桔梗清肺化痰止咳为佐药。甘草协调诸药并配桔梗以清利咽喉为使药。诸药合用，共奏养阴润肺，化痰止咳之功。主治肺肾阴虚咳嗽。

【药理作用】主要有镇咳、镇静、强壮、抗癌等作用。

【临床应用】

1. 辨证要点　本品为治疗肺肾阴虚所致的咳嗽常用中成药，临床以燥咳痰少，痰中带血，咽干喉痛为辨证要点。

2. **现代应用** 常用于急性支气管炎、慢性支气管炎、肺结核、肺源性心脏病者。

3. **使用注意** 脾胃虚弱，食少腹胀，大便稀溏者不宜服用；痰湿壅盛患者不宜服用，其表现为痰多黏稠或稠厚成块。

【性状】本品为黑褐色的水蜜丸、小蜜丸或大蜜丸，味微甜。

【剂型规格】丸剂。小蜜丸每 100 丸重 20g；大蜜丸每丸重 9g。

【用法用量】口服。水蜜丸一次 6g，小蜜丸一次 9g，大蜜丸一次 1 丸，一日 2 次。

【贮藏】密封。

二母宁嗽丸
Ermu Ningsou Wan

【方源】《古今医鉴》《中国药典》2020 年版

【处方】川贝母225g 知母225g 石膏300g 炒栀子180g 黄芩180g 蜜桑白皮150g 茯苓150g 炒瓜蒌子150g 陈皮150g 麸炒枳实150g 炙甘草30g 五味子（蒸）30g

【功能】清肺润燥，化痰止咳。

【主治】用于燥热蕴肺所致的咳嗽、痰黄而黏不易咳出、胸闷气促、久咳不止、声哑喉痛。

【方解】方以川贝母性寒清肺化痰止咳，知母甘寒清肺润肺而治燥，共为君药。臣以黄芩清肺热，石膏泻肺胃之火，栀子清热解毒并清三焦火毒。佐以桑白皮清泻肺热，止咳平喘，瓜蒌子润肺化痰止咳，五味子敛肺止咳平喘，枳实化痰除痞，陈皮理气化痰，茯苓健脾渗湿以除生痰之源。以甘草调和药性而为使。诸药合用，共奏清肺化痰，润肺宁嗽之功。主治燥热蕴肺的咳嗽。

【药理作用】主要有镇咳祛痰、抗菌抑菌、解热等作用。

【临床应用】

1. **辨证要点** 本品为治疗燥热蕴肺所致的咳嗽常用中成药，临床以痰黄而黏不易咳出，胸闷气促，久咳不止为辨证要点。

2. **现代应用** 常用于慢性支气管炎、肺气肿、支气管扩张。

3. **使用注意** 外感风寒，痰涎壅盛者禁用，其表现为咳嗽气急，痰多稀薄色白，易咳出，伴鼻塞，流清涕，头身疼痛，恶寒发热。

【性状】本品为棕褐色的水蜜丸或大蜜丸；气微香、味甜、微苦。

【剂型规格】丸剂。大蜜丸每丸重 9g；水蜜丸每 100 丸重 10g。

【用法用量】口服。大蜜丸一次 1 丸；水蜜丸一次 6g，一日 2 次。

【贮藏】密封。

鹭鸶咯丸
Lusika Wan

【方源】《古今医方集成》《中国药典》2020 版

【处方】麻黄12g　苦杏仁60g　石膏60g　甘草12g　细辛6g　炒紫苏子60g　炒芥子12g　炒牛蒡子30g　瓜蒌皮60g　射干30g　青黛30g　蛤壳60g　天花粉60g　栀子（姜炙）60g　人工牛黄5g

【功能】宣肺，化痰，止咳。

【主治】用于痰浊阻肺所致的顿咳、咳嗽，症见咳嗽阵作、痰鸣气促、咽干声哑；百日咳见上述证候者。

【方解】方以麻黄、杏仁、石膏、苏子清泄肺壅，降逆化痰为君药。瓜蒌皮、蛤壳、白芥子降气消痰止咳为臣药。栀子、青黛、射干加强清泻肺热之力；细辛、牛蒡子宣肺降逆止咳；人工牛黄清热化痰；甘草、天花粉清热生津利咽，调和诸药，共为佐使药。诸药合用，共奏宣降肺气，清泻肺热，止咳化痰之功。主治小儿百日咳证。

【药理作用】主要有镇咳、祛痰、抗病毒、抗菌等作用。

【临床应用】

1. 辨证要点　本品为治疗小儿百日咳证常用中成药，临床以咳嗽阵作，逆呛声嘶，呕吐痰涎等为辨证要点。

2. 现代应用　常用于百日咳、慢性支气管炎、喘息型慢性支气管炎、肺炎。

3. 使用注意　服药期间忌食生冷油腻。

【性状】本品为黑绿色的大蜜丸；气微，味甜、苦。

【剂型规格】大蜜丸，每丸重1.5g。

【用法用量】梨汤或温开水送服，一次1丸，一日2次。

【贮藏】密封。

（六）止咳平喘中成药

止咳平喘中成药用于治疗咳嗽喘息病证。寒、热、虚、实皆可引发此证。症见胸闷喘息、咳嗽痰多。代表中成药有蛤蚧定喘丸、苏子降气丸等。

你知道吗

1. 脾为生痰之源，肺为储痰之器对于痰多的患者，要配伍健脾燥湿的成药。如补中益气丸、人参健脾丸、参苓白术丸等。

2. 治痰先治气，气顺痰自消咳嗽必有痰，只是多与少，这气是指气机，气机通畅有助于脾肺的功能恢复，要配伍理气的成药。如木香顺气丸、开胸顺气丸等。

3. 久咳必伤肺肾肺为气之主，肾为气之根，所以久咳必伤肺肾。久咳的患者应配伍补肾成药。如桂附地黄丸、麦味地黄丸等。

蛤蚧定喘丸

Gejie Dinghuan Wan

【方源】经验方《中国药典》2020年版

【处方】蛤蚧 11g　瓜蒌子 50g　紫菀 75g　麻黄 45g　醋鳖甲 50g　黄芩 50g　甘草 50g　麦冬 50g　黄连 30g　百合 75g　炒紫苏子 25g　煅石膏 25g　炒苦杏仁 50g　石膏 25g

【功能】滋阴清肺，止咳平喘。

【主治】用于肺肾两虚，阴虚肺热所致虚劳久咳、年老哮喘、气短烦热、胸满郁闷、自汗盗汗。

【方解】方以蛤蚧补肺益肾，摄纳肾气而定喘，为君药。以鳖甲、麦冬、百合滋补肺阴，生津润燥，除蒸退热，为臣药。以麻黄宣肺平喘，紫菀、紫苏子、瓜蒌子、苦杏仁化痰降逆平喘；黄芩、石膏、黄连清胸肺之热，共为佐药。甘草祛痰镇咳，调和诸药为使药。诸药合用，共奏滋阴清热、止咳定喘之功。主治肺肾两虚咳喘。

【药理作用】具有扩张肺血管，提高肺泡生理功效；增强通气，加快血氧交换速度；增强肺内组织活性和机体免疫力，修复和保护气管、支气管黏膜，防止细菌侵袭等作用。

【临床应用】

1. 辨证要点　本品为治疗肺肾两虚，阴虚肺热所致的咳喘常用中成药，临床以咳嗽，气短发热，胸满郁闷，自汗盗汗为辨证要点。

2. 现代应用　常用于单纯型慢性支气管炎、喘息型慢性支气管炎、支气管哮喘见辨证要点所述症状者均可选用。

3. 使用注意　高血压，心脏病患者慎用。有肝病、糖尿病、肾病等慢性病严重者应在医师指导下服用。

【性状】本品为棕色至棕黑色的水蜜丸、黑褐色的小蜜丸或大蜜丸；气微，味苦、甜。

【剂型规格】丸剂。小蜜丸每 60 粒重 9g，大蜜丸每丸重 9g。

【用法用量】口服。水蜜丸一次 5~6g，小蜜丸一次 9g，大蜜丸一次 1 丸，一日 2 次。

【贮藏】密封。

苏子降气丸

Suzi Jiangqi Wan

【方源】《太平惠民和剂局方》《中国药典》2020

【处方】炒紫苏子 145g　厚朴 145g　前胡 145g　甘草 145g　姜半夏 145g　陈皮 145g　沉香 102g　当归 102g　生姜 36g　大枣 73g

【功能】降气化痰，温肾纳气。

【主治】用于上盛下虚、气逆痰壅所致咳嗽喘息、胸膈痞塞。

【方解】方以苏子、半夏降气平喘、温燥化痰为君药。厚朴、前胡宣降肺气，止咳平喘协君药以治上实；沉香温肾纳气，使上逆之气得降，上盛之痰湿得除，均为臣药。当归一则养血润燥，再则主咳逆上气；陈皮理气宽胸，生姜、大枣温中和胃，炙甘草祛痰和中，调和诸药，为佐使药。诸药合用，共奏降气平喘、温化痰湿之功。主治上盛下虚气逆痰壅咳喘。

【药理作用】主要有镇咳、平喘、抗炎、抗过敏、提高免疫功能作用。

【临床应用】

1. 辨证要点　本品为治疗上盛下虚气逆痰壅所致的咳喘常用中成药，临床以咳嗽喘息、胸膈痞塞为辨证要点。

2. 现代应用　常用于慢性支气管炎、支气管哮喘等见辨证要点所述症状者均可选用。

3. 使用注意　阴虚，舌红无苔者忌服。

【性状】本品为浅黄色或黄褐色的水丸；气微香，味甜。

【剂型规格】水丸。每 13 粒重 1g。

【用法用量】口服。一次 6g，一日 1 ~ 2 次。

【贮藏】密封。

其他止咳化痰平喘中成药见表 5 - 2。

表 5 - 2　其他止咳化痰平喘中成药

分类	品名	功能	主治	用法用量	使用注意
清化热痰类	清气化痰丸	清肺化痰	用于痰热阻肺所致的咳嗽痰多、痰黄稠黏、胸腹满闷。干，疟腮红肿	口服。一次 6 ~ 9 克，一日 2 次；小儿酌减。2 ~ 3 次	忌烟、酒及辛辣、生冷、油腻食物
	急支糖浆	清热化痰，宣肺止咳	急性支气管炎，慢性支气管炎急性发作	口服，一次 20 ~ 30ml，一日 3 次	忌食辛辣

第三节　清热中成药

PPT

学习目标

知识要求

1. **掌握**　本节所列中成药的功能主治、使用注意及用法用量。

2. **熟悉**　清热中成药的概念、分类；两类清热中成药所治疗的病证成因、常见临床表现及代表性中成药；本节所列中成药使用时的辨证要点；连翘败毒散、龙胆泻肝丸、导赤丸、清胃黄连丸的处方组成。

3. **了解**　本节所列中成药的药理作用及现代应用。

能力要求

1. 熟练掌握里热证的辨病辨证分型方法。

2. 学会运用本节所学专业知识介绍清热中成药的治疗特点、使用注意及用法用量等。

实例分析

实例　李女士，50 岁，牙龈肿痛，目赤眩晕，咽喉肿痛，大便秘结，苔黄。

问题　1. 初步判断李女士所患何种病证？

　　　　2. 根据李女士所患病证，重点介绍哪类清热中成药？如何介绍？

一、概述

【概念】凡以清热药物为主组成，具有清热、泻火、凉血、解毒等作用，用以治疗里热证的中成药称为清热中成药。

【功能与主治】清热中成药具有清热、泻火、凉血、解毒等作用。主治里热证，临床主要表现为目赤肿痛，唇舌肿痛，牙龈肿痛，咽喉肿痛，胁痛口苦，尿赤涩痛，湿热带下脉数等。无论外感六淫之邪入里化热，或是五志过极、脏腑偏盛、过食辛辣，最易使脏腑功能亢盛，所以本类中成药处方中多配伍清热、解毒之品，使热去复安。

【分类】清热中成药分为清热解毒、清热泻火两类中成药。

【使用注意】

1. 本类中成药一般在表证已解，里热正盛，或里热虽盛尚未结实的情况下使用。

2. 如邪热在表，当先解表，否则会引邪入里；如里热成实，则应采用攻下中成药。

3. 表邪未解，里热已实，则宜表里双解。

4. 此类中成药多用苦寒之品，易伤人体阳气，所以不能长久服，对于平素虚寒者，宜慎用。

二、常见清热中成药

（一）清热解毒中成药

清热解毒中成药适用于三焦火毒炽盛所致的温疫、温毒或疮疡疔毒等证。各脏腑都可生热，各种火热毒邪而引发此证。症见烦热、面赤、口舌生疮、大便秘结、小便短赤等症。代表中成药有西黄丸、片仔癀、连翘败毒丸、板蓝根颗粒、穿心莲片等。

西黄丸

Xihuang Wan

【方源】《外科全生集》《中国药典》2020 版

【处方】牛黄或体外培育牛黄 15g　　麝香或人工麝香 15g　　醋乳香 550g　　醋没药 550g

【功能】清热解毒，消肿散结。

【主治】用于热毒壅结所致的痈疽疔毒、瘰疬、流注、癌肿。

【方解】方用牛黄清热解毒，麝香香窜通络，散瘀消肿，化结共为君药。乳香、没药行气活血，消肿止痛，去腐生肌共为臣药。四药配伍，共奏清热解毒、消肿散结之功。主治热毒壅结证。

【药理作用】　主要有抗病毒、抗癌等作用。

【临床应用】

1. 辨证要点　本品为治疗热毒壅结所致的里热证常用中成药，临床以疮疡、瘰疬、乳痈、瘰疬为辨证要点。

2. 现代应用　常用于肝癌、肺癌、淋巴结炎、乳腺囊性增生、乳腺癌、多发性脓肿、骨髓炎等见舌红、脉滑数者。

3. 使用注意　孕妇禁用。

【性状】　本品为棕褐色至黑褐色的糊丸；气芳香，味微苦。

【剂型规格】　糊丸，每20丸重1g。

【用法用量】　口服。一次3g，一日2次。

【贮藏】　密封。

片仔癀

Pianzaihuang

【方源】　经验方《中国药典》2020年版

【处方】　牛黄　麝香　三七　蛇胆等

【功能】　清热解毒，凉血化瘀，消肿止痛。

【主治】　用于热毒血瘀所致的急慢性病毒性肝炎，痈疽疔疮，无名肿毒，跌打损伤及各种炎症。

【方解】　其处方、工艺均属国家绝密级秘密，是国家一级中药保护品种。方中牛黄、蛇胆清热解毒，为君药。麝香活血通经，消肿止痛，为臣药。三七散瘀消肿止痛，为佐药。诸药合用，共奏清热解毒、凉血化瘀、消肿止痛之功。主治热毒血瘀证。

【药理作用】　主要具有消炎、抗病毒、镇静、镇痛、抗应激、止血等作用。

【临床应用】

1. 辨证要点　本品为治疗热毒血瘀所致各证的常用中成药，临床以牙龈化脓、喉咙肿痛、喉痹乳蛾、口舌诸疮、烫伤灼伤、刀枪伤、扭挫伤、蜂蛇咬伤、无名肿毒等为辨证要点。

2. 现代应用　常用于急慢性病毒性肝炎、痈疽疔疮、无名肿毒、跌打损伤及各种炎症。

3. 使用注意　孕妇忌服。服药期间，忌食辛辣、油腻食物。

【性状】　本品为类扁椭圆形块状，块上有一椭圆环。表面棕黄色或灰褐色，有密细纹，可见霉斑。质坚硬，难折断。折断面微粗糙，呈棕褐色，色泽均匀，偶见少量菌丝体。粉末呈棕黄色或淡棕黄色，气微香，味苦、微甘。

【剂型规格】　锭剂。每粒重3g。

【用法用量】口服。每次 0.6g，8 岁以下儿童每次 0.15～0.3g，每日 2～3 次；外用研末用冷开水或食醋少许调匀涂在患处（溃疡者可在患处周围涂敷之），一日数次，常保持湿润。或遵医嘱。

【贮藏】密封，置干燥处。

连翘败毒丸

Lianqiao Baidu Wan

【方源】《证治准绳》部颁标准

【处方】金银花 40g　连翘 40g　大黄 40g　紫花地丁 30g　蒲公英 30g　栀子 30g　白芷 30g　黄芩 30g　赤芍 30g　浙贝母 30g　桔梗 30g　玄参 30g　木通 30g　防风 30g　白鲜皮 30g　甘草 30g　蝉蜕 20g　天花粉 20g

【功能】清热解毒，消肿止痛。

【主治】用于脏腑积热，风热湿毒所致疮疡初起，红肿疼痛，憎寒发热，风湿疙瘩，遍身刺痒，大便秘结。

【方解】方以连翘清热解毒为君药。金银花、地丁、蒲公英清热解毒，消散疮肿；赤芍、玄参凉血清热，活血化滞；栀子、黄芩、木通、大黄清利热毒从二便排出为臣药。天花粉、浙贝母消肿散结、清热，桔梗升提气血，表散邪毒，白鲜皮解热除湿止痒，蝉蜕、白芷疏风散结，防风祛风邪，引药归经为佐药。甘草调和诸药为使药。诸药合用，共奏清热解毒、消肿止痛之功。主治脏腑积热、风热湿毒证。

【药理作用】主要有解热、抑菌、抗炎等作用。

【临床应用】

1. 辨证要点　本品为治疗脏腑积热，风热湿毒所致各证的常用中成药，临床以疮疡初起，红肿热痛，无名肿毒，丹毒疱疹为辨证要点。

2. 现代应用　常用于湿疹、疱疹、蜂窝组织炎、急性淋巴结炎、流行性腮腺炎、丹毒者。

3. 使用注意　孕妇忌服。

【性状】本品为黄褐色的水丸；气微，味苦。

【剂型规格】水丸，每 100 粒重 6g。

【用法用量】口服，一次 6g，一日 2 次。

【贮藏】密封。

穿心莲片

Chuanxinlian Pian

【方源】新研制方《中国药典》2020 年版

【处方】穿心莲 1000g

【功能】清热解毒，凉血消肿。

【主治】用于邪毒内盛，感冒发热，咽喉肿痛，口舌生疮，顿咳劳嗽，泄泻痢疾，热淋涩痛，痈肿疮疡，毒蛇咬伤。

【方解】方以穿心莲苦寒降泄，善清肺火；苦寒燥湿，清泻下焦湿热；且能凉血消肿，祛除湿热火毒为君药。以奏清热解毒，凉血消肿之功。主治邪毒内盛证。

【药理作用】主要具有解热、抑菌、抗炎、抗病毒等作用。

【临床应用】

1. 辨证要点 本品为治疗邪毒内盛所致各证的常用成药。临床以肺热咳嗽、咽喉肿痛、疮疖痈肿、泄泻痢疾、热淋涩痛为辨证要点。

2. 现代应用 常用于对急性扁桃体炎、咽炎、喉炎、腮腺炎、支气管炎等上呼吸道感染，流感，细菌性痢疾，肠炎，肠道滴虫，毒蛇咬伤等。

3. 使用注意 儿童、孕妇、哺乳期妇女、年老体弱、脾虚便溏者慎用。

【性状】本品为糖衣片或薄膜衣片，除去包衣后显灰褐色至棕褐色；味苦。

【剂型规格】片剂。（1）0.105g（小片）；（2）0.210g（大片）。

【用法用量】口服。一次 2 ~ 3 片（小片），一日 3 ~ 4 次；或一次 1 ~ 2 片（大片），一日 3 次。

【贮藏】密封。

板蓝根颗粒

Banlangen Keli

【方源】新研制方《中国药典》2020 年版

【处方】板蓝根 1400g

【功能】清热解毒，凉血利咽。

【主治】用于肺胃热盛所致的咽喉肿痛、口咽干燥、腮部肿胀；急性扁桃体炎、腮腺炎见上述证候者。

【方解】方以板蓝根苦寒，入心、胃经，功善清热解毒、凉血利咽，治温病发热、头痛、喉痛，或身发斑疹、大头瘟疫、丹毒、痄腮等证为君药，共奏清热解毒、凉血利咽。主治肺胃热盛证。

【药理作用】主要具有对金黄色葡萄球菌、肺炎双球菌、流感杆菌、伤寒杆菌、痢疾杆菌等多种病原菌有抑制等作用。

【临床应用】

1. 辨证要点 本品为治疗肺胃热盛所致各证的常用中成药，临床以咽喉肿痛、口咽干燥、腮部肿胀为辨证要点。

2. 现代应用 常用于普通感冒、流行性感冒、急性咽喉炎、急性扁桃体炎、急性腮腺炎、流行性乙型脑炎、传染性肝炎等属温热毒邪所致者。还可用治白喉、肺炎、口腔黏膜溃疡等。

3. 使用注意 非实火热毒者忌服。

【性状】 本品为棕色或棕褐色的颗粒；味甜、微苦。

【剂型规格】 颗粒剂。

（1） 每袋装 5g（相当于饮片 7g）。

（2） 每袋装 10g（相当于饮片 14g）。

（3） 每袋装 4g（相当于饮片 7g）。

（4） 每袋装 3g（无蔗糖，相当于饮片 7g）。

（5） 每袋装 2.5g（无蔗糖，相当于饮片 7g）。

（6） 每袋装 1.8g（无蔗糖，相当于饮片 7g）。

（7） 每袋装 1g（无蔗糖，相当于饮片 7g）。

> **请你想一想**
>
> 穿心莲片和板蓝根颗粒都属于清热解毒中成药，二者在功能主治上有什么不同？二者治疗的重点分别是什么？

【用法用量】 开水冲服，一次 5～10g〔规格（1）（2）〕，或一次 1～2 袋〔规格（3）（4）（5）（6）（7）〕，一日3～4 次。

【贮藏】 密封。

（二）清热泻火中成药

清热泻火类中成药主要适用于热邪偏盛于某一脏腑所产生的火热病证。火热为患可在各脏腑，各种火热毒邪而引发此证。症见目赤肿痛，耳鼻肿痛，唇舌肿痛，牙龈肿痛，咽喉肿痛，疮疡初起红肿热痛，大便干结，小便热痛，舌赤苔黄，脉数等。代表中成药有黄连上清丸、栀子金花丸、龙胆泻肝丸、清胃黄连丸、导赤丸、复方鱼腥草片等。

1. 清上焦实热

黄连上清丸
Huanglian Shangqing Wan

【方源】《万病回春》《中国药典》2020 年版

【处方】 黄连 10g　栀子（姜制）80g　连翘 80g　炒蔓荆子 80g　防风 40g　荆芥穗 80g　白芷 80g　黄芩 80g　菊花 160g　薄荷 40g　酒大黄 320g　黄柏（酒炒）40g　桔梗 80g　川芎 40g　石膏 40g　旋覆花 20g　甘草 40g

【功能】 散风清热，泻火止痛。

【主治】 用于风热上攻、肺胃热盛所致的头晕目眩，暴发火眼，牙齿疼痛，口舌生疮，咽喉肿痛，耳痛耳鸣，大便秘结，小便短赤。

【方解】 方以黄连为君，清心泻火，清中焦之热。黄芩、黄柏清解上下焦热毒，为臣。君臣相配，清泻三焦火热毒邪。佐以栀子通泄三焦之火，引火下行，大黄荡涤邪热，导滞下行，两者相配使热邪从二便分消；生石膏清肺胃郁热，配伍连翘清热解毒；荆芥穗、防风、川芎、白芷散风而止头痛；薄荷、菊花、蔓荆子清宣上焦风热，又可明目消肿；桔梗、甘草清肺利咽喉；旋覆花可降上焦壅塞之气，使上焦实火下行。使以甘草调和诸药。诸药相合，共奏散风清热、泻火止痛之功。主治风热上攻、肺胃热盛所致各证。

【药理作用】 主要有解热、抗炎、抗病毒、镇痛等作用。

【临床应用】

（1）辨证要点　本品为治疗风热上攻、肺胃热盛所致各证的常用中成药，临床上以头晕目眩，口舌生疮，咽喉肿痛，耳痛耳鸣，大便秘结，小便短赤为辨证要点。

（2）现代应用　常用于急性口腔炎、急性扁桃体炎、急性结膜炎、急性中耳炎（无化脓者）、急性胃肠炎、眩晕（内耳迷路炎、前庭神经炎）、血管神经性头痛、牙痛（牙髓炎、牙周炎）、口腔溃疡等属风热上攻，肺胃热盛者。

（3）使用注意　忌食辛辣食物；孕妇慎用；脾胃虚寒者禁用。

【性状】 本品为暗黄色至黑褐色的水丸、黄棕色至棕褐色的水蜜丸或黑褐色的大蜜丸或小蜜丸；气芳香，味苦。

【剂型规格】 丸剂。水丸每袋装 6g；水蜜丸每 40 丸重 3g；小蜜丸每 100 丸重 20g；大蜜丸每丸重 6g。

【用法用量】 口服。水丸或水蜜丸一次 3 ~ 6g，小蜜丸一次 6 ~ 12g（30 ~ 60 丸），大蜜丸一次 1 ~ 2 丸，一日 2 次。

【贮藏】 密封。

2. 清三焦实火

栀子金花丸

Zhizi Jinhua Wan

【方源】《宣明论方》《中国药典》2020 年版

【处方】栀子 116g　黄连 4.8g　黄芩 192g　黄柏 60g　大黄 116g　金银花 40g　知母 40g　天花粉 60g

【功能】清热泻火，凉血解毒。

【主治】用于肺胃热盛，口舌生疮，牙龈肿痛，目赤眩晕，咽喉肿痛，吐血衄血，大便秘结。

【方解】方以栀子清热解毒，凉血消肿，泻火除烦为君药。大黄荡涤肠胃积滞，清泄血分实热为臣药。黄连、黄芩、黄柏苦寒燥湿，清泻上中下三焦实火热毒；知母清热泻火、天花粉消肿排脓，二者生津润燥的同时可防火热伤阴耗津为佐药。金银花清热解毒、散结消肿为使药。诸药合用，共奏清热泻火、凉血解毒之功。主治肺胃热盛所致各证。

【药理作用】 主要有抗炎、抗菌、利胆护肝、镇痛、降血压等作用。

【临床应用】

（1）辨证要点　本品为治疗肺胃热盛所致各证的常用中成药，临床上以口舌生疮，牙龈肿痛，目赤眩晕，咽喉肿痛，吐血衄血，大便秘结，舌红苔黄脉滑数为辨证要点。

（2）现代应用　常用于上呼吸道感染、扁桃体炎、咽峡炎、咽炎；牙龈肿痛、牙龈炎、牙周炎、口腔溃疡、习惯性便秘、热结便秘等。

（3）使用注意　孕妇禁用；老人、儿童及脾胃虚寒者慎用；忌食辛辣油腻之品。

【性状】本品为黄色至黄褐色的水丸；味苦。

【剂型规格】丸剂。水丸每袋装9g。

【用法用量】口服。一次9g，一日1次。

【贮藏】密封。

3. 清肝火

你知道吗

　　肝胆湿热，病证名。指湿热之邪蕴结肝胆的病证。多由外感湿热之邪，或嗜酒，过食肥甘辛辣，湿邪内生，郁久化热所致，或脾胃运化失常，湿浊内生，蕴而化热，阻遏肝胆而成。证见胁肋胀痛，灼热，腹胀厌食，口苦泛恶，小便短赤或黄，大便不调，或身目发黄，舌偏大，舌红苔黄厚而腻，脉弦数等。治宜清利肝胆湿热。

龙胆泻肝丸

Longdan Xiegan Wan

【方源】《医方集解》《中国药典》2020年版

【处方】龙胆120g　柴胡120g　黄芩60g　栀子（炒）60g　泽泻120g　木通60g
盐车前子60g　酒当归60g　地黄120g　炙甘草60g

【功能】清肝胆，利湿热。

【主治】用于肝胆湿热，头晕目赤，耳鸣耳聋，耳肿疼痛，胁痛口苦，尿赤涩痛，湿热带下。

【方解】方以龙胆大苦大寒，既能上清肝胆实火、下泄肝经湿热为君药。黄芩、栀子苦寒，清热泻火；泽泻、木通、车前子清热利湿，使湿热从膀胱而去，共为臣药。当归、地黄滋阴养血，使祛邪而不伤正；且当归芳香性温可制约它药之苦寒，二药俱为佐药。柴胡舒畅肝胆之气机，又作引经药；甘草调和诸药、清热解毒，共为使药。诸药合用，共奏清肝胆、利湿热之功。主治肝胆湿热证。

【药理作用】主要有抗菌、抗炎、增强免疫功能、抗过敏等作用。

【临床应用】

（1）辨证要点　本品为治疗肝胆湿热所致各证的常用中成药，临床上以头痛目赤、胁肋胀痛、尿赤涩痛、带下腥臭等为辨证要点。

（2）现代应用　常用于顽固性偏头痛、头部湿疹、高血压、急性结膜炎、黄疸性肝炎、胆囊炎、膀胱炎、尿道炎等属于肝胆实火或肝经湿热者。

（3）使用注意　孕妇慎用，脾胃虚寒者和阴虚阳亢者不宜使用。

【性状】本品为暗黄色的水丸；味苦。或为黄褐色的小蜜丸或大蜜丸；味苦、微甜。

【剂型规格】丸剂。水丸每袋6g；小蜜丸每100丸重20g；大蜜丸每丸重6g。

【用法用量】口服，水丸一次 3~6g，小蜜丸一次 6~12g（30~60 丸），大蜜丸一次 1~2 丸；一日 2 次。

【贮藏】水丸：密闭，防潮。小蜜丸、大蜜丸：密封。

4. 清胃火

清胃黄连丸

Qingwei Huanglian Wan

【方源】《万病回春》《中国药典》2020 年版

【处方】黄连 80g　石膏 80g　桔梗 80g　甘草 40g　知母 80g　玄参 80g　地黄 80g　牡丹皮 80g　天花粉 80g　连翘 80g　栀子 200g　黄柏 200g　黄芩 200g　赤芍 80g

【功能】清胃泻火，解毒消肿。

【主治】用于肺胃火盛所致的口舌生疮，齿龈、咽喉肿痛。

【方解】方以大苦大寒的黄连为君药，以清胃泻火。以石膏、黄芩、栀子、黄柏清泻胃火及三焦之热；地黄、丹皮、赤芍凉血清热；连翘、桔梗清热解毒，利咽消肿，共为臣药。佐以玄参、知母、天花粉清火养阴生津。甘草清热解毒，调和诸药，为使。诸药相合，共奏清胃泻火、解毒消肿之功。主治肺胃火盛证。

【药理作用】主要有解热、抗炎、抗病毒等作用。

【临床应用】

（1）辨证要点　本品为治疗肺胃火盛所致各证的常用中成药，临床上以口舌生疮、齿龈、咽喉肿痛等为辨证要点。

（2）现代应用　常用于口腔炎、牙周炎、口腔溃疡等属于胃热炽盛者。

（3）使用注意　孕妇慎用；脾胃虚寒者及风寒牙痛、虚火牙痛、龈肿、出血者禁用。

【性状】本品为棕褐色的大蜜丸；味微甜后苦。或为黄色至深黄色的水丸；味微苦。

【剂型规格】丸剂。大蜜丸每丸重 9g；水丸每袋装 9g。

【用法用量】口服。大蜜丸一次 1~2 丸，水丸一次 9g；一日 2 次。

【贮藏】密封。

5. 清心火

导赤丸

Daochi Wan

【方源】《银海精微》《中国药典》2020 年版

【处方】连翘 120g　黄连 60g　栀子（姜炒）120g　木通 60g　玄参 120g　天花粉 120g　赤芍 60g　大黄 60g　黄芩 120g　滑石 120g

【功能】清热泻火，利尿通便。

【主治】用于火热内盛所致的口舌生疮、咽喉肿痛、心胸烦热、小便短赤、大便秘结。

【方解】方以黄连清心除烦，泻火解毒为君。黄芩、连翘泻火解毒，加强清热解毒之力为臣。佐以栀子通泄三焦之火而导热下行；木通、滑石降火利水，引热下行而从小便得解；大黄泻热通便，使热邪从大便而下；赤芍、玄参、天花粉养阴凉血，一则补被灼之阴，二则防诸药苦燥泻利伤阴之弊。诸药相合，共奏清热泻火、利尿通便之功。主治火热内盛证。

【药理作用】主要有抗菌、抗炎、镇痛、利尿、解热、抗血小板凝聚、止血等作用。

【临床应用】

（1）辨证要点　本品为治疗火热内盛所致各证的常用中成药，临床上以心胸烦热，小便短赤，大便秘结等为辨证要点。

（2）现代应用　常用于口腔炎、尿道炎、急慢性肾盂肾炎、泌尿系结石等属心火内盛，心热移于小肠证者。

（3）使用注意　脾胃虚弱、内寒者忌用。

【性状】本品为黑褐色的水蜜丸或大蜜丸；味甘、苦。

【剂型规格】丸剂。水蜜丸每10粒重1g；大蜜丸每丸重3g。

【用法用量】口服。水蜜丸一次2g，大蜜丸一次1丸，一日2次；周岁以内小儿酌减。

【贮藏】密封。

6. 清肺火

复方鱼腥草片

Fufang Yuxingcao Pian

【方源】新研制方《中国药典》2020年版

【处方】鱼腥草583g　黄芩150g　板蓝根150g　连翘58g　金银花58g

【功能】清热解毒。

【主治】用于外感风热所致的急喉痹、急乳蛾，症见咽部红肿、咽痛；急性咽炎、急性扁桃体炎见上述证候者。

【方解】方以鱼腥草辛能行散，微寒清热，主入肺经，善清肺经热毒，又能消痈排脓为君药。金银花甘寒，清热解毒，散痈消肿之力颇强，为治一切痈肿疔疮阳证的要药，连翘苦寒，主入心经，既能清心火，解疮毒，又能散气血凝聚，兼有消痈散结之功，共为臣药。黄芩泻火解毒燥湿，板蓝根清热解毒，凉血利咽，共为佐使药。诸药合用，共奏清热泻火、解毒散结之功。主治火热内盛证。

【药理作用】主要有抗菌、抗病毒、增强机体免疫功能等作用。

【临床应用】

（1）辨证要点　本品为治疗火热内盛所致各证的常用中成药，临床以咽喉疼痛，有风热证候者等为辨证要点。

（2）现代应用　常用于扁桃体炎、急性咽喉炎等属胃肠实热者。

（3）使用注意　脾胃虚弱、内寒者忌用。

【性状】本品为糖衣片或薄膜衣片，除去包衣后显棕褐色；味微涩。

【剂型规格】片剂。薄膜衣片每片0.35g。

【用法用量】口服，一次4~6片，一日3次。

【贮藏】密封。

其他清热中成药见表5-3。

表5-3　其他清热中成药

分类	品名	功能	主治	用法用量	使用注意
清热解毒类	清瘟解毒丸	清瘟解毒	用于外感时疫，憎寒壮热，头痛无汗，口渴咽干，痄腮，大头瘟	口服。一次2丸，一日2次；小儿酌减	本品可嚼服，也可分份吞服
	内消瘰疬片	软坚散结	用于痰湿凝滞所致的瘰疬，症见皮结块，不热不痛	口服，一次4~8片，一日1~2次	孕妇忌用。大便稀溏者慎用

第四节　泻下中成药

PPT

学习目标

知识要求

1. **掌握**　本节所列中成药的功能主治、使用注意及用法用量。

2. **熟悉**　泻下中成药的概念、分类；四类泻下中成药所治疗的病证成因、常见临床表现及代表性中成药；本节所列中成药使用时的辨证要点；当归龙荟丸、麻仁丸、保赤散的处方组成。

3. **了解**　本节所列中成药的药理作用及现代应用。

能力要求

1. 熟练掌握便秘的辨病辨证分型方法。

2. 学会运用本节所学专业知识介绍泻下中成药的治疗特点、使用注意及用法用量等。

实例分析

实例　孙先生，57岁，大便秘结5天，到药店购买通便药。现症状有肚子胀满，头痛，咽喉肿痛，口舌生疮，大便秘结，舌红苔黄。

问题　1. 初步判断孙先生所患何种病证？

2. 根据孙先生所患病证，重点介绍哪类泻下中成药？如何介绍？

一、概述

【概念】凡以泻下药为主组成，具有通导大便、排除胃肠积滞、荡涤湿热、攻积水饮或攻下寒积等作用，用于治疗里实证为主的中成药，称泻下中成药。

【功能与主治】泻下中成药具有峻下热结，通导积滞或泻下通便或峻下逐水等作用。主治大便秘结、脘腹胀满、疼痛拒按、潮热口渴、舌苔黄燥、脉沉实有力等里实热证；或大便干结，小便短赤，舌苔黄，脉滑等肠燥津亏之便秘证；或适用于水饮停聚所致的胸腹积水以及水肿实证等。

由于此类里实证多由火热、津亏、湿聚所致，所以本类中成药处方中多配伍清热解毒、润肠、峻下逐水药为主组成。

【分类】泻下中成药分为寒下、润下、逐水、温下四类中成药。

【使用注意】

1. 应用泻下中成药，重在辨里实证的性质及其兼证。泻下中成药适用于里实证，即表证已解，里实已成之时；若表证未解，里实虽成，亦不可应用。

2. 对于年老体虚，产后血亏，病后伤津及亡血等，均应慎用。

3. 必要时宜配伍补益扶正之品，兼顾其虚，或攻补兼施，虚实兼顾。

4. 泻下中成药大都易于耗损胃气，应得效即止，慎勿过剂。

二、常见泻下中成药

（一）寒下中成药

寒下中成药主治胃肠积滞里热实证。为胃肠积滞，里热炽盛所致，症见便秘结、脘腹胀满、疼痛拒按、潮热口渴、舌苔黄燥、脉沉实有力等里实热证。代表中成药有当归龙荟丸、清宁丸、麻仁丸、保赤散等。

当归龙荟丸
Danggui Longhui Wan

【方源】《医学六书》《中国药典》2020 年版

【处方】酒当归100g　龙胆（酒炙）100g　芦荟50g　青黛50g　栀子100g　酒黄连100g　酒黄芩100g　盐黄柏100g　酒大黄50g　木香25g　人工麝香5g

【功能】泻火通便。

【主治】用于肝胆火旺，心烦不宁，头晕目眩，耳鸣耳聋，胁肋疼痛，脘腹胀痛，大便秘结。

【方解】方以龙胆直入肝经，清泻肝经实火，大黄、芦荟通下大便，凉肝泻火共为君药。黄连、黄芩、黄柏、栀子、青黛合用清泻肝火，为臣药。当归和血养肝，木香、麝香芳香走窜，行气止痛，共为佐药。诸药合用，共奏泻火通便之功。主治肝胆火旺热结便秘。

【药理作用】主要有通便等作用。

【临床应用】

1. 辨证要点　本品为治疗肝胆火旺大便秘结的常用中成药，临床以头晕目眩，耳鸣耳聋，胁肋疼痛，脘腹胀痛，大便秘结为辨证要点。

2. 现代应用　常用于内耳眩晕证，精神分裂症，急性盆腔炎，尿道炎；习惯性便秘、老年性便秘、痤疮、原发性高血压伴便秘见肝经火盛证者。

3. 使用注意　孕妇禁用。阴虚火旺，体虚便溏者忌用。

【性状】本品为黄绿色至深褐色的水丸；气微，味苦。

【剂型规格】水丸。每袋装6g。

【用法用量】口服。一次6g，一日2次。

【贮藏】密封。

清宁丸

Qingning Wan

【方源】《银海指南》《中国药典》2020年版

【处方】大黄600g　绿豆25g　车前草25g　炒白术25g　黑豆25g　半夏（制）25g　醋香附25g　桑叶25g　桃枝5g　牛乳50g　姜厚朴25g　麦芽25g　陈皮25g　侧柏叶25g

【功能】清热泻火，消肿通便。

【主治】用于火毒内蕴所致的咽喉肿痛、口舌生疮、头晕耳鸣、目赤牙痛、腹中胀满、大便秘结。

【方解】方以本药主治实热积滞、上攻头面证。方用苦寒沉降的大黄泻热通便，凉血解毒为君药。以桃枝清泻大肠积热，绿豆清热解毒为臣药。以香附、厚朴、陈皮理气宽中、消胀除满；车前草清热利水；法半夏燥湿祛痰；白术健脾燥湿；黑豆、麦芽健脾益肾消食；侧柏叶、桑叶清热凉血；牛乳滋阴补血润燥。用大量黄酒，缓和药性，加速药效，为佐使药。诸药合用，共奏清热泻火，通便之功。主治实热积滞、上攻头面证。

【药理作用】主要具有泻下、抗炎抗菌、保肝利胆、调整胃肠道功能等作用。

【临床应用】

1. 辨证要点　本品为治疗火毒内蕴大便秘结的常用中成药，临床以咽喉肿痛，口舌生疮，大便秘结，舌红苔黄，脉数为辨证要点。

2. 现代应用　常用于便秘、急性扁桃体炎、牙龈疼痛、口腔炎、泌尿系统感染等见有便秘属于实热里实证者。

请你想一想

清宁丸和当归芦荟丸都属于寒下中成药，二者在功能主治上有什么不同？二者治疗的重点分别是什么？

3. 使用注意 孕妇忌服。年老体弱者慎用。

【性状】本品为黑色的大蜜丸或黑褐色的水蜜丸；味苦。

【剂型规格】水蜜丸每袋装 6g；大蜜丸每丸重 9g。

【用法用量】口服。水蜜丸一次 6g；大蜜丸一次 1 丸，一日 1~2 次。

【贮藏】密封。

（二）润下中成药

润下中成药主治肠燥便秘证。为大肠肠燥津亏所致，症见大便干结，口干舌燥，小便短赤，舌苔少津等。代表中成药有麻仁丸、通幽润燥丸等。

麻仁丸

Maren Wan

【方源】《伤寒论》《中国药典》2020 年版

【处方】火麻仁 200g　苦杏仁 100g　大黄 200g　枳实（炒）200g　姜厚朴 100g　炒白芍 200g

【功能】润肠通便。

【主治】用于肠热津亏所致的大便秘结，症见大便干结难下、腹部胀满不舒，习惯性便秘见上述证候者。

【方解】方以麻子仁性味甘平，质润多脂，润肠通便为君药。肺与大肠相表里，腑气不通，肺失肃降，杏仁上肃肺气，下润大肠；白芍养血敛阴，缓急止痛，共为臣药。佐以大黄、枳实、厚朴攻下热结，荡涤积滞。蜂蜜甘缓，既助麻子仁润肠通便，又可缓和大黄等攻下之力，为佐使。综观本方，虽用大黄、厚朴等泻下通腑之药，但与质润多脂之麻仁、杏仁、白芍、白蜜等相配，其通腑泻下之力减缓。全方合用，具有润肠通便为主，泻下通腑为辅，下不伤正、润而不腻、攻润相合的特点，以达润肠、通便、缓下之功。主治肠热津亏所致的大便秘结。

【药理作用】主要有致泻、缓解平滑肌痉挛、降压等作用。

【临床应用】

1. 辨证要点 本品为治疗胃肠燥热，脾津不足的常用中成药，临床以大便秘结，小便频数，舌红苔微黄少津，脉数为辨证要点。

2. 现代应用 常用于虚人及老人肠燥秘结、习惯性便秘、产后便秘、痔疮术后便秘等属胃肠燥热、脾津不足者。

3. 使用注意 孕妇慎用。

【性状】本品为黄褐色至棕褐色的水蜜丸、小蜜丸或大蜜丸；味苦。

【剂型规格】丸剂。大蜜丸每丸重 9g。

【用法用量】口服。水蜜丸一次 6g，小蜜丸一次 9g，大蜜丸一次 1 丸，一日 1~2 次。

【贮藏】密封。

通幽润燥丸

Tongyou Runzao Wan

【方源】《兰室秘藏》《中国药典》2020 年版

【处方】麸炒枳壳 80g　木香 10g　姜厚朴 80g　桃仁（去皮）20g　红花 20g　当归 20g　炒苦杏仁 20g　火麻仁 20g　郁李仁 20g　熟地黄 20g　地黄 20g　黄芩 80g　槟榔 20g　熟大黄 80g　大黄 40g　甘草 10g

【功能】清热导滞，润肠通便。

【主治】用于胃肠积热所致的便秘，症见大便不通、脘腹胀满、口苦尿黄。

【方解】方以生熟地黄、当归滋阴养血，滋化源，润肠燥为君药。麻仁、郁李仁润肠通便，生熟大黄、黄芩清热通便，桃仁、红花行血润肠通便为臣药。杏仁苦降肺气，枳壳、厚朴、木香、槟榔行气导滞通腑为佐药。甘草甘平，扶正缓急，兼调诸药为使药。诸药相合共奏滋阴养血，润肠通便之功。主治胃肠积热津亏所致的大便秘结。

【药理作用】主要有润滑肠道、调整胃肠平滑肌、缓泻等作用。

【临床应用】

1. 辨证要点　本品为治疗胃肠积热津亏的常用中成药，临床以大便干燥、秘结不通、兼见咽干口燥、头晕耳鸣、心悸乏力、舌红少苔、脉细无力为辨证要点。

2. 现代应用　常用于习惯性便秘、外科术后便秘、产后便秘等见上述证候者。

3. 使用注意　孕妇禁用。年老体弱者慎用。

【性状】本品为黑色至黑褐色的大蜜丸；气微，味苦。

【剂型规格】丸剂。大蜜丸每丸重 6g。

【用法用量】口服，一次 1～2 丸，一日 2 次。

【贮藏】密封。

（三）逐水中成药

逐水中成药主治水饮停于胸腹、水肿及痰饮等实证。为水湿内停，气机升降受阻，使邪水停聚所致，症见水肿喘满、胸腹积水、瘰疬痰核等。代表中成药有控涎丸等。

控涎丸

Kongxian Wan

【方源】《三因极一病证方论》《中国药典》2020 年版

【处方】醋甘遂 300g　红大戟 300g　白芥子 300g

【功能】涤痰逐饮。

【主治】用于痰涎水饮停于胸膈，胸胁隐痛，咳喘痛甚，痰不易出，瘰疬，痰核。

【方解】方以辛温之白芥子逐饮祛痰，利气散结、温通经络，善去皮里膜外之痰为君药。以甘遂、红大戟逐饮祛痰，其中甘遂善行经隧间水湿，大戟善泄脏腑水湿，共为臣药。三药相合，共奏涤痰逐饮之功。其逐饮涤痰之功极强，故非痰涎水饮实证不可妄投。主治痰涎水饮停于胸膈证。

【药理作用】　主要具有平喘、抗炎、祛痰等作用。排痰作用明显，且随剂量的增加祛痰作用增强。

【临床应用】

1. 辨证要点　本品为治疗痰涎水饮停于胸膈证的常用中成药，临床以忽然胸背隐痛不可忍，痰唾黏稠，夜间喉中痰鸣，舌淡苔白，脉沉为辩证要点。

2. 现代应用　常用于颈淋巴结核、淋巴结炎、胸腔积液、腹水及慢性支气管炎、哮喘等属痰涎水饮内停胸胁者。

3. 使用注意　孕妇忌服。体虚者慎用。

【性状】　本品为棕褐色带有淡黄色斑点的糊丸；味微辛、辣。

【剂型规格】　丸剂。糊丸每 50 粒重约 3g。

【用法用量】　用温开水或枣汤、米汤送服。一次 1～3g，一日 1～2 次。

【贮藏】　密封。

（四）温下中成药

温下中成药主治寒结便秘证。为素体阳虚，寒实内结所致，症见大便秘结，脘腹胀满，腹痛喜按，手足不温，口不渴，舌淡苔白，脉沉等里寒积滞实证。代表中成药有保赤散等。

保赤散

Baochi San

【方源】　《小儿药证直诀》《中国药典》2020 年版

【处方】　六神曲（炒）250g　巴豆霜150g　天南星（制）400g　朱砂250g

【功能】　消食导滞，化痰镇惊。

【主治】　用于小儿冷积，停乳停食，大便秘结，腹部胀满，痰多。

【方解】　方以巴豆霜辛温，善泻下寒实冷积为君药。天南星辛热，燥湿祛痰、祛风解痉为臣药。朱砂镇心安神，神曲消食和胃，防朱砂石药败胃为佐药。诸药配伍，共奏温下冷积、消食导滞、豁痰镇惊之效。主治小儿里寒积滞证。

【药理作用】　主要具有促进消化、祛痰、抗惊厥、镇静、降低大脑中枢神经的兴奋等作用。

【临床应用】

1. 辨证要点　本品为治疗小儿里寒积滞证的常用中成药，临床以吐乳不食，大便秘结，腹部胀满，痰涎壅盛，舌淡苔白，脉迟为辨证要点。

2. 现代应用　常用于肠梗阻等属里寒积滞者。

3. 使用注意　泄泻者忌服。

【性状】　本品为粉红色至橙红色的粉末；味淡、微辛。

【剂型规格】　散剂。每瓶装 0.09g。

【用法用量】口服。小儿六个月至1岁一次0.09g，2~4岁一次0.18g。

【贮藏】密闭，防潮。

你知道吗

中医认为，便秘主要由燥热内结、气机郁滞、津液不足和脾肾虚寒所引起。

1. 燥热内结　中医认为过食辛辣厚味，过服温补之品等可致阳盛灼阴；热病之后，余热留恋肠胃，耗伤津液；或湿热下注大肠，使肠道燥热，伤津而便秘，这种便秘又称为热秘。

2. 气机郁滞　情志不舒、忧愁思虑、久坐少动、久病卧床等引起气机郁滞，致使大肠传导失职、糟粕内停，而成秘结，即所谓"气内滞而物不行"。粪便不结燥，但排出困难是此型的特点，所以又称为气秘。

3. 津液不足　久病、产后、老年体衰、气血两虚；脾胃内伤、饮水量少，化源不足，病中过于发汗、泻下伤阴等。气虚则大肠转送无力，血虚津亏则大肠滋润失养，使肠道干槁，便行艰涩，所以称为虚秘。

4. 脾肾虚寒　年高久病，肾阳虚损，阳气不运则阴邪凝结；或素有脾阳不足，又受寒冷攻伐，而致脾肾阳衰，温照无权则寒凝气滞，肠道传送无力，大便艰难，称为冷秘。

其他泻下中成药见表5-4。

表5-4　其他泻下中成药

分类	品名	功能	主治	用法用量	使用注意
寒下类	大黄清胃丸	清热通便	用于胃火炽盛所致的口燥舌干，头痛目眩，大便燥结	口服，一次1丸，一日2次	孕妇忌服
逐水类	十枣丸	攻逐水饮	用于水饮积滞，腹水肿胀，胁下疼痛，喘逆气急	口服，一次3g，一日1~2次；或遵医嘱	忌食盐。得快利后应止服，药后以糜粥自养。孕妇、年老体弱者忌服。不可与甘草同服

第五节　祛暑中成药

PPT

学习目标

知识要求

1. **掌握**　本节所列中成药的功能主治、使用注意及用法用量。

2. **熟悉**　祛暑中成药的概念、分类；四类祛暑中成药所治疗的病证成因、常见临床表现及代表性中成药；本节所列中成药使用时的辨证要点；藿香正气水、六合定中丸、清暑益气丸、紫金散的处方组成。

3. **了解**　本节所列中成药的药理作用及现代应用。

能力要求

1. 熟练掌握中暑的辨病辨证分型方法。
2. 学会运用本节所学专业知识介绍祛暑中成药的治疗特点、使用注意及用法用量等。

实例分析

实例　唐女士，20 岁，7 月中旬到药店购买中暑药。现症状有头痛、头昏、头重、胸膈痞满、肚子胀痛、又吐又泻；舌淡苔薄黄而腻，脉细。

问题　1. 初步判断唐女士所患何种病证？

　　　　2. 根据唐女士所患病证，重点介绍哪类祛暑中成药？如何介绍？

一、概述

【概念】凡以祛暑药为主组成，具祛除暑邪等作用，主要用于以治疗中暑的一类中成药，称为祛暑中成药。

【功能与主治】祛暑中成药具有祛除暑邪等作用。主治暑证，临床主要表现为恶寒，倦怠，头身沉重，呕吐泄泻，重者突然昏倒，不省人事，手足厥冷，呼吸急促，脉浮等。由于中暑证多兼有湿热，所以本类中成药处方中多配伍祛湿、清热之品，使主兼证皆祛。

【分类】一般分为祛暑除湿、祛暑辟秽、祛暑和中、祛暑益气四类。

【使用注意】

1. 应用祛暑成药，要辨清伤暑、中暑、暑湿，合理选药。
2. 服药期间饮食宜清淡，忌酒及辛辣、生冷、油腻食物。

二、常见祛暑中成药

（一）祛暑除湿中成药

祛暑除湿中成药主治暑湿感冒证，为外感暑湿之邪所致，症见身热不扬，头痛昏重，胸膈满，脘腹胀痛，呕吐泄泻。代表中成药有藿香正气水等。

藿香正气水

Huoxiang Zhengqi Shui

【方源】《太平惠民和剂局方》《中国药典》2020 年版

【处方】苍术 160g　陈皮 160g　厚朴（姜制）160g　白芷 240g　茯苓 240g　大腹皮 240g　生半夏 160g　甘草浸膏 20g　广藿香油 1.6ml　紫苏叶油 0.8ml

【功能】解表化湿，理气和中。

【主治】用于外感风寒，内伤湿滞或夏伤暑湿所致的感冒，症见头痛昏重、胸膈痞闷、脘腹胀痛、呕吐泄泻；胃肠型感冒见上述证候者。

【方解】方以藿香辛温芳香，既可散表邪又能化湿和胃，表里兼顾，调和气机为君药。半夏燥湿下气、和胃止呕，厚朴行气燥湿、降逆除满，助主药化湿共为臣药。紫苏叶、白芷均芳香散寒化湿，陈皮理气燥湿、健脾，茯苓、苍术燥湿健脾以助中焦运化。大腹皮行气利湿，共为佐药。使以甘草调和诸药。诸药合用，共奏解表化湿、理气和中之功。主治外感风寒，内伤湿滞或夏伤暑湿证。

【药理作用】主要有止呕、镇痛、解痉，增强细胞免疫功能和抑菌等作用。

【临床应用】

1. 辨证要点 本品为治疗外感风寒，内伤湿滞或夏伤暑湿证的常用中成药，临床以恶寒发热、胸膈满闷、恶心呕吐、肠鸣泄泻为辨证要点。

2. 现代应用 常用于急性胃肠炎、夏季感冒、湿疹、妊娠恶阻、口疮、带下、痱子、晕车晕船等。

3. 使用注意 忌食生冷油腻之物，驾驶员和高空作业者慎用。

【性状】本品为深棕色的澄清液体（贮存略有沉淀）；味辛、苦。

【剂型规格】酊剂。每支装 10ml。

【用法用量】口服。一次 5 ~ 10ml，一日 2 次，用时摇匀。

【贮藏】密封。

你知道吗

藿香正气各剂型的特点

1. 藿香正气丸 特点是药效持久，但吸收较慢，服药量较大，多用于成人。

2. 藿香正气颗粒剂 特点是作用迅速，体积较小，服用方便等。

3. 藿香正气口服液 特点是吸收快，迅速发挥药效。藿香正气液不含乙醇，口感好，便于小孩服用，适宜于不喜酒味及对乙醇过敏者。

4. 藿香正气水 有效成分含量高，疗效高，服药剂量相对较小，发挥作用迅速。

5. 藿香正气片 用量准确，体积小，易于服用。

6. 藿香正气软胶囊 在胃肠道中崩解快，剂量准确，儿童服用尤为方便。

7. 藿香正气滴丸 生物利用度高，起效快，口感舒适，对胃肠道无刺激。

8. 藿香正气胶囊 服用方便，便于携带。

（二）祛暑辟秽中成药

祛暑辟秽中成药主治中暑证，为感受暑热之邪所致，症见头晕，恶心，腹痛，胃肠不适。代表中成药有紫金散等。

紫金散
Zi Jin San

【方源】《外科正宗》部颁标准

【处方】山慈菇200g　红大戟150g　千金子霜100g　五倍子100g　麝香30g　朱砂40g　雄黄20g

【功能】辟瘟解毒，消肿止痛。

【主治】用于中暑，脘腹胀痛，恶心呕吐，痢疾泄泻，小儿痰厥；外治疔疮疖肿，痄腮，丹毒，喉风。

【方解】方以山慈菇清热解毒，为君药。红大戟解毒散结；千金子霜破血消癥；五倍子收湿敛疮；麝香开窍，辟秽，通络，散瘀共为臣药。朱砂、雄黄清心镇惊，安神解毒，燥湿，解毒共为佐使药。诸药合用，共奏辟瘟解毒、消肿止痛之功。主治中暑证。

【药理作用】主要有解热、镇痉、镇痛等作用。

【临床应用】

1. 辨证要点　本品为治疗中暑证的常用中成药，临床以脘腹胀痛，恶心呕吐，泄泻，小儿痰厥为辨证要点。

2. 现代应用　常用于治疗小儿暑湿感冒。

3. 使用注意　孕妇忌服。本品处方中含朱砂、雄黄，不可过久、过量服用，肝肾功能不全者慎用。

【性状】本品为紫褐色的粉末；气特异，味辛、苦。

【剂型规格】散剂，每瓶装3g。

【用法用量】口服，一次1.5g，一日2次；外用醋调敷患处。

【贮藏】密封，防潮。

（三）祛暑和中中成药

祛暑和中中成药主治伤暑证，为夏伤暑湿，宿食停滞所致，症见寒热头痛，胸闷恶心，吐泻腹痛等。代表中成药有六合定中丸。

六合定中丸

Liuhe Dingzhong Wan

【方源】《医方易简》《中国药典》2020年版

【处方】广藿香16g　紫苏叶16g　香薷16g　木香36g　檀香36g　姜厚朴48g　枳壳（炒）48g　陈皮48g　桔梗48g　甘草48g　茯苓48g　木瓜48g　炒白扁豆16g　炒山楂48g　六神曲（炒）192g　炒麦芽192g　炒稻芽192g

【功能】祛暑除湿，和中消食。

【主治】用于夏伤暑湿，宿食停滞，寒热头痛，胸闷恶心，吐泻腹痛。

【方解】方以藿香祛暑解表，紫苏叶疏散风寒、行气宽中，香薷祛暑发汗，三味为君药。茯苓、白扁豆淡渗利湿，健脾止泻；陈皮、厚朴、木瓜温中燥湿，行气消积；木香、檀香理气散寒止痛，枳壳行气宽胸，共为臣药。麦芽、稻芽、六神曲消积和胃导滞为佐药。桔梗开提肺气，使肺通调水道，水利则大便实，甘草调和诸药，两药为使药。诸药合用，有祛暑除湿，和中消食之功效。主治夏伤暑湿证。

【药理作用】 主要具有缓解肠痉挛、镇痛、促进小肠推进的作用等。

【临床应用】

1. 辨证要点 本品为治疗夏伤暑湿证的常用中成药，临床以宿食停滞，寒热头痛，胸闷恶心，吐泻腹痛，舌淡苔白厚腻，脉濡为辨证要点。

2. 现代应用 常用于夏季中暑、急性胃肠炎、胃肠性感冒属夏伤暑湿、宿食停滞者。

3. 使用注意 饮食宜清淡，忌酒及辛辣、生冷、油腻食物。

> **请你想一想**
>
> 藿香正气水和六合定中丸都属于祛暑中成药，二者在功能主治上有什么不同？ 二者治疗的重点分别是什么？

【性状】 本品为黄褐色的水丸；气微香，味微酸、苦。

【剂型规格】 丸剂。水丸每袋装6g。

【用法用量】 口服，一次3~6g，一日2~3次。

【贮藏】 密封。

（四）祛暑益气中成药

祛暑益气中成药主治体弱伤暑所致暑湿证，症见头晕，身热，四肢倦怠，自汗心烦，咽干口渴等。代表中成药有清暑益气丸。

清暑益气丸

Qingshu Yiqi Wan

【方源】《脾胃论》《中国药典》2020版

【处方】 人参36g 黄芪（蜜炙）150g 炒白术360g 苍术（米泔炙）144g 麦冬72g 泽泻60g 醋五味子36g 当归48g 黄柏60g 葛根348g 醋青皮72g 陈皮72g 六神曲（麸炒）84g 升麻60g 甘草120g

【功能】 祛暑利湿，补气生津。

【主治】 用于中暑受热，气津两伤，症见头晕身热、四肢倦怠、自汗心烦、咽干口渴。

【方解】 方以葛根辛凉解表，清热祛暑，为君药。黄芪、人参益气健脾；麦冬、五味子、当归养阴生津，共为臣药。苍术、白术芳香化湿，燥湿健脾；青皮、陈皮理气和中；黄柏清热燥湿；泽泻清热利湿、六神曲健脾消积；升麻发散暑热，升阳止泻；甘草益胃和中，调和诸药，为佐使。诸药合用，共奏祛暑利湿、补气生津之功。主治暑热兼气虚伤津证。

【药理作用】 主要具有增强机体免疫功能、抗炎、抑菌、改善胃肠功能等作用。

【临床应用】

1. 辨证要点 本品为治疗暑热兼气虚伤津证的常用中成药，临床以头晕身热，四肢倦怠，自汗心烦为辨证要点。

2. 现代应用　常用于小儿夏季热、热射病、功能性发热等属暑热耗气伤津者。

3. 使用注意　伤暑非气虚者，不宜服用。如单纯暑证，高热烦渴者禁用。

【性状】　本品为黄褐色至棕褐色的大蜜丸；气微香，味甜。

【剂型规格】　丸剂。大蜜丸每丸重9g。

【用法用量】　姜汤或温开水送服，一次1丸，一日2次。

【贮藏】　密封。

其他祛暑中成药见表5-5。

表5-5　其他祛暑中成药

分类	品名	功能	主治	用法用量	使用注意
祛暑解表类	时疫救急丸	祛暑散寒 止痛止泻	中暑中寒，暑湿霍乱，头晕身烧，腹痛肠鸣，呕吐泄泻	每服1.5～3g，温开水送下	孕妇忌服
	白避瘟散	清凉解热	用于受暑受热，头目眩晕，呕吐恶心，晕车晕船	口服，一次0.3g，外闻亦可	饮食宜清淡，孕妇慎用

目标检测

一、单项选择题

1. 具有疏风散寒，解表清热功能的中成药是（　　　）

　　A. 九味羌活丸　　　　　　B. 川芎茶调丸　　　　　　C. 感冒清热颗粒

　　D. 连花清瘟胶囊　　　　　E. 芎菊上清丸

2. 桑菊感冒片的君药是（　　　）

　　A. 桑叶　　　B. 菊花　　　C. 杏仁　　　D. 桔梗　　　E. 连翘

3. 孕妇禁用的中成药是（　　　）

　　A. 九味羌活丸　　　　　　B. 连花清瘟胶囊　　　　　C. 川芎茶调丸

　　D. 防风通圣丸　　　　　　E. 清开灵颗粒

4. 用于治疗身热头晕，四肢酸懒，咳嗽痰盛，咽喉肿痛，鼻衄咳血，口干舌燥的中成药是（　　　）

　　A. 二陈丸　　　　　　　　B. 羚羊清肺丸　　　　　　C. 二母宁嗽丸

　　D. 小青龙合剂　　　　　　E. 橘红丸

5. 治疗肺胃热盛的常用中成药是（　　　）

　　A. 百合固金丸　　　　　　B. 羚羊清肺丸　　　　　　C. 蛤蚧定喘丸

　　D. 小青龙合剂　　　　　　E. 橘红丸

6. 治疗肺肾两虚，阴虚肺热所致的咳嗽的常用中成药是（　　　）

　　A. 通宣理肺丸　　　　　　B. 二母宁嗽丸　　　　　　C. 清气化痰丸

　　D. 苏子降气丸　　　　　　E. 蛤蚧定喘丸

7. 导赤丸的君药是（　　　）

    A. 连翘　　　B. 黄连　　　C. 栀子　　　D. 木通　　　E. 天花粉

8. 汗不伤表，下不伤里，清不伤阳，具有解表通里，清热解毒功能的中成药是（　　　）

    A. 参苏丸　　　　　　　B. 防风通圣丸　　　　　　C. 银翘解毒丸

    D. 感冒清热颗粒　　　　E. 藿香正气水

9. 用于治疗脏腑积热，风热湿毒引起的疮疡初起，红肿疼痛，憎寒发热，风湿疙瘩，遍身刺痒，大便秘结的中成药是（　　　）

    A. 片仔癀　　　　　　　B. 清胃黄连丸　　　　　　C. 导赤丸

    D. 连翘败毒丸　　　　　E. 西黄丸

10. 用于治疗胃肠积热所致的便秘。症见大便不通、脘腹胀满、口苦尿黄的中成药是（　　　）

    A. 通幽润燥丸　　　　　B. 保赤散　　　　　　　　C. 当归龙荟丸

    D. 麻仁丸　　　　　　　E. 清宁丸

11. 麻仁丸的功能是（　　　）

    A. 润肠通便　　　　　　B. 涤痰逐饮　　　　　　　C. 消食导滞

    D. 泻火通便　　　　　　E. 益气通便

12. 大便不通、脘腹胀满、口苦尿黄首选（　　　）

    A. 清宁丸　　　　　　　B. 当归龙荟丸　　　　　　C. 麻仁丸

    D. 保赤散　　　　　　　E. 通幽润燥丸

13. 紫金散剂型是（　　　）

    A. 水丸　　　B. 蜜丸　　　C. 散剂　　　D. 浓缩丸　　　E. 糊丸

14. 外感风寒，内伤湿滞或夏伤暑湿所致的感冒首选（　　　）

    A. 清暑益气丸　　　　　B. 清开灵颗粒　　　　　　C. 藿香正气水

    D. 六合定中丸　　　　　E. 通宣理肺丸

15. 夏伤暑湿证首选（　　　）

    A. 藿香正气水　　　　　B. 六合定中丸　　　　　　C. 清暑益气丸

    D. 紫金散　　　　　　　E. 西黄丸

二、多项选择题

16. 孕妇慎用的中成药是（　　　）

    A. 九味羌活丸　　　　　B. 连花清瘟胶囊　　　　　C. 川芎茶调丸

    D. 防风通圣丸　　　　　E. 清开灵颗粒

17. 孕妇慎用或忌用的中成药是（　　　）

    A. 二母宁嗽丸　　　　　B. 羚羊清肺丸　　　　　　C. 清肺抑火丸

    D. 百合固金丸　　　　　E. 二陈丸

18. 龙胆泻肝丸的功能是（　　　）

　　　　A. 清肝胆　　　　　　　B. 利小便　　　　　　　C. 清虚热

　　　　D. 清肠胃　　　　　　　E. 利湿热

19. 属于寒下的中成药有（　　　）

　　　　A. 清宁丸　　　　　　　B. 当归龙荟丸　　　　　C. 通幽润燥丸

　　　　D. 控涎丸　　　　　　　E. 麻仁丸

20. 六合定中丸的功能有（　　　）

　　　　A. 清热解暑　　　　　　B. 祛湿止泻　　　　　　C. 祛暑除湿

　　　　D. 和中消食　　　　　　E. 生津润燥

书网融合……

📱划重点　　　　　　　📋自测题

第六章 熟悉内科常用中成药（中）

第一节 补益中成药

PPT

学习目标

知识要求

1. **掌握** 本节所列中成药的功能主治、使用注意及用法用量。

2. **熟悉** 补益中成药的概念、分类；六类补益中成药所治疗的病证成因、常见临床表现及代表性中成药；本节所列中成药使用时的辨证要点；四君子丸、四物合剂、八珍丸、六味地黄丸和桂附地黄丸等的处方组成。

3. **了解** 本节所列中成药的药理作用及现代应用。

能力要求

1. 熟练掌握虚证的辨病辨证分型方法。

2. 学会运用本节所学专业知识介绍补益中成药的治疗特点、使用注意及用法用量等。

实例分析

实例 王先生，67岁，午后发热，盗汗，疲乏倦怠无力一月有余。现症状有头晕耳鸣，腰膝酸软，口干，纳食渐减，舌红少苔，脉细数。

问题 1. 初步判断王先生所患何种病证？

2. 根据王先生所患病证，重点介绍哪类补益中成药？如何介绍？

一、概述

【概念】凡以补益药物为主组成，具有补益人体气、血、阴、阳的不足的作用，主要用于治疗各种虚证的中成药，称补益中成药。

【功能与主治】补益中成药具有补气，补血，气血双补，补阴，补阳，阴阳双补等作用。主治虚证，临床表现为面色淡白或萎黄，精神萎靡不振，乏力自汗，形寒肢冷，小便清长，大便溏泄，舌质淡、胖嫩，脉细弱；或形体消瘦，颧红，潮热盗汗，五心烦热，舌红少苔或光红无苔，脉细数无力等。

虚证是指人体气、血、阴、阳不足所致身体虚弱的病症。其成因主要有先天不足和后天失调两个方面，而后天失调和阴阳气血的耗损是虚证产生的主要原因。

"虚则补之""损者益之"为补益药的立法依据，主要通过补益人体虚损，调整、改善、恢复脏腑功能，达到祛除病邪的目的。

【分类】补益中成药分为补气、补血、气血双补、补阴、补阳、阴阳双补六类中成药。

【使用注意】

1. 因虚而补，不可妄投。

2. 依虚损程度选取峻补或平补等。

3. 注意辨清虚实，若虚实夹杂者，因注意邪实与正虚的主次缓急，采取先攻后补、先补后攻、攻补兼施等法。

> **请你想一想**
>
> 应用补虚药需要注意哪些问题？

二、常见补益中成药

（一）补气中成药

补气中成药主治气虚证。为脾胃虚损，摄取营养不足，七情失和，劳倦损伤或大病、久病后气虚未复等原因所致，症见面色萎白，少气懒言，语音低微，四肢倦怠，食少便溏，舌淡苔白，脉虚弱等，或见小便失禁，大便溏泄，脱肛，子宫脱垂，崩漏等。代表中成药有四君子丸、补中益气丸、参苓白术丸、人参健脾丸等。

四君子丸
Si Junzi Wan

【方源】《太平惠民和剂局方》《中国药典》2020 年版

【处方】党参 200g　炒白术 200g　茯苓 200g　炙甘草 100g

【功能】益气健脾。

【主治】用于脾胃气虚证，胃纳不佳，食少便溏。

你知道吗

四君子丸名字的由来

四君子丸全方温而不燥，平补不峻，共奏益气中、健脾养胃之效，体现了脾胃气虚的基本大法。犹如宽厚平和之君子，故有"四君子汤（丸）"之名。

【方解】方中党参为君药，甘温益气，健脾养胃；臣以白术，健脾燥湿，加强益气助运之力；佐以甘淡茯苓，健脾渗湿，苓术相配，则健脾祛湿之功益著；使以炙甘草益气和中，调和诸药。四药相配，共奏益气健脾之功。主治脾胃气虚证。

【药理作用】主要有调节肠道运动、抗溃疡、提高免疫力促进代谢、造血、改善微循环等作用。

【临床应用】

1. 辨证要点 本品为治疗脾胃气虚证的常用药，其方为补气基础方。临床以面色萎黄，胃纳不佳，食少便溏，语声低微，气短乏力，舌淡苔白，脉虚弱为辨证要点。

2. 现代应用 常用于慢性胃炎、肠炎、胃及十二指肠溃疡及消化道出血属脾胃气虚者。

3. 使用注意 阴虚血热者慎用，实证不宜使用。

【性状】 本品为棕色的水丸；味微甜。

【剂型规格】 丸剂。水丸每袋装6g。另有颗粒剂。

【用法用量】 口服。一次3~6g，一日3次。

【贮藏】 密闭，防潮。

补中益气丸

Buzhong Yiqi Wan

【方源】《脾胃论》《中国药典》2020年版

【处方】 炙黄芪200g 党参60g 炙甘草100g 炒白术60g 当归60g 升麻60g 柴胡60g 陈皮60g 生姜20g 大枣40g

【功能】 补中益气，升阳举陷。

【主治】 用于脾胃虚弱，中气下陷所致的泄泻、脱肛、阴挺，症见体倦乏力，食少腹胀，便溏久泻，肛门下坠或脱肛、子宫脱垂。

【方解】 方中黄芪味甘微温，入脾、肺经，补中益气，升阳固表，故为君药。配伍党参、炙甘草、白术，补气健脾为臣药。当归养血和营，协党参、黄芪补气养血；陈皮理气和胃，使诸药补而不滞，共为佐药。升麻、柴胡升阳举陷，协助君药以升提下陷之中气，共为佐使。生姜、大枣、炙甘草调和诸药为使药，主治脾胃气虚，中气下陷证。

【药理作用】 主要有明显的镇痛作用，还有调节胃肠道运动、增强体力和抗寒能力及提高免疫力等作用。

【临床应用】

1. 辨证要点 临床以体倦肢软，少气懒言，面色萎黄，大便稀溏；以及脱肛、子宫脱垂、久泻久痢，舌淡，脉虚为辨证要点。

2. 现代应用 常用于胃下垂、子宫脱垂、脱肛、重症肌无力、眼睑下垂、麻痹性斜视，慢性结肠炎、慢性肝炎等属于脾胃气虚，中气下陷者。

3. 使用注意 阴虚发热及内热炽盛者忌用。

【性状】 本品为黄棕色至棕色的水丸；味微甜、微苦、辛。

【剂型规格】 丸剂。水丸每袋装6g。另有蜜丸、合剂、颗粒剂。

【用法用量】 口服。一次6g，一日2~3次。

【贮藏】 密封。

参苓白术丸
Shenling Baizhu Wan

【方源】《太平惠民和剂局方》《中国药典》2020 年版

【处方】人参 100g　茯苓 100g　麸炒白术 100g　山药 100g　炒白扁豆 75g　莲子 50g　麸炒薏苡仁 50g　砂仁 50g　桔梗 50g　甘草 100g

【功能】补脾胃，益肺气。

【主治】用于脾胃虚弱，食少便溏，气短咳嗽，肢倦乏力。

【方解】方中人参、白术、茯苓益气健脾渗湿为君药。配伍山药、莲子助君药以健脾益气，兼能止泻；并用白扁豆、薏苡仁助白术、茯苓以健脾渗湿，均为臣药。用砂仁醒脾和胃，行气化滞，是为佐药。桔梗宣肺利气，通调水道，又能载药上行，培土生金；甘草健脾和中，调和诸药，共为佐使。综观全方，补中气，益肺气，渗湿浊，行气滞，使脾气健运，湿邪得去，主治脾气虚证或脾肺气虚证。

【药理作用】主要有调节胃肠运动、改善代谢和提高免疫功能等作用。

【临床应用】

1. 辨证要点　临床以脘腹胀满，不思饮食，大便溏泄，四肢乏力，形体消瘦，面色萎黄，舌苔白腻，脉细缓为辨证要点。

2. 现代应用　常用于慢性胃肠炎、贫血、慢性支气管炎、慢性肾炎及妇女带下病属脾虚湿盛者。

3. 使用注意　孕妇慎用；脾胃湿热者不宜；忌生冷、油腻食物；阴虚火旺者慎用。

> **请你想一想**
> 补中益气丸与参苓白术丸在功效和临床应用上有何异同？

【性状】本品为黄色至黄棕色的水丸；气香，味甜。

【剂型规格】丸剂。水丸每 100 粒重 6g。另有散剂。

【用法用量】口服。一次 6g，一日 3 次。

【贮藏】密封。

人参健脾丸
Renshen Jianpi Wan

【方源】《证治准绳》《中国药典》2020 年版

【处方】人参 25g　白术（麸炒）150g　茯苓 50g　山药 100g　陈皮 50g　木香 12.5g　砂仁 25g　炙黄芪 100g　当归 50g　酸枣仁（炒）50g　远志（制）25g

【功能】健脾益气，和胃止泻。

【主治】用于脾胃虚弱所致的饮食不化、脘闷嘈杂、恶心呕吐、腹痛便溏、不思饮食、体弱倦怠。

【方解】方中人参、茯苓、白术、黄芪益气健脾为君药；山药、陈皮、砂仁健脾和胃为臣药；木香理气健脾，调理中焦气机；酸枣仁、远志安神定志；当归活血养血为佐药。诸药共奏健脾益气、和胃止泻之功，主治脾胃气虚证。

【药理作用】 主要具有广谱而强大的抗病原微生物作用，又有抗炎、抗氧化损伤、促进免疫功能等作用。

【临床应用】

1. 辨证要点　临床以饮食不化、脘闷嘈杂、恶心呕吐、腹痛便溏、不思饮食、体弱倦怠为辨证要点。

2. 现代应用　常用于慢性胃肠炎、十二指肠溃疡、消化不良性腹泻、胃肠功能紊乱、过敏性结肠炎、营养不良等属脾胃虚弱、运化失常者。

3. 使用注意　忌食生冷油腻，不易消化的食物。

【性状】 本品为棕褐色至棕黑色的水蜜丸或大蜜丸；气香，味甜、微苦。

【剂型规格】 丸剂。大蜜丸每丸重6g。

【用法用量】 口服。水蜜丸一次8g，大蜜丸一次2丸，一日2次。

【贮藏】 密封。

（二）补血中成药

补血中成药主治血虚证。多与营养不良、外伤出血、热病后期损伤、劳倦内伤有关。症见面色苍白或萎黄，头晕、目眩，倦怠，心悸失眠，唇甲色淡，妇女月经量少色淡，舌淡苔白无华，脉细或芤。代表中成药有四物合剂、阿胶补血膏等。

四物合剂

Shiwu Heji

【方源】《太平惠民和剂局方》《中国药典》2020年版

【处方】 当归250g　川芎250g　白芍250g　熟地黄250g

【功能】 养血调经。

【主治】 用于血虚所致的面色萎黄、头晕眼花、心悸气短及月经不调。

【方解】 方中当归补血养肝，和血调经为君药；熟地黄滋阴补血为臣药；白芍养血柔肝和宫为佐药；川芎活血行气，畅通气血为使药。四味合用，补而不滞，滋而不腻，养血活血，可使宫血调和，主治血虚证。

【药理作用】 主要有纠正贫血，抗放射线损伤，抗血小板聚集，抗血栓形成，抗缺氧，抗自由基损伤，抑制肉芽增殖，抑制子宫活动，调节免疫功能，补充微量元素、磷脂、维生素等作用。

【临床应用】

1. 辨证要点　临床以面色萎黄、头晕眼花、心悸气短为辨证要点。

2. 现代应用　常用于贫血、痛经、月经不调、功能性子宫出血等属于血虚者。

3. 使用注意　孕妇慎用。阴虚血热之月经过多、胎动漏红则非本方所宜。

【性状】 本品为棕红色至棕褐色的液体；气芳香，味微苦、微甜。

【剂型规格】 合剂。每支装10ml或每瓶装100ml。

【用法用量】 口服。一次10~15ml，一日3次。

【贮藏】密封，置阴凉处。

阿胶补血膏

Ejiao Buxue Gao

【方源】新研制方《中国药典》2020 年版

【处方】阿胶 50g　熟地黄 100g　党参 100g　黄芪 50g　枸杞子 50g　白术 50g

【功能】补益气血，滋阴润肺。

【主治】用于气血两虚所致的久病体弱、目昏、虚劳咳嗽。

【方解】方中阿胶补血养血，滋阴润肺为君药。黄芪、党参健脾益气，固表升阳为臣药。枸杞子、熟地黄滋阴养血，补益肝肾；白术健脾燥湿防诸药滋腻脾胃，共为佐药。诸药合用。共奏滋阴补血、补中益气、健脾润肺之功，主治气、血、阴虚证。

【药理作用】对缺血性动物的红细胞、血红蛋白及红细胞压积有显著的促进作用。能改善血钙平衡，促进红细胞的生成。此外，还能对骨髓细胞的功能有显著的促进作用。能显著升高白细胞的数目、升高血压、防止失血性休克。

【临床应用】

1. 辨证要点　临床以久病体弱、目昏、虚劳咳嗽为辨证要点。

2. 现代应用　可用于肺结核、低血压、贫血、月经过多等属于气血两虚者。

3. 使用注意　消化不良。内有瘀滞，伤风感冒者忌服。

【性状】本品为棕褐色的黏稠液体；味甜、微苦。

【剂型规格】煎膏剂。每瓶装 100g 或 200g 或 300g。

【用法用量】口服。一次 20g，早晚各一次。

【贮藏】密封。

（三）气血双补中成药

气血双补中成药主治气血两虚证。为气血亏虚所致，症见面色无华，头晕眼花，心悸怔忡，气短懒言，食少体倦，舌淡苔白，脉细弱无力等。代表中成药有八珍丸、归脾丸等。

八珍丸

Bazhen Wan

【方源】《正体类要》《中国药典》2020 年版

【处方】党参 100g　炒白术 100g　茯苓 100g　甘草 50g　当归 150g　白芍 100g　川芎 75g　熟地黄 150g

【功能】补气益血。

【主治】用于气血两虚，面色萎黄，食欲不振，四肢乏力，月经过多。

【方解】方中党参与熟地黄相配，益气养血，共为君药。白术、茯苓健脾渗湿，助党参益气补脾；当归、白芍养血和营，助熟地黄滋养心肝，均为臣药。川芎为佐，活血行气，使地、归、芍补而不滞。炙甘草为使，益气和中，调和诸药。全方八药，实为四君子和四物相合而成，主治气血两虚证。

【药理作用】 主要具有强心，改善造血功能，调节子宫功能等作用。

【临床应用】

1. 辨证要点 临床以气短乏力，心悸眩晕，舌淡，脉细无力为辨证要点。

2. 现代应用 常用于贫血、低血糖性晕厥、视神经萎缩、失眠症、习惯性流产、产后体倦发热、月经不调、崩漏以及疮疡久溃不能收口等属于气血两亏者。

3. 使用注意 忌劳累、寒凉、慎房事。体实有热者忌服。

【性状】 本品为棕黑色的水蜜丸或黑褐色至黑色的大蜜丸；味甜、微苦。

【剂型规格】 丸剂。水蜜丸每袋装 6g 或大蜜丸每丸重 9g。

【用法用量】 口服。水蜜丸一次 6g，大蜜丸一次 1 丸，一日 2 次。

【贮藏】 密封。

归脾丸

Guipi Wan

【方源】《太平惠民和剂局方》《中国药典》2020 年版

【处方】 党参 80g　炒白术 160g　炙黄芪 80g　炙甘草 40g　茯苓 160g　制远志 160g　炒酸枣仁 80g　龙眼肉 160g　当归 160g　木香 40g　大枣（去核）40g

【功能】 益气健脾，养血安神。

【主治】 用于心脾两虚，气短心悸，失眠多梦，头昏头晕，肢倦乏力，食欲不振，崩漏便血。

【方解】 方中以党参、黄芪补中益气安神为君药；白术补脾益气，当归养肝而生心血为臣药，茯苓、酸枣仁、龙眼肉、大枣养心安神，远志交通心肾而定志宁心，木香理气醒脾共为佐药；甘草缓急和中为使药。全方诸药合用，为养心益脾并进，益气养血相融之方，主治心脾气血两虚证。

【药理作用】 主要有纠正贫血、抗放射线损伤、抗血小板聚集、抗血栓形成、抗衰老等作用。

【临床应用】

1. 辨证要点 临床以气短心悸，失眠多梦，头昏头晕，肢倦乏力，食欲不振为辨证要点。

2. 现代应用 常用于神经衰弱、失眠、贫血、高血压等属于心脾两虚者。

3. 使用注意 外感或实热内盛者不宜服用。本品宜饭前服用。

【性状】 本品为棕褐色的水蜜丸、小蜜丸或大蜜丸；气微，味甘而后微苦、辛。

【剂型规格】 丸剂。大蜜丸每丸重 9g。另有浓缩丸、合剂、颗粒剂。

【用法用量】 用温开水或生姜汤送服。水蜜丸一次 6g，小蜜丸一次 9g，大蜜丸一次 1 丸，一日 3 次。

【贮藏】密封。

（四）补阴中成药

补阴中成药主治阴虚证，多由大病、吐泻、热病后等伤津耗液，或过食辛燥之品，或素体阴液不足导致。症见身体消瘦，肌肤不荣，腰酸腿软，两颧潮红，骨蒸潮热，盗汗，口干舌燥，或口舌生疮，五心烦热，头晕眼花，耳鸣，舌红少苔，脉细数等。治宜滋阴、润燥、降火。代表中成药有六味地黄丸、大补阴丸、玉泉颗粒等。

六味地黄丸

Liuwei Dihuang Wan

【方源】《小儿药证直诀》《中国药典》2020 年版

【处方】熟地黄 160g　酒萸肉 80g　山药 80g　牡丹皮 60g　茯苓 60g　泽泻 60g

【功能】滋阴补肾。

【主治】用于肾阴亏损，头晕耳鸣，腰膝酸软，骨蒸潮热，盗汗遗精，消渴。

【方解】方中熟地黄滋肾填精为君药；以山萸肉养肝肾而涩精、山药补益脾肾而固精为臣药，三药同用，以达到三阴并补之功；并配以茯苓淡渗脾湿，助山药之益脾，且防山药敛邪，泽泻清泄肾浊，防熟地黄之滋腻敛邪，且可清降肾中虚火；丹皮清泄肝火，制山萸肉之温，且防酸涩敛邪，共为佐使药。各药合用，三补三泻，大开大合，使滋补而不留邪，降泄而不伤正，乃补中有泻，寓泻于补，相辅相成之剂，主治肾阴虚证。

【药理作用】主要有强心作用，特别是对衰弱的心脏作用更强，能改善心肌供血不足，并有利尿和降血压作用。能降低血液黏滞度，抑制血小板聚集，抗血栓形成。

【临床应用】

1. 辨证要点　本品为治疗肾阴虚证的著名中成药，其处方列入中医十大经典名方之列。临床以头晕耳鸣，腰膝酸软，骨蒸潮热，盗汗遗精，舌红少苔，脉细数为辨证要点。

2. 现代应用　常用于慢性肾炎、高血压病、肺结核、神经衰弱、糖尿病、甲状腺功能亢进、肾结核、功能性子宫出血、恶性肿瘤等属于肝肾阴虚者。

3. 使用注意　忌寒凉、慎房事。体实有热者忌服。脾胃虚弱者不宜。

【性状】本品为棕黑色的水丸、水蜜丸，棕褐色至黑褐色的小蜜丸或大蜜丸；味甜而酸。

【剂型规格】丸剂。水丸每袋装 5g 或大蜜丸每丸重 9g。

【用法用量】口服。水丸一次 5g，水蜜丸一次 6g，小蜜丸一次 9g，大蜜丸一次 1丸，一日 2 次。

【贮藏】密封。

大补阴丸

Dabuyin Wan

【方源】《丹溪心法》《中国药典》2020 年版

【处方】熟地黄 120g　盐知母 80g　盐黄柏 80g　醋龟板 120g　猪脊髓 160g

【功能】滋阴降火。

【主治】用于阴虚火旺，潮热盗汗，咳嗽咯血，耳鸣遗精。

【方解】方中重用熟地黄、龟板滋阴潜阳，壮水制火，共为君药。黄柏、知母相须为用，苦寒降火，保存阴液，平其阳亢，均为臣药。应用猪脊髓、蜂蜜为丸，此乃血肉甘润之品，既能滋补脊髓，又能制约黄柏的苦燥，俱为佐使。诸药合用，滋阴精而降相火，以达培本清源之效，主治肾阴虚火旺证。

【药理作用】主要通过对神经、内分泌功能的调节，对甲亢及糖尿病的确有一定的治疗作用；能提高免疫力。

【临床应用】

1. 辨证要点　临床以骨蒸潮热，盗汗，咳嗽咯血，耳鸣遗精，舌红少苔，尺脉数而有力为辨证要点。

2. 现代应用　常用于肺结核、甲状腺功能亢进、肾结核、糖尿病等证属阴虚火旺者。

3. 使用注意　若脾胃虚弱，食少便溏，以及火热属于实证者不宜使用。

【性状】本品为深棕黑色的水蜜丸；或为黑褐色的大蜜丸；味苦、微甜带涩。

【剂型规格】丸剂。大蜜丸每丸重 9g。

【用法用量】口服。水蜜丸一次 6g，一日 2～3 次；大蜜丸一次 1 丸，一日 2 次。

【贮藏】密封。

玉泉颗粒

Yuquan Keli

【方源】《仁斋直指方论》《中国药典》2020 年版

【处方】天花粉 200g　葛根 200g　麦冬 133g　人参 133g　茯苓 133g　乌梅 133g　黄芪 133g　甘草 133g　地黄 133g　五味子 133g

【功能】养阴益气，生津止渴，清热除烦。

【主治】用于气阴不足，口渴多饮，消食善饥；糖尿病属于上述证候者。

【方解】方中以葛根、天花粉清热生津止渴，主治消渴，为君药；地黄滋阴清热，生津止渴；麦冬清肺养阴，益胃生津，适用于肺胃气阴不足，口干舌燥，又能清心除烦；人参、黄芪、茯苓益气生津止渴，以上五味共为臣药；五味子益气生津，宁心止烦渴；乌梅生津止渴共为佐药；甘草调和方中诸药，为使药。全方等药配合功能养阴生津、止渴除烦、益气和中，主治气阴两虚的消渴证。

【药理作用】主要有抗炎、降糖、提高免疫力等作用。

【临床应用】

1. 辨证要点　临床以多饮、多食、多尿、身体消瘦为辨证要点。

2. 现代应用　多用于治疗糖尿病属于气阴不足者。

3. 使用注意 孕妇忌服。定期复查血糖。属阴阳两虚消渴者慎用。本品性凉滋腻，脾胃虚弱、脘腹胀满、食少便溏者慎用。服药期间忌食肥甘、辛辣之品，控制饮食，注意合理的饮食结构；忌烟酒。

【性状】本品为棕黄色或棕褐色的颗粒；味酸甜、微苦。

【剂型规格】颗粒剂。每袋装5g。另有胶囊剂。

【用法用量】开水冲服。一次1袋，一日4次。

【贮藏】密封。

（五）补阳中成药

补阳中成药主治阳虚证。多由先天不足，劳倦过度，七情过极，饮食不节，起居失常，劳逸失度，外感六淫，大病之后等耗损阳气所致。症见畏寒肢冷、面色苍白、大便溏薄、小便清长、脉沉微无力等。代表中成药有桂附地黄丸、济生肾气丸、右归丸、青蛾丸、龟龄集等。

桂附地黄丸
Guifu Dihuang Wan

【方源】《金匮要略》《中国药典》2020年版

【处方】肉桂20g 附子（制）20g 熟地黄160g 酒萸肉80g 牡丹皮60g 山药80g 茯苓60g 泽泻60g

【功能】温补肾阳。

【主治】用于肾阳不足，腰膝酸软，肢体浮肿，小便不利或反多，痰饮喘咳，消渴。

【方解】方中重用熟地黄滋阴补肾为君药。辅以山茱萸、山药补肝脾而益精血；加以附子、肉桂之辛热，助命门以温阳化气。主臣相伍，补肾填精，温肾助阳，乃阴中求阳之治。从用量分析，补肾阴药居多，温阳药较轻，其立方之旨，又在微微生火，鼓舞肾气，取"少火生气"之意，而非峻补。又配泽泻、茯苓利水渗湿泄浊，丹皮清泄肝火，三药于补中寓泻，使邪去则补乃得力，并防滋阴药之腻滞。诸药合用，温而不燥，滋而不腻，助阳之弱以化水，滋阴之虚以生气，使肾阳振奋，气化复常，则诸症自除，主治肾阳虚证。

【药理作用】主要有利尿、强心、抗心律失常、明显的降血压和抗凝，对动脉粥样硬化改善产生良好作用。

【临床应用】

1. 辨证要点 临床以腰膝酸软，下半身常觉发冷，小便不利或反多，舌淡胖大，脉沉细而尺部尤甚为辨证要点。

2. 现代应用 常用于治疗糖尿病、甲状腺功能低下、神经衰弱、醛固酮增多症、慢性肾炎、慢性支气管哮喘等属肾阳不足者。

3. 使用注意 孕妇及哺乳期妇女慎用。

【性状】本品为黑棕色的水蜜丸、黑褐色的小蜜丸或大蜜丸；味甜而带酸、辛。

【剂型规格】丸剂。大蜜丸每丸重9g。另有合剂、胶囊剂。

【用法用量】口服。水蜜丸一次6g，小蜜丸一次9g，大蜜丸一次1丸，一日2次。

【贮藏】密封。

右归丸
Yougui Wan

【方源】《景岳全书》《中国药典》2020年版

【处方】熟地黄240g　炮附片60g　肉桂60g　山药120g　酒萸肉90g　菟丝子120g　鹿角胶120g　枸杞子120g　当归90g　盐杜仲120g

【功能】温补肾阳，填精止遗。

【主治】用于肾阳不足，命门火衰，腰膝酸冷，精神不振，怯寒畏冷，阳痿遗精，大便溏薄，尿频而清。

【方解】方中附子、肉桂、鹿角胶培补肾中之元阳，温里祛寒，为君药。熟地黄、萸肉、枸杞子、山药滋阴益肾，养肝补脾，填精补髓，取"阴中求阳"之义，为臣药。佐以菟丝子、杜仲补肝肾，健腰膝；当归养血和血，与补肾之品相配，以补养精血。诸药合用，肝脾肾阴阳兼顾，仍以温肾阳为主，妙在阴中求阳，使元阳得以归元，故名"右归丸"，主治肾阳不足、命门火衰证。

右归丸系由肾气丸减去泽泻、丹皮、茯苓，加鹿角胶、菟丝子、杜仲、枸杞子、当归而成，增加补阳的作用，减少用"泻"妨补之力，使药效更能专于温补。

【药理作用】主要有提高免疫力，调节性激素含量，抗衰老等作用。

【临床应用】

1. 辨证要点　临床以腰膝酸软，神疲气衰，怯寒畏冷，阳痿遗精，脉沉迟为辨证要点。

2. 现代应用　常用于性功能减退、肾病综合征、老年骨质疏松症、坐骨神经痛、肥大性脊椎炎、慢性支气管炎、腰肌劳损、贫血、白细胞减少症等属于肾阳不足者。

3. 使用注意　阴虚火旺者，禁服右归丸。服药期间，忌生冷食物。

【性状】本品为黑色的小蜜丸或大蜜丸；味甜、微苦。

【剂型规格】丸剂。小蜜丸每10丸重1.8g或大蜜丸每丸重9g。

【用法用量】口服。小蜜丸一次9g，大蜜丸一次1丸，一日3次。

【贮藏】密封。

龟龄集
Guilingji

【方源】《验良方》《中国药典》2020年版

【处方】红参　鹿茸　海马　枸杞子　丁香　穿山甲　雀脑　牛膝　锁阳　熟地黄

补骨脂 菟丝子 杜仲 石燕 肉苁蓉 甘草 天冬 淫羊藿 大青盐 砂仁等

【功能】强身补脑，固肾补气，增进食欲。

【主治】用于肾亏阳弱，记忆减退，夜梦精溢，腰酸腿软，气虚咳嗽，五更溏泻，食欲不振。

【方解】方中有补肾壮阳的鹿茸、海马、肉苁蓉、补骨脂、锁阳、淫羊藿、雀脑、石燕，又有滋肾填精的熟地黄、天冬、枸杞子、菟丝子；还有强腰壮筋的杜仲、牛膝，大补元气的红参；活血通络的穿山甲，行气醒脾的丁香、砂仁，和中调药的甘草，引药入肾的大青盐。综合用药，阴阳并补，互根互生；气血双补，相辅相成；补行兼施，温而不燥，滋而不腻，补而不滞。诸药合用，共奏补肾壮阳，增精益髓，强筋健骨之功，主治肾亏阳弱证。

【药理作用】主要有强身健脑、调整神经、促进新陈代谢、增强机体活力等功能。

【临床应用】

1. 辨证要点 临床以记忆减退，夜梦精溢，腰酸腿软，五更溏泻，食欲不振为辨证要点。

2. 现代应用 常用于骨折康复治疗，老年性贫血，老年肾虚便秘、泄泻，原发性肾病综合征，慢性呼吸道疾病属于肾亏阳弱者。还可用于治疗痛经、滑胎、崩漏、不孕等妇科疾病。

3. 使用注意 忌生冷、刺激性食物；孕妇禁用；伤风感冒时停服。

【性状】本品为硬胶囊，内容物为棕褐色的粉末；气特异，味咸。

【剂型规格】胶囊剂。硬胶囊每粒装 0.3g。

【用法用量】口服。一次 0.6g，一日 1 次，早饭前 2 小时用淡盐水送服。

【贮藏】密封。

你知道吗

龟龄集

500 多年间，龟龄集疗效卓著，享誉海内外历久不衰。龟龄集组方依据传统医学"天人合一""阴阳五行"的整体观念，采用天然动植物，包括天上飞的（麻雀等）、海里游的（海马等）、地上跑的（鹿茸等），集东西南北中各种名贵药材于一体。其配方独特，炮制方法也别具一格，"日晒夜露"，经 81 道工序精心炮制，使其具有强身健脑、调整神经、促进新陈代谢、增强机体活力等功能，最终达到补而不腻，阴阳平衡，扶正驱邪的目的。龟龄集是传统医学中一首补肾填精、壮阳培本的长寿药方。素有"养生国宝"美称。

（六）阴阳双补中成药

阴阳双补中成药主治阴阳两虚证，包括脏腑阴阳俱虚、气血俱虚、肾阴阳俱虚。为阴损及阳或阳损及阴，或阴阳俱损而致。症见五心烦热、盗汗或自汗、四肢发凉、遗精失眠、多梦、舌红无苔、脉细数或舌淡苔白、脉沉迟等。代表中成药有肾宝合剂、七宝美髯颗粒等。

肾宝合剂

Shenbao Heji

【方源】经验方《中国药典》2020 年版

【处方】蛇床子 28g　川芎 28.3g　菟丝子 66g　补骨脂 28.5g　茯苓 30g　红参 20g　小茴香 14.4g　五味子 36g　金樱子 94.6g　白术 14.2g　当归 46.8g　覆盆子 32.9g　制何首乌 74.4g　车前子 16.5g　熟地黄 94g　枸杞子 66g　山药 46.3g　淫羊藿 94.6g　胡芦巴 94g　黄芪 51.4g　肉苁蓉 47.3g　炙甘草 14.2g

【功能】温补肾阳，固精益气。

【主治】用于肾阳亏虚、精气不足所致的阳痿遗精、腰腿酸痛，精神不振，夜尿频多，畏寒怕冷、月经过多、白带清稀。

【方解】方中淫羊藿、胡芦巴温肾壮阳、益精起萎、强筋骨；熟地黄滋补肾精；金樱子酸涩收敛，具固精、缩尿、止带作用，四味共为本方之君药。补骨脂、蛇床子、肉苁蓉温阳祛寒，助君药温暖下元；枸杞子、菟丝子、制何首乌填精补髓、滋阴补肾，取"阴中求阳"之义，于是可以"阴平阳秘"，调和阴阳；五味子、覆盆子固肾止遗、涩精止带，以上八味药均能增强君药之作用，共为本方之臣药。黄芪、红参、白术、山药、茯苓补脾益气，补后天之本，使药引津气四迄，则周身之机运流通，水谷精微敷布；当归、川芎补血和血；小茴香温肾暖肝、散寒止痛；茯苓、五味子又可宁心安神；妙在车前一味，泻而通之，泻有形之邪浊，涩中兼通，补而不滞，以上九味共为佐药。使以炙甘草调和阴阳，调和脾肾，调和补泻，调和诸药。诸药配合，温补肾阳，固精益气，阴阳调和，药性平和，温而不燥，补而不滞，确为益肾之宝，主治肾阳亏虚、精气不足证。

【药理作用】主要有提高免疫、增强体质、抗衰延年等功能。

【临床应用】

1. 辨证要点　临床以阳痿遗精、腰腿酸痛，精神不振，夜尿频多，畏寒怕冷为辨证要点。

2. 现代应用　常用于尿频尿急、妇女带下病、糖尿病等属于肾阴阳两亏者。

3. 使用注意　感冒发热期停服。孕妇忌服，儿童禁用。忌油腻食物。凡脾胃虚弱，呕吐泄泻，腹胀便溏、咳嗽痰多者慎用。

【性状】本品为棕红色至棕褐色的液体；味甜、微苦。

【剂型规格】合剂。每支装 10ml；每瓶装 100ml 或 150ml 或 200ml。

【用法用量】口服。一次 10～20ml，一次 3 次。

【贮藏】密封，置于阴凉干燥处。

其他补益中成药见表 6-1。

表 6 – 1　其他补益中成药

分类	品名	功能	主治	用法用量	使用注意
气血双补类	十全大补丸	温补气血	气血两虚，面色苍白，气短心悸，头晕自汗，体倦乏力，四肢不温，月经量多	口服。水蜜丸一次 6g，小蜜丸一次 9g，大蜜丸一次 1 丸，一日 2～3 次	忌食生冷、油腻食物。孕妇禁用
补阴类	知柏地黄丸	滋阴降火	阴虚火旺，潮热盗汗，口干咽痛，耳鸣遗精，小便短赤	口服。水蜜丸一次 6g，小蜜丸一次 9g，大蜜丸一次 1 丸，一日 2 次	若脾虚便溏，消化不良者不宜使用
	麦味地黄丸	滋肾养肺	肺肾阴亏，潮热盗汗，咽干咳血，眩晕耳鸣，腰膝酸软，消渴	口服。水蜜丸一次 6g，小蜜丸一次 9g，大蜜丸一次 1 丸，一日 2 次	若脾虚便溏，消化不良者不宜使用
	滋心阴口服液	滋养心阴，活血止痛	阴虚血瘀所致的胸痹，症见胸闷胸痛、心悸怔忡、五心烦热、夜眠不安、舌红少苔；冠心病、心绞痛见上述证候者	口服。一次 10ml，一日 3 次	防治冠心病要注意节食、运动，少吸烟饮酒，要避免过度操劳，剧烈运动，经常保持身心舒畅
阴阳双补类	龟鹿二仙膏	温肾益精，补气养血	肾虚精亏所致的腰膝酸软、遗精、阳痿	口服。一次 15～20g，一日 3 次	脾胃虚弱者慎用

第二节　温里中成药

PPT

学习目标

知识要求

1. **掌握**　本节所列中成药的功能主治、使用注意及用法用量。

2. **熟悉**　温里中成药的概念、分类；两类温里中成药所治疗的病证成因、常见临床表现及代表性中成药；本节所列中成药使用时的辨证要点；理中丸、四逆汤等的处方组成。

3. **了解**　本节所列中成药的药理作用及现代应用。

能力要求

1. 熟练掌握里寒证的辨病辨证分型方法。

2. 学会运用本节所学专业知识介绍温里中成药的治疗特点、使用注意及用法用量等。

一、概述

【概念】凡以温热性药物为主组成，具有温里助阳、散寒通络或回阳救逆作用，能祛除脏腑经络寒邪，用于阴寒在里之证的中成药，称温里中成药。

【功能与主治】温里中成药具有温中祛寒，回阳救逆，温经散寒等作用。主治里寒证，如脾胃虚寒证、寒凝气滞证、亡阳欲脱证等。

里寒证多因素体阳虚，寒自内生；外寒直中于里，伤及内脏；表寒入里；寒凉药使用太过，损伤阳气等所致。

无论外感寒邪，还是寒邪内生，最易损伤阳气，所以本类中成药处方中多配伍温里散寒、助阳益气之品，使寒去阳复。

【分类】分为温中散寒、回阳救逆两类中成药。

【使用注意】

1. 使用温里中成药时，应明辨寒热真假，勿为假象所迷惑。如为真热假寒证，切不可误用温里剂。

2. 阴寒太盛，服热药入口即吐者，可少佐寒凉之品，或热药冷服，此即寒因寒用的反佐方法。

3. 温里中成药多辛温燥烈，耗伤阴血，故凡阴虚、血虚、血热者，均当慎用或忌用。

二、常见温里中成药

（一）温中散寒中成药

温中散寒中成药主治中焦虚寒证。为脾胃阳气虚弱，中焦受寒，则运化无权，升降失常，而引发此证。症见脘腹冷痛或胀痛，面色萎黄，肢体倦怠，手足不温，不思饮食，或恶心呕吐；或吞酸吐涎，或腹痛下利，口淡不渴，舌淡苔白滑，脉沉细或沉迟。代表中成药有理中丸、附子理中丸、小建中合剂、香砂养胃丸等。

理中丸

Lizhong Wan

【方源】《伤寒论》《中国药典》2020 年版

【处方】党参 75g　土白术 75g　炙甘草 75g　炮姜 50g

【功能】温中散寒，健胃。

【主治】用于脾胃虚寒，呕吐泄泻，胸满腹痛，消化不良。

【方解】方中炮姜大辛大热，温脾阳，祛寒邪，扶阳抑阴为君药。党参甘温，补气健脾为臣药。主臣相配，温中健脾。甘草与诸药等量应用为佐使药，寓意有三：一以合参、术益气健脾，二为缓急止痛，三为调和药性。纵观全方，温补并用，以温为主，温中阳，助运化，故曰"理中"。诸药合用，共奏温中散寒，健胃之功，主治脾胃虚寒证。

【药理作用】主要有调节肠道运动、增强体力和抗寒能力等作用。

【临床应用】

1. 辨证要点　临床以畏寒肢冷，脘腹绵绵作痛，食少，呕吐，便溏，舌淡苔白，脉沉细或沉迟无力为辨证要点。

2. 现代应用　常用于慢性胃炎、肠炎、胃及十二指肠溃疡及消化道出血属中焦虚寒者。

3. 使用注意　忌食生冷油腻，不易消化的食物。

【性状】本品为黄棕色至棕褐色的大蜜丸；味甜而辣。

【剂型规格】丸剂。大蜜丸每丸重9g。

【用法用量】口服。一次1丸，一日2次。小儿酌减。

【贮藏】密封。

附子理中丸
Fuzi lizhong Wan

【方源】《太平惠民和剂局方》《中国药典》2020年版

【处方】附子（制）100g　党参200g　炒白术150g　干姜100g　甘草100g

【功能】温中健脾。

【主治】用于脾胃虚寒，脘腹冷痛，呕吐泄泻，手足不温。

【方解】本药是在理中丸方基础上加附子而成。方中附子、干姜大辛大热，温中散寒共为君药；党参甘温入脾，补气健脾为臣药，白术健脾燥湿为佐药；甘草缓急止痛，调和诸药为使药。全方合用，可使寒气祛，阳气复，中气得补，共奏温中健脾之功，主治脾胃虚寒证。

【药理作用】主要有明显的镇痛作用，还有调节胃肠道运动、增强体力和抗寒能力及提高免疫力等作用。

【临床应用】

1. 辨证要点　临床以脘腹冷痛，呕吐腹泻，腹胀肠鸣，不欲饮食，手足不温，大便溏泻，带下清稀，舌淡苔白，脉沉细为辨证要点。

2. 现代应用　常用于肠炎、十二指肠溃疡、慢性腹泻、过敏性紫癜、窦性心动过缓、复发性口腔溃疡等属脾胃虚寒者。

3. 使用注意　孕妇慎用。脾胃湿热者不宜。

【性状】本品为棕褐色至棕黑色的水蜜丸，或为棕褐色至黑褐色的小蜜丸或大蜜丸；气微，味微甜而辛辣。

【剂型规格】丸剂。小蜜丸每100丸重20g；大蜜丸每丸重9g。

【用法用量】口服。水蜜丸一次6g，小蜜丸一次9g，大蜜丸一次1丸，一日2~3次。

【贮藏】密封。

小建中合剂
Xiaojianzhong Heji

【方源】《伤寒论》《中国药典》2020年版

【处方】桂枝111g　白芍222g　炙甘草74g　生姜111g　大枣111g　饴糖370g

【功能】温中补虚，缓急止痛。

【主治】用于脾胃虚寒，脘腹疼痛，喜温喜按，嘈杂吞酸，食少；胃及十二指肠溃疡见上述证候者。

【方解】方中饴糖甘温质润入脾，益脾气并养脾阴，温中焦而缓急止痛，故为君药。桂枝温阳祛虚寒，芍药养阴缓肝急，两味为臣药。炙甘草甘温益气，既助饴糖、桂枝辛甘养阳，益气温中缓急，又和芍药酸甘化阴，柔肝益脾和营；生姜温胃，大枣补脾，合用以升腾中焦生发之气而调营卫，共为佐使之用。全方于辛甘化阳之中，又具酸甘化阴之用，共奏温中补虚、缓急止痛之效，主治脾胃虚寒，脘腹疼痛证。

【药理作用】主要有镇痛作用、抗炎作用及对胃肠道电运动有明显抑制作用。

【临床应用】

1. 辨证要点　临床以脘腹冷痛，喜温喜按，嘈杂吞酸，食少，舌淡苔白，脉细弦为辨证要点。

2. 现代应用　常用于胃及十二指肠溃疡、慢性肝炎、慢性胃炎、神经衰弱、再生障碍性贫血等属中焦虚寒，肝脾不和者。

3. 使用注意　忌食生冷油腻，不易消化的食物。

【性状】本品为棕黄色的液体；气微香，味甜、微辛。

【剂型规格】合剂。每瓶装 100ml。

【用法用量】口服。一次 20～30ml，一日 3 次。用时摇匀。

【贮藏】密封，遮光。

香砂养胃丸

Xiangsha Yangwei Wan

【方源】《万病回春》《中国药典》2020 年版

【处方】木香 210g　砂仁 210g　白术 300g　陈皮 300g　茯苓 300g　半夏（制）300g　醋香附 210g　枳实（炒）210g　豆蔻（去壳）210g　姜厚朴 210g　广藿香 210g　甘草 90g　生姜 90g　大枣 150g

【功能】温中和胃。

【主治】用于胃阳不足、湿阻气滞所致的胃痛、痞满，症见胃痛隐隐、脘闷不舒、呕吐酸水、嘈杂不适、不思饮食、四肢倦怠。

【方解】方中白术补益中气，脾为中土，喜燥而恶湿，醒脾开胃；半夏燥湿健脾；茯苓利水渗湿，健脾补中；又脾主健运，故以香附、木香、陈皮、厚朴、砂仁、豆蔻疏畅气机，兼以化湿，温中，止痛；香附疏肝，解郁；枳实化滞解积；甘草调和诸药，且益气健中。诸药合用，以温中和胃，主治胃阳不足、湿阻气滞证。

【药理作用】主要有调整消化液分泌，抗溃疡、抑菌、利胆等作用。

【临床应用】

1. 辨证要点　临床以胃痛隐隐，呕吐酸水，喜温喜按，四肢倦怠，舌淡苔白，脉沉细为辨证要点。

2. 现代应用　常用于治疗慢性浅表性胃炎及萎缩性胃炎，功能性消化不良十二指肠溃疡等属于中焦虚寒者。

3. 使用注意　阴虚内热者不宜。忌食生冷油腻，不易消化的食物。

【性状】本品为黑色的水丸，除去包衣后显棕褐色；气微，味辛、微苦。

【剂型规格】丸剂。水丸每袋9g。

【用法用量】口服。一次9g，一日2次。

【贮藏】密封。

（二）回阳救逆中成药

回阳救逆中成药主治亡阳证，为阳气衰微，内外俱寒等原因所致，症见四肢厥逆，恶寒倦卧，呕吐腹痛，下利清谷，精神萎靡，腰膝酸软，脉沉细或沉微。治疗原则是回阳救逆，益气生脉。代表中成药有四逆汤。

四逆汤
Shini Tang

【方源】《伤寒论》《中国药典》2020年版

【处方】淡附片300g　干姜200g　炙甘草300g

【功能】温中祛寒，回阳救逆。

【主治】用于阳虚欲脱，冷汗自出，四肢厥逆，下利清谷，脉微欲绝。

【方解】方中淡附片补益先天命门真火，通行十二经脉，温肾壮阳，祛寒救逆，为君药。干姜辛热，温中散寒，助阳通脉，助附子升发阳气为臣药。炙甘草益气和中，既固护阴液，缓姜、附燥烈之性，又制附子毒性为佐使药。诸药合用，共奏温中祛寒，回阳救逆之功，主治亡阳证。

【药理作用】主要有升压、强心、抗休克等作用。

【临床应用】

1. 辨证要点　临床以冷汗自出，四肢厥逆，下利清谷，脉微欲绝为辨证要点。

2. 现代应用　常用于心肌梗死、心力衰竭、急慢性胃肠炎吐泻过多，或某些急症大汗而出现休克，属于亡阳虚脱者。

3. 使用注意　真热假寒者禁用。

【性状】本品为棕黄色的液体；气香，味甜、辛。

【剂型规格】合剂。每支装10ml。

【用法用量】口服，一次10~20ml，一日3次；或遵医嘱。

【贮藏】密封，置阴凉处。

其他温里中成药见表6-2。

表6-2　其他温里中成药

分类	品名	功能	主治	用法用量	使用注意
温中散寒类	暖脐膏	温里散寒，行气止痛	寒凝气滞，少腹冷痛，脘腹痞满，大便溏泄	外用，加温软化，贴于脐上	孕妇禁用
	桂附理中丸	补肾助阳，温中健脾	肾阳衰弱，脾胃虚寒，脘腹冷痛，呕吐泄泻，四肢厥冷	用姜汤或温开水送服。水蜜丸一次5g，小蜜丸一次9g，大蜜丸一次1丸，一日2次	孕妇慎用
	胃疡灵颗粒	温中益气，缓急止痛	脾胃虚寒、中气不足所致的胃痛，症见脘腹胀痛、喜温喜按、食少乏力、舌淡脉弱；胃及十二指肠溃疡、慢性胃炎见上述证候者	开水冲服。一次一袋，一日3次	胃部灼热，口苦反酸者忌用

第三节　安神中成药

PPT

学习目标
知识要求
1. **掌握**　本节所列中成药的功能主治、使用注意及用法用量。
2. **熟悉**　安神中成药的概念、分类；两类安神中成药所治疗的病证成因、常见临床表现及代表性中成药；本节所列中成药使用时的辨证要点；朱砂安神丸、磁朱丸等的处方组成。
3. **了解**　本节所列中成药的药理作用及现代应用。
能力要求
1. 熟练掌握心神不安等病证的辨病辨证分型方法。
2. 学会运用本节所学专业知识介绍安神中成药的治疗特点、使用注意及用法用量等。

一、概述

【概念】　凡用重镇安神或滋养安神药为主组成，具有安神定志等作用，治疗神志不安病症等一类中成药，统称安神中成药。其立法依据是《素问·至真要大论》"惊者平之""重可镇怯"。

【功能与主治】　安神中成药具有重镇安神、养心安神、调补心肾等作用。主治神志不安证。临床表现为心悸怔忡，失眠健忘，烦躁惊狂等。

神志不安证有虚实之分。虚证可由心阴虚、心血虚、心阳虚、心气虚引起；实证则多由心火亢盛、灼伤阴血、心神被扰、热入心包、痰蒙心窍等引起。

【分类】分为养心安神、重镇（镇心）安神两类中成药。

【使用注意】

1. 依据病因及病位而选用相应的安神中成药。

2. 若因热、痰、瘀、虚而致心神不安者，当分别配伍清热泻火、祛痰、祛瘀、补益药物等。

3. 重镇安神类中成药多由金石类药组成，质重碍胃，中病即止，不可多服、久服，对于脾胃虚弱者，更应注意。

4. 神志之疾多与精神因素有关，在用药等同时，还需调养心神或与心理治疗相结合。

二、常见安神中成药

（一）养心安神中成药

养心安神中成药主治心神失养神志不安证，多由心肝阴血亏虚，气血两亏，心肾失调所致，症见失眠健忘，多梦，记忆力减退，精神恍惚，惊悸怔忡，头晕目眩，倦怠乏力，舌淡苔白，脉沉细等。代表中成药有天王补心丸、柏子养心丸等。

天王补心丸
Tianwang Buxin Wan

【方源】《校注妇人良方》《中国药典》2020 年版

【处方】丹参 25g　当归 50g　石菖蒲 25g　党参 25g　茯苓 25g　五味子 50g　麦冬 50g　天冬 50g　地黄 200g　玄参 25g　制远志 25g　炒酸枣仁 50g　柏子仁 50g　桔梗 25g　甘草 25g　朱砂 10g

【功能】滋阴养血，补心安神。

【主治】用于心阴不足，心悸健忘，失眠多梦，大便干燥。

【方解】方中重用甘寒之生地黄，入心能养血，入肾能滋阴，故能滋阴养血，壮水以制虚火，为君药。天冬、麦冬滋阴清热，酸枣仁、柏子仁养心安神，当归补血润燥，共助生地滋阴补血，并养心安神，俱为臣药。玄参滋阴降火；茯苓、远志养心安神；人参补气以生血，并能安神益智；五味子之酸以敛心气，安心神；丹参清心活血，合补血药使补而不滞，则心血易生；朱砂镇心安神，以治其标，以上共为佐药。桔梗为舟楫，载药上行以使药力缓留于上部心经，为使药。诸药合用，共奏滋阴养血、补心安神之功，主治心阴不足，心悸失眠。

【药理作用】主要有镇静、抗惊厥、抗心律失常等作用。

【临床应用】

1. **辨证要点**　临床以心悸健忘，失眠多梦，大便干燥为辨证要点。

2. **现代应用**　常用于治疗神经衰弱、冠心病、精神分裂症、甲状腺功能亢进等所致的失眠、心悸，以及复发性口疮等属于心肾阴虚血少者。

3. 使用注意 阳虚寒盛、湿热内蕴、脾胃虚寒、胃纳欠佳、痰湿留滞者禁用。

【性状】 本品为棕黑色的水蜜丸、褐黑色的小蜜丸或大蜜丸；气微香，味甜、微苦。

【剂型规格】 丸剂。大蜜丸每丸重9g。

【用法用量】 口服。水蜜丸一次6g，小蜜丸一次9g，大蜜丸一次1丸，一日2次。

【贮藏】 密封。

柏子养心丸

Baizi Yangxin Wan

【方源】《校注妇人良方》《中国药典》2020年版

【处方】 柏子仁25g 党参25g 炙黄芪100g 川芎100g 当归100g 茯苓200g 制远志25g 酸枣仁25g 肉桂25g 醋五味子25g 半夏曲100g 炙甘草10g 朱砂30g

【功能】 补气、养血、安神。

【主治】 用于心气虚寒，心悸易惊，失眠多梦，健忘。

【方解】 方中用酸枣仁、柏子仁养心安神；黄芪、党参益气生血，配以当归补血润燥；川芎行气活血；茯苓、远志养心安神，又可交通心肾；朱砂镇心安神；五味子益气敛阴，以助补气生阴之力；肉桂温里散寒；半夏燥湿化痰；甘草补益心脾之气并能调和诸药。诸药共奏补气、养血、安神之功，主治阴虚血少，心悸失眠。

【药理作用】 主要有镇静、催眠、抗惊厥等作用。

【临床应用】

1. 辨证要点 临床以心悸健忘，失眠多梦，盗汗，舌红少苔，脉细数为辨证要点。

2. 现代应用 常用于神经衰弱、心脏病等属于心气虚寒者。

3. 使用注意 忌用辛辣刺激性食物。肝阳上亢者禁用。

【性状】 本品为棕色的水蜜丸、棕色至棕褐色的小蜜丸或大蜜丸；味先甜而后苦、微麻。

【剂型规格】 丸剂。大蜜丸每丸重9g。

【用法用量】 口服。水蜜丸一次6g，小蜜丸一次9g，大蜜丸一次1丸，一日2次。

【贮藏】 密封。

（二）重镇（镇心）安神中成药

重镇（镇心）安神中成药主治心神受扰神志不安证，多由心火亢盛、灼伤阴血、心神被扰、热入心包、痰蒙心窍或肝郁化火扰乱心神等所致。症见烦躁易怒，惊悸不安，失眠多梦，甚或躁扰不宁，发为癫狂等。代表中成药有朱砂安神丸、磁朱丸等。

朱砂安神丸
Zhusha Anshen Wan

【方源】《内外伤辨惑论》　部颁标准

【处方】朱砂 200g　黄连 300g　地黄 200g　当归 200g　甘草 100g

【功能】镇心安神，清热养血。

【主治】用于心火上炎，灼伤阴血，胸中烦热，心悸不宁，失眠多梦，舌尖红，脉细数。

【方解】方中朱砂质重性寒，专入心经，重可镇怯，寒能清热；黄连苦寒，清心火而除烦，两药配合，一镇一清，即除神烦热扰，故为君药。当归养血，地黄滋阴，一以补其耗伤的阴血，一以滋肾水，使心血足而下承于肾，肾阴足而上交于心，共为辅助药。甘草调和诸药。合而成方，一泻偏盛之火，一补不足之阴血，达到心火下降，阴血上承，是为重镇安神，标本兼顾之方。诸药合用，共奏镇心安神、清热养血之功，主治心火上炎，心烦失眠。

【药理作用】主要有镇静催眠、抗心律失常、抗惊厥、解热、镇痛等作用。

【临床应用】

1. 辨证要点　临床以失眠，惊悸，舌尖红，脉细数为辨证要点。

2. 现代应用　常用于神经衰弱所致的失眠、心悸、健忘，精神忧郁症引起的神志恍惚，以及心脏早搏所致的心悸、怔忡等属于心火亢盛，阴血不足者。

3. 使用注意　孕妇忌服。忌食辛辣、烟、酒；因消化不良，胃部嘈杂，有似烦闷而怔忡不安，或不眠等症忌服；忌油腻；不宜多服或久服，以防造成汞中毒。

【性状】本品为红棕色的水蜜丸、小蜜丸或大蜜丸；味苦、微甜。

【剂型规格】丸剂。大蜜丸每丸重 9g。

【用法用量】口服。水蜜丸一次 6g，小蜜丸一次 9g，大蜜丸一次 1 丸；一日 1~2 次。

【贮藏】密封。

> **请你想一想**
> 柏子养心丸、朱砂安神丸在临床应用上有何不同？

磁朱丸
Cizhu Wan

【方源】《千金要方》　部颁标准

【处方】磁石（煅）200g　朱砂 100g　六神曲（炒）400g

【功能】镇心，安神，明目。

【主治】用于心肾阴虚，心阳偏亢，心悸失眠，耳鸣耳聋，视物昏花。

【方解】方中以磁石益肾阴，潜浮阳，重镇安神，为君药。朱砂清心定惊安神，为臣药。神曲消食和胃，使磁石、朱砂不碍胃气，为佐使药。全方药少力专，共奏镇心、安神、明目之功，主治心肾阴虚，心阳偏亢所致失眠。

【药理作用】主要有镇静催眠、延长睡眠总时间等作用。

【临床应用】

1. 辨证要点　临床以心悸失眠，耳鸣耳聋，视物昏花，脉细数为辨证要点。

2. 现代应用　常用于癫痫、耳源性眩晕、耳鸣、失眠等属心肾阴虚，心阳偏亢者。

3. 使用注意　孕妇忌服。不宜久服多服。不宜与碘、溴化物并用。

【性状】　本品为红褐色至棕褐色的水丸；味淡。

【剂型规格】　丸剂。水丸每100粒重12g。

【用法用量】　口服，一次3g，一日2次。

【贮藏】　密封。

其他安神中成药见表6-3。

表6-3　其他安神中成药

分类	品名	功能	主治	用法用量	使用注意
养心安神中成药	枣仁安神液	补心养肝，安神益智	心肝血虚，神经衰弱引起的失眠、健忘、头晕、头痛	口服，晚临睡前服，一次10~20ml，一日1次	孕妇慎用。由于消化不良所导致的睡眠差者忌用。痰热内盛者慎用
	解郁安神颗粒	疏肝解郁，安神定志	情志不畅、肝郁气滞所致的失眠、心烦、焦虑、健忘；神经官能症、更年期综合征见上述证候者	开水冲服，一次5g，一日2次	孕妇、哺乳期妇女禁用
	宁神定志丸	益气安神，交通心肾，明目	神志不宁，惊悸健忘，失眠，倦怠，视力减退	口服，一次9g，一日2次	脾胃虚寒，大便溏者忌服

第四节　健脾、消导中成药

PPT

学习目标

知识要求

1. **掌握**　本节所列中成药的功能主治、使用注意及用法用量。

2. **熟悉**　健脾、消导中成药的概念、分类；三类健脾、消导中成药所治疗的病证成因、常见临床表现及代表性中成药；本节所列中成药使用时的辨证要点；健脾丸、保和丸等的处方组成。

3. **了解**　本节所列中成药的药理作用及现代应用。

能力要求

1. 熟练掌握脾胃虚弱、消化不良、积滞痞块等病证的辨病辨证分型方法。

2. 学会运用本节所学专业知识介绍健脾、消导中成药的治疗特点、使用注意及用法用量等。

一、概述

【概念】凡以健脾、消导药为主组成，具有健脾开胃、消食导滞、化积等作用，治疗脾胃虚弱，积滞痞块等中成药。称为健脾消导中成药。属于"八法"中的"消法"。其立法依据是《素问·至真要大论》"坚者消之""留者攻之"。

【功能与主治】健脾、消导中成药具有健脾开胃、消食导滞、化积等作用。主治脾胃虚弱，消化不良，积滞痞块。

【分类】分为健脾开胃、消食导滞、消积化痞三类中成药。

【使用注意】

使用本章成药时应注意，对脾胃素虚或积滞日久者，应攻补兼顾，以免耗伤正气。

二、常见健脾消导中成药

（一）健脾开胃中成药

健脾开胃中成药主治脾胃虚弱、消化不良，多由脾胃虚弱，运化无力所致，症见脘腹胀满，不思饮食，面黄肌瘦，倦怠乏力，大便溏泄，不欲饮食等脾虚食积证。代表中成药有健脾丸、健胃消食片等。

健脾丸

Jianpi Wan

【方源】经验方《中国药典》2020 年版

【处方】党参 200g　炒白术 300g　陈皮 200g　枳实（炒）200g　炒山楂 150g　炒麦芽 200g

【功能】健脾开胃。

【主治】用于脾胃虚弱，脘腹胀满，食少便溏。

【方解】方中以党参、白术益气健脾以补脾虚为君药；山楂消肉食；麦芽消谷食；枳实消积化痞，三药合用以消食积为臣药；陈皮理气和胃，助运而消痞为佐使；诸药相合，共成消补兼施之剂，使脾健食消，诸症自除，主治脾虚积滞证。本方健脾药为主，且食消脾自健，故得"健脾"之名。

【药理作用】主要有抗菌、抗溃疡、促进消化液分泌等作用。

【临床应用】

1. 辨证要点　临床以脘腹胀满，食少便溏，舌淡苔腻微黄，脉细弱为辨证要点。

2. 现代应用　常用于慢性胃炎、慢性肠炎、消化不良等属于脾胃虚弱，饮食不化者。

3. 使用注意　单纯性饮食积滞不宜。

【性状】本品为棕褐色至黑褐色的小蜜丸或大蜜丸；味微甜、微苦。

【剂型规格】丸剂。大蜜丸每丸重9g。

【用法用量】口服。小蜜丸一次9g，大蜜丸一次1丸，一日2次；小儿酌减。

【贮藏】密封。

健胃消食片

Jianwei Xiaoshi Pian

【方源】经验方《中国药典》2020年版

【处方】太子参228.6g　陈皮22.9g　山药171.4g　炒麦芽171.4g　山楂114.3g

【功能】健胃消食。

【主治】用于脾胃虚弱所致的食积，症见不思饮食、嗳腐酸臭、脘腹胀满；消化不良见上述证候者。

【方解】方中太子参益气健脾，以护胃气为君药。辅以陈皮理气和胃，山药健脾和胃；山楂消一切饮食积滞，尤消肉食油腻之积；麦芽消米面食积。诸药合用，共奏健脾消食之功，主治脾虚食积证。

【药理作用】主要有促进胃肠蠕动、促进胃消化液分泌、增强胃蛋白酶活性、增强体质、增强免疫功能作用。

【临床应用】

1. 辨证要点　临床以不思饮食、嗳腐酸臭、脘腹胀满为辨证要点。

2. 现代应用　常用于脾胃虚弱引起的消化不良，小儿厌食等。

3. 使用注意　饮食宜清淡，忌酒及辛辣、生冷、油腻食物。

【性状】本品为浅棕黄色的片或薄膜衣片，也可为异形片。薄膜衣片除去包衣后显浅棕黄色；气微香，味微甜、酸。

【剂型规格】片剂。

（1）每片重0.8g。

（2）每片重0.5g。

【用法用量】口服或咀嚼。规格（1）：一次3片，一日3次，小儿酌减。规格（2）：成人一次4～6片，儿童2～4岁一次2片，5～8岁一次3片，9～14岁一次4片；一日3次。

【贮藏】密封。

（二）消食导滞中成药

消食导滞中成药主治食积痞块、消化不良，多由饮食失节，暴饮暴食伤，及脾胃或肠道功能减弱所致，症见胃脘胀满、嗳气吞酸、不欲饮食，或腹痛便结，其气臭秽。代表中成药有保和丸、木香槟榔丸、枳实导滞丸等。

保和丸

Baohe Wan

【方源】《丹溪心法》《中国药典》2020 年版

【处方】焦山楂 300g　六神曲（炒）100g　半夏（制）100g　茯苓 100g　陈皮 50g　连翘 50g　炒莱菔子 50g　炒麦芽 50g

【功能】消食，导滞，和胃。

【主治】用于食积停滞，脘腹胀满，嗳腐吞酸，不欲饮食。

【方解】方中重用山楂，能消散一切饮食积滞，尤善消肉食油腻之积，为君药。神曲消食健脾，善化酒食陈腐之积；莱菔子下气消食，长于消谷面之积，并为臣药。君臣相配，可消一切饮食积滞。因食阻气机，胃失和降，故用半夏、陈皮行气化滞，和胃止呕；食积易于生湿化热，又以茯苓渗湿健脾，和中止泻；连翘清热而散结，共为佐药。诸药相合，共奏消食和胃、清热祛湿之功，使食积得消，胃气得和，热清湿祛，主治食积证。

【药理作用】主要有抗菌、促进消化、调节胃肠运动、调节免疫等作用。

【临床应用】

1. 辨证要点　临床以脘腹胀满，嗳腐厌食，苔厚腻，脉滑为辨证要点。

2. 现代应用　常用于急慢性胃炎、急慢性肠炎、消化不良、婴儿腹泻等属食积内停者。

3. 使用注意　饮食宜清淡，忌酒及辛辣、生冷、油腻食物。

【性状】本品为棕色至褐色的小蜜丸或大蜜丸；气微香，味微酸、涩、甜。

【剂型规格】丸剂。小蜜丸每 100 丸重 20g 或大蜜丸每丸重 9g。

【用法用量】口服。小蜜丸一次 9 ~ 18g，大蜜丸一次 1 ~ 2 丸，一日 2 次；小儿酌减。

【贮藏】密封。

木香槟榔丸

Muxiang Binglang Wan

【方源】经验方《中国药典》2020 年版

【处方】木香 50g　槟榔 50g　枳壳（炒）50g　陈皮 50g　青皮（醋炒）50g　香附（醋制）150g　醋三棱 50g　莪术（醋炙）50g　黄连 50g　黄柏（酒炒）150g　大黄 150g　炒牵牛子 200g　芒硝 100g

【功能】行气导滞，泻热通便。

【主治】用于湿热内停，赤白痢疾，里急后重，胃肠积滞，脘腹胀痛，大便不通。

【方解】方中木香、槟榔行气导滞，消脘腹胀满，除里急后重，为君药。以大黄、牵牛攻积导滞，泄热通便；青皮、香附行气化积，助木香、槟榔行气导滞，共为臣药。莪术疏肝解郁，破血中之气；陈皮理气和胃，健脾燥湿；黄连、黄柏清热燥湿而止痢，皆为佐药之用。综观全方，以行气导滞为主，配以清热、攻下、活血之品，共奏行气导滞，泄热攻积之功。使积滞下，湿热去，主治湿热痢疾兼胃肠积滞。

【药理作用】 主要有抑菌，影响胃肠道平滑肌功能等作用。

【临床应用】

1. 辨证要点 临床以赤白痢疾，里急后重，胃肠积滞，脘腹胀痛，大便不通，苔黄腻，脉滑为辨证要点。

2. 现代应用 常用于细菌性痢疾、急慢性胆囊炎、急性胃肠炎等属湿热食积者。

3. 使用注意 孕妇禁用。中医辨证为虚胀及津亏大便秘结者，不宜使用木香槟榔丸。年老及体弱者慎用。

【性状】 本品为灰棕色的水丸；味苦、微咸。

【剂型规格】 丸剂。水丸每 50 粒 3g，每瓶 200g。

【用法用量】 口服。一次 3~6g，一日 2~3 次。

【贮藏】 密封。

枳实导滞丸

Zhishi Daozhi Wan

【方源】《内外伤辨惑论》《中国药典》2020 年版

【处方】 枳实（炒）100g 大黄200g 黄连（姜汁炙）60g 黄芩60g 六神曲（炒）100g 白术（炒）100g 茯苓60g 泽泻40g

【功能】 消积导滞，清利湿热。

【主治】 用于饮食积滞、湿热内阻所致的脘腹胀痛、不思饮食、大便秘结、痢疾里急后重。

【方解】 方中枳实、大黄消痞除满、荡涤积滞而清湿热，是为君药，配黄芩、黄连清化湿热，茯苓、泽泻、白术健脾利湿，神曲消食和中，以为辅佐。诸药配合，既能清除湿热积滞，亦可恢复运化功能，主治饮食积滞、湿热内阻证，对湿热积滞成泻者甚为适用。

【药理作用】 主要有助消化、调整胃肠道功能、利胆、抑菌等作用。

【临床应用】

1. 辨证要点 临床以胸腹痞满，下痢腹痛，里急后重或大便秘结，小便黄赤，舌偏红苔黄腻，脉沉实为辨证要点。

2. 现代应用 常用于消化不良、急性胃肠炎、细菌性痢疾等属于湿热内阻者。

3. 使用注意 孕妇慎用。忌食生冷、油腻。

【性状】 本品为浅褐色至深褐色的水丸；气微香，味苦。

【剂型规格】 丸剂。水丸每瓶 36g。

【用法用量】 口服。一次 6~9g，一日 2 次。

【贮藏】 密封。

（三）消积化痞中成药

消积化痞中成药主治积滞、癥瘕、痞块等病证，多由饮食失节，暴饮暴食，或脾虚失运，或气、血、痰、瘀壅滞所致，症见癥瘕痞块，推之可移或推之不动，症见胃脘疼痛、胸胁胀满、舌淡苔薄等。代表中成药有阿魏化痞膏等。

阿魏化痞膏

Awei Huapi Gao

【方源】经验方《中国药典》2020 年版

【处方】香附20g 厚朴20g 三棱20g 莪术20g 当归20g 生草乌20g 生川乌20g 大蒜20g 使君子20g 白芷20g 穿山甲20g 木鳖子20g 蜣螂20g 胡黄连20g 大黄20g 蓖麻子20g 乳香3g 没药3g 芦荟3g 血竭3g 雄黄15g 肉桂15g 樟脑15g 阿魏20g

【功能】化痞消积。

【主治】用于气滞血凝，癥瘕痞块，脘腹疼痛，胸胁胀满。

你知道吗

癥瘕为腹中结块的病。坚硬不移动，痛有定处为"癥"；聚散无常，痛无定处为"瘕"。此病多因脏腑失调，气血阻滞，瘀血内结引起，气聚为瘕，血瘀为癥。证候以气滞、血瘀、痰湿、湿热等四型多见。

【方解】方中阿魏杀虫、消积化痞为君药。三棱、莪术、大黄、穿山甲、木鳖子、芦荟破瘀消积为臣药。佐以香附、厚朴行气，乳香、没药、当归活血祛瘀，川芎、草乌、川乌、肉桂散寒止痛，蜣螂、血竭祛瘀攻积，樟脑、雄黄、大蒜、使君子、胡黄连杀虫攻积，蓖麻子润肠通便，白芷散结止痛，俱为佐药。诸药合用，共奏化痞消积之功，主治气滞血凝的痞块。

【药理作用】主要有抗肿瘤、镇痛等作用。

【临床应用】

1. 辨证要点 临床以癥瘕痞块，脘腹疼痛，胸胁胀满，舌暗苔薄，脉实为辨证要点。

2. 现代应用 肠梗阻、幽门梗阻、肝脾肿大临床表现为腹部按之有块、或胀或痛、纳差、消瘦、乏力等属正气亏虚、瘀血内结所致病证，均可用此膏外治。

3. 使用注意 孕妇禁用。

【性状】本品为摊于布上的黑膏药。

【剂型规格】膏药。每张净重6g 或12g。

【用法用量】外用，加温软化，贴于脐上或患处。

【贮藏】密闭，置阴凉干燥处。

其他健脾、消导中成药见表6-4。

表6-4　其他健脾、消导中成药

分类	品名	功能	主治	用法用量	使用注意
消食导滞类	枳术丸	健脾消食，行气化湿	脾胃虚弱，食少不化，脘腹痞满	口服。一次6g，一日2次	饮食宜清淡，忌酒及辛辣、生冷、油腻食物
	山楂化滞丸	消食导滞	饮食不节所致的食积，症见脘腹胀满、纳少饱胀、大便秘结	口服。一次2丸，一日1~2次	孕妇忌服
	六味安消胶囊	和胃健脾，消积导滞，活血止痛	胃痛胀满、消化不良、便秘、痛经	口服。一次3~6粒，一日2~3次	孕妇忌服。不适用于久病体虚的胃痛患者
消积化痞类	槟榔四消丸	消食导滞，行气泻水	食积痰饮、消化不良，脘腹胀满、嗳气吞酸，大便秘结	口服。一次1丸，一日2次	孕妇忌服

第五节　和解中成药

PPT

学习目标

知识要求

1. **掌握**　本节所列中成药的功能主治、使用注意及用法用量。

2. **熟悉**　和解中成药的概念、分类；四类和解中成药所治疗的病证成因、常见临床表现及代表性中成药；本节所列中成药使用时的辨证要点；小柴胡片、逍遥丸等的处方组成。

3. **了解**　本节所列中成药的药理作用及现代应用。

能力要求

1. 熟练掌握少阳证、肝脾不和、肠胃不和、表里同病等病证的辨病辨证分型方法。

2. 学会运用本节所学专业知识介绍和解中成药的治疗特点、使用注意及用法用量等。

一、概述

【概念】凡以和解少阳药、调和肝脾药等为主组成，具有和解少阳、调和肝脾、调和肠胃、表里双解等作用，治疗伤寒邪在少阳、肝脾不和、肠胃不和、表里同病等的中成药，称为和解中成药。属于"八法"中的"和法"。

【功能与主治】和解中成药具有和解少阳、调和肝脾、调和肠胃、表里双解等作用。主治少阳证、肝脾不和证、肠胃不和证、半表半里证等，临床主要表现寒热往来，胸胁苦满，默默不欲饮食，心烦喜呕，口苦咽干，目眩等。

【分类】分为和解少阳、调和肝脾、调和肠胃、表里双解等四类中成药。其中表里双解中成药参见"解表中成药"相关章节。

【使用注意】

1. 本节中成药适用于邪在少阳，对于邪已入里，阳明热盛或太阳表证不宜。

2. 病证属纯虚证、纯实证者均不可使用。

3. 劳倦内伤、饮食失调、气血不足所致寒热往来者不宜使用。

二、常见和解中成药

（一）和解少阳中成药

和解少阳中成药主治少阳证，多为太阳病不解，转入少阳所致，症见寒热往来无定时，胸胁痞满，默默不欲食，心烦喜呕，或腹中痛，或渴或咳，或利或悸，小便不利口苦耳聋，脉弦。代表中成药有小柴胡片等。

小柴胡片
Xiaochaihu Pian

【方源】《伤寒论》《中国药典》2020 年版

【处方】柴胡 445g　姜半夏 222g　黄芩 167g　党参 167g　甘草 167g　生姜 167g　大枣 167g

【功能】解表散热，疏肝和胃。

【主治】用于外感病，邪犯少阳证，症见寒热往来、胸胁苦满、食欲不振、心烦喜呕、口苦咽干。

【方解】方中柴胡疏邪透表，使半表之邪得从外宣，为君药；黄芩清热，使半里之邪得从内解，为臣药；半夏开结痰，降浊气以止呕，党参补气扶正，更加姜、枣以助少阳生发之气，使邪不内传，为佐药。甘草和中，调和药性，为使药。诸药合用，共奏和解少阳、解表散热、疏肝和胃之功，主治少阳证。

【药理作用】主要有保肝、利胆、解热、抗炎、抗病原体、调节机体免疫等作用。

【临床应用】

1. 辨证要点　临床以寒热往来、胸胁苦满、食欲不振、心烦喜呕、口苦咽干、苔白、脉弦为辨证要点。

2. 现代应用　常用于普通感冒、流行性感冒、疟疾、慢性肝炎、肝硬化、急慢性胆囊炎、胆结石、急性胰腺炎、胸膜炎、中耳炎等属于邪在少阳胆胃不和者。

3. 使用注意　风寒表证者不宜使用。忌烟、酒及辛辣、生冷、油腻食物。阴虚血少者禁用。

【性状】本品为灰棕色至黑褐色的片；或为薄膜衣片，除去包衣后显灰棕色至黑褐色；气微，味甜、微苦。

【剂型规格】片剂。每片重0.4g。

【用法用量】口服。一次4～6片，一日3次。

【贮藏】密封。

（二）调和肝脾中成药

调和肝脾中成药主治肝脾不和证，平素脾弱或肝气亢逆，犯及脾胃所致，症见胸闷胁痛，脘腹胀痛，不思饮食，嗳气吞酸，大便泄泻，或寒热往来，妇女月经不调，脉弦而缓者。代表中成药有逍遥丸、加味逍遥丸、护肝片等。

逍遥丸

Xiaoyao Wan

【方源】《太平惠民和剂局方》《中国药典》2020年版

【处方】柴胡100g　当归100g　白芍100g　炒白术100g　茯苓100g　炙甘草80g　薄荷20g

【功能】疏肝健脾，养血调经。

【主治】用于肝郁脾虚所致的郁闷不舒、胸胁胀痛、头晕目眩、食欲减退、月经不调。

【方解】本药为养血调肝脾的著名中成药。方中以柴胡疏肝解郁，使肝气条达为君药。白芍酸苦微寒，养血敛阴，柔肝缓急；当归甘辛苦温，养血和血，且气香可理气，为血中之气药；当归、白芍与柴胡相同，补肝体而助肝用，使血和则肝和，血充则肝柔，共为臣药。肝病易于传脾，故以白术、茯苓、甘草健脾益气，非但实土以抑木，且使营血生化有源，共为佐药。方中加薄荷，疏散郁遏之气，透达肝经郁热；生姜降逆和中，且能辛散达郁，亦为佐药。柴胡为肝经引经药，又兼使药用。炙甘草益气补中，调和诸药，为佐使药。诸药合而成方，可使肝郁得疏，血虚得养，脾弱得复，气血兼顾，肝脾同调，立法周全，组方严谨，故为调肝养血之名方。

【药理作用】主要对子宫活动和缩宫素所致活动的增强均有显著抑制作用，同时还具有保肝、抗抑郁等作用。

【临床应用】

1. 辨证要点　临床以郁闷不舒、胸胁胀痛、头晕目眩、食欲减退、月经不调为辨证要点。

2. 现代应用　常用于月经先期、月经过多、经行吐衄、崩中漏下、胁痛、郁证、低热等属于肝郁脾虚者。

3. 使用注意　忌烟、酒及辛辣、生冷、油腻食物。服药期间要保持情绪乐观，切忌生气恼怒。

【性状】本品为棕褐色的小蜜丸或大蜜丸；味甜。

【剂型规格】丸剂。小蜜丸每 100 丸重 20g 或大蜜丸每丸重 9g。

【用法用量】口服。小蜜丸一次 9g，大蜜丸一次 1 丸，一日 2 次。

【贮藏】密封。

加味逍遥丸

Jiawei Xiaoyao Wan

【方源】《校注妇人良方》《中国药典》2020 年版

【处方】柴胡 300g　当归 300g　白芍 300g　白术（麸炒）300g　茯苓 300g　甘草 240g　牡丹皮 450g　栀子（姜炙）450g　薄荷 60g

【功能】疏肝清热，健脾养血。

【主治】用于肝郁血虚，肝脾不和，两胁胀痛，头晕目眩，倦怠食少，月经不调，脐腹胀痛。

【方解】加味逍遥丸又名"丹栀逍遥丸"。方中柴胡疏肝解郁，以和肝用；当归、白芍养血活血，以养肝体，共为君药。辅以栀子清上、中、下三焦之火；丹皮凉血散瘀，共达清解郁热之功。佐以白术、茯苓、甘草健脾祛湿；用薄荷辛凉升散之性，以助柴胡疏肝透热，且有引诸药入肝经之意，为佐使之药。诸药合用，共奏疏肝清热、健脾养血之功，主治肝郁血虚，肝脾不和。

【药理作用】主要有调节内分泌、调节中枢神经、保肝、抗溃疡、解热、镇静、镇痛、抗炎等作用。

【临床应用】

1. 辨证要点　临床以两胁胀痛，头晕目眩，倦怠食少，月经不调，脐腹胀痛为辨证要点。

2. 现代应用　常用于治疗痛经、逆经、乳头溢液、胆汁反流性胃炎、暴盲、月经不调、带下病等属于肝郁血虚者。

3. 使用注意　切忌气恼劳碌；忌食生冷油腻。

【性状】本品为黄棕色的水丸；味甜。

【剂型规格】丸剂。水丸每 100 丸重 6g。

【用法用量】口服。一次 6g，一日 2 次。

【贮藏】密闭，防潮。

护肝片

Hugan Pian

【方源】新研制方《中国药典》2020 年版

【处方】柴胡 313g　茵陈 313g　板蓝根 313g　五味子 168g　猪胆粉 20g　绿豆 128g

【功能】疏肝理气，健脾消食。具有降低转氨酶作用。

【主治】用于慢性肝炎及早期肝硬化。

【方解】方中柴胡疏肝解郁，茵陈清热利湿退黄，共为君药。板蓝根清热解毒，五味子益气生津、养肝，共为臣药。猪胆粉清热凉血、利胆退黄，为佐药。绿豆解毒，且顾护脾胃，为佐使药。诸药合用，共奏疏肝理气、健脾消食、降转氨酶之功。

【药理作用】主要有保肝、解热、镇静、镇痛、抗炎、降低转氨酶等作用。

【临床应用】

1. 辨证要点　临床以胁胀、纳差、口苦、小便不利、舌红苔黄腻，脉弦数为辨证要点。

2. 现代应用　常用于慢性肝炎、迁延性肝炎及早期肝硬化等属于肝胆湿热证者。

3. 使用注意　忌食生冷油腻。

【性状】本品为糖衣片或薄膜衣片，除去包衣后显棕色至褐色；味苦。

【剂型规格】丸剂。薄膜衣片每片重0.36g或0.38g；糖衣片（片心重0.35g）。

【用法用量】口服。一次4片，一日3次。

【贮藏】密封。

（三）调和肠胃中成药

调和肠胃中成药主治肠胃不和证，因邪犯肠胃，寒热夹杂或水停中脘，升降失常而致心下痞满，症见心下痞满，恶心呕吐，腹胀食少等。代表中成药有小半夏合剂等。

小半夏合剂
Xiaobanxian Heji

【方源】《金匮要略》　部颁标准

【处方】姜半夏500g　生姜500g

【功能】止呕，降逆。

【主治】用于水停中脘，胃气上逆，呕吐不渴。

【方解】方中半夏温化寒痰，止呕，为君药；生姜散寒温胃止呕，并抑制半夏毒性，为辅佐药。二药合用，共奏温化寒痰，降逆止呕，主治中焦寒痰呕吐。

【药理作用】主要有调节胃肠道功能、止呕、抗炎等作用。

【临床应用】

1. 辨证要点　临床以胃气上逆，呕吐不渴，苔白滑为辨证要点。

2. 现代应用　常用于治疗呕吐、反胃、痰饮等属水停中脘者。

3. 使用注意　热证慎用。

> 请你想一想
> 比较小柴胡片、小半夏合剂功效与临床应用有何不同？

【性状】本品为微黄色的澄清液体；气香，味辛、辣、微甜。

【剂型规格】合剂。每支装10ml或每瓶装100ml。

【用法用量】口服，一次10~15ml，一日3次。

【贮藏】密封。

其他和解中成药见表 6 – 5。

表 6 – 5 其他和解中成药

分类	品名	功能	主治	用法用量	使用注意
调和肝脾类	舒肝止痛丸	疏肝理气，和胃止痛	肝胃不和，肝气郁结，胸胁胀满，呕吐酸水，脘腹疼痛	口服，一次 4 ~ 4.5g，一日 2 次	孕妇慎用。本药宜用温开水送服
	开郁顺气丸	开郁理气，健胃消食	肝脾气滞之火郁、食郁证。胸膈胀满，两胁攻痛，胃脘痞闷，消化不良	口服，一次 1 丸，一日 2 次	孕妇慎用
调和肠胃类	胃安胶囊	养阴益胃，柔肝止痛	肝胃阴虚、胃气不和所致的胃痛、痞满，症见胃脘隐痛、纳少嘈杂、咽干口燥、舌红少津、脉细数；萎缩性胃炎见上述证候者	饭后 2 小时服用。一次 8 粒，一日 3 次	孕妇慎用

目标检测

一、单项选择题

1. 下列药物中不属于四物合剂组成成分的是（　　）

　　A. 当归　　　B. 白芍　　　C. 川芎　　　D. 炙甘草　　　E. 熟地黄

2. 具有补中益气，升阳举陷功能的中成药是（　　）

　　A. 生脉饮　　　　　　B. 四君子丸　　　　　　C. 补中益气丸

　　D. 四物丸　　　　　　E. 参苓白术丸

3. 具有"三补三泻"配伍特点的中成药是（　　）

　　A. 六味地黄丸　　　　B. 十全大补丸　　　　　C. 左归丸

　　D. 补中益气丸　　　　E. 人参健脾丸

4. 下列药物中不属于理中丸组成成分的是（　　）

　　A. 党参　　　B. 土白术　　　C. 炙甘草　　　D. 炮姜　　　E. 茯苓

5. 理中丸的功能是（　　）

　　A. 温中理气　　　　　B. 温中健脾　　　　　　C. 温中补虚

　　D. 温中散寒、健胃　　D. 温补阳气

6. 小建中合剂的君药是（　　）

　　A. 桂枝　　　B. 饴糖　　　C. 白芍　　　D. 大枣　　　E. 人参

7. 温化寒痰，降逆止呕的是（　　）

　　A. 小半夏合剂　　　　B. 急支糖浆　　　　　　C. 二陈丸

　　D. 开郁顺气丸　　　　E. 通宣理肺丸

8. 用于肝郁血虚，肝脾不和，两胁胀痛，头晕目眩，倦怠食少，月经不调，脐腹胀痛的是（　　）

  A. 小柴胡片   B. 加味逍遥丸   C. 小半夏合剂

  D. 烂积丸   E. 护肝片

9. 用于外感病，邪犯少阳证，症见寒热往来、胸胁苦满、食欲不振、心烦喜呕、口苦咽干的是（   ）

  A. 胃安胶囊   B. 逍遥丸   C. 小柴胡片

  D. 加味逍遥丸   E. 护肝片

10. 用于慢性肝炎、迁延性肝炎及早期肝硬化，转氨酶升高者的是（   ）

  A. 逍遥丸   B. 胃安胶囊   C. 护肝片

  D. 加味逍遥丸   E. 小柴胡片

11. 用于气滞血凝，癥瘕痞块，脘腹疼痛，胸胁胀满的是（   ）

  A. 槟榔四消丸   B. 阿魏化痞膏   C. 健脾丸

  D. 枳实导滞丸   E. 保和丸

12. 用于食积停滞，脘腹胀满，嗳腐吞酸，不欲饮食的是（   ）

  A. 枳实导滞丸   B. 槟榔四消丸   C. 健胃消食片

  D. 保和丸   E. 阿魏化痞膏

二、配伍选择题

A. 天王补心丹   B. 养血安神丸   C. 朱砂安神丸   D. 磁朱丸   E. 枣仁安神液

13. 具有滋阴养血，补心安神功能的是（   ）

14. 具有镇心、安神、明目功能的是（   ）

A. 健胃消食片   B. 枳实导滞丸   C. 人参健脾丸   D. 启脾丸   E. 保和丸

15. 具有消积导滞、清利湿热功能的中成药是（   ）

16. 具有消食、导滞、和胃功能的中成药是（   ）

17. 具有健胃消食功能的中成药是（   ）

书网融合……

      划重点   自测题

第一节 理气中成药

PPT

学习目标

知识要求

1. **掌握** 本节所列中成药的功能主治、使用注意及用法用量。

2. **熟悉** 理气中成药的概念、分类；两类理气中成药所治疗的病证成因、常见临床表现及代表性中成药；本节所列中成药使用时的辨证要点；柴胡舒肝丸、香附丸、越鞠丸的处方组成。

3. **了解** 本节所列中成药的药理作用及现代应用。

能力要求

1. 熟练掌握气滞证、气逆证的辨证方法。

2. 学会运用本节所学专业知识介绍理气中成药的治疗特点、使用注意及用法用量等。

实例分析

实例 李女士，47岁，平素性情抑郁。1个月前与家人争吵后出现胃脘部胀痛，痛窜胁背，生气后疼痛加重。现症见：脘腹胀满、嗳气吞酸、恶心、呕吐、食欲不振、大便不畅。舌质淡红苔薄白，脉弦。

问题 1. 初步判断李女士所患何种病证？

2. 根据李女士所患病证，重点介绍哪类理气中成药？如何介绍？

一、概述

【概念】凡以理气药为主组成，具有行气或降气作用，能疏畅气机，调整脏腑功能，主要用于治疗气滞或气逆证的中成药，称理气中成药。

【功能与主治】理气中成药具有行气、降气之功，适用于肝气郁结、脾胃气滞、肝气犯胃、胃气上逆、肺气上逆等引发的病证。

【分类】理气中成药分为理气疏肝和理气和中两类。

【使用注意】

1. 使用理气中成药时，须根据不同的病情和药物的特点，作适当的配伍。

2. 理气中成药辛温香燥，易耗气伤阴，故服用时应适可而止，勿使过量。

3. 气虚、阴亏火旺者及孕妇须慎用。

1. 气机不畅及气滞 气机不畅指气的运动不利或受阻；进一步受阻，导致局部气机阻滞称为气滞。

2. 气逆 是指气的运动应降反升或升之太过。

3. 气陷 是指气的运动应升反降或上升不及。

二、常见理气中成药

（一）理气疏肝中成药

理气疏肝中成药主要具有行气、疏肝解郁、止痛作用，主治肝气郁滞证，症见情志抑郁、善太息、胸闷、胁肋胀痛、月经不调、痛经等。代表中成药有柴胡舒肝丸、香附丸等。

柴胡舒肝丸

Chaihu Shugan Wan

【方源】《景岳全书》《中国药典》2020 年版

【处方】茯苓100g 麸炒枳壳50g 豆蔻40g 酒白芍50g 甘草50g 醋香附75g 陈皮50g 桔梗50g 姜厚朴50g 炒山楂50g 防风50g 六神曲（炒）50g 柴胡75g 黄芩50g 薄荷50g 紫苏梗75g 木香25g 炒槟榔75g 醋三棱50g 酒大黄50g 青皮（炒）50g 当归50g 姜半夏75g 乌药50g 醋莪术50g

【功能】疏肝理气，消胀止痛。

【主治】用于肝气不疏，胸胁痞闷，食滞不清，呕吐酸水。

【方解】方中香附、柴胡、枳壳、苏梗舒肝理气止痛为君药。陈皮、青皮、乌药、木香助君药行气消胀止痛，三棱、莪术、当归活血行气，消积止痛为臣药。神曲、山楂、豆蔻消食和胃，大黄、厚朴、槟榔消积导滞，桔梗、薄荷、防风清宣外邪，半夏燥湿祛痰和胃，黄芩清热，白芍养阴柔肝止痛为佐药。炙甘草和中缓急，调和诸药为使。诸药合用，共奏疏肝理气、消胀止痛之功。主治肝气不疏证。

【药理作用】主要有增加肝、脑血流量，保肝利胆等作用。

【临床应用】

1. 辨证要点 临床以胸胁痞闷，胁肋胀痛，呕吐酸水为辨证要点。

2. 现代应用 常用于急慢性胃炎、肝炎、胆囊炎、胆石症、肝硬化等。

3. 使用注意 肝胆湿热者不宜用。

【性状】本品为黑褐色的小蜜丸或大蜜丸；味甜而苦。

【剂型规格】丸剂。小蜜丸每 100 丸重 20g；大蜜丸每丸重 10g。

【用法用量】口服。小蜜丸一次 10g，大蜜丸一次 1 丸，一日 2 次。

【贮藏】密封。

香附丸

Xiangfu Wan

【方源】经验方《中国药典》2020 年版

【处方】醋香附 300g　当归 200g　川芎 50g　炒白芍 100g　熟地黄 100g　炒白术 100g　砂仁 25g　陈皮 50g　黄芩 50g

【功能】疏肝健脾，养血调经。

【主治】用于肝郁血虚、脾失健运所致的月经不调、月经前后诸症，症见经行前后不定期、经量或多或少、有血块、经前胸闷、心烦、双乳胀痛、食欲不振。

【方解】方中重用香附行气疏肝解郁为君药。辅以当归、川芎、白芍、熟地黄补血和血调经，为臣药。白术健脾，陈皮、砂仁理气和中，黄芩清热除烦，共为佐药。诸药合用，共奏疏肝健脾、养血调经之功。主治肝郁血虚、脾失健运证。

【药理作用】主要有改善血液循环、镇静、镇痛、调节子宫功能、止血等作用。

【临床应用】

1. 辨证要点　临床以胸闷胁痛，经期腹痛，面色萎黄为辨证要点。

2. 现代应用　常用于慢性肝炎、胆囊炎、胃炎、胆石症、痛经等。

3. 使用注意　单纯气滞或单纯血虚者不宜使用。

【性状】本品为棕褐色的水蜜丸或大蜜丸；气香，味微甘、微苦、辛。

【剂型规格】丸剂。水蜜丸每 10 丸重 1g；大蜜丸每丸重 9g。

【用法用量】用黄酒或温开水送服。水蜜丸一次 9～13g，大蜜丸一次 1～2 丸，一日 2 次。

【贮藏】密封。

> **请你想一想**
>
> 柴胡舒肝丸和香附丸都属于理气疏肝中成药，二者在功能主治上有什么不同？二者治疗的重点分别是什么？

（二）理气和中中成药

理气和中中成药主要具有行气、健脾消食作用，主治脾胃气滞证，症见脘腹胀满、嗳气吞酸、恶心、呕吐、饮食不消等。代表中成药有越鞠丸等。

越鞠丸

Yueju Wan

【方源】《丹溪心法》《中国药典》2020 年版

【处方】醋香附 200g　川芎 200g　炒栀子 200g　苍术（炒）200g　六神曲（炒）200g

【功能】理气解郁，宽中除满。

【主治】用于胸脘痞闷，腹中胀满，饮食停滞，嗳气吞酸。

【方解】 方中香附行气解郁治气郁，川芎行气活血治血郁，苍术燥湿健脾治湿郁，六神曲消食治食郁，栀子清热除烦治火郁。痰郁可随其他五郁而生，亦能随其他五郁而解，故方中不另用化痰药。主治六郁证。

【药理作用】 主要有镇静、镇痛、调节内分泌、保肝、促进肠蠕动等作用。

【临床应用】

1. 辨证要点 临床以精神抑郁、胸脘痞闷、胀痛、食欲不振、嗳气为辨证要点。

2. 现代应用 用于胃及十二指肠溃疡、胆囊炎、肝炎、胆石症、妇女痛经、月经不调等。

3. 使用注意 虚而郁滞者不宜单独服用。

【性状】 本品为深棕色至棕褐色的水丸；气香，味微涩、苦。

【剂型规格】 丸剂。水丸每袋装 6g 或 12g 或 18g；每瓶装 250g 或 500g。

【用法用量】 口服。一次 6~9g，一日 2 次。

【贮藏】 密封。

你知道吗

六郁证由元代医家朱丹溪最先提出，指气、血、痰、火、湿、食六种郁证。

其他理气中成药见表 7-1。

表 7-1 其他理气中成药

分类	品名	功能	主治	用法用量	使用注意
理气疏肝类	气滞胃痛颗粒	疏肝理气，和胃止痛	肝郁气滞，胸痞胀满，胃脘疼痛	开水冲服。一次 1 袋，一日 3 次	孕妇慎用
	沉香化气丸	理气疏肝，消积和胃	肝胃气滞，脘腹胀痛，胸膈痞满，不思饮食，嗳气泛酸	口服。一次 3~6g，一日 2 次	孕妇慎用
	四逆散	透解郁热，疏肝理脾	肝气郁结所致的胁痛、痢疾，症见脘腹胁痛、热厥手足不温、泻痢下重	口服。一次 9g，一日 2 次，开水冲泡或煎汤	孕妇、肝阴亏虚胁痛、寒厥所致四肢不温者慎用。服药期间，忌恼怒劳累，保持心情舒畅
	左金丸	泻火疏肝，和胃止痛	肝火犯胃，脘胁疼痛，口苦嘈杂，呕吐酸水，不喜热饮	口服。一次 3~6g，一日 2 次	
理气和中类	木香顺气丸	行气化湿，健脾和胃	湿浊中阻、脾胃不和所致的胸膈痞闷、脘腹胀痛、呕吐恶心、嗳气纳呆	口服。一次 6~9g，一日 2~3 次	孕妇慎用
	胃苏颗粒	理气消胀，和胃止痛	气滞型胃脘痛，症见胃脘胀痛，窜及两胁，得嗳气或矢气则舒，情绪郁怒则加重，胸闷食少，排便不畅，舌苔薄白，脉弦；慢性胃炎及消化性溃疡见上述证候者	开水冲服。一次 1 袋，一日 3 次。15 天为一个疗程，可服 1~3 个疗程或遵医嘱	

第二节 理血中成药

PPT

学习目标

知识要求

1. **掌握** 本节所列中成药的功能主治、使用注意及用法用量。

2. **熟悉** 理血中成药的概念、分类；三类理血中成药所治疗的病证成因、常见临床表现及代表性中成药；本节所列中成药使用时的辨证要点；槐角丸、元胡止痛片、精制冠心颗粒等的处方组成。

3. **了解** 本节所列中成药的药理作用及现代应用。

能力要求

1. 熟练掌握瘀血及出血病证的辨证方法。

2. 学会运用本节所学专业知识介绍理血中成药的治疗特点、使用注意及用法用量等。

实例分析

实例 刘先生，35 岁，平素喜食辛辣油炸之品。近日来大便时出血，血色鲜红，伴口干，大便秘结，肛门疼痛。舌红，苔薄黄，脉浮数。

问题 1. 初步判断刘先生所患何种病证？

2. 根据刘先生所患病证，重点介绍哪类理血中成药？如何介绍？

一、概述

【概念】 凡以活血祛瘀药或止血药为主组成，具有促进血行、消散瘀血及制止出血等作用，治疗瘀血及出血病证的中成药，称为理血中成药。

【功能与主治】 理血中成药具有止血、活血祛瘀、强心之功，兼有行气、止痛等作用；适用于血瘀证和出血证。

【分类】 理血中成药分为止血、活血化瘀和活血强心三类。

【使用注意】

1. 使用止血中成药时应"急者治其标，缓者治其本"，且止血不忘化瘀。

2. 使用活血化瘀中成药时应注意扶正，妇女月经过多，孕妇均当慎用。

3. 使用活血强心中成药时应注意：饮食宜清淡，保持心情舒畅，如出现剧烈心绞痛，应及时就诊。

二、常见理血中成药

（一）止血中成药

出血的原因比较复杂，但就临床所见，主要与火或气有关。本类中成药主要具有止血作用，主治吐血、衄血、咳血、便血、尿血、崩漏等各种出血证。代表中成药有槐角丸、荷叶丸、断血流片等。

槐角丸
Huaijiao Wan

【方源】经验方《中国药典》2020 年版

【处方】槐角（清炒）200g　地榆炭 100g　黄芩 100g　麸炒枳壳 100g　当归 100g　防风 100g

【功能】清肠疏风，凉血止血。

【主治】用于血热所致的肠风便血、痔疮肿痛。

【方解】方中槐角清泄大肠湿热而凉血止血，为君药。地榆、黄芩清热燥湿，凉血止血，共为臣药。枳壳行气宽畅，当归养血活血，气血得调，便血得止，共为佐药。使以防风祛风胜湿，通调肠胃。诸药合用，共奏清肠疏风、凉血止血之功。主治血热肠风出血。

【药理作用】主要有止血、促进凝血，镇痛、抗炎、抑菌及降血脂等作用。

【临床应用】

1. 辨证要点　临床以大便时出血，血色鲜红，肛门疼痛等为辨证要点。

2. 现代应用　常用于痔疮出血，膀胱出血、肠息肉出血及肛裂、慢性结肠炎、慢性细菌性痢疾、肛门直肠周围脓肿等。

3. 使用注意　中焦虚寒者及阳虚便秘者忌用。

【性状】本品为黑褐色至黑色的水蜜丸、小蜜丸或大蜜丸；味苦、涩。

【剂型规格】丸剂。大蜜丸每丸重 9g。

【用法用量】口服。水蜜丸一次 6g，小蜜丸一次 9g，大蜜丸一次 1 丸；一日 2 次。

【贮藏】密封。

荷叶丸
Heye Wan

【方源】经验方《中国药典》2020 年版

【处方】荷叶 320g　藕节 64g　大蓟炭 48g　小蓟炭 48g　知母 64g　黄芩炭 64g　地黄（炭）96g　棕榈炭 96g　栀子（焦）64g　茅根炭 96g　玄参 96g　白芍 64g　当归 32g　香墨 8g

【功能】　凉血止血。

【主治】　用于血热所致的咯血、衄血、尿血、便血、崩漏。

【方解】　方中荷叶凉血止血、散瘀为君药。以藕节、大蓟炭、小蓟炭、白茅根炭、大黄炭、玄参助君药凉血止血为臣药。黄芩炭、栀子、知母苦寒泻火，棕榈炭、香墨收涩止血，白芍养血为佐药。当归养血和血，引血归经为佐使。诸药合用，共奏凉血止血之功。主治血热妄行出血证。

【药理作用】　主要有止血、解热、抗菌作用。

【临床应用】

1. 辨证要点　临床以各种出血，血色鲜红，口干为辨证要点。

2. 现代应用　常用于过敏性紫癜，牙龈炎、鼻炎出血，肺结核咳血，吐血、便血等。

3. 使用注意　脾虚出血者不宜用。

【性状】　本品为黑色的大蜜丸；气微，味甘、后微苦。

【剂型规格】　丸剂。大蜜丸每丸重9g。

【用法用量】　口服。一次1丸，一日2~3次。

【贮藏】　密封。

断血流片

Duanxueliu Pian

【方源】　新研制方《中国药典》2020年版

【处方】　断血流4500g

【功能】　凉血止血。

【主治】　用于血热妄行所致的月经过多、崩漏、吐血、衄血、咯血、尿血、便血、血色鲜红或紫红；功能失调性子宫出血、子宫肌瘤出血及多种出血症、单纯性紫癜、原发性血小板减少性紫癜见上述证候者。

【方解】　方中断血流性味辛、凉，主要入肝、肺经，具有凉血止血、清热解毒之功。主治血热出血。

【药理作用】　断血流中主含黄酮类、皂苷、有机酸等。有一定的止血作用，对金黄色葡萄球菌、痢疾杆菌、铜绿假单胞菌有较强的抑菌作用。

【临床应用】

1. 辨证要点　临床以血色鲜红或紫红，心烦口渴，身热夜甚，舌红，脉滑数为辨证要点。

2. 现代应用　用于功能失调性子宫出血、子宫肌瘤出血及各种出血症、单纯性紫癜、原发性血小板减少性紫癜属血热所致出血者。

3. 使用注意　忌辛辣食物。大出血者应到医院诊治。

【性状】本品为糖衣片或薄膜衣片除去包衣后显棕褐色；味苦、微涩。

【剂型规格】片剂。薄膜衣片每片重0.35g。

【用法用量】口服。一次3~6片，一日3次。

【贮藏】密封。

（二）活血化瘀中成药

外伤血脉、行气导滞、感受外邪、止血不当、久病正虚等，均可使血行不畅，甚则瘀塞不散，而产生瘀血之证。

活血化瘀中成药具有通利血脉、行气导滞、消散瘀血的作用，主治血行失畅、瘀血阻滞之证，如经闭、痛经、瘀积包块、外伤瘀肿、瘀阻经脉之半身不遂、瘀血内停之胸胁疼痛及产后恶露不行等。代表中成药有少腹逐瘀丸、元胡止痛片、脑得生丸、华佗再造丸等。

少腹逐瘀丸

Shaofu Zhuyu Wan

【方源】《医林改错》《中国药典》2020年版

【处方】当归300g　蒲黄300g　五灵脂（醋炒）200g　赤芍200g　小茴香（盐炒）100g　延胡索（醋制）100g　没药（炒）100g　川芎100g　肉桂100g　炮姜20g

【功能】温经活血，散寒止痛。

【主治】用于寒凝血瘀所致的月经后期、痛经、产后腹痛，症见行经后错、行经小腹冷痛、经血紫暗、有血块、产后小腹疼痛喜热、拒按。

【方解】方中蒲黄、没药、五灵脂活血化瘀、止痛为君药。炮姜、肉桂温经散寒为臣药。赤芍、川芎助君药活血化瘀，当归祛瘀兼养血，延胡索、小茴香理气消胀止痛，共为佐药。诸药合用，共奏活血祛瘀、散寒止痛之功。主治寒凝血瘀证。

【药理作用】主要有抗炎、促进血液循环等作用。

【临床应用】

1. 辨证要点　临床以行经小腹冷痛或胀满、经量少、经血紫暗、有血块、喜热拒按为辨证要点。

2. 现代应用　常用于月经不调，痛经，子宫功能性出血，不孕不育症，子宫肌瘤，卵巢囊肿，盆腔炎。

3. 使用注意　孕妇忌服。非血瘀实证不宜用。

【性状】本品为棕黑色的大蜜丸；气芳香，味辛、苦。

【剂型规格】丸剂。大蜜丸每丸重9g。

【用法用量】温黄酒或温开水送服，一次1丸，一日2~3次。

【贮藏】密封。

元胡止痛片

Yuanhu Zhitong Pian

【方源】　新研制方《中国药典》2020 年版

【处方】　醋延胡索 445g　白芷 223g

【功能】　理气，活血，止痛。

【主治】　用于气滞血瘀的胃痛，胁痛，头痛及痛经。

【方解】　方以延胡索辛温通散，入肝、脾、心经，行气活血止痛为君药。白芷辛温，善于祛风散寒，理气止痛为辅药。白芷配延胡索能增强行气止痛的效果。二药相合，共奏理气、活血、止痛之功。主治气滞血瘀证。

【药理作用】　主要有镇痛、镇静、催眠、抗溃疡、抑制胃液分泌等作用。

【临床应用】

1. 辨证要点　临床以胃脘痛，胸腹痛，头痛，痛经等呈胀痛或刺痛状，舌质正常或略暗或有瘀斑瘀点为辨证要点。

2. 现代应用　常用于三叉神经痛、肋间神经痛、血管神经性头痛、神经官能症、急慢性胃炎、胃及十二指肠溃疡、慢性肝炎、痛经、冠心病、心绞痛等属血瘀气滞者。

3. 使用注意　阴虚火旺者及孕妇慎用。

【性状】　本品为糖衣片或薄膜衣片，除去包衣后，显棕黄色至棕褐色；气香，味苦。

【剂型规格】　片剂。薄膜衣片每片重 0.26g 或 0.31g；糖衣片片心重 0.25g 或 0.3g。

【用法用量】　口服。一次 4~6 片，一日 3 次，或遵医嘱。

【贮藏】　密封。

脑得生丸

Naodesheng Wan

【方源】　新研制方《中国药典》2020 版

【处方】　三七 78g　川芎 78g　红花 91g　葛根 261g　山楂（去核）157g

【功能】　活血化瘀，通经活络。

【主治】　用于瘀血阻络所致的眩晕、中风，症见肢体不用、言语不利及头晕目眩；脑动脉粥样硬化、缺血性中风及脑出血后遗症见上述证候者。

【方解】　方中川芎、三七、红花活血祛瘀，通经活络，共为君药。辅以葛根增加冠状动脉血流量，山楂入血分活血散瘀为佐使。诸药合用，共奏活血化瘀、疏通经络之功。主治瘀血阻络的中风。

【药理作用】　主要有扩张脑血管和冠状血管，降低血液黏度，抗血栓形成等作用。

【临床应用】

1. 辨证要点　临床以半身不遂、口舌歪斜、言语不利、头晕目眩、面唇紫暗为辨证要点。

2. 现代应用 脑动脉粥样硬化、脑血栓、脑栓塞、缺血性中风及脑出血后遗症。

3. 使用注意 气虚血瘀者忌用。

【性状】本品为褐色的大蜜丸；气微香，味微甜、酸。

【剂型规格】丸剂。大蜜丸每丸重9g。

【用法用量】口服。一次1丸，一日3次。

【贮藏】密封。

华佗再造丸

Huatuo Zaizao Wan

【方源】经验方《中国药典》2020年版

【处方】本品为川芎、吴茱萸、冰片等药味经加工制成的浓缩水蜜丸。

【功能】活血化瘀，化痰通络，行气止痛。

【主治】用于痰瘀阻络之中风恢复期和后遗症，症见半身不遂、拘挛麻木、口眼歪斜、言语不清。

【方解】方中川芎等活血化瘀，通络止痛；吴茱萸温中燥湿，疏肝散郁，止痛；冰片通窍醒神。诸药相合，共奏活血化瘀、化痰通络、行气止痛之功。主治中风恢复期和后遗症。

【药理作用】主要有抗凝血、抗血栓、改善血液流变性等作用。

【临床应用】

1. 辨证要点 临床以半身不遂，拘挛麻木，口眼歪斜，言语不清为辨证要点。

2. 现代应用 常用于治疗和预防心、脑血管疾病及其后遗症。

3. 使用注意 孕妇忌服。

【性状】本品为黑色的浓缩水蜜丸；气香，味苦。

【剂型规格】丸剂。水蜜丸每48～50粒重8g。

【用法用量】口服。一次4～8g，一日2～3次；重症一次8～16g；或遵医嘱。

【贮藏】密封。

> **请你想一想**
>
> 少腹逐瘀丸和元胡止痛片都属于活血化瘀中成药，二者在功能主治上有什么不同？二者治疗的重点分别是什么？

（三）**活血强心中成药**

本类中成药具有活血化瘀、行气益气、强心止痛的作用。主要用于治疗气滞血瘀、气虚心血瘀阻或寒凝心脉等所致的胸痹心痛、胸痛等病证。代表中成药有精制冠心颗粒、麝香保心丸、速效救心丸等。

精制冠心颗粒
JingZhi Guanxin Keli

【方源】新研制方《中国药典》2020年版

【处方】丹参351g 赤芍175g 川芎175g 红花175g 降香117g

【功能】活血化瘀。

【主治】用于瘀血内停所致的胸痹，症见胸闷、心前区刺痛；冠心病、心绞痛见上述证候者。

【方解】方中丹参活血化瘀，通脉止痛，为君药。红花活血通经，祛瘀止痛；川芎活血行气，开郁止痛；赤芍清热凉血。化瘀止痛，共为臣药。降香活血化瘀，理气止痛，调畅气血，为佐药。诸药合用，共奏活血化瘀之功。主治瘀血胸痹。

【药理作用】主要有抗心肌缺血、增加冠脉血流量、保护心肌细胞等作用。

【临床应用】

1. 辨证要点 临床以胸闷而痛或猝然而痛，痛有定处，痛如针刺或痛引肩背为辨证要点。

2. 现代应用 用于冠心病、心绞痛。

3. 使用注意 孕妇禁用。有出血倾向或出血性疾病者慎用。

【性状】本品为棕色至棕褐色的颗粒；味微甜、微苦。

【剂型规格】颗粒剂。每袋装13g。

【用法用量】开水冲服。一次1袋，一日2~3次。

【贮藏】密封。

麝香保心丸
Shexiang Baoxin Wan

【方源】新研制方《中国药典》2020年版

【处方】人工麝香 人参提取物 人工牛黄 肉桂 苏合香 蟾酥 冰片

【功能】芳香温通，益气强心。

【主治】用于气滞血瘀所致的胸痹，症见心前区疼痛、固定不移；心肌缺血所致的心绞痛、心肌梗死见上述证候者。

【方解】方中麝香活血化瘀，开窍止痛为君药。人参补气健脾，肉桂温阳通脉，蟾酥开窍止痛，苏合香芳香温通，共为臣药。人工牛黄开窍醒神，冰片开窍止痛，共为佐药。诸药合用，共奏芳香温通、益气强心之功。主治气滞血瘀所致胸痹。

【药理作用】主要有扩张冠状动脉、改善心肌缺血；护血管内皮、抑制动脉粥样硬化；促进血管新生等作用。

【临床应用】

1. 辨证要点 临床以心前区疼痛、固定不移，胸中憋闷为辨证要点。

2. 现代应用　用于心肌缺血所致的心绞痛、心肌梗死。

3. 使用注意　孕妇禁用。运动员慎用。不宜与洋地黄类药物同用。

【性状】本品为黑褐色有光泽的水丸，破碎后断面为棕黄色；味苦、辛凉，有麻舌感。

【剂型规格】丸剂。每丸重 22.5mg。

【用法用量】口服。一次 1～2 丸，一日 3 次；或症状发作时服用。

【贮藏】密封。

速效救心丸
Suxiao Jiuxin Wan

【方源】《新编国家中成药》《中国药典》2020 年版

【处方】川芎　冰片

【功能】行气活血，祛瘀止痛，增加冠脉血流量，缓解心绞痛。

【主治】用于气滞血瘀型冠心病、心绞痛。

【方解】方中川芎辛温走窜、活血化瘀，为君药。冰片具有开窍醒神，清热止痛的作用，为臣药。两药合用，能起到行气活血，祛瘀止痛的作用。主治气滞血瘀型冠心病。

【药理作用】主要有显著的解痉镇痛作用，具有减轻心脏负荷、扩张冠状动脉、改善心肌缺血、改善微循环、降低血黏度的作用。

【临床应用】

1. 辨证要点　临床以胸闷、憋气、心前区疼痛为辨证要点。

2. 现代应用　用于冠心病、心绞痛。

3. 使用注意　孕妇禁用。寒凝血瘀、阴虚血瘀胸痹心痛不宜单用。有过敏史者慎用。伴有中重度心力衰竭的心肌缺血者慎用。在治疗期间，心绞痛持续发作，宜加用硝酸酯类药。

【性状】本品为棕黄色的滴丸；气凉，味微苦。

【剂型规格】丸剂。滴丸每丸重 40mg。

【用法用量】含服。一次 4～6 丸，一日 3 次；急性发作时，一次 10～15 丸。

【贮藏】密封，置阴凉干燥处。

你知道吗

　　胸痹，指胸部闷痛，甚则胸痛彻背，气短喘息不得卧为主症的一种疾病。其病因多与寒邪内侵，饮食不当，情志波动，年老体虚等有关。分别与西医的冠状动脉粥样硬化性心脏病、心绞痛、心包炎等疾病引起的心前区疼痛，以及肺部疾病、胸膜炎、肋间神经痛等以胸痛为主症的疾病相类似。

　　其他理血中成药见表 7-2。

表7-2 其他理血中成药

分类	品名	功能	主治	用法用量	使用注意
止血类	三七片	散瘀止血，消肿止痛	咯血，吐血，衄血，便血，崩漏，外伤出血，胸腹刺痛，跌扑肿痛	口服。小片：一次4~12片，大片：一次2~6片，一日3次	孕妇忌服
	止血定痛片	散瘀止血，止痛	十二指肠溃疡疼痛、胃酸过多、出血属血瘀证者	口服。一次6片，一日3次	
	脏连丸	清肠止血	肠热便血，肛门灼热，痔疮肿痛	口服。水蜜丸一次6~9g，小蜜丸一次9g，大蜜丸一次1丸，一日2次	
活血化瘀类	消栓通络片	活血化瘀，温经通络	瘀血阻络所致的中风，症见神情呆滞、言语謇涩、手足发凉、肢体疼痛；缺血性中风及高脂血症见上述证候者	口服。一次6片，一日3次	禁食生冷、辛辣、动物油脂食物
	血栓通胶囊	活血祛瘀，通脉活络	脑络瘀阻引起的中风偏瘫，心脉瘀阻引起的胸痹心痛；脑梗死、冠心病、心绞痛见上述证候者	口服。一次1~2粒，一日3次	
	加味生化颗粒	活血化瘀，温经止痛	瘀血不尽，冲任不固所致的产后恶露不绝，症见恶露不止、色紫暗或有血块、小腹冷痛	开水冲服。一次1袋，一日3次	
	五虎散	活血散瘀，消肿止痛	跌打损伤，瘀血肿痛	温黄酒或温开水送服。一次6g，一日2次；外用，白酒调敷患处	孕妇慎用
活血强心类	复方丹参片	活血化瘀，理气止痛	气滞血瘀所致的胸痹，症见胸闷、心前区刺痛；冠心病、心绞痛见上述证候者	口服。小片一次3片，大片一次1片；一日3次	孕妇慎用
	地奥心血康胶囊	活血化瘀，行气止痛，扩张冠脉血管，改善心肌缺血	预防和治疗冠心病，心绞痛以及瘀血内阻之胸痹、眩晕、气短、心悸、胸闷或痛	口服。一次1~2粒，一日3次	
	银杏叶片	活血化瘀，通络	瘀血阻络引起的胸痹心痛、中风、半身不遂、舌强语謇；冠心病稳定型心绞痛、脑梗死见上述证候者	口服。一次2片（每片含总黄酮醇苷9.6mg、萜类内酯2.4mg）、一次1片（每片含总黄酮醇苷19.2mg、萜类内酯4.8mg），一日3次；或遵医嘱	
	通心络胶囊	益气活血，通络止痛	冠心病、心绞痛属心气虚乏、血瘀络阻证，症见胸部憋闷，刺痛、绞痛，固定不移，心悸自汗，气短乏力，舌质紫暗或有瘀斑，脉细涩或结代。亦用于气虚血瘀络阻型中风病，症见半身不遂或偏身麻木，口舌歪斜，言语不利	口服。一次2~4粒，一日3次	出血性疾患、孕妇及妇女经期及阴虚火旺型中风禁用

PPT

第三节　开窍中成药

学习目标

知识要求

1. **掌握**　本节所列中成药的功能主治、使用注意及用法用量。
2. **熟悉**　开窍中成药的概念、分类；两类开窍中成药所治疗的病证成因、常见临床表现及代表性中成药；本节所列中成药使用时的辨证要点；安宫牛黄丸、冠心苏合丸等的处方组成。
3. **了解**　本节所列中成药的药理作用及现代应用。

能力要求

1. 熟练掌握神昏窍闭之证的辨证方法。
2. 学会运用本节所学专业知识介绍开窍中成药的治疗特点、使用注意及用法用量等。

实例分析

实例　王女士，65岁。数月前中风。现症见：体温39℃，神昏谵语，烦躁不安，喉间痰鸣。舌绛苔焦，脉细数。

问题　1. 初步判断王女士所患何种病证？

　　　　2. 根据王女士所患病证，重点介绍哪类开窍中成药？如何介绍？

一、概述

【概念】　凡以芳香开窍药为主组成，具有开窍醒神的作用，用于治疗神昏窍闭之证的中成药，称开窍中成药。

【功能与主治】　开窍中成药具有开窍醒神之功；适用于神昏窍闭之证。窍闭之证属实，但有寒热之别。热闭证宜用辛香走窜寒凉性的凉开类中成药以清热开窍，寒闭证宜用芳香化浊温热性的温开类中成药以温通开窍。

凉开类中成药具有清热开窍、豁痰解毒之功，主治热闭证；温开类中成药具有芳香开窍、行气散寒止痛之功，主治寒闭证。

【分类】　开窍中成药分为凉开和温开两类。

【使用注意】

1. 不可久服，以防伤正。临床多用于急救，中病即止。
2. 神志昏迷属脱证者忌用开窍药。

3. 孕妇慎用。

二、常见开窍中成药

（一）凉开中成药

热闭系由热邪入里或内陷心包所致。凉开中成药具有清热开窍、豁痰解毒之功，主治热闭证。适用于高热抽搐，突然昏倒，不省人事，口眼歪斜，半身不遂，牙关紧闭，两手紧握，大小便闭，面红烦躁，身热，气粗口臭，舌红苔黄，脉数等。代表中成药有安宫牛黄丸、局方至宝散、紫雪散等。

安宫牛黄丸

Angong Niuhuang Wan

【方源】《温病条辨》《中国药典》2020 年版

【处方】牛黄 100g　水牛角浓缩粉 200g　麝香或人工麝香 25g　珍珠 50g　朱砂 100g　雄黄 100g　黄连 100g　黄芩 100g　栀子 100g　郁金 100g　冰片 25g

【功能】清热解毒，镇惊开窍。

【主治】用于热病，邪入心包，高热惊厥，神昏谵语；中风昏迷及脑炎、脑膜炎、中毒性脑病、脑出血、败血症见上述证候者。

【方解】方中牛黄、水牛角、麝香清热解毒凉血、通达经络、开窍醒神，共为君药。黄芩、黄连、栀子苦寒泄降，泻火解毒以助牛黄、水牛角清泄心包之热；雄黄解毒豁痰，共为臣药。冰片、郁金通窍醒神，化痰开郁；朱砂、珍珠清心镇静安神，息风止痉定惊，共为佐使药。诸药合用共收清热解毒，镇惊开窍之效。主治热病，邪入心包诸证。

【药理作用】主要有抗炎、抗癌、抑制细胞代谢、强心利尿和抗菌等作用。

【临床应用】

1. 辨证要点　临床以高热惊厥，神昏谵语为辨证要点。

2. 现代应用　常用于流行性乙型脑炎、流行性脑脊髓膜炎、中毒性痢疾、尿毒症、中毒性肝炎、肝昏迷等。

3. 使用注意　孕妇慎用。中风脱证神昏及寒闭证忌用。运动员慎用。

【性状】本品为黄橙色至红褐色的大蜜丸，或为包金衣的大蜜丸，除去金衣后显黄橙色至红褐色；气芳香浓郁，味微苦。

【剂型规格】丸剂。大蜜丸每丸重（1）1.5g；（2）3g。

【用法用量】口服。一次 2 丸〔规格（1）〕或一次 1 丸〔规格（2）〕，一日 1 次；小儿 3 岁以内一次 1/2 丸〔规格（1）〕或一次 1/4 丸〔规格（2）〕，4～6 岁一次 1 丸〔规格（1）〕或一次 1/2 丸〔规格（2）〕，一日 1 次；或遵医嘱。

【贮藏】密封。

局方至宝散
Jufang Zhibao San

【方源】《太平惠民和剂局方》《中国药典》2020 年版

【处方】水牛角浓缩粉 200g　牛黄 50g　玳瑁 100g　人工麝香 10g　朱砂 100g　雄黄 100g　琥珀 100g　安息香 150g　冰片 10g

【功能】清热解毒，开窍镇惊。

【主治】用于热病属热入心包、热盛动风证，症见高热惊厥、烦躁不安、神昏谵语及小儿急热惊风。

【方解】方中麝香、冰片、安息香芳香辟秽，化浊开窍，苏醒神志，三药共为君药。水牛角清营凉血，解毒安神；牛黄、玳瑁、雄黄清热解毒，豁痰开窍，息风定惊，共为臣药。朱砂、琥珀镇静安神为佐药。诸药合用共奏清热解毒，开窍定惊之功。主治热病属热入心包、热盛动风证。

【药理作用】主要有消炎、解热、解痉、镇静及醒神等作用。

【临床应用】

1. 辨证要点　临床以高热惊厥，神昏谵语，身热烦渴，痰盛气粗为辨证要点。

2. 现代应用　常用于脑血管意外、中暑、流行性脑脊髓膜炎、精神分裂、癫痫、尿毒症、肝昏迷等。

3. 使用注意　由肝阳上亢而致神昏者，或温病神昏热盛阴亏者、脱证患者及孕妇忌用。

【性状】本品为橘黄色至浅褐色的粉末；气芳香浓郁，味微苦。

【剂型规格】散剂。每瓶装 2g 或每袋装 2g。

【用法用量】口服。一次 2g，一日 1 次；小儿 3 岁以内一次 0.5g，4～6 岁一次 1g；或遵医嘱。

【贮藏】密封。

> **请你想一想**
> 安宫牛黄丸和局方至宝散都属于凉开中成药，二者在功能主治上有什么不同？二者治疗的重点分别是什么？

紫雪散
Zixue San

【方源】《太平惠民和剂局方》《中国药典》2020 年版

【处方】石膏 144g　北寒水石 144g　滑石 144g　磁石 144g　玄参 48g　木香 15g　沉香 15g　升麻 48g　甘草 24g　丁香 3g　芒硝（制）480g　硝石（精制）96g　水牛角浓缩粉 9g　羚羊角 4.5g　人工麝香 3.6g　朱砂 9g

【功能】清热开窍，止痉安神。

【主治】用于热入心包、热动肝风证，症见高热烦躁、神昏谵语、惊风抽搐、斑疹吐衄、尿赤便秘。

【方解】方中石膏、寒水石、滑石质重，镇痉，共为君药。羚羊角、水牛角清热泻火解毒，麝香开窍，共为臣药。磁石、玄参降火益阴而安神，升麻、甘草清热解毒，沉香、木香、丁香温胃行气，助麝香开窍；朱砂重镇清心安神，芒硝、硝石泄热散结，共为佐药。诸药合用，共奏清热开窍，止痉安神之功。主治热入心包、热动肝风证。

【药理作用】主要有解热、镇静、抗惊厥、抗炎等作用。

【临床应用】

1. 辨证要点 临床以高热烦渴、神昏谵语、惊厥为辨证要点。

2. 现代应用 常用于流行性乙型脑炎、流行性脑脊髓膜炎、重症肺炎、猩红热、肝昏迷等病。

3. 使用注意 孕妇禁用。忌辛辣油腻食物。

【性状】本品为棕红色至灰棕色的粉末；气芳香，味咸、微苦。

【剂型规格】散剂。每瓶装1.5g或每袋装1.5g。

【用法用量】口服。一次1.5~3g，一日2次；周岁小儿一次0.3g，5岁以内小儿每增一岁递增0.3g，一日1次；5岁以上小儿酌情服用。

【贮藏】密封，置阴凉处。

你知道吗

凉开三宝：是指安宫牛黄丸、局方至宝散、紫雪散，又称温病三宝。三药均有清热解毒、镇惊开窍之功，用于温热病，邪热内陷所致的高热、神昏、谵语及痰热内闭之证。

（二）温开中成药

寒闭系由寒湿痰浊蒙闭心包所致。温开中成药具有芳香开窍、行气散寒止痛之功，主治寒闭证。适用于突然昏倒，不省人事，牙关紧闭、神昏胸闷、静卧不烦，面白唇暗、喉中痰鸣，脉沉迟等。代表中成药有苏合香丸、冠心苏合丸等。

苏合香丸

Suhexiang Wan

【方源】《太平惠民和剂局方》《中国药典》2020年版

【处方】苏合香50g 安息香100g 冰片50g 水牛角浓缩粉200g 人工麝香75g 檀香100g 沉香100g 丁香100g 香附100g 木香100g 乳香（制）100g 荜茇100g 白术100g 诃子肉100g 朱砂100g

【功能】芳香开窍，行气止痛。

【主治】用于痰迷心窍所致的痰厥昏迷、中风偏瘫、肢体不利，以及中暑、心胃气痛。

【方解】方中苏合香为闭证神昏的首选药，安息香又可辟秽化浊，通气行血，与麝香、冰片，共为君药。木香、檀香、沉香、丁香、乳香、香附六味药能行气解郁，散寒化浊，共为臣药。荜茇辛热散寒开郁，可增强散寒止痛作用；水牛角清心解毒，朱砂镇心安神；白术补气健脾祛湿，诃子温涩敛气，二药可防止辛香耗气太过，共为佐药。诸药合用，共奏芳香开窍，行气止痛之功。主治痰迷心窍所致诸证。

【药理作用】 主要有增加冠脉流量，抗血栓和抗血小板聚集等作用。

【临床应用】

1. 辨证要点 临床以突然昏倒，不省人事，牙关紧闭为辨证要点。

2. 现代应用 常用于急性脑血管病，癫痫，阿尔茨海默病，流行性乙型脑炎，肝昏迷，冠心病，心绞痛，心肌梗死等。

3. 使用注意 孕妇禁用。热闭及脱证忌用。

【性状】 本品为赭红色的水蜜丸或赭色的大蜜丸；气芳香，味微苦、辛。

【剂型规格】 丸剂。水蜜丸每丸重2.4g；大蜜丸每丸重3g。

【用法用量】 口服。一次1丸，一日1~2次。

【贮藏】 密封。

冠心苏合丸

Guanxin Suhe Wan

【方源】 经验方《中国药典》2020年版

【处方】 苏合香50g　冰片105g　乳香（制）105g　檀香210g　土木香210g

【功能】 理气，宽胸，止痛。

【主治】 用于寒凝气滞、心脉不通所致的胸痹，症见胸闷、心前区疼痛；冠心病、心绞痛见上述证候者。

【方解】 方用苏合香、冰片芳香开窍止痛，为主药。檀香、土木香疏通脏腑气血郁滞，为辅药。乳香活血化瘀、止痛为佐药。诸药合用，共奏芳香开窍，理气活血止痛之功。主治寒凝气滞、心脉不通所致的胸痹。

【药理作用】 主要有改善微循环，增加冠状窦血流量，提高耐缺氧能力，减慢心率，抗溃疡等作用。

【临床应用】

1. 辨证要点 为治寒痰闭阻胸中所致的胸痹证常用药。临床以突然昏倒，胸痛彻背，四肢厥冷，苔薄白，脉沉迟或沉弦为辨证要点。

2. 现代应用 常用于冠心病、心绞痛、心肌梗死，慢性胆囊炎、胆结石、胆道蛔虫，胃及十二指肠溃疡等属寒邪、痰湿痹阻胸中者。

3. 使用注意 孕妇禁用。面色苍白，冷汗淋漓，脉弱无力之脱证及面赤、脉数之热闭证禁用。

【性状】 本品为深棕色至棕褐色的大蜜丸；气芳香，味苦、凉。

【剂型规格】 丸剂。大蜜丸每丸重10g。

【用法用量】嚼碎服。一次 1 丸，一日 1~3 次；或遵医嘱。

【贮藏】密封。

其他开窍中成药见表 7-3。

表 7-3　其他开窍中成药

分类	品名	功能	主治	用法用量	使用注意
凉开类	万氏牛黄清心丸	清热解毒，镇静安神	热入心包、热盛动风证，症见高热烦躁、神昏谵语及小儿高热惊厥	口服。一次 2 丸（每丸重 1.5g），或一次 1 丸（每丸重 3g），一日 2~3 次	孕妇慎用
温开类	通关散	通关开窍	痰浊阻窍所致的气闭昏厥、牙关紧闭、不省人事	每用少许，吹鼻取嚏	孕妇慎用
	十香返生丸	开窍化痰，镇静安神	中风痰迷心窍引起的言语不清、神志昏迷、痰涎壅盛、牙关紧闭	口服。一次 1 丸，一日 2 次；或遵医嘱	孕妇忌服
	礞石滚痰丸	逐痰降火	痰火扰心所致的癫狂惊悸，或喘咳痰稠、大便秘结	口服。一次 6~12g，一日 1 次	孕妇忌服

第四节　祛风中成药

PPT

学习目标

知识要求

1. **掌握**　本节所列中成药的功能主治、使用注意及用法用量。

2. **熟悉**　祛风中成药的概念、分类；两类祛风中成药所治疗的病证成因、常见临床表现及代表性中成药；本节所列中成药使用时的辨证要点；代表性中成药的处方组成。

3. **了解**　本节所列中成药的药理作用及现代应用。

能力要求

1. 熟练掌握内、外风病证的辨证方法。

2. 学会运用本节所学专业知识介绍祛风中成药的治疗特点、使用注意及用法用量等。

实例分析

实例　张先生，男，52 岁，头晕头痛 3 年多，血压偏高。西医诊断为原发性高血压，常服降压药，效果不理想。现症见：头晕头痛，心烦易怒，大便干燥，面部潮红，目赤，口苦，耳鸣耳聋。

　　问题　1. 初步判断张先生所患何种病证？

　　　　　2. 根据张先生所患病证，重点介绍哪类祛风中成药？如何介绍？

一、概述

【概念】　凡以祛风药物为主组成，具有平肝息风、潜阳镇静和解表祛风作用，治疗内、外风病证的中成药，称祛风中成药。

【功能与主治】　祛风中成药具有平肝息风、解表祛风之功；适用于肝风内动诸证或内、外风痰证。

【分类】　祛风中成药分为平肝息风和祛风痰两类中成药。

【使用注意】

1. 平肝息风药须针对不同的病因和病情配伍用药。

2. 孕妇须慎用。

二、常见祛风中成药

（一）平肝息风中成药

内风系自内而生，多因肝火偏亢或肝阴不足，肝阳偏亢所致。本类中成药具有息风止痉、平抑肝阳、清热泻火、滋补肝肾、补血作用。适用于头目眩晕，急躁易怒，抽搐，惊厥神昏等，患者多为高血压患者。代表中成药有脑立清丸、清脑降压片、养血生发胶囊等。

脑立清丸

Naoliqing Wan

【方源】　经验方《中国药典》2020 年版

【处方】　磁石 200g　赭石 350g　珍珠母 100g　清半夏 200g　酒曲 200g　酒曲（炒）200g　牛膝 200g　薄荷脑 50g　冰片 50g　猪胆汁 350g（或猪胆粉 50g）

【功能】　平肝潜阳，醒脑安神。

【主治】　用于肝阳上亢，头晕目眩，耳鸣口苦，心烦难寐；高血压见上述证候者。

【方解】　方中珍珠母、磁石为君药，用以重镇潜阳，降逆安神。冰片、薄荷脑轻清芳香、清利头目、开窍醒神，与猪胆汁相合共为臣药。半夏化痰降逆，酒曲调和脾胃，二味治肝阳上亢之兼证，故为佐药。牛膝活血、滋补肝肾，引火引血下行，为使药。诸药配合，共奏平肝潜阳，醒脑安神之功。主治肝阳上亢证。

【药理作用】　主要有镇静、降压等作用。

【临床应用】

1. 辨证要点　临床以头晕目眩，头痛头胀，耳鸣口苦，心烦少寐为辨证要点。

2. 现代应用　常用于高血压、绝经期综合征、中风半身不遂等。

3. **使用注意** 孕妇及体弱虚寒者忌服。不宜与四环素类抗生素同服。

【性状】 本品为深褐色的水丸；气芳香，味微苦。

【剂型规格】 丸剂。水丸每 10 丸重 1.1g。

【用法用量】 口服。一次 10 丸，一日 2 次。

【贮藏】 密封。

清脑降压片
Qingnao Jiangya Pian

【方源】 新研制方《中国药典》2020 年版

【处方】 黄芩 100g　夏枯草 60g　槐米 60g　煅磁石 60g　牛膝 60g　当归 100g　地黄 40g　丹参 40g　水蛭 20g　钩藤 60g　决明子 100g　地龙 20g　珍珠母 40g

【功能】 平肝潜阳。

【主治】 用于肝阳上亢所致的眩晕，症见头晕、头痛、项强、血压偏高。

【方解】 方中以黄芩、夏枯草、决明子、槐米清肝凉血，平肝明目，泻火通便，共为君药。钩藤、磁石、珍珠母平肝潜阳，息风止痉，共为臣药。佐以牛膝、地黄、当归滋补肝肾，引血下行；丹参活血化瘀，清心除烦；地龙、水蛭活血破瘀，息风止痉，通络止痛。诸药合用，共奏平肝潜阳，清眩止晕之功。主治肝阳上亢证。

【药理作用】 主要对中枢神经系统有镇静及降压等作用。

【临床应用】

1. **辨证要点** 临床以头晕头痛，心烦易怒，大便干燥，面部潮红，目赤，口苦，耳鸣耳聋为辨证要点。

2. **现代应用** 用于原发性高血压。

3. **使用注意** 孕妇忌服。气血不足之头晕、头痛及有出血倾向者慎用。

【性状】 本品为糖衣片或薄膜衣片，除去包衣后显黑棕色；味微苦。

【剂型规格】 片剂。薄膜衣片每片重 0.33g；糖衣片（片心重 0.30g）。

【用法用量】 口服。一次 4~6 片，一日 3 次。

【贮藏】 密封。

养血生发胶囊
Yangxue Shengfa Jiaonang

【方源】 新研制方《中国药典》2020 年版

【处方】 熟地黄 203.75g　当归 101.87g　羌活 40.75g　木瓜 61.12g　川芎 40.75g　白芍 101.87g　菟丝子 101.87g　天麻 20.37g　制何首乌 203.75g

【功能】 养血祛风，益肾填精。

【主治】 用于血虚风盛、肾精不足所致的脱发，症见毛发松动或呈稀疏状脱落，毛发干燥或油腻，头皮瘙痒；斑秃、全秃、脂溢性脱发与病后、产后脱发见上述证候者。

【方解】 方中熟地黄甘温味厚，补血滋阴，生精益髓，为君药。当归补血活血，白芍养血敛阴，何首乌补肾精、益肝血、乌须发、收敛精气，菟丝子补肝肾、益精血，共为臣药。川芎行血中之气，羌活散风通络上行巅顶，天麻养阴祛风，木瓜化湿祛风，共为佐使。诸药合用，共奏养血祛风，益肾填精之功。主治血虚精亏的脱发。

【药理作用】 主要有一定生发、抗过敏和生血等作用。

【临床应用】

1. 辨证要点　临床以突然脱发，呈圆形或椭圆形，逐渐加重，甚者毛发全部脱落为辨证要点。

2. 现代应用　用于斑秃、全秃、脂溢性脱发与病后、产后脱发。

3. 使用注意　脾虚湿滞者及假性斑秃者不宜用。

【性状】 本品为硬胶囊，内容物为深棕色的颗粒和粉末；味辛、微苦。

【剂型规格】 胶囊剂。每粒装 0.5g。

【用法用量】 口服。一日 4 粒，一日 2 次。

【贮藏】 密封。

（二）祛风痰中成药

外风生痰属于外感风邪，肺失宣降，痰浊内生所致，内风夹痰属于素有痰浊，肝风内动，挟痰上扰所致。本类中成药适用于外风生痰，症见恶风发热，咳嗽痰多，咽痒等症；内风夹痰，症见眩晕头痛，或发为癫痫，甚则昏厥等。代表中成药有医痫丸等。

医痫丸

Yixian Wan

【方源】 新研制方《中国药典》2020 年版

【处方】 生白附子 40g　天南星（制）80g　半夏（制）80g　猪牙皂 400g　僵蚕（炒）80g　乌梢蛇（制）80g　蜈蚣 2g　全蝎 16g　白矾 120g　雄黄 12g　朱砂 16g

【功能】 祛风化痰，定痫止搐。

【主治】 用于痰阻脑络所致的癫痫，症见抽搐昏迷、双目上吊、口吐涎沫。

【方解】 方中白附子、天南星系风痰惊痫之首选良药，共为君药。半夏燥湿化痰，白矾清热化痰，猪牙皂祛痰而开窍；再以乌梢蛇、僵蚕、蜈蚣、全蝎走窜之品，使风痰得消则痫搐自止，共为臣药。再佐以雄黄、朱砂定惊镇心安神而收功。诸药相合，共奏祛风化痰，定痫止搐之效。主治痰阻脑络所致的癫痫。

【药理作用】 主要具有抗惊厥，镇静等作用。

【临床应用】

1. 辨证要点　临床以双目上吊，抽搐昏迷，口吐涎沫为辨证要点。

2. 现代应用　用于癫痫大发作、小发作、精神运动性发作、大小混合发作、局灶性及遗传性或复杂性癫痫等属痰阻脑络所致的病变。

3. 使用注意　本品含毒性药，不宜多服；孕妇禁用。

【性状】 本品为棕色至棕褐色的水丸；味咸、涩、辛。

【剂型规格】 丸剂。水丸每袋3g。

【用法用量】 口服，一次3g，一日2~3次；小儿酌减。

【贮藏】 密闭。

其他祛风中成药见表7-4。

表7-4 其他祛风中成药

分类	品名	功能	主治	用法用量	使用注意
平肝息风类	正天丸	疏风活血，养血平肝，通络止痛	外感风邪、瘀血阻络、血虚失养、肝阳上亢引起的偏头痛、紧张性头痛、神经性头痛、颈椎病型头痛、经前头痛	饭后服用。一次6g，一日2~3次。15天为一个疗程	用药期间注意血压监测；孕妇慎用；宜饭后服用；有心脏病史，用药期间注意监测心律情况
	牛黄镇惊丸	镇惊安神，祛风豁痰	小儿惊风，高热抽搐，牙关紧闭，烦躁不安	口服。水蜜丸一次1g，小蜜丸一次1.5g，大蜜丸一次1丸，一日1~3次；3岁以内小儿酌减	
	复方羊角片	平肝息风，通络止痛	肝风上扰，瘀血阻络所致偏头痛，紧张性头痛	口服。一次5片，一日3次	孕妇慎服
	天麻钩藤颗粒	平肝息风，清热安神	肝阳上亢所引起的头痛、眩晕、耳鸣、眼花、震颤、失眠；高血压病见上述证候者	开水冲服。一次1袋，一日3次。或遵医嘱	血虚头痛者、阴虚动风者忌用。服药期间，饮食宜清淡，戒恼怒，节房事

第五节 祛湿中成药

PPT

学习目标

知识要求

1. **掌握** 本节所列中成药的功能主治、使用注意及用法用量。

2. **熟悉** 祛湿中成药的概念、分类；四类祛湿中成药所治疗的病证成因、常见临床表现及代表性中成药；本节所列中成药使用时的辨证要点；香连丸、二妙丸、八正合剂、三金片、茵栀黄口服液、五苓散的处方组成。

3. **了解**　本节所列中成药的药理作用及现代应用。

能力要求

1. 熟练掌握水湿病证的辨证方法。

2. 学会运用本节所学专业知识介绍祛湿中成药的治疗特点、使用注意及用法用量等。

实例分析

实例　李先生，45 岁，1 个月前出现身目俱黄，黄色鲜明，胸胁胀痛，口干而苦，恶心呕吐。伴有发热口渴，小便短少黄赤，大便秘结。舌苔黄腻，脉弦数。

问题　1. 初步判断李先生所患何种病证？

　　　　2. 根据李先生所患病证，重点介绍哪类祛湿中成药？如何介绍？

一、概述

【概念】　凡以祛湿药物为主组成，能化湿利水、通淋泄浊，以治疗水湿病证的中成药，称祛湿中成药。

【功能与主治】　祛湿中成药具有化湿利水、通淋泄浊之功；适用于水湿病证。

【分类】　祛湿中成药分为清热除湿、利水渗湿、清利肝胆和温化水湿四类中成药。

【使用注意】

1. 辨清内湿与外湿。外湿多用化湿之法，内湿则多用燥湿、利水渗湿等法治疗。

2. 阴虚津亏者虽受湿邪，不宜过用燥利。

3. 愈后常调补脾脏，以固其正气。

二、常见祛湿中成药

（一）清热除湿中成药

本类中成药具有清热燥湿作用，主治外感湿热，或湿热内郁，或湿热下注所致的湿温、黄疸、痢疾、泄泻等。代表中成药有香连丸、二妙丸、八正合剂、清淋颗粒等。

香连丸

Xianglian Wan

【方源】　《太平惠民和剂局方》《中国药典》2020 年版

【处方】　萸黄连 800g　木香 200g

【功能】　清热化湿，行气止痛。

【主治】　用于大肠湿热所致的痢疾，症见大便脓血、里急后重、发热腹痛；肠炎、细菌性痢疾见上述证候者。

【方解】　方中黄连清热燥湿为君，吴茱萸制能增加行气止痛作用，为臣药，木香行气化滞，除胀止痛，为佐药。诸药相合，共奏清肠化湿，行气止痛之功。主治大肠湿热所致的痢疾。

【药理作用】主要有解痉，抗多种球菌、杆菌病原微生物和增强免疫功能等作用。

【临床应用】

1. 辨证要点 本品为治湿热痢疾常用药，临床以腹痛，便脓血，里急后重，舌红苔黄腻，脉数为辨证要点。

2. 现代应用 常用于细菌性痢疾、急性肠炎，单纯性消化不良，伤寒、副伤寒等属湿热壅滞者。

3. 使用注意 脾肾虚寒而久痢者禁用。服药期间禁辛辣、刺激、油腻食物。

【性状】本品为淡黄色至黄褐色的水丸；气微，味苦。

【剂型规格】丸剂。水丸每袋装 6g。

【用法用量】口服。一次 3～6g，一日 2～3 次；小儿酌减。

【贮藏】密封。

二妙丸

Ermiao Wan

【方源】《丹溪心法》《中国药典》2020 年版

【处方】苍术（炒）500g 黄柏（炒）500g

【功能】燥湿清热。

【主治】用于湿热下注，足膝红肿热痛，下肢丹毒，白带，阴囊湿痒。

【方解】方中苍术，辛苦而温，芳香燥湿健脾，为君药。黄柏苦寒，作用偏清下焦湿热，为臣药。二药配伍，共奏燥湿清热之功。主治湿热下注所致诸证。

【药理作用】主要有解痉、解热、镇静及抗菌、降血压等作用。

【临床应用】

1. 辨证要点 临床以足膝红肿热痛，小便短赤为辨证要点。

2. 现代应用 常用于风湿性关节炎、阴囊湿疹、阴道炎、白带、坐骨神经痛、湿疹等。

3. 使用注意 孕妇禁用，脾胃虚寒者忌服，忌食辛辣。

【性状】本品为黄棕色的水丸；气微香，味苦涩。

【剂型规格】丸剂。水丸每 100 粒重 6g。

【用法用量】口服，一次 6～9g，一日 2 次。

【贮藏】密封。

八正合剂

Bazheng Heji

【方源】《太平惠民和剂局方》《中国药典》2020 年版

【处方】瞿麦 118g 车前子（炒）118g 萹蓄 118g 大黄 118g 滑石 118g 川木

通 118g　栀子 118g　甘草 118g　灯心草 59g

【功能】清热，利尿，通淋。

【主治】用于湿热下注，小便短赤，淋沥涩痛，口燥咽干。

【方解】方中滑石善能滑利窍道、清热渗湿、利水通淋，川木通上能清心火，下能利湿热，使湿热从小便而解，共为君药。瞿麦、车前子、萹蓄清热利水通淋，为臣药。佐以栀子利三焦湿热而利水，大黄导湿热直下大肠，灯心草利水通淋。甘草缓急止痛，调和诸药为佐使。诸药合用，使三焦湿热从下而行。主治湿热淋证。

【药理作用】主要有利尿、抗菌和止泻的作用。

【临床应用】

1. 辨证要点　临床以尿频尿急、淋沥涩痛、口燥咽干为辨证要点。

2. 现代应用　常用于膀胱炎、尿道炎、急性前列腺炎、泌尿系结石、肾盂肾炎等。

3. 使用注意　久病体虚者及孕妇慎用，忌食油腻生冷之物。

【性状】本品为棕褐色的液体；味苦、微甜。

【剂型规格】合剂。每瓶装 100ml 或 120ml 或 200ml。

【用法用量】口服。一次 15～20ml，一日 3 次，用时摇匀。

【贮藏】密封，置阴凉处。

清淋颗粒

Qinglin Keli

【方源】新研制方《中国药典》2020 年版

【处方】瞿麦 111g　萹蓄 111g　木通 111g　盐车前子 111g　滑石 111g　栀子 111g　大黄 111g　炙甘草 111g

【功能】清热泻火，利水通淋。

【主治】用于膀胱湿热所致的淋症、癃闭，症见尿频涩痛、淋沥不畅、小腹胀满、口干咽燥。

【方解】方中瞿麦、木通性味苦寒泄降，清热利水，通淋止痛，为君药。萹蓄、车前子、滑石苦寒泄降，渗湿利窍，清热利湿，通淋止痛，为臣药。大黄、栀子清热降火，通利二便，凉血祛瘀，通淋止痛，为佐药。甘草缓急止痛，调和诸药为使药。诸药合用，具有清热泻火，利水通淋之功。主治膀胱湿热淋证。

【药理作用】主要有一定的抗炎、解热、镇痛等作用。

【临床应用】

1. 辨证要点　临床以尿频尿急，尿时涩痛，口渴为辨证要点。

2. 现代应用　常用于膀胱炎、尿道炎、急性前列腺炎、泌尿系结石、肾盂肾炎等。

3. 使用注意　孕妇忌服；体质虚弱者不宜服；忌食油腻生冷之物。

【性状】本品为黄褐色的颗粒；味甜、微苦。

【剂型规格】颗粒剂。每袋装 10g。

【用法用量】开水冲服。一次 1 袋，一日 2 次，小儿酌减。

【贮藏】密封。

（二）利水渗湿中成药

本类中成药具有利水渗湿的功能，适用于小便不利甚至癃闭不通，小便淋浊等。代表中成药有三金片、癃清片、排石颗粒、石淋通片、前列舒丸、癃闭舒胶囊等。

三金片
Sanjin Pian

【方源】新研制方《中国药典》2020 年版

【处方】金樱根 808g　菝葜 404g　羊开口 404g　金沙藤 242.4g　积雪草 242.4g

【功能】清热解毒，利湿通淋，益肾。

【主治】用于下焦湿热所致的热淋、小便短赤、淋沥涩痛、尿急频数；急慢性肾盂肾炎、膀胱炎、尿路感染见上述证候者；慢性非细菌性前列腺炎肾虚湿热下注证。

【方解】方中重用金樱根为君药，利湿通淋、清热解毒。菝葜、金沙藤助君药解毒通淋，为臣药。积雪草清热解毒，羊开口利水通淋、补益肝肾，为佐药。诸药配伍，以祛邪为主，攻补兼施。主治下焦湿热的热淋。

【药理作用】主要有抗菌，抗炎，利尿，镇痛及增强免疫功能等作用。

【临床应用】

1. 辨证要点　临床以小便短赤、淋沥涩痛、尿急频数为辨证要点。

2. 现代应用　常用于急慢性肾盂肾炎、膀胱炎、尿路感染。

3. 使用注意　①偶见血清丙氨酸氨基转移酶（ALT）、血清门冬氨酸氨基转移酶（AST）轻度升高，血尿素氮（BUN）轻度升高，血白细胞（WBC）轻度降低。②用药期间请注意肝、肾功能的检测。

【性状】本品为糖衣片或薄膜衣片，除去包衣后显棕色至黑褐色；味酸、涩、微苦。

【剂型规格】片剂。（1）薄膜衣小片　每片重 0.18g（相当于饮片 2.1g）；（2）薄膜衣大片　每片重 0.29g（相当于饮片 3.5g）；（3）糖衣小片　片心重 0.17g（相当于饮片 2.1g）；（4）糖衣大片　片心重 0.28g（相当于饮片 3.5g）。

【用法用量】口服。①慢性非细菌性前列腺炎：大片一次 3 片，一日 3 次。疗程为4 周。②其他适应证：小片一次 5 片，大片一次 3 片，一日 3 ~ 4 次。

【贮藏】密封。

癃清片
Longqing Pian

【方源】新研制方《中国药典》2020 年版

【处方】泽泻 174g　车前子 35g　败酱草 348g　金银花 174g　牡丹皮 174g　白花蛇

舌草 348g　赤芍 174g　仙鹤草 174g　黄连 174g　黄柏 174g

【功能】清热解毒，凉血通淋。

【主治】用于下焦湿热所致的热淋，症见尿频、尿急、尿痛、腰痛、小腹坠胀；亦用于慢性前列腺炎湿热蕴结兼瘀血证，症见小便频急，尿后余沥不尽，尿道灼热，会阴少腹腰骶部疼痛或不适等。

【方解】方中泽泻、车前子清热利湿，利尿通淋为君药。败酱草、牡丹皮、赤芍清热凉血，为臣药。金银花、白花蛇舌草清热解毒，黄连、黄柏清热燥湿，仙鹤草清热凉血，共为佐药。诸药合用，共奏清热解毒，凉血通淋之功。主治下焦湿热的热淋证。

【药理作用】主要有抗炎、镇痛、抗菌、增强免疫、利尿等作用。

【临床应用】

1. 辨证要点　临床以尿频、尿急、尿痛、腰痛、小腹坠胀为辨证要点。

2. 现代应用　常用于急慢性泌尿系感染、泌尿系结石、前列腺炎等。

3. 使用注意　体虚胃寒者不宜应用。

【性状】本品为棕色至棕褐色的片或薄膜衣片，除去包衣后显棕色至棕褐色；气芳香，味微苦。

【剂型规格】片剂。每片重 0.6g。

【用法用量】口服。一次 6 片，一日 2 次；重症：一次 8 片，一日 3 次。

【贮藏】密封。

排石颗粒
Paishi Keli

【方源】新研制方《中国药典》2020 年版

【处方】连钱草 1038g　盐车前子 156g　木通 156g　徐长卿 156g　石韦 156g　忍冬藤 260g　滑石 260g　瞿麦 156g　苘麻子 156g　甘草 260g

【功能】清热利水，通淋排石。

【主治】用于下焦湿热所致的石淋，症见腰腹疼痛、排尿不畅或伴有血尿；泌尿系结石见上述证候者。

【方解】方中连钱草清热利水、排石通淋为君药。车前子、木通、滑石清热利湿通淋为臣药。瞿麦、石韦通淋排石，忍冬藤、徐长卿、苘麻子祛风利湿，共为佐药。使以甘草调和诸药。诸药合用，共奏清热利水，通淋排石之功。主治下焦湿热的石淋证。

【药理作用】主要有利尿、抗炎及镇痛作用。

【临床应用】

1. 辨证要点　临床以尿中时夹砂石，小便艰涩，或排尿突然中断、腰腹疼痛为辨证要点。

2. 现代应用　常用于肾结石、输尿管结石、膀胱结石等。

3. **使用注意**　气虚淋证不宜使用，忌食辛辣之物。

【性状】本品为浅黄色至棕褐色的颗粒或混悬性颗粒（无蔗糖）；气微，味甜、略苦或味微甜、微苦（无蔗糖）。

【剂型规格】颗粒剂。每袋装 20g 或每袋装 5g（无蔗糖）。

【用法用量】开水冲服。一次 1 袋，一日 3 次；或遵医嘱。

【贮藏】密封。

石淋通片

Shilintong Pian

【方源】经验方《中国药典》2020 年版

【处方】广金钱草 3125g

【功能】清除利尿，通淋排石。

【主治】用于湿热下注所致的热淋、石淋，症见尿频、尿急、尿痛或尿有砂石；尿路结石、肾盂肾炎见上述证候者。

【方解】方中广金钱草味甘、淡，性微寒为君药，具有清热利湿，利水通淋之效。主治湿热下注淋证。

【药理作用】主要有明显的利尿、促进平滑肌运动等作用。

【临床应用】

1. **辨证要点**　临床以小便短数，尿道灼热疼痛，或尿中时夹砂石，腰腹疼痛为辨证要点。

2. **现代应用**　常用于肾盂肾炎、尿路结石等。

3. **使用注意**　脾胃虚弱者不宜应用。

【性状】本品为棕褐色的片或糖衣片或薄膜衣片；包衣片除去包衣后显棕褐色；味苦、涩。

【剂型规格】片剂。每片含干浸膏 0.12g。

【用法用量】口服。一次 5 片，一日 3 次。

【贮藏】密封。

前列舒丸

Qianlieshu Wan

【方源】新研制方《中国药典》2020 年版

【处方】熟地黄 120g　薏苡仁 120g　冬瓜子 75g　山茱萸 60g　山药 60g　牡丹皮 60g　苍术 60g　桃仁 60g　泽泻 45g　茯苓 45g　桂枝 15g　附子（制）15g　韭菜子 15g　淫羊藿 20g　甘草 15g

【功能】扶正固本，益肾利尿。

【主治】用于肾虚所致的淋证，症见尿频、尿急、排尿滴沥不尽；慢性前列腺炎及前列腺增生症见上述证候者。

【方解】 方中熟地黄甘温，滋阴补肾，为君药。山药甘平补脾益气，山茱萸酸甘温，养阴涵肝；桂枝、附子辛热温补肾阳，共为臣药。淫羊藿、韭菜子温补肾阳，牡丹皮清泻肝火，泽泻、茯苓、苍术、薏苡仁、冬瓜子利水渗湿，桃仁活血化瘀，各药共助补肾气而行气化水，为佐药。甘草调和诸药为使。主治肾虚淋证。

【药理作用】 主要有调节内分泌、抗炎、增强机体免疫力等作用。

【临床应用】

1. 辨证要点 临床以尿频、尿急、尿血、腰膝酸软为辨证要点。

2. 现代应用 常用于慢性前列腺炎、前列腺增生等。

3. 使用注意 尿闭不通者不宜应用。

【性状】 本品为棕黑色的水蜜丸或大蜜丸；气微，味甘、酸。

【剂型规格】 丸剂。水蜜丸每 10 丸重 1.3g 大蜜丸每丸重 9g。

【用法用量】 口服。水蜜丸一次 6~12g，大蜜丸一次 1~2 丸，一日 3 次；或遵医嘱。

【贮藏】 密封。

癃闭舒胶囊

Longbishu Jiaonang

【方源】 新研制方《中国药典》2020 年版

【处方】 补骨脂300g 益母草480g 金钱草300g 海金沙300g 琥珀30g 山慈菇240g

【功能】 益肾活血，清热通淋。

【主治】 用于肾气不足、湿热瘀阻所致的癃闭，症见腰膝酸软、尿频、尿急、尿痛、尿线细，伴小腹拘急疼痛；前列腺增生症见上述证候者。

【方解】 方中补骨脂温肾助阳，益母草活血祛瘀，共为君药。琥珀利尿通淋、活血散瘀，金钱草、海金沙清热解毒，利尿通淋，为臣药。山慈菇清热解毒、散结消肿止痛，为佐药。诸药合用，共奏益肾活血，清热通淋之功。主治肾气不足，湿热瘀阻的癃闭。

【药理作用】 主要有抗前列腺增生、镇静、利尿、增强免疫等作用。

【临床应用】

1. 辨证要点 临床以夜尿增多，尿急，尿滴沥，伴见小腹胀满等为辨证要点。

2. 现代应用 常用于急慢性泌尿系统感染、泌尿系统结石、前列腺炎、前列腺增生等。

3. 使用注意 肝郁气滞，脾虚气陷所致的癃闭不宜应用。

【性状】 本品为硬胶囊，内容物为棕黄色至棕色粉末；味微苦。

【剂型规格】 胶囊剂。（1）每粒装 0.3g；（2）每粒装 0.45g。

【用法用量】口服。一次3粒〔规格（1）〕或一次2粒〔规格（2）〕，一日2次。

【贮藏】密封。

你知道吗

黄疸，是以目黄、身黄、小便黄为主症的一种病证。黄疸有阳黄和阴黄之分。阳黄黄色鲜明，发病急，病程短，常伴身热、口干苦、舌苔黄腻、脉弦数。阴黄黄色晦暗，病程长，病势缓，常伴纳少、乏力、舌淡、脉沉迟或细缓。

（三）清利肝胆中成药

本类中成药具有清肝、利胆、退黄、排石等功能，主治肝胆湿热所致的胁痛、黄疸，症见口苦胸闷、胁肋胀痛、脘腹痞胀、呕恶纳呆、大便黏腻不爽或秘结、小便黄赤，或又见身目俱黄、发热，舌红苔黄腻、脉滑数等。代表中成药有茵栀黄口服液、利胆排石片、消炎利胆片等。

茵栀黄口服液

Yinzhihuang Koufuye

【方源】新研制方《中国药典》2020年版

【处方】茵陈提取物12g　栀子提取物6.4g　黄芩提取物（以黄芩苷计）40g　金银花提取物8g

【功能】清热解毒，利湿退黄。

【主治】用于肝胆湿热所致的黄疸，症见面目悉黄、胸胁胀痛、恶心呕吐、小便黄赤；急、慢性肝炎见上述证候者。

【方解】方中茵陈清热利湿、利胆退黄，是治疗黄疸之要药，为君药。栀子苦寒清三焦火邪，除肝胆湿热而退黄，为臣药。黄芩苦寒清热燥湿，泻火解毒，利胆退黄；金银花甘寒，清热凉血解毒，共为佐使药。诸药合用，共奏清热解毒，利湿退黄之功。主治肝胆湿热的黄疸。

【药理作用】主要有退黄疸和降低谷丙转氨酶的作用。

【临床应用】

1. 辨证要点　临床以面目悉黄、胸胁胀痛，恶心呕吐，小便黄赤为辨证要点。

2. 现代应用　常用于黄疸、慢性肝炎和重症肝炎。

3. 使用注意　服药期间忌酒及辛辣之品。

【性状】本品为棕红色液体；味甜、微苦。

【剂型规格】合剂。每支装10ml（含黄芩苷0.4g）。

【用法用量】口服。一次10ml，一日3次。

【贮藏】密封，置阴凉处。

利胆排石片
Lidan Paishi Pian

【方源】 新研制方《中国药典》2020年版

【处方】 金钱草250g 茵陈250g 黄芩75g 木香75g 郁金75g 大黄125g 槟榔125g 麸炒枳实50g 芒硝25g 姜厚朴50g

【功能】 清热利湿，利胆排石。

【主治】 用于湿热蕴毒、腑气不通所致的胁痛、胆胀，症见胁肋胀痛、发热、尿黄、大便不通；胆囊炎、胆石症见上述证候者。

【方解】 方中金钱草利尿通淋，除湿退黄，为君药。茵陈、黄芩清热燥湿、利湿退黄，大黄、芒硝泻下通便，为臣药。郁金、木香、枳实、厚朴舒肝利胆、行气止痛，槟榔行气利水同，为佐使。全方合用，共具清热利湿，利胆排石，行气止痛的功能。主治湿热蕴结的胆石症、胆囊炎。

【药理作用】 主要有利胆、排石，防止结石形成和抗炎等作用。

【临床应用】

1. 辨证要点 临床以右上腹痛、黄疸、发热、口苦、小便色黄为辨证要点。

2. 现代应用 常用于胆道结石、胆道感染、胆囊炎、慢性肝炎等。

3. 使用注意 体弱、肝功能不良者慎用；孕妇禁用。

【性状】 本品为糖衣片或薄膜衣片，除去包衣后显棕褐色；味苦、咸。

【剂型规格】 片剂。每片0.25g。

【用法用量】 口服。排石：一次6~10片，一日2次；炎症：一次4~6片，一日2次。

【贮藏】 密封。

消炎利胆片
Xiaoyan Lidan Pian

【方源】 新研制方《中国药典》2020年版

【处方】 穿心莲868g 溪黄草868g 苦木868g

【功能】 清热，祛湿，利胆。

【主治】 用于肝胆湿热所致的胁痛、口苦；急性胆囊炎、胆管炎见上述证候者。

【方解】 方中穿心莲清热解毒、燥湿消肿，为君药；溪黄草清热燥湿，为臣药；苦木燥湿利胆，为佐使药。诸药合用，共奏清热解毒、燥湿利胆之功，主治肝胆湿热内蕴证。

【药理作用】 主要有抗炎、镇痛作用。对金黄色葡萄球菌、沙门菌、痢疾杆菌等有抑制作用。

【临床应用】

1. 辨证要点 临床以口苦、胁痛为辨证要点。

2. 现代应用 常用于急性胆囊炎，胆管炎等。

3. 使用注意 服药期间忌烟酒及油腻厚味食物。

【性状】本品为糖衣片或薄膜衣片，除去包衣后显灰绿色至褐绿色；味苦。

【剂型规格】片剂。（1）薄膜衣小片（0.26g，相当于饮片2.6g）；（2）薄膜衣大片（0.52g，相当于饮片5.2g）；（3）糖衣片（片心重0.25g，相当于饮片2.6g）。

【用法用量】口服。一次6片〔规格（1）、规格（3）〕或3片〔规格（2）〕，一日3次。

【贮藏】密封。

（四）温化水湿中成药

本类中成药具有温阳化气、利水消肿等功能，主治阳虚水湿不化所致的水肿、癃闭，症见畏寒肢冷，或腰痛、浮肿、夜尿频多，或尿频、尿急、尿少、小便点滴不畅、舌淡红苔白、脉沉滑等。代表中成药有五苓散、萆薢分清丸等。

五苓散
Wuling San

【方源】《伤寒论》《中国药典》2020年版

【处方】茯苓180g 泽泻300g 猪苓180g 肉桂120g 炒白术180g

【功能】温阳化气，利湿行水。

【主治】用于阳不化气、水湿内停所致的水肿，症见小便不利、水肿腹胀、呕逆泄泻、渴不思饮。

【方解】方中茯苓、猪苓甘淡渗湿利水，健脾宁心，为君药。泽泻为咸寒之品利水渗湿，助君药通调水道，为臣药。佐以白术燥湿利水，桂枝辛温可疏散太阳之表邪、温化膀胱之气而行水，为使药。诸药合用，共奏温阳化气，利湿行水之功。主治阳不化气、水湿内停的水肿。

【药理作用】主要有利尿作用。

【临床应用】

1. 辨证要点 临床以小便不利，渴不思饮为辨证要点。

2. 现代应用 常用于急慢性肾炎、水肿、肝硬化腹水及急性肠炎、尿潴留、泌尿系统感染、泌尿系统结石、脑积水等。

3. 使用注意 脾气亏虚、肾气不足，温病高热伤津者慎用。

【性状】本品为淡黄色的粉末；气微香，味微辛。

【剂型规格】散剂。每袋装6g或9g。

【用法用量】口服。一次6~9g，一日2次。

【贮藏】密闭，防潮。

萆薢分清丸

Bixie Fenqing Wan

【方源】《杨氏家藏方》《中国药典》2020 年版

【处方】粉萆薢 320g 石菖蒲 60g 甘草 160g 乌药 80g 盐益智仁 40g

【功能】分清化浊，温肾利湿。

【主治】用于肾不化气、清浊不分所致的白浊、小便频数。

【方解】方中萆薢利湿化浊为君药。石菖蒲化浊除湿，并祛膀胱虚寒，以助萆薢分清化浊之力，为臣药。益智仁温肾阳，缩小便，止遗浊；乌药温肾寒，暖膀胱，治小便频数，共为佐药。甘草既可利小便，又可调和诸药，为使药。诸药合用，共奏温暖下元，利湿化浊之效。主治肾不化气、清浊不分之证。

【药理作用】具有较强的降温与止痛功能。可抑制金黄色葡萄球菌、甲型溶血性链球菌、伤寒及大肠杆菌、绿脓杆菌而抗菌。

【临床应用】

1. 辨证要点 临床以面色苍白，畏寒，小便白浊，凝如膏状为辨证要点。

2. 现代应用 常用于乳糜尿、慢性前列腺炎、肾炎、肾结核合并血尿、慢性附件炎等疾病。

3. 使用注意 忌食油腻、茶、醋及辛辣刺激性物。

【性状】本品为白色光亮的水丸，除去包衣后呈灰棕色；味甜，微苦。

【剂型规格】丸剂。水丸每 20 丸重 1g。

【用法用量】口服。一次 6～9g，一日 2 次。

【贮藏】密闭，防潮。

其他祛湿中成药见表 7－5。

表 7－5 其他祛湿中成药

分类	品名	功能	主治	用法用量	使用注意
清热除湿类	三妙丸	清热燥湿	湿热下注所致的痹病，症见足膝红肿热痛、下肢沉重、小便黄少	口服。一次 6～9g，一日 2～3 次	孕妇慎用
	肾炎康复片	益气养阴，健脾补肾，清解余毒	气阴两虚，脾肾不足，水湿内停所致的水肿，症见神疲乏力，腰膝酸软，面目、四肢浮肿，头晕耳鸣；慢性肾炎、蛋白尿、血尿见上述证候者	口服。一次 8 片或一次 5 片，一日 3 次；小儿酌减或遵医嘱	孕妇禁服；急性肾炎水肿不宜
	肾复康胶囊	清热利尿，益肾化浊	热淋涩痛，急性肾炎水肿，慢性肾炎急性发作	口服。一次 4～6 粒，一日 3 次	

续表

分类	品名	功能	主治	用法用量	使用注意
利水渗湿类	肾石通颗粒	清热利湿，活血止痛，化石排石	肾结石，肾盂结石，膀胱结石，输尿管结石	温开水送服，一次 1 袋，一日 2 次	孕妇忌用
	普乐安片	补肾固本	肾气不固所致腰膝酸软、排尿不畅、尿后余沥或失禁，慢性前列腺炎及前列腺增生症见上述证候者	口服。一次 3～4 片，一日 3 次。1 个月为一疗程	
清利肝胆类	茵陈五苓丸	清湿热，利小便	肝胆湿热、脾肺郁结所致的黄疸，症见身目发黄、脘腹胀满、小便不利	口服。一次 6g，一日 2 次	孕妇慎用。服药期间，忌饮酒，忌食辛辣、油腻食物

第六节　固涩中成药

PPT

学习目标

知识要求

1. **掌握**　本节所列中成药的功能主治、使用注意及用法用量。

2. **熟悉**　固涩中成药的概念、分类；三类固涩中成药所治疗的病证成因、常见临床表现及代表性中成药；本节所列中成药使用时的辨证要点；锁阳固精丸、四神丸等的处方组成。

3. **了解**　本节所列中成药的药理作用及现代应用。

能力要求

1. 熟练掌握气血精津滑脱散失之证的辨证方法。

2. 学会运用本节所学专业知识介绍固涩中成药的治疗特点、使用注意及用法用量等。

实例分析

实例　马女士，60 岁，近两年来每逢黎明之前出现脐腹作痛，肠鸣即泻，泻后则安。伴有腹痛喜温，形寒肢冷，腰膝酸软，食少不化。舌淡苔白，脉沉细。

问题　1. 初步判断马女士所患何种病证？

　　　　2. 根据马女士所患病证，重点介绍哪类固涩中成药？如何介绍？

一、概述

【概念】凡以固涩药为主组成，具有收敛固涩作用，以治气血精津滑脱散失之证的中成药，称为固涩中成药。

【功能与主治】固涩中成药具有收敛固涩之功；适用于气血精津滑脱散失之证。

【分类】固涩中成药分为涩精止遗、固表止汗和涩肠止泻三类中成药。

【使用注意】凡热病汗出，痰饮咳嗽，火动精遗，伤食腹泻及外感表邪未解者均不宜服用本类成药。

二、常见固涩中成药

（一）涩精止遗中成药

本类中成药主要具有涩精止遗作用，适用于肾虚失藏，精关不固，或肾虚膀胱失约所致的遗精、滑精，遗尿或小便失禁，腰膝酸软，头晕目眩，四肢乏力，舌淡苔白，脉沉细无力等。代表中成药有锁阳固精丸、缩泉丸等。

锁阳固精丸

Suoyang Gujing Wan

【方源】《济生方》《中国药典》2020 年版

【处方】锁阳 20g　肉苁蓉（蒸）25g　制巴戟天 30g　补骨脂（盐炒）25g　菟丝子 20g　杜仲（炭）25g　八角茴香 25g　韭菜子 20g　芡实（炒）20g　莲子 20g　莲须 25g　煅牡蛎 20g　龙骨（煅）20g　鹿角霜 20g　熟地黄 56g　山茱萸（制）17g　牡丹皮 11g　山药 56g　茯苓 11g　泽泻 11g　知母 4g　黄柏 4g　牛膝 20g　大青盐 25g

【功效】温肾固精。

【主治】用于肾阳不足所致的腰膝酸软、头晕耳鸣、遗精早泄。

【方解】方中锁阳、山茱萸、煅龙骨、煅牡蛎固精止遗，补肾壮阳，为君药。肉苁蓉、巴戟天、补骨脂、鹿角霜、韭菜子、菟丝子温肾壮阳；熟地黄滋阴补肾，共为臣药。以山药、芡实、莲子肉、莲须健脾，涩精止遗；怀牛膝、杜仲炭补肝肾，强健腰膝；八角茴香温肾壮阳，茯苓、泽泻渗利湿浊，知母、黄柏、丹皮清热坚阴，共为佐药。大青盐引诸药入肾，直达病所，为使药。诸药配合，共奏温肾固精之效。主治肾虚精关不固之滑精，遗精证。

【药理作用】主要有调节性腺功能，促精液生成与分泌等作用。

【临床应用】

1. 辨证要点　临床以遗精、滑精，腰膝酸软，眩晕耳鸣为辨证要点。

2. 现代应用　常用于性神经衰弱，慢性前列腺炎，男性不育，女性不孕症等。

3. 使用注意　湿热下注或相火妄动而致遗精者不宜用。

【性状】本品为棕褐色至黑褐色的水蜜丸、小蜜丸或大蜜丸；气微，味苦。

【剂型规格】丸剂。水蜜丸每 100 丸重 10g；小蜜丸每 100 丸重 20g；大蜜丸每丸重 9g。

【用法用量】口服。水蜜丸一次 6g，小蜜丸一次 9g，大蜜丸一次 1 丸，一日 2 次。

【贮藏】密封。

缩泉丸

Suoquan Wan

【方源】《魏氏家藏方》《中国药典》2020 年版

【处方】山药 300g　益智仁（盐炒）300g　乌药 300g

【功效】补肾缩尿。

【主治】用于肾虚所致的小便频数、夜间遗尿。

【方解】方中益智仁温肾暖脾，固涩缩尿，为君药。乌药温散下焦虚冷，以助膀胱气化，固涩小便，为臣药。山药健脾补肾而涩精气，为佐药。三药合用，温肾缩尿。主治因肾气不足所致的膀胱虚寒证。

【药理作用】主要有抗利尿作用。

【临床应用】

1. 辨证要点　临床以尿频，遗尿，舌淡，脉沉弱为辨证要点。

2. 现代应用　常用于慢性尿路感染、膀胱神经调节失常、神经性尿频、尿崩症等。

3. 使用注意　忌辛辣、生冷、油腻食物。感冒发热患者不宜服用。宜饭前服用。

【性状】本品为淡棕色的水丸；味微咸。

【剂型规格】丸剂。水丸每 20 粒重 1g。

【用法用量】口服。一次 3～6g，一日 3 次。

【贮藏】密封。

（二）固表止汗中成药

本类中成药具有固表止汗之功，适用于卫气不固的自汗证，或阴虚有热的盗汗证。自汗症见身常出汗，动则尤甚，面色萎黄，气短乏力，神疲体倦等；盗汗症见夜卧汗出，醒后汗止，遍身湿冷，伴颧红潮热，五心烦热，骨蒸，心悸惊惕，舌红少苔。代表中成药有龙牡壮骨颗粒、复芪止汗颗粒等。

龙牡壮骨颗粒

Longmu Zhuanggu Keli

【方源】新研制方《中国药典》2020 年版

【处方】党参 45g　黄芪 22.5g　山麦冬 45g　醋龟甲 13.5g　炒白术 27g　山药 54g　醋南五味子 27g　龙骨 13.5g　煅牡蛎 13.5g　茯苓 45g　大枣 22.5g　甘草 13.5g　乳酸钙 66.66g　炒鸡内金 22.5g　维生素 D_2 12mg　葡萄糖酸钙 20.24g

【功能】强筋壮骨，和胃健脾。

【主治】用于治疗和预防小儿佝偻病、软骨病；对小儿多汗、夜惊、食欲不振、消化不良、发育迟缓也有治疗作用

【方解】方中龙骨镇静安神，收涩敛汗；牡蛎滋阴潜阳，为君药。龟甲滋肾填精，

育阴潜阳，与龙骨相合，补肾壮骨，镇惊潜阳，宁心安神；黄芪、白术、党参、怀山药、茯苓健脾益气止汗，共为臣药。鸡内金、五味子消食收敛止汗，麦冬养阴生津，共为佐药。大枣、甘草调和诸药为使。诸药合用，共奏强筋壮骨，和胃健脾之功。主治小儿佝偻病。

【药理作用】 主要能促进钙、磷吸收，促进骨骼中骨矿盐含量与骨密度的比值增加。

【临床应用】

1. 辨证要点 临床以汗多，夜惊，面色萎黄为辨证要点。

2. 现代应用 常用于防治小儿佝偻病，软骨病，以及汗多、失眠、发育迟缓等。

3. 使用注意 冲服时有微量不溶物，系有效成分，须搅匀服下。

【性状】 本品为淡黄色至黄棕色的颗粒；气香，味甜。

【剂型规格】 颗粒剂。每袋装5g或3g（无蔗糖）。

【用法用量】 开水冲服。2岁以下一次5g或3g（无蔗糖），2～7岁一次7.5g或4.5g（无蔗糖），7岁以上一次10g或6g（无蔗糖），一日3次。

【贮藏】 密封。

复芪止汗颗粒

Fuqi Zhihan Keli

【方源】 新研制方《中国药典》2020年版

【处方】 黄芪330g 党参400g 麻黄根160g 炒白术160g 煅牡蛎500g 五味子（蒸）80g

【功能】 益气，固表，敛汗。

【主治】 用于气虚不固，多汗，倦怠，乏力。

【方解】 方以黄芪益气固表，为君药。党参、白术补脾益肺，为臣药。麻黄根、牡蛎、五味子收敛止汗，为佐使药。全方具有益气固表敛汗的作用，对肺气虚、多汗、易感冒者尤佳。主治表虚自汗证。

【药理作用】 主要有非特异性免疫和特异性免疫的调节作用。

【临床应用】

1. 辨证要点 主要用于气虚自汗证。临床以自汗，恶风，气短乏力，舌淡，脉虚弱为辨证要点。

2. 现代应用 用于反复呼吸道感染、慢性荨麻疹、慢性支气管炎等属气虚自汗者。

3. 使用注意 佝偻病、结核病、甲状腺功能亢进、更年期综合征等患者，服用本品的同时应做病因治疗。

【性状】 本品为黄棕色的颗粒；味甜。

【剂型规格】 颗粒剂。每袋装20g。

【用法用量】 用开水冲服。儿童5岁以下一次1袋，一日2次；5～12岁一次1袋，一日3次；成人一次2袋，一日2次。

【贮藏】密封，置干燥处。

（三）涩肠止泻中成药

本类中成药主要具有涩肠止泻作用，适用于脾胃虚寒所致的泻痢日久，大便滑脱不禁，腹胀腹痛，喜温喜按，神疲乏力，腰酸肢冷，食少纳呆，五更泄泻，舌淡苔白，脉沉迟无力等症状。代表中成药有四神丸、驻车丸、肠胃宁片等。

四神丸
Sishen Wan

【方源】《校注妇人良方》《中国药典》2020年版。

【处方】肉豆蔻（煨）200g　补骨脂（盐炒）400g　五味子（醋制）200g　吴茱萸（制）100g　大枣（去核）200g

【功能】温肾散寒，涩肠止泻。

【主治】用于肾阳不足所致的泄泻，症见肠鸣腹胀、五更溏泻、食少不化、久泻不止、面黄肢冷。

【方解】方中补骨脂补肾壮阳，温脾止泻，补命门之火，为君药。肉豆蔻涩肠止泻，温肾暖脾，为臣药。吴茱萸辛热之品，温脾暖胃以散阴寒；五味子酸温，固精益气，涩肠止泻；共为佐药。使以大枣补脾和胃、调和营卫。诸药合用，共奏温肾暖脾，涩肠止泻之功。主治五更泄泻或久泻。

【药理作用】主要有调节肠道平滑肌，增强消化系统功能等作用。

【临床应用】

1. 辨证要点　临床以五更泄泻，腹痛喜温为辨证要点。

2. 现代应用　常用于慢性结肠炎、溃疡性结肠炎、肠结核、肠易激综合征等。

3. 使用注意　大肠实热所致的泄泻及腹痛者忌用。忌生冷食物。

【性状】本品为浅褐色至褐色的水丸；气微香，味苦、咸而带酸、辛。

【剂型规格】丸剂。水丸每袋装9g。

【用法用量】口服。一次9g，一日1~2次。

【贮藏】密封。

驻车丸
Zhuche Wan

【方源】《校注妇人良方》《中国药典》2020年版。

【处方】黄连360g　炮姜120g　当归180g　阿胶180g

【功能】滋阴，止痢。

【主治】用于久痢伤阴，赤痢腹痛，里急后重，休息痢。

【方解】方用黄连清湿热，厚肠止痢为君药。炮姜温中健脾、散寒止血，当归、阿胶滋阴补血、养血止血，为臣药。取醋（泛丸用黏合剂）酸涩，涩肠止痢，为佐使药。

诸药配伍，共奏滋阴，止痢之功。主治痢疾。

【药理作用】　主要对痢疾杆菌和大肠杆菌均有抑制作用。

【临床应用】

1. 辨证要点　临床以下痢赤白黏冻，日久难愈，腹痛后重，舌淡苔腻，脉虚大无力为辨证要点。

2. 现代应用　常用于慢性痢疾、慢性肠炎等属气阴亏虚、湿热余邪壅滞肠道者。

3. 使用注意　湿热积滞、痢疾初起者忌用。

【性状】　本品为黄褐色的水丸；气微香，味苦、微辛。

【剂型规格】　丸剂。水丸每50丸重3g。

【用法用量】　口服。一次6~9g，一日3次。

【贮藏】　密封。

肠胃宁片

Changweining Pian

【方源】　经验方《中国药典》2020年版。

【处方】　党参96g　白术64g　黄芪96g　赤石脂190g　姜炭38g　木香38g　砂仁38g　补骨脂96g　葛根96g　防风38g　白芍64g　延胡索64g　当归64g　儿茶32g　罂粟壳38g　炙甘草64g

【功能】　健脾益肾，温中止痛，涩肠止泻。

【主治】　用于脾肾阳虚所致的泄泻，症见大便不调、五更泄泻、时带黏液，伴腹胀腹痛、胃脘不舒、小腹坠胀；慢性结肠炎、溃疡性结肠炎、肠功能紊乱见上述证候者。

【方解】　本药主治脾胃阳虚腹泻。方中黄芪、党参、白术、炙甘草健脾补气，且黄芪的补气升提，又可防止久泻滑脱；白术健脾渗湿，利水止泻；干姜温中散寒，振奋脾阳，善治虚寒便血；当归、白芍补血养血，白芍又协延胡索缓解肠胃痉挛疼痛；木香、砂仁辛散温通，疏通脾胃气滞，消胀除满，又健胃消食；赤石脂、罂粟壳涩肠止泻，与儿茶合用，固涩作用更强；葛根升阳止泻，防风搜肠祛风止泻。诸药合用，共奏健脾益肾，温中止痛，涩肠止泻之功。主治脾胃阳虚腹泻。

【药理作用】　主要有缓解腹痛、减少脓血便和黏液、增强免疫功能等作用。

【临床应用】

1. 辨证要点　临床以大便不调、五更泄泻、时带黏液为辨证要点。

2. 现代应用　常用于慢性结肠炎、溃疡性结肠炎、肠功能紊乱。

3. 使用注意　禁食酸、冷、刺激性的食物；儿童慎用；运动员慎用。

【性状】　本品为糖衣片，除去糖衣后显黑褐色；气香，味苦。

【剂型规格】　片剂。每片重0.3g。

【用法用量】　口服。一次4~5片，一日3次。

【贮藏】　密封。

其他固涩中成药见表 7-6。

表 7-6 其他固涩中成药

分类	品名	功能	主治	用法用量	使用注意
涩精止遗类	固精补肾丸	温补脾肾，固精止遗	脾肾虚寒，神疲乏力，腰酸腿软，早泄梦遗	口服。每次 3～6g，一日 2～3 次，温开水送服	本药含有甘草，忌与含海藻、大戟、芫花、甘遂等药物同用
	金锁固精丸	涩精固肾	肾虚精关不固所致的遗精滑泄、神疲乏力、四肢酸软，腰痛耳鸣	口服。一次 3～6g，一日 3 次。淡盐汤送服	不适用于肾阳虚症状较明显的患者
固表止汗类	玉屏风口服液	益气，固表，止汗	表虚不固，自汗恶风，面色㿠白，或体虚易感风邪者	口服。一次 10ml，一日 3 次	
	黄芪颗粒	补气固表，利尿，托毒排脓，生肌	气短心悸，虚脱，自汗，体虚浮肿，久泻，脱肛，子宫脱垂，痈疽难溃，疮口久不愈合	开水冲服。一次 1 袋，一日 2 次	
涩肠止泻类	固本益肠片	健脾温肾，涩肠止泻	脾肾阳虚所致的泄泻，症见腹痛绵绵、大便清稀或有黏液及黏液血便、食少腹胀、腰酸乏力、形寒肢冷、舌淡苔白、脉虚；慢性肠炎见上述证候者	口服。一次小片 8 片，大片 4 片，一日 3 次	服药期间忌食生冷、辛辣、油腻食物。湿热下痢非本方所宜
	肠炎宁片	清热利湿行气	大肠湿热所致的泄泻、痢疾，症见大便泄泻，或大便脓血、里急后重、腹痛腹胀；急慢性胃肠炎、腹泻、细菌性痢疾、小儿消化不良见上述证候者	口服。一次 4～6 片，一日 3～4 次；小儿酌减	

目标检测

一、单项选择题

1. 具有疏肝理气，消胀止痛功能的中成药是（　　　）
   A. 香附丸　　　　　　　　B. 越鞠丸　　　　　　　　C. 柴胡舒肝丸
   D. 气滞胃痛颗粒　　　　　E. 四逆散

2. 香附丸的功能是（　　　）
   A. 理气解郁，宽中除满　　　　　　B. 疏肝健脾，养血调经
   C. 疏肝理气，和胃止痛　　　　　　D. 理气消胀，和胃止痛
   E. 透解郁热，疏肝理脾

3. 具有清肠疏风，凉血止血功能的中成药是（　　　）
   A. 三七片　　　　　　　　B. 脏连丸　　　　　　　　C. 槐角丸
   D. 荷叶丸　　　　　　　　E. 止血定痛片

4. 具有活血化瘀，通经活络功能的中成药是（　　　）

    A. 少腹逐瘀丸　　　　　　　B. 脏连丸　　　　　　　　C. 脑得生丸

    D. 华佗再造丸　　　　　　　E. 血栓通胶囊

5. 具有清热解毒，镇静开窍功能的中成药是（　　　）

    A. 牛黄清心丸　　　　　　　B. 清开灵口服液　　　　　C. 安宫牛黄丸

    D. 通关散　　　　　　　　　E. 礞石滚痰丸

6. 用于寒凝气滞、心脉不通所致的胸痹，症见胸闷、心前区疼痛；冠心病、心绞痛见上述证候者的中成药是（　　　）

    A. 冠心苏合丸　　　　　　　B. 苏合香丸　　　　　　　C. 万氏牛黄清心丸

    D. 十香返生丸　　　　　　　E. 通关散

7. 具有平肝潜阳，醒脑安神功能的中成药是（　　　）

    A. 清脑降压片　　　　　　　B. 养血生发颗粒　　　　　C. 脑立清丸

    D. 正天丸　　　　　　　　　E. 复方羊角片

8. 清脑降压片的功能是（　　　）

    A. 醒脑安神　　　　　　　　B. 平肝潜阳　　　　　　　C. 祛风化痰

    D. 镇惊安神　　　　　　　　E. 祛风豁痰

9. 用于血虚风盛、肾精不足所致的脱发，症见毛发松动或呈稀疏状脱落，毛发干燥或油腻，头皮瘙痒的中成药是（　　　）

    A. 养血生发胶囊　　　　　　B. 复方羊角片　　　　　　C. 牛黄镇惊丸

    D. 天麻钩藤颗粒　　　　　　E. 脑立清丸

10. 具有清热化湿，行气止痛功能的中成药是（　　　）

    A. 二妙丸　　　　　　　　　B. 三妙丸　　　　　　　　C. 香连丸

    D. 八正合剂　　　　　　　　E. 香附丸

11. 用于湿热下注，小便短赤，淋沥涩痛，口燥咽干的中成药是（　　　）

    A. 八正合剂　　　　　　　　B. 二妙丸　　　　　　　　C. 香连丸

    D. 三金片　　　　　　　　　E. 木瓜丸

12. 茵栀黄口服液的功能是（　　　）

    A. 清热利湿，利胆排石　　　B. 清热，祛湿，利胆　　　C. 清湿热，利小便

    D. 清热泻火，利尿通淋　　　E. 清热解毒，利湿退黄

13. 具有温肾固精功能的中成药是（　　　）

    A. 缩泉丸　　　　　　　　　B. 固精补肾丸　　　　　　C. 锁阳固精丸

    D. 金锁固精丸　　　　　　　E. 驻车丸

14. 用于治疗和预防小儿佝偻病、软骨病的中成药是（　　　）

    A. 复芪止汗颗粒　　　　　　B. 黄芪颗粒　　　　　　　C. 玉屏风口服液

    D. 龙牡壮骨颗粒　　　　　　E. 四君子汤

二、多项选择题

15. 属于理气和中的中成药是（　　　）

A. 越鞠丸   B. 木香顺气丸   C. 沉香化气丸

D. 左金丸   E. 香附丸

16. 孕妇慎用的中成药是（　　）

    A. 精制冠心颗粒   B. 槐角丸   C. 元胡止痛片

    D. 五虎散   E. 复方丹参片

17. 凉开三宝包括（　　）

    A. 安宫牛黄丸   B. 紫雪散   C. 局方至宝散

    D. 苏合香丸   E. 冠心苏合丸

18. 属于清利肝胆中成药是（　　）

    A. 茵陈五苓丸   B. 茵栀黄口服液   C. 消炎利胆片

    D. 分清五淋丸   E. 普乐安片

19. 属于固表止汗中成药是（　　）

    A. 龙牡壮骨颗粒   B. 复芪止汗颗粒   C. 黄芪颗粒

    D. 缩泉丸   E. 玉屏风口服液

20. 属于涩肠止泻中成药是（　　）

    A. 四神丸   B. 驻车丸   C. 肠胃宁片

    D. 固本益肠片   E. 肠炎宁片

书网融合……

🅔划重点   🕒自测题

第八章 辨识妇科常用中成药

第一节 治月经病中成药

PPT

学习目标

知识要求

1. **掌握** 本节所列中成药的功能主治、使用注意及用法用量。

2. **熟悉** 治月经病中成药的概念、分类；四类治月经病中成药所治疗的病证成因、常见临床表现及代表性中成药；本节所列中成药使用时的辨证要点；乌鸡白凤丸、八珍益母丸、七制香附丸、艾附暖宫丸、固经丸的处方组成。

3. **了解** 本节所列中成药的药理作用及现代应用。

能力要求

1. 学会辨别月经病的关键症状。

2. 学会运用本节所学专业知识介绍治月经病中成药的治疗特点、使用注意及用法用量等。

实例分析

实例 王女士，28岁，平时月经延后一周左右，并伴有疼痛，平素怕冷。本月过期10天未至，身体乏力，腰酸背痛，面色萎黄，手脚冰凉，舌淡苔白，脉细无力。

问题 1. 初步判断王女士所患何种病证？

2. 根据王女士所患病证，重点介绍哪类妇科中成药？如何介绍？

一、概述

【概念】凡以治疗月经的周期、经期和经量发生异常，以及伴随月经周期出现明显不适症状疾病的中成药，称治月经病中成药。

【功能与主治】治月经病中成药具有滋补气血、温经散寒、活血化瘀、理气止痛、固本止血等作用。临床主要表现为月经先期、月经后期、月经先后无定期、月经过多、月经过少、经期延长、经间期出血、崩漏、闭经、痛经、经行发热、经行头痛、经行吐衄、经行泄泻、经行乳房胀痛、经行情志异常、经断前后诸证、经断复来等。

【分类】治月经病中成药按其功效，可分为补虚扶正、活血行气、温经活血、固经止血等类型。

【使用注意】

1. 月经病是常见病，病变多种多样，病证虚实寒热错杂，使用时应注意活血行气类中成药孕妇禁用或慎用。

2. 服用治月经病中成药时，不宜喝茶和吃萝卜；感冒发热患者不宜服用本药。

3. 服药期间保持良好的心情，适度锻炼，限烟酒，多食蔬菜水果，可适当补充维生素等。

请你想一想

治月经病中成药按照功效可分几类？ 临床表现有何不同？

二、常见治月经病中成药

（一）补虚扶正类

补虚扶正类妇科中成药主要用于治疗月经周期提前或错后，经量增多或减少，经期延长，色淡，质稀。或少腹疼痛，或头晕眼花，或神疲肢倦，面色苍白或萎黄，纳少便溏，舌质淡红，脉细弱等症。代表中成药有乌鸡白凤丸、八珍益母丸、女金丸、当归调经颗粒等。

乌鸡白凤丸

Wuji Baifeng Wan

【方源】《寿世保元》《中国药典》2020 年版

【处方】乌鸡（去毛爪肠）640g　鹿角胶 128g　醋鳖甲 64g　煅牡蛎 48g　桑螵蛸 48g　人参 128g　黄芪 32g　当归 144g　白芍 128g　醋香附 128g　天冬 64g　甘草 32g　地黄 256g　熟地黄 256g　川芎 64g　银柴胡 26g　丹参 128g　山药 128g　芡实（炒）64g　鹿角霜 48g

【功能】补气养血，调经止带。

【主治】用于气血两虚，身体瘦弱，腰膝酸软，月经不调，崩漏带下。

【方解】方中乌鸡、鹿角胶峻补精血，人参、黄芪重在益气健脾，共为君药。当归、川芎、白芍、熟地黄助乌鸡、鹿角胶峻补阴血，山药助人参、黄芪补气，共为臣药。佐以天冬、地黄、鳖甲、银柴胡滋阴退虚热，丹参活血，桑螵蛸、牡蛎、芡实、鹿角霜固精止带。在大量的补益气血药物中，配伍香附既能疏肝理气，又能防止过补而致气滞。甘草调和诸药，为使药。诸药相伍，呈补中养血，调经止带之效，主治气血两虚证。

你知道吗

乌鸡白凤丸为妇科三大圣药之一，近年研究发现尚可用于以下疾病。

1. 更年期综合征　主要表现为忧郁、头痛头晕、失眠、易烦躁、心悸伴有皮肤潮红，手指皮肤温度增高和麻木等。

2. 其他 治疗隐匿性肾炎效果好，治疗原发性血小板减少性紫癜效果显著，治疗男子气血两虚证效果明显，治疗荨麻疹效果也不错。对慢性肝炎，尤其是慢性乙型病毒性肝炎有辅助性治疗作用。

【药理作用】 主要有止血，镇痛，增强免疫功能，保肝，抗炎等作用。

【临床应用】

1. 辨证要点 临床以月经不调，量少色淡质清稀，白带量多，头晕耳鸣，腰膝酸软，面色不荣，舌淡苔白，脉细弱为辨证要点。

2. 现代应用 常用于妇女更年期综合征、少女青春期经期紊乱、功能性子宫出血、卵巢功能低下、人工流产后综合征、慢性盆腔炎、附件炎、女子不孕症、阴道炎、男子性功能低下等属于气血两亏，阴精不足者。

3. 应用注意 凡实证均慎用，孕妇忌用；感冒或月经过多者不宜服用本药；服药期间忌寒凉、生冷食物，不宜吃茶和萝卜；带下量多气臭者及平素月经正常，突然出现月经量少，或月经错后，或阴道不规则出血者应去医院诊治。

【性状】 本品为黑褐色至黑色的水蜜丸、小蜜丸或大蜜丸；味甜、微苦。

【剂型规格】 丸剂。大蜜丸每丸重9g。

【用法用量】 口服。水蜜丸一次6g，小蜜丸一次9g，大蜜丸一次1丸，一日2次。

【贮藏】 密封。

八珍益母丸
Bazhen Yimu Wan

【方源】 《景岳全书》《中国药典》2020年版

【处方】 益母草200g 党参50g 麸炒白术50g 茯苓50g 甘草25g 当归100g 酒白芍50g 川芎50g 熟地黄100g。

【功能】 益气养血，活血调经。

【主治】 用于气血两虚兼有血瘀所致的月经不调，症见月经周期错后、行经量少、淋漓不净、精神不振、肢体乏力。

【方解】 方中用四物和四君子加益母草而成，熟地黄、当归、白芍、川芎四物活血调经，党参、茯苓、白术、甘草四君子益气健脾；纯用四物则独阴不长，纯用四君子则孤阳不生，两方合用，则气血有调和之益，再合益母草活血行气，有补阴之功。诸药共奏补气血，调月经之功，主治气血两虚兼血瘀证。

【药理作用】 主要有扩张血管，抑制血小板聚集，刺激网状内皮系统吞噬功能，兴奋子宫等作用。

【临床应用】

1. 辨证要点 临床以经水不能按时而下，或经来量少，血淡如水，腰酸背痛，赤白带下，食少腹胀，身体瘦弱，倦怠无力，舌质淡苔白，脉细软无力为辨证要点。

2. 现代应用　常用于治疗气血两虚的产后发热，早期自然流产或人工流产后子宫少量出血者，以及心气血亏虚夹血瘀型的冠心病。

3. 应用注意　忌辛辣、生冷食物；感冒发热患者不宜服用；青春期少女及更年期妇女应在医师指导下服用。

【性状】本品为棕黑色的水蜜丸、小蜜丸或大蜜丸；微有香气，味甜而微苦。

【剂型规格】丸剂。大蜜丸每丸重9g；水蜜丸每10丸重1g。

【用法用量】口服。水蜜丸一次6g，小蜜丸一次9g，大蜜丸一次1丸，一日2次。

【贮藏】密封。

女金丸

Nujin Wan

【方源】经验方《中国药典》2020年版

【处方】当归140g　白芍70g　川芎70g　熟地黄70g　党参55g　炒白术70g　茯苓70g　甘草70g　肉桂70g　益母草200g　牡丹皮70g　没药（制）70g　醋延胡索70g　藁本70g　白芷70g　黄芩70g　白薇70g　醋香附150g　砂仁50g　陈皮140g　煅赤石脂70g　鹿角霜150g　阿胶70g。

【功能】益气养血，理气活血，止痛。

【主治】用于气血两虚、气滞血瘀所致的月经不调，症见月经提前、月经错后、月经量多、神疲乏力、经水淋漓不净、行经腹痛。

【方解】方中参、术、苓、草补气健脾，以资气血生化之源；归、芎、芍、地、阿胶养血调经，共为君药。臣以肉桂、鹿角霜温肾壮阳，鼓舞气血，温养冲任；益母草、丹皮、没药、延胡索活血祛瘀，止痛生新。佐以香附、陈皮、砂仁疏肝理气，以达行气活血之功，并防诸药补而滞气之弊；藁本、白芷祛风除湿止带；赤石脂、鹿角霜收涩止带；黄芩、白薇凉血、清虚热，并防诸药伤阴之弊。诸药合用，以奏补气养血，温养冲任，理气活血，除湿止滞之功，主治气血两虚、气滞血瘀证。

【药理作用】主要对抗缩宫素引起的子宫收缩频率升高、幅度及活动力增大，对子宫具有舒张作用。

【临床应用】

1. 辨证要点　临床以月经不调的月经提前、月经错后、月经量多、神疲乏力、行经腹痛、舌淡红苔薄白或有瘀点、脉细弦或细涩为辨证要点。

2. 现代应用　常用于子宫发育不良、宫颈炎、阴道炎、痛经、节育器所致淋漓出血、人工流产后小腹胀痛、排卵期出血、更年期综合征、子宫内膜异位症等属气血两虚、气滞血瘀者。

3. 应用注意　孕妇慎用；湿热蕴结者不宜使用；忌食辛辣、生冷食物；感冒时不宜服用；平素月经正常突然出现月经过少或经期错后，或阴道不规则出血者应去医院就诊；治疗痛经，宜在经前3~5天开始服药，连服一周；服药后痛经不减轻或重度痛经者，应到医院诊治。

【性状】　本品为棕褐色至黑棕色的水蜜丸、小蜜丸或大蜜丸；气芳香，味甜、微苦。

【剂型规格】　丸剂。水蜜丸每 10 丸重 2g；小蜜丸每 100 丸重 20g；大蜜丸每丸重 9g。

【用法用量】　口服。水蜜丸一次 5g，小蜜丸一次 9g（45 丸），大蜜丸一次 1 丸，一日 2 次。

【贮藏】　密封。

当归调经颗粒
Danggui Tiaojing Keli

【方源】　新研制方《中国药典》2020 年版

【处方】　当归 300g　熟地黄 20g　川芎 10g　白芍 20g　黄芪 20g　党参 20g　甘草 10g

【功能】　补血助气，调经。

【主治】　用于贫血衰弱，病后、产后血虚以及月经不调，痛经。

【方解】　本方中以四物汤为基础，加入补气药物黄芪、党参、甘草，起到补血养血、补气调经之功，主治贫血衰弱，病后、产后血虚证。

【药理作用】　主要具有抗贫血作用，能改善急性失血性贫血小鼠骨髓造血功能，增加红细胞、血红蛋白和网织红细胞等有形成分，还能增强免疫功能，抗放射线损伤、抗缺氧、抗血小板聚集等作用。

【临床应用】

1. 辨证要点　临床以出现心悸失眠，头晕目眩，面色无华，妇人月经不调，经量少或闭经，舌淡，脉细弦或细涩为辨证要点。

2. 现代应用　常用于贫血衰弱、病后、产后血虚以及月经不调、痛经等妇科疾病。

3. 使用注意　忌食寒凉、生冷食物；感冒时不宜服用；糖尿病患者慎用；月经过多者不宜服用本药；平素月经正常，突然出现月经量少，或月经错后，或阴道不规则出血去医院就诊。

【性状】　本品为棕黄色至棕褐色的颗粒；气香，味甜、辛、微苦。

【剂型规格】　颗粒剂。每袋装 10g。

【用法用量】　口服。一次 1 袋，一日 2~3 次。

【贮藏】　密封，防潮。

（二）活血行气类

活血行气类妇科中成药主要用于治疗月经先后无定期，经量或多或少，色紫红，有块，经行不畅。或伴小腹疼痛拒按，或有胸胁、乳房、少腹胀痛，脘闷不舒，舌质紫暗或有瘀点，苔薄白或薄黄，脉弦或涩。治宜活血化瘀、理气止痛等症。代表中成药有七制香附丸、益母草膏等。

七制香附丸

Qizhi Xiangfu Wan

【方源】《景岳全书》《中国药典》2020 年版

【处方】醋香附 550g 地黄 20g 茯苓 20g 当归 20g 熟地黄 20g 川芎 20g 炒白术 20g 白芍 20g 益母草 20g 艾叶（炭）10g 黄芩 10g 酒萸肉 60g 天冬 10g 阿胶 10g 炒酸枣仁 10g 砂仁 7.5g 醋延胡索 7.5g 艾叶 5g 粳米 5g 盐小茴香 5g 人参 5g 甘草 5g

【功能】疏肝理气，养血调经。

【主治】用于气滞血虚所致的痛经、月经量少、闭经，症见胸胁胀痛、经行量少、行经小腹胀痛、经前双乳胀痛、经水数月不行。

【方解】方中香附疏肝解郁，养血调经止痛，为君药。阿胶、当归、熟地补血养血，白芍养血柔肝，缓急止痛；益母草、延胡索、川芎活血祛瘀，行气止痛；艾叶、艾叶炭温经止血，散寒止痛，共为臣药。茯苓、白术、人参、粳米益气健脾，砂仁、小茴香温中行气，生地、天冬凉血养阴，山茱萸收敛止血，黄芩燥湿止带，枣仁养心安神，共为佐药。甘草调和诸药为使。全方配伍，共奏疏肝解郁，养血调经之功，主治气滞血瘀证。

【药理作用】主要有改善血液循环、镇痛、镇静、调节子宫机能、止血等作用。

【临床应用】

1. 辨证要点 临床以胸胁胀痛、行经小腹胀痛、经前双乳胀痛、经行量少或经水数月不行为辨证要点。

2. 现代应用 常用于痛经、闭经及湿寒白带属气滞者。

3. 应用注意 孕妇忌用。忌生冷食；不宜和感冒药，含有藜芦、五灵脂、皂荚及其制剂同时服用；不宜喝茶和吃萝卜；平素月经周期正常，突然月经错后，应在排除早早孕后才可服药；青春期少女及更年期妇女应在医师指导下服药。

【性状】本品为黄棕色至棕色的水丸；味咸、苦。

【剂型规格】丸剂。水丸每袋装 6g。

【用法用量】口服。一次 6g，一日 2 次。

【贮藏】密闭，防潮。

益母草膏

Yimucao Gao

【方源】《东医宝鉴》《中国药典》2020 年版

【处方】本品为益母草经加工制成的煎膏。

【功能】活血调经。

【主治】用于血瘀所致的月经不调，产后恶露不绝，症见月经量少、淋漓不净、产后出血时间过长；产后子宫复旧不全见上述证候者。

【方解】 方中益母草活血化瘀，能增强子宫收缩力以调经；加入赤砂糖补益调血，助化血滞。二药合用，具有活血调经、祛瘀生新的功效。是治疗月经不调、经行腹痛、产后恶露不尽的常用中成药，主治血瘀证。

【药理作用】 主要具有兴奋子宫，抗血小板凝集，改善冠状循环保护心脏等作用。

【临床应用】

1. 辨证要点 临床以月经量少，色紫暗，淋漓不净，产后出血时间延长为辨证要点。

2. 现代应用 常用于月经量少、产后子宫修复及产后出血时间延长等属瘀血所致的病症。

3. 应用注意 凡虚证均慎用，孕妇禁用。

【性状】 本品为棕黑色稠厚的半流体；气微，味苦、甜。

【剂型规格】 煎膏剂。每瓶装 120g 或 125g 或 250g。

【用法用量】 口服。一次 10g，一日 1～2 次。

【贮藏】 密封。

（三）温经活血类

温经活血类妇科中成药主要用于经期延后，量少，色暗有血块；小腹冷痛，得热减轻，畏寒肢冷，苔白，脉沉紧。治宜温经散寒等症。代表中成药有艾附暖宫丸、痛经宝颗粒等。

艾附暖宫丸

Aifu Nuangong Wan

【方源】《仁斋直指方论》《中国药典》2020 年版

【处方】 艾叶（炭）120g 醋香附 240g 制吴茱萸 80g 肉桂 20g 当归 120g 川芎 80g 白芍（酒炒）80g 地黄 40g 炙黄芪 80g 续断 60g

【功能】 理气养血，暖宫调经。

【主治】 用于血虚气滞、下焦虚寒所致的月经不调、痛经，症见行经后错、经量少、有血块、小腹疼痛、经行小腹冷痛喜热、腰膝酸痛。

【方解】 方中艾叶炭、吴茱萸、肉桂辛温之品温经散寒，暖宫调经止痛，为君药。黄芪益气升阳，健脾补中；当归、白芍、地黄和血调经，共为臣药。佐以香附行气活血调经，川芎行气活血祛瘀，续断补肝肾，行血脉。诸药合用，共奏温经散寒，暖宫调经之效，主治血虚气滞、下焦虚寒证。

【药理作用】 主要有调节子宫平滑肌、抑菌、促进红细胞增生、调节子宫机能等作用。

【临床应用】

1. 辨证要点 临床以月经不调，腹痛，腰酸带下，四肢不温，舌淡胖苔白，脉细缓为辨证要点。

2. 现代应用 常用于寒凝胞宫，冲任虚寒症的痛经、不孕症、腹痛、带下、盆腔炎、闭经、不孕症、更年期综合征、慢性肠炎、尿失禁等。

3. 应用注意 孕妇禁用，忌食生冷食物。

【性状】本品为深褐色至黑色的小蜜丸或大蜜丸；气微，味甘而后苦、辛。

【剂型规格】丸剂。大蜜丸每丸重9g。

【用法用量】口服。小蜜丸一次9g，大蜜丸一次1丸，一日2~3次。

【贮藏】密封。

痛经宝颗粒
Tongjingbao Keli

【方源】经验方《中国药典》2020年版

【处方】红花750g 当归500g 肉桂300g 三棱500g 莪术500g 丹参750g 五灵脂500g 木香300g 延胡索（醋制）750g

【功能】温经化瘀，理气止痛。

【主治】用于寒凝气滞血瘀，妇女痛经，少腹冷痛，月经不调，经色暗淡。

【方解】方中当归辛苦温，养血活血，温经止痛，为君药。丹参、红花活血祛瘀，通经止痛；肉桂温经散寒止痛，共为臣药。三棱、莪术、五灵脂、延胡索（醋制）活血祛瘀，行气止痛；木香行气止痛，共为佐药。诸药合用，共呈温经化瘀，理气止痛之功，主治寒凝气滞血瘀证。

【药理作用】主要有调节人体内分泌，改善自主神经功能，抑制子宫内膜过量合成和释放前列腺素 F2a，改善患者血液循环等作用。

【临床应用】

1. 辨证要点 临床以少腹冷痛，月经不调，量少色暗，舌淡暗苔薄白，脉细涩为辨证要点。

2. 现代应用 常用于原发性痛经，月经不调，经前期紧张综合征等属于寒凝气滞、血瘀胞宫者。

3. 应用注意 有实热证者不宜使用。忌生冷食物。

【性状】本品为黄色至棕黄色的颗粒，或为黄棕色至棕色的颗粒（无蔗糖）；气香，味甜、微苦；或味微甜、微苦（无蔗糖）。

【剂型规格】颗粒剂。每袋装10g或4g（无蔗糖）。

【用法用量】温开水冲服。一次1袋，一日2次。于月经前一周开始，持续至月经来三天后停服，连续服用三个月经周期。

【贮藏】密封。

（四）固经止血类

固经止血类妇科中成药主要用于月经先期，经期延长，量多，色红，质稠等症。代表中成药有固经丸等。

固经丸
Gujing Wan

【方源】《医学入门》《中国药典》2020 年版

【处方】盐关黄柏 300g 酒黄芩 200g 麸炒椿皮 150g 醋香附 150g 炒白芍 300g 醋龟甲 400g

【功能】滋阴清热，固经止带。

【主治】用于阴虚血热，月经先期，经血量多，色紫黑，赤白带下。

【方解】方中重用龟甲以滋肾阴、清虚热，白芍敛阴柔肝、补血养阴，黄芩清热止血。三药用量偏大，是为滋阴清热止血的常用组合，共为君药。黄柏泻火坚阴，既助黄芩以清热，又助龟甲以降火，为臣药。椿皮清热而又长于固涩止血，加强君药固经止血作用，为佐药。因寒凉太过止血而易留瘀，故用少量香附调气活血，亦为佐药。诸药合用，使阴血得养，火热得清，气血调畅，诸症自愈，主治阴虚血热证。

【药理作用】主要有抗菌，抗炎，抗变态反应，解痉镇痛，增强免疫功能等作用。

【临床应用】

1. 辨证要点 本品为治阴虚血热之月经过多和崩漏的常用中成药。临床以崩漏不止，血色深红甚或紫黑稠黏，赤白带下，舌红，脉弦数为辨证要点。

2. 现代应用 常用于功能性子宫出血或慢性附件炎而致经行量多、淋漓不止属阴虚血热者。

3. 应用注意 下焦湿热者不宜使用。

【性状】本品为黄色至棕色的水丸；味苦。

【剂型规格】丸剂。水丸每 100 粒重 6g，每袋装 6g 或每瓶装 400 丸。

【用法用量】口服。一次 6g，一日 2 次。

【贮藏】密闭，防潮。

其他治月经病中成药见表 8 - 1。

表 8 - 1 其他治月经病中成药

分类	品名	功能	主治	用法用量	使用注意
温经活血类	调经促孕丸	温肾健脾，活血调经	脾肾阳虚、瘀血所致的月经不调、闭经、痛经不孕	口服，一次 5g，一日 2 次。自月经周期第五天起连服 20 天；无周期者每月连服 20 天，连服三个月或遵医嘱	阴虚火旺、月经量过多者不宜服用
活血行气类	妇科调经片	养血柔肝，理气调经	肝郁血虚所致的月经不调、经期前后不定、行经腹痛	口服。一次 4 片，一日 4 次	
	调经丸	理气活血，养血调经	气滞血瘀所致月经不调、痛经	口服，水蜜丸一次 6g，大蜜丸一次 1 丸，一日 2 次	孕妇禁服

第二节　治带下病中成药

PPT

学习目标

知识要求

1. **掌握**　本节所列中成药的功能主治、使用注意及用法用量。

2. **熟悉**　治带下病中成药的分类；两类治带下病中成药所治疗的病证成因、常见临床表现；本节所列中成药使用时的辨证要点；妇科千金片、花红片、抗宫炎片、宫炎平片、妇炎康片、消糜栓的处方组成。

3. **了解**　本节所列中成药的药理作用及现代应用。

能力要求

1. 学会辨别带下病的关键症状。

2. 学会运用本节所学专业知识介绍治带下病中成药的治疗特点、使用注意及用法用量等。

实例分析

实例　张女士，40 岁，发现最近 1 个月白带量增多，到药店购买妇科药，通过问诊得知，该女士有白带增多，且色黄质稠，有臭味，阴部瘙痒，月经周期不定期，还伴有痛经，偶有头晕。

问题　1. 初步判断张女士所患何种病证？

　　　　2. 根据张女士所患病证，重点介绍哪种妇科中成药？如何介绍？

中医认为带下的量明显增多，色、质、气味发生异常，或伴全身、局部症状者，称为带下病，又称下白物、流秽物。相当于西医学的阴道炎、子宫颈炎、盆腔炎、妇科肿瘤等疾病引起的带下增多。带下病的主要病因是湿邪，以带下增多为主要症状。治疗带下病的中成药分为口服和外用两大类。

你知道吗

带下病分为广义与狭义两种。通俗地说，广义带下病指的是所有的妇科疾病，狭义的带下病指的是与白带异常有关的疾病。我们这里所讲的就是狭义的带下病。之所以称为带下，为了记忆理解方便，可以理解成是腰带以下的疾病，而事实上带下病指的是中医所说的带脉（大约在腰带位置环腰部，有健脾利湿、调经止带的功能；带脉与痛经、月经不调、赤白带下、闭经、疝气、腰痛、子宫脱垂、盆腔炎等有关）以下位置的疾病。学习带下病，一定要了解正常带下的表现，也就是生理性白带的表现。

生理性白带一般无色，部分呈白色，无味，在两次月经中间的时候白带的量最多。

妇科千金片
Fuke Qianjin Pian

【方源】经验方《中国药典》2020 年版

【处方】千斤拔　金樱根　穿心莲　功劳木　单面针　当归　鸡血藤　党参

【功能】清热除湿、益气化瘀。

【主治】用于湿热瘀阻所致的带下病、腹痛，症见带下量多、色黄质稠、臭秽、小腹疼痛，腰骶酸痛，神疲乏力；慢性盆腔炎、子宫内膜炎、慢性宫颈炎见上述证候者。

【方解】方中党参益气健脾，当归与鸡血藤养血活血，三药合用，益气补血，活血化瘀；千斤拔祛湿解毒、强腰膝，共为君药。金樱根、穿心莲、单面针清热解毒，加强祛邪之力，为臣药。佐以功劳木既可清热凉血，又可滋阴。诸药配伍，攻补兼施，使邪去正安，气血调和，诸症自愈，主治湿热瘀阻证。

【药理作用】主要有抗炎、抑菌、镇痛、增强机体免疫功能、抑制子宫的收缩、降低血液黏度、抑制血小板聚集等作用。

【临床应用】

1. 辨证要点　临床以带下量多，色黄质稠，腰部酸痛，或尿频尿急，神疲乏力，舌淡红苔薄黄，脉细为辨证要点。

2. 现代应用　常用于慢性盆腔炎、子宫内膜炎、慢性宫颈炎、月经不调等属于湿热瘀阻、气血不足者。还可用于慢性前列腺炎、子宫内膜异位症、慢性肾盂肾炎、非感染性尿道炎、经行发热、放环后出血等病症。

3. 应用注意　气滞血瘀或寒凝血瘀忌用。糖尿病者慎用。

【性状】本品为糖衣片或薄膜衣片，除去包衣后显灰褐色；味苦。

【剂型规格】片剂。

【用法用量】口服，一次 6 片，一日 3 次。

【贮藏】密封。

千金止带丸
Qianjin Zhidai Wan

【方源】《千金要方》《中国药典》2020 年版

【处方】党参 50g　炒白术 50g　当归 100g　白芍 50g　川芎 100g　醋香附 200g　木香 50g　砂仁 50g　小茴香（盐炒）50g　醋延胡索 50g　盐杜仲 50g　盐补骨脂 50g　续断 50g　鸡冠花 200g　青黛 50g　椿皮（炒）200g　煅牡蛎 50g

【功能】健脾补肾，调经止带。

【主治】用于脾肾两虚所致的月经不调、带下病，症见月经先后不定期、量多或淋漓不净、色淡无块，或带下量多、色白清稀、神疲乏力、腰膝酸软。

【方解】方中党参、白术健脾益气，燥湿止带；杜仲、续断补益肝肾，共为君药。椿根皮、煅牡蛎、鸡冠花固涩止带，其中椿根皮、鸡冠花兼有清热除湿之功；当归、白芍、川芎补血养血，和血调经，共为臣药。补骨脂、小茴香温肾散寒，固精止遗；青黛清热，香附行气调经，延胡索行气活血止痛，木香、砂仁行气和胃，使诸药补而不滞，以上共为佐药。诸药合用，共奏补虚止带，和血调经之功，主治脾肾两虚证。

【药理作用】主要有抗菌、抗炎、镇痛及增强免疫功能等作用。

【临床应用】

1. 辨证要点　临床以带下清稀量多、无臭、淋漓不尽、腹痛绵绵、小腹发凉，或经前浮肿、四肢不温、面色浮白、舌淡苔白、脉沉缓为辨证要点。

2. 现代应用　常用于慢性盆腔炎、慢性子宫颈炎、阴道炎、盆腔结核、经前期紧张综合征等属于脾肾阳虚、湿浊下注者。

3. 应用注意　阴虚火旺者忌用。忌食生冷寒凉油腻食物。

【性状】本品为灰黑色的水丸；气微香，味涩、微苦。或为黑褐色的大蜜丸；气微香，味甜、涩、微苦。

【剂型规格】丸剂。水丸每袋装6g　大蜜丸每丸重9g。

【用法用量】口服。水丸，一次6~9g，一日2~3次。大蜜丸，一次1丸，一日2次。

【贮藏】水丸：密闭，防潮。大蜜丸：密封。

白带丸
Baidai Wan

【方源】经验方《中国药典》2020年版

【处方】黄柏（酒炒）150g　椿皮300g　白芍100g　当归100g　醋香附50g

【功能】清热，除湿，止带。

【主治】用于湿热下注所致的带下病，症见带下量多、色黄、有味。

【方解】方中黄柏清热燥湿、善于治下焦湿热，为君药。椿皮清热化湿止带，以祛除下焦湿热，为臣药。因湿热之邪损伤冲任二脉，导致血海亏虚，故佐以当归、白芍养血和血，香附疏理肝气。诸药合用，则冲任固、带脉约、湿热除而带下止，主治湿热下注证。

【药理作用】主要有抗菌、抗炎等作用。

【临床应用】

1. 辨证要点　临床以带下色黄或赤白，连绵不断，小便短赤，舌红苔黄腻，脉弦滑数为辨证要点。

2. 现代应用　常用于盆腔炎、阴道炎、宫颈糜烂等属于湿热下注，带脉失约者。

3. 应用注意　虚寒性带下忌用。

【性状】本品为黄棕色至黑棕色的浓缩水丸；味苦。

【剂型规格】丸剂。水丸每袋装6g。

【用法用量】口服。一次6g，一日2次。

【贮藏】密封。

花红片

Huahong Pian

【方源】新研制方《中国药典》2020年版

【处方】一点红1250g　白花蛇舌草750g　鸡血藤1000g　桃金娘根1250g　白背叶根750g　地桃花1250g　菥蓂750g

【功能】清热解毒，燥湿止带，祛瘀止痛。

【主治】用于湿热瘀滞所致带下病、月经不调，症见带下量多、色黄质稠、小腹隐痛、腰骶酸痛、经行腹痛；慢性盆腔炎、附件炎、子宫内膜炎见上述证候者。

【方解】方中一点红凉血解毒、活血散瘀、利水消肿；白花蛇舌草清热解毒、消痛散结、利尿除湿，尤善治疗各种类型炎症；鸡血藤活血化瘀、通络，诸药配伍，具有清热利湿，祛瘀止痛的功效，主治湿热瘀滞证。

【药理作用】主要有明显的抗菌、消炎等作用。

【临床应用】

1. 辨证要点　临床以出现带下量多、色黄质稠、小腹隐痛、腰骶酸痛、经行腹痛，苔黄腻，脉滑数或弦数为辨证要点。

2. 现代应用　常用于治疗湿热型妇女带下、月经不调、痛经等症，以及子宫内膜炎、附件炎、盆腔炎等妇科炎症。

3. 使用注意　气血虚弱所致腹痛、带下者慎用。带下清稀者不宜使用。

【性状】本品为糖衣片或薄膜衣片，除去包衣后显灰褐色至棕褐色；味微苦、咸。

【剂型规格】片剂。薄膜衣片每片重0.29g；糖衣片（片心重0.28g）。

【用法用量】口服。一次4~5片，一日3次，7天为一疗程，必要时可连服2~3个疗程，每疗程之间停药3天。

【贮藏】密封。

抗宫炎片

Kanggongyan Pian

【方源】新研制方《中国药典》2020年版

【处方】广东紫珠干浸膏167g　益母草干浸膏44g　乌药干浸膏39g

【功能】清热，祛湿，化瘀，止带。

【主治】用于湿热下注所致的带下病，症见赤白带下、量多臭味；宫颈糜烂见上述证候者。

【方解】方中广东紫珠为君药，具有止血、散瘀、消炎作用；益母草活血调经、利水消肿、清热解毒；乌药行气止痛、温肾经散寒，三药合用起清利湿热、止带下作用，主治湿热下注证。

【药理作用】主要有抗炎、抑菌、镇痛、止血等作用。

【临床应用】

1. 辨证要点　临床以赤白带下、量多臭味、宫颈糜烂、出血、舌红苔黄腻、脉弦滑为辨证要点。临床应用时，可根据证情酌情配伍，如症状较重而急，可与虫草粉同用。

2. 现代应用　常用于因慢性宫颈炎引起的湿热下注，赤白带下，宫颈糜烂，出血等症。

3. 使用注意　孕妇禁服；偶见头晕及轻度消化道反应，可自行消失，不必停药。

【性状】本品为糖衣片或薄膜衣片，除去包衣后显棕色至棕褐色；味涩、微苦。

【剂型规格】片剂。（1）薄膜衣片每片重 0.26g（含干浸膏 0.25g）；（2）薄膜衣片每片重 0.52g（含干浸膏 0.5g）；（3）糖衣片（片心重 0.42g）（含干浸膏 0.375g）。

【用法用量】口服。一次 6 片〔规格（1）〕或一次 3 片〔规格（2）〕，或一次 4 片〔规格（3）〕，一日 3 次。

【贮藏】密封。

宫炎平片

Gongyanping Pian

【方源】新研制方《中国药典》2020 年版

【处方】地稔 450g　两面针 170g　当归 140g　柘木 140g　五指毛桃 100g。

【功能】清热利湿，祛瘀止痛，收敛止带。

【主治】用于湿热瘀阻所致带下病，症见小腹隐痛，经色紫暗、有块，带下色黄质稠；慢性盆腔炎见上述证候者。

【方解】地稔、两面针为君臣药，地稔具有收敛止带兼以补血调经之功效，两面针具有行气活血，除湿止痛之功效；以当归、柘木、五指毛桃为佐使药，其中当归特有补血调经、活血止痛之功效，加入柘木以清热利湿，活血化瘀，协助君药加强作用，五指毛桃益气健脾，行气化湿，具有辅、补、协同作用，主治湿热瘀阻证。

【药理作用】主要有明显降低平滑肌张力作用，有抑制肠平滑肌的自发收缩作用，增强机体免疫功能，促进外周白蛋白的吞噬功能，促进免疫球蛋白的形成。

【临床应用】

1. 辨证要点　临床以小腹隐痛，经色紫暗、有块，小便短赤，舌红，苔黄腻，脉濡数为辨证要点。

2. 现代应用　常用于急慢性盆腔炎；月经不调。

3. 使用注意　妇女经期、哺乳期慎用。月经过多者慎用。血虚失荣腹痛及寒湿带下者慎用。

【性状】本品为糖衣片或薄膜衣片，除去包衣后显浅棕褐色至棕黑色；气微，味苦、酸、微涩。

【剂型规格】片剂。薄膜衣片每片重0.26g；糖衣片（片心重0.25g）。

【用法用量】口服。一次3~4片，一日3次。

【贮藏】密封。

保妇康栓

Baofukang Shuan

【方源】新研制方《中国药典》2020年版

【处方】莪术油82g　冰片75g

【功能】行气破瘀，生肌止痛。

【主治】用于湿热瘀滞所致的带下病，症见带下量多、色黄、时有阴部瘙痒；霉菌性阴道炎、老年性阴道炎、宫颈糜烂见上述证候者。

【方解】方中莪术油为莪术提取的挥发油，具有行气破血、散瘀止痛功效，冰片具有清热止痛、消肿生肌之功，二者合用共奏行气破瘀、生肌止痛之功，主治湿热瘀滞证。

【药理作用】主要有抗霉菌感染、抗细菌感染、抗病毒等作用。

【临床应用】

1. 辨证要点　临床以带下病出现带下量多、色黄、时有阴部瘙痒为辨证要点。

2. 现代应用　常用于霉菌性阴道炎、老年性阴道炎、宫颈糜烂。

3. 应用注意　孕妇禁用，哺乳期妇女在医生指导下用药。带下病属脾肾阳虚者慎用。

【性状】本品呈乳白色、乳黄色或棕黄色的子弹形。

【剂型规格】栓剂。每粒重1.74g。

【用法用量】洗净外阴部，将栓剂塞入阴道深部；或在医生指导下用药。每晚1粒。

【贮藏】密闭，避光，在30℃以下保存。

消糜栓

Xiaomi Shuan

【方源】新研制方《中国药典》2020年版

【处方】人参茎叶皂苷25g　紫草500g　黄柏500g　苦参500g　枯矾400g　冰片200g　儿茶500g

【功能】清热解毒，燥湿杀虫，祛腐生肌。

【主治】用于湿热下注所致的带下病，症见带下量多、色黄、质稠、腥臭、阴部瘙痒；滴虫性阴道炎、霉菌性阴道炎、非特异性阴道炎、宫颈糜烂见上述证候者。

【方解】方中儿茶、枯矾、人参茎叶皂苷清热解毒，止血敛湿，祛腐生肌；苦参、黄柏清热燥湿杀虫；紫草凉血解毒止痒，冰片清热消肿。诸药相伍，共奏清热解毒、燥湿杀虫，祛腐生肌之功，主治湿热下注证。

【药理作用】主要有抗菌消炎，促进炎症吸收，创面愈合等作用。

【临床应用】

1. 辨证要点　临床以带下量多、色黄、质稠、腥臭、阴部瘙痒为辨证要点。

2. 现代应用　常用于滴虫性阴道炎、霉菌性阴道炎、非特异性阴道炎、宫颈糜烂。

3. 应用注意　妊娠期忌用。

【性状】　本品为褐色至棕褐色的栓剂；气特异。

【剂型规格】　栓剂。每粒重3g。

【用法用量】　阴道给药。一次1粒，一日1次。

【贮藏】　30℃以下密闭保存。

其他治带下病中成药见表8-2。

> **请你想一想**
>
> 　某患者，女性，33岁，时有阴部瘙痒红肿，带下量多，色黄，月经周期正常。可选哪种外用中成药？该如何使用？

表8-2　其他治带下病中成药

品名	功能	主治	用法用量	使用注意
妇科分清丸	清热利湿，活血止痛	湿热瘀阻下焦所致妇女热淋证	口服。一次9g，一日2次	孕妇慎用
妇乐颗粒	清热凉血，化瘀止痛	瘀热蕴结所致的带下病	开水冲服。一次12g，一日2次	孕妇慎用
妇炎康片	清热利湿，理气活血，散结消肿	湿热下注、毒瘀互阻所致带下病	口服。一次6片或一次3片，一日3次	孕妇禁用

第三节　治其他妇科病中成药

PPT

学习目标

知识要求

1. **掌握**　本节所列中成药的功能主治、使用注意及用法用量。
2. **熟悉**　本节所列中成药使用时的辨证要点。桂枝茯苓丸、大黄䗪虫丸、乳癖消片、定坤丹、小金丸的处方组成。
3. **了解**　本节所列中成药的药理作用及现代应用。

能力要求

　学会运用本节所学专业知识合理推荐患者用药，并能介绍所推荐中成药的治疗特点、使用注意及用法用量。

实例分析

实例　黄女士，35岁，产后两个月仍恶露不止，并伴有腹痛，舌暗红有出血点，脉涩。

问题 1. 初步判断黄女士所患何种病证？

2. 根据黄女士所患病证，重点介绍哪类妇科中成药？如何介绍？

常见的妇科杂病主要有绝经期相关病证、不孕及乳房疾病、产后病症等。

桂枝茯苓丸
Guizhi Fuling Wan

【方源】《金匮要略》《中国药典》2020 年版

【处方】桂枝 100g　茯苓 100g　牡丹皮 100g　赤芍 100g　桃仁 100g

【功能】活血，化瘀，消癥。

【主治】用于妇人宿有癥块，或血瘀经闭，行经腹痛，产后恶露不尽。

【方解】方中桂枝温通经脉而行瘀滞，为君药。桃仁活血化瘀，以助君药化瘀消癥，为臣药。牡丹皮、赤芍既可活血祛瘀以止血，又能凉血以退瘀久化热，与桂枝相配伍，制其辛热之性；茯苓渗湿下行，健脾宁心，均为佐药。以炼蜜制丸，取蜜能甘缓而润，以缓和诸药破泄之力，为使药。诸药合用，共奏活血化瘀，缓消癥块之功，主治妇人有癥块、血瘀经闭、产后恶露不尽证。

【药理作用】主要有改善血液流变性，抗血小板聚集，调节内分泌功能，抗炎，镇痛，镇静，抗肿瘤等作用。

【临床应用】

1. 辨证要点　本方为治疗瘀血留滞胞宫，妊娠胎动不安，漏下不止的常用方。临床以少腹有癥块，血色紫黑晦暗，腹痛拒按，舌暗有瘀斑，脉沉涩为辨证要点。

2. 现代应用　常用于子宫肌瘤、子宫内膜异位症、卵巢囊肿、附件炎、慢性盆腔炎、盆腔瘀血、子宫功能性出血、月经量过多、产后恶露不尽、无症状性心肌缺血、血管痉挛性头痛等属瘀血留滞者。

3. 应用注意　孕妇忌用，或遵医嘱；经期停服；偶见药后胃脘不适、隐痛，停药后可自行消失。

【性状】本品为棕褐色的大蜜丸；味甜。

【剂型规格】丸剂。每丸重 6g。

【用法用量】口服。一次 1 丸，一日 1～2 次。

【贮藏】密封。

大黄䗪虫丸
Dahuangzhechong Wan

【方源】《金匮要略》《中国药典》2020 年版

【处方】熟大黄 300g　土鳖虫（炒）30g　水蛭（制）60g　蛴螬（炒）45g　桃仁 120g　虻虫（去翅足，炒）45g　干漆（煅）30g　炒苦杏仁 120g　黄芩 60g　地黄

300g　白芍 120g　甘草 90g

【功能】活血破瘀，通经消癥。

【主治】用于瘀血内停所致的癥瘕、闭经。症见腹部肿块、肌肤甲错、面色暗黑、潮热羸瘦、经闭不行。

【方解】方中大黄逐瘀攻下，并能凉血清热；土鳖虫（䗪虫）咸寒，破血逐瘀，共为君药。桃仁、干漆、蛴螬、水蛭、虻虫有助君药以活血通络，攻逐瘀血，共为臣药。黄芩清热，杏仁开宣肺气，润肠通便；地黄、白芍养血滋阴，共为佐药。甘草和中补虚，调和诸药，以缓和诸破血药过于峻猛伤正之弊，为使药。诸药合用，共奏活血破瘀，缓消痞块之功，主治瘀血内停证。

【药理作用】主要有改善肝脏血液循环、回缩肝脾、对抗肝损伤、降酶、改善蛋白代谢、抑制肝脏胶原形成、减少纤维化、降血脂、抗动脉粥样硬化等作用。

你知道吗

　　癥瘕（zhengjia）指的是下腹有结块，或胀或满或痛。癥指的是腹内的结块有形，固定不移，痛有定处，多病在脏；瘕指的是腹内结块聚散不定，痛无定处，多病在腑。西医学的女性生殖系统肿瘤、盆腔炎性包块、子宫内膜异位症按照此病论治。

【临床应用】

1. 辨证要点　临床以羸瘦，腹部拒按，肌肤甲错，面色暗黑，舌有瘀斑，脉沉涩等为辨证要点。

2. 现代应用　常用于慢性肝炎、慢性胆囊炎、闭塞性脉管炎、脑血栓、再生障碍性贫血、慢性白血病、乳腺增生症、子宫肌瘤、子宫囊肿及经期头痛等属于瘀血内停日久者。

3. 应用注意　孕妇禁用；皮肤过敏者停服。

【性状】本品为黑色的水蜜丸、小蜜丸或大蜜丸；气浓，味甘、微苦。

【剂型规格】丸剂。大蜜丸每丸重 3g。

【用法用量】口服。水蜜丸一次 3g，小蜜丸一次 3~6 丸，大蜜丸一次 1~2 丸，一日 1~2 次。

【贮藏】密封。

乳癖消片
Rupixiao Pian

【方源】新研制方《中国药典》2020 年版

【处方】鹿角 89.02g　蒲公英 59.35g　昆布 231.45g　天花粉 23.74g　鸡血藤 59.35g　三七 59.35g　赤芍 17.8g　海藻 115.73g　漏芦 35.6g　木香 47.48g　玄参 59.35g　牡丹皮 83.09g　夏枯草 59.35g　连翘 23.74g　红花 35.6g

【功能】 软坚散结，活血消痈，清热解毒。

【主治】 用于痰热互结所致的乳癖、乳痈，症见乳房结节、数目不等、大小形态不一、质地柔软，或产后乳房结块、红热疼痛；乳腺增生、乳腺炎早期见上述证候者。

【方解】 方中昆布、海藻能消痰软坚散结，为君药。夏枯草清肝火，散郁结；牡丹皮、赤芍祛瘀止痛，凉血清热，为臣药。佐以蒲公英、玄参、连翘清热散结，漏芦善治乳房痈肿、天花粉消肿排脓、清热生津，红花、鸡血藤活血祛瘀，三七化瘀止痛，鹿角温补肾阳、调冲任，木香理气行滞。诸药合用，共呈软坚散结，活血祛瘀，清热解毒之功，主治痰热互结证。

【药理作用】 主要有调节性激素、调节细胞分化、抑菌抗炎、抗病毒等作用。能迅速缓解乳腺肿胀疼痛，消除乳腺结块；调节内分泌，有效抑制乳腺上皮增生，减少颜面色斑形成。

【临床应用】

1. 辨证要点　临床以乳房肿块或胀痛，心烦易怒，口干咽干，舌质红，苔薄黄，脉弦数为辨证要点。

2. 现代应用　常用于乳腺增生症、乳腺良性肿瘤、急性乳腺炎等属于气郁痰凝，瘀血阻遏，冲任失调，日久化热者。

3. 应用注意　孕妇慎用。忌恼怒，保持心情舒畅。

【性状】 本品为糖衣片或薄膜衣片，除去包衣后显棕褐色或棕黑色；气微，味苦、咸。

【剂型规格】 片剂。（1）薄膜衣片每片重 0.34g；（2）薄膜衣片每片重 0.67g；（3）糖衣片（片心重 0.32g）。另有胶囊剂。

【用法用量】 口服。一次 5 ~ 6 片〔规格（1）、规格（3）〕，一次 3 片〔规格（2）〕，一日 3 次。

【贮藏】 密封。

定坤丹

Dingkun Dan

【方源】《竹林女科证治》《中国药典》2020 年版

【处方】 红参　鹿茸　西红花　三七　白芍　熟地黄　当归　白术　枸杞子　黄芩　香附　茺蔚子　川芎　鹿角霜　阿胶　延胡索等。

【功能】 滋补气血，调经舒郁。

【主治】 用于气血两虚、气滞血瘀所致的月经不调、行经腹痛、崩漏下血、赤白带下、血晕血脱、产后诸虚、骨蒸潮热。

【方解】 方中红参、白术补气，鹿茸、鹿角霜壮阳益精，当归、熟地、白芍、阿胶补血，枸杞滋阴补肾，川芎、西红花、鸡血藤、茺蔚子、延胡索、三七等活血行气止痛。诸药合用，既补气补血、壮阳益精，又活血行气、舒郁止痛，主治气血两虚、气滞血瘀证。

【药理作用】主要有抗休克、调节免疫和抗炎、雌性激素样舒张子宫平滑肌，镇痛，提高吞噬细胞功能等作用。

【临床应用】

1. 辨证要点　临床以月经周期先后无定，量少，色淡红或暗红，质薄，或腰膝酸软，头晕耳鸣，或小腹冷痛，或夜尿多，舌淡，脉沉弱或沉迟为辨证要点。

2. 现代应用　常用于痛经、产后虚证、更年期综合征等。

3. 使用注意　忌食生冷油腻及刺激性食物；伤风感冒时停服。孕妇忌服。

【性状】本品为棕褐色至黑褐色的大蜜丸；气微，味先甜而后苦、涩。

【剂型规格】丸剂。大蜜丸每丸重 10.8g。

【用法用量】口服。一次半丸至 1 丸，一日 2 次。

【贮藏】密封。

小金丸

Xiaojin Wan

【方源】《外科证治全生集》《中国药典》2020 年版

【处方】麝香或人工麝香 30g　木鳖子（去壳去油）150g　制草乌 150g　枫香脂 150g　醋乳香 75g　醋没药 75g　醋五灵脂 150g　酒当归 75g　地龙 150g　香墨 12g

【功能】散结消肿，化瘀止痛。

【主治】用于痰气凝滞所致的瘰疬、瘿瘤、乳岩、乳癖，症见肌肤或肌肤下肿块一处或数处，推之能动，或骨及骨关节肿大，皮色不变，肿硬作痛。

【方解】方中以草乌温经散寒止痛；五灵脂、乳香、没药活血祛瘀，消肿定痛；当归和血；地龙通经活络；枫香脂调气血，消痈疽；木鳖子祛瘀毒，消结肿；香墨消肿化痰；麝香走窜通络，散结开壅。诸药合用，共奏散结消肿，化瘀止痛之功，主治痰气凝滞证。

【药理作用】主要有抗炎、抗菌、抑制癌细胞生长等作用。

【临床应用】

1. 辨证要点　临床以气滞痰凝所表现出来的局部肿块，胸闷胁胀，苔薄腻，脉弦滑为辨证要点。

2. 现代应用　常用于多种腺体增生、肿瘤、结核。

3. 使用注意　孕妇禁用；方中含有乳香、没药，脾胃虚弱者慎用；本品含有草乌，不宜过量久服；运动员慎用。

【性状】本品为黑褐色的糊丸；气香，味微苦。

【剂型规格】丸剂。（1）每 100 丸重 3g；（2）每 100 丸重 6g；（3）每 10 丸重 6g；

（4）每瓶（袋）装 0.6g。

【用法用量】打碎后口服。一次 1.2~3g，一日 2 次，小儿酌减。

【贮藏】密封。

乳宁颗粒
Runing Keli

【方源】新研制方《中国药典》2020 年版

【处方】柴胡 220g　当归 220g　醋香附 220g　丹参 264g　炒白芍 220g　王不留行 220g　赤芍 220g　炒白术 132g　茯苓 132g　青皮 66g　陈皮 66g　薄荷 66g

【功能】疏肝养血，理气解郁。

【主治】用于肝气郁结所致的乳癖，症见经前乳房胀痛、两胁胀痛、乳房结节、经前疼痛加重，乳腺增生见上述证候者。

【方解】方中柴胡、香附疏肝解郁，行气散结消肿；丹参、当归养血活血，消肿止痛；赤芍、王不留行活血散结，通络止痛；青皮、陈皮加强疏肝理气，散结消肿之功；白芍养血调经，柔肝止痛；白术、茯苓健脾助运，涤生痰之源；薄荷芳香疏泄，解郁止痛，主治肝气郁结所致的乳癖证。

【药理作用】主要有调节内分泌及卵巢功能，改善细胞分化、对不同程度的乳腺主质和间质增生有明显抑制作用；并且对正常的乳腺细胞具有激活、滋养作用。

【临床应用】

1. 辨证要点　临床以乳房胀痛、窜痛、精神抑郁、烦躁易怒、肿块呈单一片块、质软触痛明显，舌淡红、苔薄或薄黄、脉弦为辨证要点。

2. 现代应用　对两胁胀痛，乳房结节压痛，经前疼痛加重或月经不调等症状有较好疗效。

3. 使用注意　孕妇慎服。气虚者不宜使用。

【性状】本品为浅黄色至黄棕色的颗粒；味甜、微苦。

【剂型规格】颗粒剂。每袋装 15g。

【用法用量】开水冲服。一次 1 袋，一日 3 次；20 天为一疗程，或遵医嘱。

【贮藏】密封。

乳康胶囊
Rukang Jiaonang

【方源】新研制方《中国药典》2020 年版

【处方】牡蛎 75g　乳香 30g　瓜蒌 75g　海藻 60g　黄芪 120g　没药 30g　天冬 60g　夏枯草 75g　三棱 30g　玄参 60g　白术 60g　浙贝母 30g　莪术 30g　丹参 75g　炒鸡内金 30g

【功能】舒肝活血，祛痰软坚。

【主治】用于肝郁气滞、痰瘀互结所致的乳癖，症见乳房肿块或结节，或经前胀痛；乳腺增生病见上述证候者。

【方解】方中丹参、乳香、没药、夏枯草、三棱、莪术，诸药具有疏通肝经郁滞，理血脉，调任冲，行气止痛，活血化瘀的作用；浙贝母、瓜蒌、海藻诸药化痰散结；黄芪、白术、鸡内金补气健脾，诸药合用共奏疏肝解郁、活血祛瘀、化痰散结、补气健脾的功效，主治肝郁气滞、痰瘀互结所致的乳癖证。

【药理作用】主要有增强免疫，改善微循环，抑制纤维组织增生，抗菌，镇静等作用。

【临床应用】

1. 辨证要点　临床以出现乳房肿块或结节、数目不等、大小形态不一、质地软或中等硬，或经前胀痛，舌暗红或青紫或舌边尖有瘀斑，或舌下脉络粗胀、青紫，脉涩、弦或滑为辨证要点。

2. 现代应用　常用于乳腺增生。

3. 使用注意　①偶见患者服药后有轻度恶心、腹泻、月经期提前、量多及轻微药疹。一般停药后自愈。②孕妇慎服（孕期的前三个月内禁用）、女性患者宜于月经来潮前 10 ~ 15 天开始服用。经期停用。

> **请你想一想**
> 区别更年安片与坤宝丸在治疗更年期综合征的临床表现有何不同？

【性状】本品为硬胶囊，内容物为棕黄色至棕褐色的颗粒和粉末；味苦、微辛。

【剂型规格】胶囊剂。每粒装 0.3g。

【用法用量】口服。一次 2 ~ 3 粒，一日 2 次，饭后服用。20 天为一个疗程，间隔 5 ~ 7 天继续第二个疗程，亦可连续用药。

【贮藏】密封。

更年安片
Gengnián'ān Piàn

【方源】新研制方《中国药典》2020 年版

【处方】地黄 40g　泽泻 40g　麦冬 40g　熟地黄 40g　玄参 40g　茯苓 80g　仙茅 80g　磁石 80g　牡丹皮 26.67g　珍珠母 80g　五味子 40g　首乌藤 80g　制何首乌 40g　浮小麦 80g　钩藤 80g

【功能】滋阴清热，除烦安神。

【主治】用于肾阴虚所致的绝经前后诸证，症见烦热出汗、眩晕耳鸣、手足心热、烦躁不安；更年期综合征见上述证候者。

【方解】方中地黄、熟地黄滋阴养血，补精填髓，前者偏于凉性清虚热，后者偏于温性养阴血，共为君药。制首乌养血安神，玄参、麦冬滋阴清心，除烦安神，共为臣药。珍珠母、钩藤平肝潜阳、安神定志，茯苓、泽泻淡渗利湿、宁心安神，磁石重镇安神，牡丹皮凉血清热，首乌藤养血安神，仙茅温补肾阳，浮小麦清虚热、除烦安神，五味子敛心气安心神，十味药为佐药。诸药合用，共呈滋阴清热，除烦安神之功，主治肾阴虚所致的绝经前后诸证。

【药理作用】主要有镇静、增强记忆力、提高机体耐疲劳能力、增强免疫功能、抗氧化及类雌性激素活性作用等。

【临床应用】

1. 辨证要点 临床以五心烦热、潮热盗汗、耳鸣眩晕、失眠多梦、手足心热、舌红少苔、脉细数为辨证要点。

2. 现代应用 常用于更年期综合征等属于阴血亏虚、虚热内生者。

3. 应用注意 肾阳不足者不宜用。忌食辛辣油腻食物。感冒时不宜使用。

【性状】本品为糖衣片或薄膜衣片，除去包衣后显黑灰色；味甘。

【剂型规格】片剂。薄膜衣片每片重 0.31g；糖衣片（片心重 0.3g）。

【用法用量】口服。一次 6 片，一日 2~3 次。

【贮藏】密封。

坤宝丸
Kunbao Wan

【方源】经验方《中国药典》2020 年版

【处方】酒女贞子 30g　覆盆子 20g　菟丝子 20g　枸杞子 20g　制何首乌 20g　龟甲 15g　地骨皮 30g　南沙参 30g　麦冬 20g　炒酸枣仁 10g　地黄 30g　白芍 60g　赤芍 30g　当归 20g　鸡血藤 60g　珍珠母 60g　石斛 30g　菊花 30g　墨旱莲 40g　桑叶 20g　白薇 30g　知母 30g　黄芩 30g

【功能】滋补肝肾，养血安神。

【主治】用于肝肾阴虚所致绝经前后诸证，症见烘热汗出、心烦易怒、少寐健忘、头晕耳鸣、口渴咽干、四肢酸楚；更年期综合征见上述证候者。

【方解】方中以生地、白芍、女贞子、旱莲草、沙参等药滋补肝肾，为君药；以菊花、桑叶、黄芩等药清热平肝降逆；佐以酸枣仁、珍珠母等药镇静安神；赤芍、鸡血藤等药养血、活血、疏通经络。组方合理，各司其职，共奏滋补肝肾，镇静安神，养血脉，通经络的功效，主治肝肾阴虚所致绝经前后诸证。

【药理作用】主要有改善微循环和血流速度，增强免疫及调节自主神经功能，调节内分泌，促进肾上腺皮质激素分泌等作用。

【临床应用】

1. 辨证要点 临床以出现月经紊乱；潮热多汗，失眠健忘，心烦易怒，食欲不振，头晕耳鸣，血压不稳，咽干口渴，四肢酸软，关节疼痛等症状为辨证要点。

2. 现代应用 常用于妇女更年期综合征。

3. 使用注意 阳虚及实热者不宜用。

【性状】本品为深棕色的水蜜丸；味甘、微苦。

【剂型规格】丸剂。水蜜丸每100丸重10g。

【用法用量】口服。一次50丸，一日2次；连续服用2个月或遵医嘱。

【贮藏】密封。

孕康合剂（孕康口服液）

Yunkang Heji

【方源】新研制方《中国药典》2020年版

【处方】山药125g 续断75g 黄芪100g 当归75g 狗脊（去毛）100g 菟丝子75g 桑寄生50g 杜仲（炒）75g 补骨脂75g 党参75g 茯苓100g 白术（焦）75g 阿胶25g 地黄100g 山茱萸75g 枸杞子100g 乌梅50g 白芍75g 砂仁50g 益智50g 苎麻根75g 黄芩50g 艾叶8.3g

【功能】健脾固肾，养血安胎。

【主治】用于肾虚型和气血虚弱型先兆流产和习惯性流产。

【方解】方中黄芪、党参、茯苓、山药益气健脾；续断、狗脊、菟丝子、杜仲、补骨脂、地黄、山茱萸、枸杞子补肾益精；当归、阿胶、白芍、乌梅养血滋阴；砂仁、益智、苎麻根、黄芩、艾叶安胎固脱。诸药合用，以奏益气健脾，养血补肾，安胎固脱等功效，主治肾虚型和气血虚弱型先兆流产和习惯性流产证。

【药理作用】主要有明显的保胎作用。

【临床应用】

1. 辨证要点 临床以出现阴道出血，腰部酸痛，小腹坠痛，两膝酸软，神疲肢倦或伴有心悸气短，头晕耳鸣，面色无华或萎黄，夜尿频多，屡次坠胎，舌象异常，脉象异常为辨证要点。

2. 现代应用 常用于先兆流产、习惯性流产。

3. 使用注意 ①服药期间，忌食辛辣刺激性食物，避免剧烈运动以及重体力劳动。②凡难产、流产、异位妊娠、葡萄胎等非本品适用范围。

【性状】本品为棕褐色的液体；气微，味甜。

【剂型规格】合剂。每瓶装10ml或20ml或100ml。

【用法用量】口服。早、中、晚空腹口服，一次20ml，一日3次。

【贮藏】遮光，密封，置阴凉处。

其他妇科常用中成药见表8-3。

表 8-3　其他妇科常用中成药

品名	功能	主治	用法用量	使用注意
通乳颗粒	益气养血，通络下乳	产后气血亏损，乳少，无乳，乳汁不通	口服。一次30g 或10g（无蔗糖），一日3次	产后缺乳属肝郁气滞证者慎用
乳核散结片	疏肝活血，祛痰软坚	肝郁气滞、痰瘀互结所致的乳癖	口服。一次4片，一日3次	孕妇慎用

目标检测

一、单项选择题

1. 既补气养血，又调经止带的常用中成药是（　　　）

　A. 益母草膏　　　　　　　B. 乌鸡白凤丸　　　　C. 当归调经颗粒

　D. 八珍益母丸　　　　　　E. 七制香附丸

2. 既能疏肝理气，又养血调经的常用中成药是（　　　）

　A. 大黄䗪虫丸　　　　　　B. 七制香附丸　　　　C. 当归调经颗粒

　D. 调经活血片　　　　　　E. 益母草膏

3. 八珍益母丸除了益气养血外，还可（　　　）

　A. 补气养血　　　　　　　B. 调经止带　　　　　C. 活血调经

　D. 散寒活血　　　　　　　E. 固经止带

4. 用于血瘀所致的月经不调、产后恶露不绝的常用中成药是（　　　）

　A. 七制香附丸　　　　　　B. 当归调经丸　　　　C. 益母草膏

　D. 八珍益母丸　　　　　　E. 乌鸡白凤丸

5. 用于血虚气滞、下焦虚寒所致的月经不调、痛经的常用中成药是（　　　）

　A. 乌鸡白凤丸　　　　　　B. 八珍益母丸　　　　C. 艾附暖宫丸

　D. 固经丸　　　　　　　　E. 妇科千金片

6. 妇科千金片使用时应注意（　　　）

　A. 气血虚弱所致腹痛、带下者慎用　　　B. 孕妇禁用

　C. 孕妇慎用　　　　　　　　　　　　　D. 阴虚火旺者慎用

　E. 虚寒带下不宜使用

7. 贮藏时应密闭、避光、30℃以下保存的中成药是（　　　）

　A. 白带丸　　　　　　　　B. 消糜栓　　　　　　C. 保妇康栓

　D. 花红片　　　　　　　　E. 妇炎康片

8. 治疗妇女宿有癥块或血瘀经闭，行经腹痛，产后恶露不尽的常用中成药是（　　　）

　　　A. 小金丸　　　　　　　　B. 乳癖消片　　　　　　　C. 桂枝茯苓丸

　　　D. 大黄䗪虫丸　　　　　　E. 定坤丹

二、多项选择题

9. 使用益母草膏应注意的是（　　　）

　　　A. 凡虚证均慎用，孕妇忌用　　　　　B. 有感冒发热者不宜使用

　　　C. 下焦湿热者不宜使用　　　　　　　D. 阴虚火旺、月经量过多者不宜服用

　　　E. 有实热证者不宜使用

10. 患者，女，经期延后，量少，色暗有血块；来月经时小腹冷痛喜热，腰膝酸软，可选用（　　　）

　　　A. 乌鸡白凤丸　　　　　　B. 艾附暖宫丸　　　　　　C. 痛经宝颗粒

　　　D. 固经丸　　　　　　　　E. 调经丸

11. 属于乌鸡白凤丸使用注意的内容是（　　　）

　　　A. 有实热证者不宜使用　　　　　　　B. 凡实证均慎用，孕妇忌用

　　　C. 感冒或月经过多者不宜使用　　　　D. 服药期间不宜吃茶和萝卜

　　　E. 下焦湿热者不宜使用

12. 孕妇禁服或禁用的是（　　　）

　　　A. 花红片　　　　　　　　B. 抗宫炎片　　　　　　　C. 宫炎平片

　　　D. 保妇康栓　　　　　　　E. 消糜栓

13. 属于治疗内服带下病的中成药是（　　　）

　　　A. 妇科千金片　　　　　　B. 花红片　　　　　　　　C 保妇康栓

　　　D. 肤阴洁　　　　　　　　E. 消糜栓

14. 属于小金丸使用注意的内容是（　　　）

　　　A. 孕妇禁用　　　　　　　　　　　　B. 本品含有草乌，不宜过量久服

　　　C. 运动员慎服　　　　　　　　　　　D. 偶见用药后胃脘不适、隐痛

　　　E. 阴虚火旺者忌服

15. 属于乳康胶囊使用注意的内容是（　　　）

　　　A. 孕妇慎服（孕期的前 3 个月禁用）

　　　B. 本品含有草乌，不宜过量久服

　　　C. 运动员慎服

　　　D. 偶见用药后轻度恶心、腹泻

　　　E. 服用药后月经期提前、量多，一般停药后自愈

16. 适用于更年期综合征的中成药是（　　　）

　　　A. 桂枝茯苓丸　　　　　　B. 定坤丹　　　　　　　　C. 更年安片

　　　D. 坤宝丸　　　　　　　　E. 小金丸

三、配伍选择题

A. 妇科千金片　　B. 保妇康栓　　C. 千金止带丸　　D. 白带丸　　E. 抗宫炎片

17. 患者，女，带下量多，色白清稀，可选用（　　）

18. 患者，女，带下量多，色黄，臭秽，可选用（　　）

A. 花红片　B. 保妇康栓　C. 消糜栓　D. 白带丸　E 抗宫炎片

19. 处方为莪术油、冰片组成的常用中成药是（　　）

20. 以黄柏为君药，具有清热，除湿，止带作用的常用中成药是（　　）

书网融合……

划重点

自测题

第九章 会用儿科常用中成药

小儿生理、病理有别于成人。在生理上，小儿正处在生长发育阶段，脏腑结构和功能娇嫩，卫外功能薄弱，易受外邪侵害。病理上也有其特点，如易虚易实，发病急，转变快，阳证、热证居多；脏腑解剖位置和功能决定了六淫外邪首先伤肺，其次犯脾胃，进而犯心；饮食不节首先伤胃，其次伤脾。但因小儿生机旺盛，病后也易于康复。

常见的病证有感冒、咳嗽、食积、虫积、惊风等。临床表现多为阳证、热证、实证及虚实错杂证。在治疗上以祛邪为主。儿科中成药以治感冒、饮食积滞病证居多，且多为颗粒剂或糖浆剂。在选择中成药时，应注意辨证选药。在服用剂量上要特别注意，切勿擅自增加用量。

第一节 小儿解表中成药

PPT

学习目标

知识要求

1. **掌握** 本节所列中成药的功能主治、使用注意及用法用量。
2. **熟悉** 小儿解表中成药的概念、病因；本节所列中成药处方组成及使用时的辨证要点。
3. **了解** 本节所列中成药的药理作用及现代应用。

能力要求

1. 熟练掌握小儿表证的辨病辨证分型方法。
2. 学会运用本节所学专业知识介绍小儿解表中成药的治疗特点、使用注意及用法用量等。

实例分析

实例 患儿，男，8岁，发热（37.9℃）、咳嗽1天，由其母陪同到药店购买感冒药。现症状有发热，怕风，头痛，咳嗽，口干，咽痛，舌淡苔薄黄。

问题 1. 初步判断该患儿所患何种病证？

2. 根据该患儿所患病证，重点介绍哪类解表中成药？如何介绍？

一、概述

【概念】 凡以发散表邪为主要作用，用于治疗小儿外感表证的中成药，称为小儿解表中成药。

【功能与主治】小儿解表中成药具有疏散风热，发散风寒之功，兼有泻火利咽，宣肺化痰等作用。适用于小儿外感表证。

【分类】小儿解表中成药分为疏散风热，发散风寒两类中成药。

【使用注意】

1. 临证需根据各类中成药的功效主治，辨证合理使用。

2. 小儿解表中成药大多辛散，有伤阳耗津之弊，应中病即止。

二、常见小儿解表中成药

（一）小儿疏散风热中成药

小儿疏散风热中成药主治小儿风热表证（又称小儿风热感冒），为风热袭表，肺卫功能失调所致，症见发热，有汗，微恶风寒，头痛身痛，咽喉肿痛，口渴，舌苔薄白或微黄，舌质红，脉浮数等。代表中成药有小儿退热合剂、小儿感冒口服液、小儿解表颗粒等。

小儿退热合剂（小儿退热口服液）

Xiao'er Tuire Heji

【方源】新研制方《中国药典》2020 年版

【处方】大青叶 150g　金银花 90g　栀子 90g　黄芩 90g　地龙 60g　柴胡 90g　板蓝根 90g　连翘 90g　牡丹皮 90g　淡竹叶 60g　重楼 45g　白薇 60g

【功能】疏风解表，解毒利咽。

【主治】用于小儿外感风热所致的感冒，症见发热恶风、头痛目赤、咽喉肿痛；上呼吸道感染见上述证候者。

【方解】方中大青叶、板蓝根清热解毒，消肿利咽，为君药。金银花、连翘轻宣透表，清热解毒；栀子清热泻火，消肿止痛；牡丹皮清热凉血，化瘀消肿；黄芩清热燥湿，泻火解毒；重楼清热解毒，止痛消肿，共为臣药。淡竹叶清热除烦，通利小便；地龙清热泻火，通络止痛；白薇清热凉血，解毒疗疮；柴胡透解肌表邪热，为佐药。诸药合用，共奏疏风解表，解毒利咽之功效，主治小儿外感风热所致的感冒。

【药理作用】主要有解热、抗炎、抗菌、抗病毒等作用。

【临床应用】

1. **辨证要点**　临床以发热恶风、头痛目赤、咽喉肿痛，舌红苔薄黄，脉浮数为辨证要点。

2. **现代应用**　常用于上呼吸道感染见外感风热者。

3. **应用注意**　忌食辛辣、生冷、油腻食物；风寒感冒者不适用，表现为发热畏冷、肢凉、流清涕，咽不红者；脾虚易腹泻者慎服。

【性状】本品为红褐色的液体；气芳香，味苦、辛、微甜。

【剂型规格】合剂。（1）每支装 10ml；（2）每瓶装 100ml。

【用法用量】口服。5 岁以下一次 10ml，5～10 岁一次 20～30ml，一日 3 次；或遵医嘱。

【贮藏】密封。

你知道吗

风热袭表是指外感风热之邪气侵袭人体肌表。风热袭表，卫气被郁而出现的表热证。常见于风热感冒。

小儿感冒口服液

Xiao'er Ganmao Koufuye

【方源】新研制方《中国药典》2020 年版

【处方】广藿香 85g　菊花 85g　连翘 85g　大青叶 141g　板蓝根 85g　地黄 85g　地骨皮 85g　白薇 85g　薄荷 56g　石膏 141g

【功能】清热解表。

【主治】用于小儿外感风热所致发热重、微恶风寒、头痛、有汗或少汗、咽红肿痛、口渴、舌尖红、苔薄黄而干、脉浮数。

【方解】方中藿香、菊花辛散疏风，菊花微寒又能清热解毒，两药相合疏风解表、清热解毒，为君药。连翘、大青叶、板蓝根助君药清热解毒，为臣药。地黄、地骨皮、白薇滋阴以防邪热伤阴，薄荷既能疏散风热，又能清利咽喉，石膏清泄肺热，为佐药。诸药合用，共奏疏风解表，清热解毒之功，主治小儿外感风热表证。

【药理作用】主要有解热、抗炎、抗菌、抗病毒等作用。

【临床应用】

1. 辨证要点　本品为治小儿外感风热所致感冒的有效中成药。临床以发热，头痛，咳嗽，咽痛，舌红苔黄，脉数为辨证要点。

2. 现代应用　常用于小儿上呼吸道感染、流行性感冒、急性咽炎等属于外感风热者。

3. 应用注意　风寒感冒不宜使用。

【性状】本品为棕红色的液体；气微香，味苦、辛、微甜。

【剂型规格】合剂。每支装 10ml。

【用法用量】口服。周岁以内一次 5ml，1～3 岁一次 5～10ml，4～7 岁一次 10～15ml，8～12 岁一次 20ml，一日 2 次，摇匀服用。

【贮藏】密封。

小儿解表颗粒

Xiao'er Jiebiao Keli

【方源】新研制方《中国药典》2020 年版

【处方】金银花 300g　连翘 250g　炒牛蒡子 250g　蒲公英 300g　黄芩 300g　防风 150g　紫苏叶 150g　荆芥穗 100g　葛根 150g　人工牛黄 1g

【功能】宣肺解表，清热解毒。

【主治】用于小儿外感风热所致的感冒，症见发热恶风、头痛咳嗽、鼻塞流涕、咽喉痛痒。

【方解】方中金银花芳香疏散，善散肺经热邪，连翘长于散上焦风热，共为君药；辅以蒲公英清热解毒，黄芩清肺火及上焦实热，牛蒡子疏散风热、宣肺利咽，葛根解肌退热，升津止渴；在大堆苦寒、辛凉之品中佐以辛温升散之防风、苏叶、荆芥，既增强解表祛风之力，又可防寒凉太过以伤小儿稚阳之体，牛黄清热息风，以防热极生风。诸药合用，共奏宣肺解表，清热解毒之功，主治小儿外感风热表证。

【药理作用】主要具有解热、镇痛及抗炎等作用。

【临床应用】

1. 辨证要点　本品为治小儿外感风热所致感冒的有效中成药。临床以发热，头痛，咳嗽，咽痛，舌红苔黄，脉数为辨证要点。

2. 现代应用　常用于小儿上呼吸道感染、流行性感冒、急性咽炎等属于外感风热者。

3. 应用注意　忌辛辣、生冷、油腻食物，不宜在服药期间同时服用滋补性中药，风寒感冒者不适用。

【性状】本品为黄褐色的颗粒；味甜、微苦。

【剂型规格】颗粒剂。每袋装 8g。

【用法用量】开水冲服。1～2 岁一次 4g，一日 2 次；3～5 岁一次 4g，一日 3 次；6～14 岁一次 8g，一日 2～3 次。

【贮藏】密封。

（二）小儿发散风寒中成药

小儿发散风寒中成药主治小儿风寒表证（又称小儿风寒感冒），为风寒袭表，肺卫功能失调所致，症见恶寒发热，恶寒重，发热轻，头痛，肢体酸痛，鼻塞，流清涕，不渴，无汗或有汗，苔薄白，脉浮紧或浮缓等。代表中成药有解肌宁嗽丸、小儿至宝丸等。

解肌宁嗽丸

Jieji Ningsou Wan

【方源】新研制方《中国药典》2020 年版

【处方】紫苏叶 48g　前胡 80g　葛根 80g　苦杏仁 80g　桔梗 80g　半夏（制）80g　陈皮 80g　浙贝母 80g　天花粉 80g　枳壳 80g　茯苓 64g　木香 24g　玄参 80g　甘草 64g

【功能】解表宣肺，止咳化痰。

【主治】用于外感风寒、痰浊阻肺所致的小儿感冒发热、咳嗽痰多。

【方解】方中紫苏叶、葛根解表宣肺，为君药。桔梗、杏仁、前胡宣降肺气，止咳祛痰，为臣药。浙贝母、天花粉、玄参清热润燥化痰，清半夏、陈皮、茯苓燥湿化痰，木香、枳壳理气除痰，共为佐药。甘草调和诸药，为使药。诸药合用，共奏解表宣肺，止咳化痰之功，主治外感风寒、痰浊阻肺所致的小儿感冒。

【药理作用】　主要有解热、抗菌、镇咳、祛痰、镇痛等作用。

【临床应用】

1. 辨证要点　临床以小儿周身不适，烦躁不安，低热流涕，或咳嗽，或咽痛等为辨证要点。

2. 现代应用　用于小儿上呼吸道感染、小儿支气管肺炎等属外感风寒，痰浊阻肺者。

3. 使用注意　风热感冒痰热咳嗽者忌服。

【性状】　本品为黑绿色或棕褐色的大蜜丸；味微苦、辛。

【剂型规格】　丸剂。大蜜丸每丸重3g。

【用法用量】　口服。小儿周岁一次半丸，2~3岁一次1丸，一日2次。

【贮藏】　密封。

你知道吗

风寒袭表是指外感风寒之邪气侵袭人体肌表。风寒袭表，肺气不宣而出现的外感风寒表证。

小儿至宝丸
Xiao'er Zhibao Wan

【方源】　经验方《中国药典》2020年版

【处方】　紫苏叶50g　广藿香50g　薄荷50g　羌活50g　陈皮50g　制白附子50g　胆南星50g　炒芥子30g　川贝母50g　槟榔50g　炒山楂50g　茯苓200g　六神曲（炒）200g　炒麦芽50g　琥珀30g　冰片4g　天麻50g　钩藤50g　僵蚕（炒）50g　蝉蜕50g　全蝎50g　人工牛黄6g　雄黄50g　滑石50g　朱砂10g

【功能】　疏风镇惊，化痰导滞。

【主治】　用于小儿风寒感冒，停食停乳，发热鼻塞，咳嗽痰多，呕吐泄泻。

【方解】　方中以紫苏叶、广藿香、薄荷、羌活疏风退热，陈皮、白附子、胆南星、白芥子、川贝母化痰止咳，为君药；槟榔、山楂、茯苓、六神曲、麦芽消食导滞，琥珀、冰片、牛黄、朱砂镇惊安神、开窍醒脑，为臣药；天麻、钩藤、僵蚕、蝉蜕、全蝎息风止痉，为佐药；雄黄解毒，滑石利尿、引热下行，为使药。诸药合用，共奏清热解表、消食化滞、化痰息风之功，主治小儿外感风寒、停食停乳证。

【药理作用】　主要有镇静，抗惊厥，镇咳祛痰，解热，抗炎，抗菌等作用。

【临床应用】

1. 辨证要点　临床以发热恶寒，鼻塞，咳嗽痰多，呕吐泄泻为辨证要点。

2. 现代应用　常用于小儿急慢性腹泻、急慢性痢疾等。

3. 应用注意 本品处方中含朱砂、雄黄，不宜过量久服，肝肾功能不全者慎用。

【性状】本品为橙黄色至棕黄色的大蜜丸；气微香，味微苦，有辛凉感。

【剂型规格】丸剂。大蜜丸每丸重1.5g。

【用法用量】口服。一次1丸，一日2~3次。

【贮藏】密封。

其他小儿解表中成药见表9-1。

表9-1 其他小儿解表中成药

分类	品名	功能	主治	用法用量	使用注意
疏散风热类	儿感退热宁口服液	解表清热，化痰止咳，解毒利咽	小儿外感风热，内郁化火，发热头痛，咳嗽，咽喉肿痛	口服，10岁以上一次10~15ml，5~10岁一次6~10ml，3~5岁一次4~6ml，一日3次；或遵医嘱	风寒外感不宜使用
	小儿柴桂退热口服液	发汗解表，清里退热	小儿外感发热。症见：发热，头身痛，流涕，口渴，咽红，溲黄，便干	口服。周岁以内，一次5ml；1~3岁，一次10ml；4~6岁，一次15ml；7~14岁，一次20ml；一日4次，3天为一个疗程	忌食辛辣、生冷、油腻食物
疏散风寒类	儿感清口服液	解表清热，宣肺化痰	小儿外感风寒、肺胃蕴热证，症见：发热恶寒，鼻塞流涕，咳嗽有痰，咽喉肿痛，口渴	口服。1~3岁，一次10ml，一日2次；4~7岁，一次10ml，一日3次；8~14岁，一次20ml，一日3次	忌食辛辣、生冷、油腻食物

PPT

第二节　小儿止咳中成药

学习目标

知识要求

1. **掌握** 本节所列中成药的功能主治、使用注意及用法用量。

2. **熟悉** 小儿止咳中成药的概念、病因；本节所列中成药处方组成及使用时的辨证要点。

3. **了解** 本节所列中成药的药理作用及现代应用。

能力要求

1. 熟练掌握小儿咳嗽的辨病辨证分型方法。

2. 学会运用本节所学专业知识介绍小儿止咳中成药的治疗特点、使用注意及用法用量等。

🔖**实例分析**

实例 某患儿，女，5岁，咳嗽2日，由其母陪同到药店购买药。现在症状有痰多、痰黄黏稠、咯吐不爽、痰稠难出。

问题 1. 初步判断该患儿所患是何病证？

2. 根据该患儿所患病证，重点介绍哪类中成药？如何介绍？

一、概述

【概念】凡是具有止咳的作用，主要用于治疗小儿咳嗽的中成药，称为小儿止咳中成药。

【功能与主治】小儿止咳中成药具有止咳的功效，兼有平喘的作用。主要用于小儿止咳中成药适用于咳嗽喘息病证。

【分类】小儿止咳中成药主要为清宣降气类。

【使用注意】

1. 临证需根据各类中成药的功效主治，辨证合理使用。

2. 小儿止咳中成药大多以泻肺实，止痰嗽为主，故体虚咳喘者慎用。

3. 气管异物、急性喉炎、肺炎患者出现咳嗽及慢性咳嗽患者宜在医师的指导下用药或去医院诊治。

二、常见小儿止咳中成药

清宣降气止咳中成药

清宣降气止咳中成药主治小儿咳嗽，为六淫外邪，侵袭肺系所致，症见咳嗽兼有恶寒发热等表证，但以咳嗽为主，表证较轻。代表中成药有小儿止咳糖浆、儿童清肺丸、小儿百部止咳糖浆、小儿肺热咳喘口服液、小儿清肺止咳片等。

小儿止咳糖浆
Xiao'er Zhike Tangjiang

【方源】新研制方《中国药典》2020 年版

【处方】甘草流浸膏 150ml　桔梗流浸膏 30ml　氯化铵 10g　橙皮酊 20ml

【功能】祛痰，镇咳。

【主治】用于小儿感冒引起的咳嗽。

【方解】本药主治小儿感冒咳嗽。方中甘草味甘性平，功能祛痰止咳，益气补中，调和药性，用于小儿咳嗽，为君药。桔梗辛苦平，归肺经，功能宣肺化痰利咽，为臣药。辅佐以氯化铵、橙皮酊增强疗效。

【药理作用】主要有镇咳、祛痰、消炎等作用。

【临床应用】

1. 辨证要点　临床以外感风热咳嗽或外感风寒咳嗽，痰黄或色白，恶寒发热，舌苔薄黄或薄白而腻为辨证要点。

2. 现代应用　常用于感冒、支气管炎、慢性

请你想一想
小儿止咳糖浆能用于小儿感冒吗？为什么？需要注意什么？

咽喉炎等患儿。

3. 应用注意 服药期间多饮水。

【性状】 本品为红棕色的半透明黏稠液体；味甜。

【剂型规格】 糖浆剂。每瓶装 60ml 或 100ml 或 120ml。

【用法用量】 口服。2～5 岁一次 5ml，5 岁以上一次 5～10ml，2 岁以下酌减，一日 3～4 次。

【贮藏】 密封。

儿童清肺丸

Ertong Qingfei Wan

【方源】 经验方《中国药典》2020 年版

【处方】 麻黄 10g　炒苦杏仁 20g　石膏 40g　甘草 10g　蜜桑白皮 30g　瓜蒌皮 30g　黄芩 40g　板蓝根 40g　橘红 30g　法半夏 30g　炒紫苏子 20g　葶苈子 10g　浙贝母 40g　紫苏叶 20g　细辛 8g　薄荷 30g　蜜枇杷叶 40g　白前 30g　前胡 20g　石菖蒲 30g　天花粉 30g　煅青礞石 10g

【功能】 清肺，解表，化痰，止嗽。

【主治】 用于小儿风寒外束、肺经痰热所致的面赤身热、咳嗽气促、痰多黏稠、咽痛声哑。

【方解】 方中麻黄辛甘温，宣肺解表而平喘；石膏辛甘大寒，清泄肺胃之热；苦杏仁降利肺气而平喘咳；甘草既能益气和中而生津止渴，又能调和诸药；桑白皮泄肺平喘；瓜蒌皮清热化痰，宽胸散结；黄芩清肺火；板蓝根清热解毒利咽；橘红理气化痰；半夏燥湿化痰；紫苏子降气化痰，止咳平喘；葶苈子泻肺平喘；浙贝母清热化痰；白前、前胡降气化痰；苏叶宽胸利膈，发汗解表；细辛驱风散寒，温肺化饮；薄荷清利头目，利咽；枇杷叶清肺化痰止咳；石菖蒲化湿和胃；天花粉清肺润燥生津；青礞石坠痰下气。全方寒温并用，共奏清肺，化痰，止咳之功，主治小儿风寒外束、肺经痰热证。

【药理作用】 主要有抗菌、抗病毒，镇咳平喘，化痰，解热及促进免疫等作用。

【临床应用】

1. 辨证要点 临床以面赤身热，咳嗽气促，痰多黏稠，咽痛，舌红苔黄为辨证要点。

2. 现代应用 常用于小儿上呼吸道感染，肺炎等。

3. 应用注意 忌辛辣、生冷、油腻食物；不宜在服药期间同时服用滋补性中药；内蕴痰热咳嗽，阴虚燥咳，体弱久嗽者不适用；运动员慎用。

【性状】本品为棕褐色至黑褐色的水蜜丸或大蜜丸；味苦、辛辣。

【剂型规格】 丸剂。水蜜丸每袋装 1.7g；大蜜丸每丸重 3g。

【用法用量】 口服。水蜜丸一次 1 袋，大蜜丸一次 1 丸，一日 2 次；3 岁以下一次半袋或半丸。

【贮藏】密封。

小儿百部止咳糖浆

Xiao'er Baibu Zhike Tangjiang

【方源】经验方《中国药典》2020 年版

【处方】蜜百部 100g　苦杏仁 50g　桔梗 50g　桑白皮 50g　麦冬 25g　知母 25g　黄芩 100g　陈皮 100g　甘草 25g　制天南星 25g　枳壳（炒）50g

【功能】清肺，止咳，化痰。

【主治】用于小儿痰热蕴肺所致的咳嗽、顿咳、痰多、痰黄黏稠、咯吐不爽，或痰咳不已、痰稠难出；百日咳见上述证候者。

【方解】方中百部润肺下气，解痉止咳，为君药。桑白皮、黄芩、知母清泻肺火，降气消痰，恢复肺气清肃功能，加强百部解痉止咳功效；苦杏仁苦泄降气，止咳平喘；桔梗开宣肺气，止咳祛痰，为臣药。天南星、陈皮燥湿化痰，理气快膈，与黄芩、桑白皮伍用，有清热化痰之效；枳壳行气消痰，麦冬润肺养阴，甘寒生津，可制天南星、陈皮之燥性，为佐药。甘草润肺止咳，调和诸药，为使药。诸药合用，共奏清肺、止咳、化痰之功，主治小儿痰热咳嗽证。

【药理作用】主要有镇咳、祛痰、抗炎等作用。

【临床应用】

1. 辨证要点　临床以咳嗽，痰多，痰黄黏稠，或顿咳，小便短赤，大便干燥，舌红苔黄，脉滑数为辨证要点。

2. 现代应用　常用于感冒咳嗽、百日咳、急性支气管炎等属于痰热蕴肺者。

3. 应用注意　风寒咳嗽及阴虚燥咳不宜使用。

【性状】本品为棕褐色的黏稠液体；味甜。

【剂型规格】糖浆剂。每瓶装 10ml 或 100ml。

【用法用量】口服。2 岁以上一次 10ml，2 岁以内一次 5ml，一日 3 次。

【贮藏】密封。

小儿肺热咳喘口服液

Xiao'er Feire Kechuan Koufuye

【方源】新研制方《中国药典》2020 年版

【处方】麻黄 50g　苦杏仁 100g　石膏 400g　甘草 50g　金银花 167g　连翘 167g　知母 167g　黄芩 167g　板蓝根 167g　麦冬 167g　鱼腥草 167g

【功能】清热解毒，宣肺化痰。

【主治】用于热邪犯于肺卫所致发热、汗出、微恶风寒、咳嗽、痰黄，或兼喘息、口干而渴。

【方解】 方中以麻黄、杏仁、甘草、石膏辛凉宣肺，清热平喘，为君药；辅以金银花、连翘、板蓝根清热解毒，助君药辛凉透表；黄芩、鱼腥草清泄肺热；知母、麦冬泻火滋阴。诸药合用，肺热得清，肺气得畅，则咳喘诸症自平，主治小儿热邪犯肺卫证。

【药理作用】 主要有广谱抗菌、抗病毒、祛痰、平喘、镇咳及退热等作用。

【临床应用】

1. 辨证要点　临床以发热、汗出、咳嗽、痰黄，或兼喘息、口干而渴为辨证要点。

2. 现代应用　常用于肺炎、支气管炎、上呼吸道感染等患儿。

3. 应用注意　大剂量服用，可能有轻度胃肠不适反应。

【性状】 本品为棕红色的液体；味苦、微甜。

【剂型规格】 合剂。每支装 10ml。

【用法用量】 口服。1~3 岁一次 10ml，一日 3 次；4~7 岁一次 10ml，一日 4 次；8~12 岁一次 20ml，一日 3 次，或遵医嘱。

【贮藏】 密封。

小儿清肺止咳片

Xiao'er Qingfei Zhike Pian

【方源】 新研制方《中国药典》2020 年版

【处方】 紫苏叶 15g　菊花 30g　葛根 45g　川贝母 45g　炒苦杏仁 45g　枇杷叶 60g　炒紫苏子 15g　蜜桑白皮 45g　前胡 45g　射干 30g　栀子（姜炙）45g　黄芩 45g　知母 45g　板蓝根 45g　人工牛黄 15g　冰片 8g

【功能】 清热解表，止咳化痰。

【主治】 用于小儿外感风热、内闭肺火所致的身热咳嗽、气促痰多、烦躁口渴、大便干燥。

【方解】 方中黄芩味苦性寒，入肺胃，长于清泄肺热，直中病机，为君药；辅以桑白、枇杷叶、前胡、射干以增其清泄肺热，化痰止咳之功；佐以菊花、紫苏叶、葛根疏散未解之风邪；川贝、知母润肺化痰，清热生津；杏仁、苏子降气化痰，止咳平喘；栀子、板蓝根、人工牛黄、冰片清热泻火解毒。诸药相合，共达清肺化痰，止咳平喘，疏风散热之功，主治小儿外感风热、内有肺火证。

【药理作用】 主要有镇咳、祛痰、抗炎、抗菌、抗病毒等作用。

【临床应用】

1. 辨证要点　临床以身热咳嗽、气促痰多、烦躁口渴，舌红苔黄为辨证要点。

2. 现代应用　常用于顽固性咳嗽，感冒咳嗽等属于外感风热、内闭肺火者。

3. 应用注意　属肺虚久咳、阴虚燥咳者慎用，服药期间忌食生冷、辛辣、油腻食品。

【性状】 本品为浅棕黄色至棕色的片；或为薄膜衣片，除去包衣后显浅棕黄色至棕色；气香，味微苦。

【剂型规格】片剂。素片每片重0.15g或0.2g；薄膜衣片每片重0.26g或0.21g。

【用法用量】口服。周岁以内一次1~2片，1~3岁一次2~3片，3岁以上一次3~5片，一日2次。

【贮藏】密封。

 # 第三节　小儿清热中成药

PPT

学习目标

知识要求

1. **掌握**　本节所列中成药的功能主治、使用注意及用法用量。

2. **熟悉**　小儿清热中成药的概念、病因；本节所列中成药处方组成及使用时的辨证要点。

3. **了解**　本节所列中成药的药理作用及现代应用。

能力要求

1. 熟练掌握小儿热毒的辨病辨证分型方法。

2. 学会运用本节所学专业知识介绍小儿清热中成药的治疗特点、使用注意及用法用量等。

实例分析

实例　某患儿，男，6岁，近日患口疮，由其母陪同到药店购买药。现在症状有肿痛难忍、烦躁不安、时感口渴、大便秘结。

问题　1. 该患儿所患病证是寒证还是热证、虚证还是实证？

2. 根据该患儿所患病证，重点介绍哪类中成药？如何介绍？

一、概述

【概念】凡以清解里热为主要作用，用于治疗小儿热毒炽盛的中成药，称为小儿清热中成药。

【功能与主治】本类药主要具有清热解毒之功，兼有利咽，凉血，活血等作用。主要用于热毒炽盛所致的小儿咽痛、口疮、疮疡等病症。

【分类】按照功效与适用范围，本类药又可分若干类，本节只讲述小儿清热解毒消肿类中成药。

【使用注意】

1. 临证需根据各类中成药的功效主治，辨证合理使用。

2. 本类中成药大多为苦寒之品，易伤脾胃，故脾胃虚弱之食少便溏者慎用。不宜

久服，应中病即止。

你知道吗

热毒炽盛是中医病证名，是指因外感热毒之邪，或饮食不节，恣食膏粱厚味，致热毒炽盛，燔灼营血，或导致气滞血瘀，阻隔经络所表现出来的局部有肿块或有皮损、舌红、脉数的一类病证。

二、常见小儿清热中成药

小儿清热解毒消肿中成药

小儿清热解毒消肿中成药主治小儿热毒炽盛病证，为外感热毒之邪，或饮食不节，恣食膏粱厚味所致，症见咽喉肿痛，口疮肿痛，疮疡溃烂等。代表中成药有小儿化毒散、小儿咽扁颗粒等。

小儿化毒散
Xiao'er Huadu San

【方源】新研制方《中国药典》2020年版

【处方】人工牛黄8g　珍珠16g　雄黄40g　大黄80g　黄连40g　甘草30g　天花粉80g　川贝母40g　赤芍80g　乳香（制）40g　没药（制）40g　冰片10g

【功能】清热解毒，活血消肿。

【主治】用于热毒内蕴、毒邪未尽所致的口疮肿痛、疮疡溃烂、烦躁口渴、大便秘结。

【方解】方中牛黄清热解毒，定惊安神；珍珠镇心安神；雄黄解毒，与乳香、没药合用可加强后者消肿敛疮的功效；大黄清热解毒，泻下攻积，有釜底抽薪的功效；黄连清热泻火解毒；天花粉清热凉血生津；川贝母清热化痰，散结消肿；赤芍凉血活血，清热散瘀；乳香、没药活血止痛，消肿生肌；冰片开窍醒神，清热止痛，消肿生肌；甘草清热解毒，调和诸药。全方共奏清热解毒，活血消肿之功，主治小儿热毒证。

【药理作用】主要有抗炎、镇痛、抗菌、抗病毒、解热、抗惊厥等作用。

【临床应用】

1. 辨证要点　临床以口疮肿痛、疮疡溃烂、烦躁口渴、大便秘结、舌红苔黄为辨证要点。

2. 现代应用　常用于小儿流行性腮腺炎，小儿急性化脓性扁桃体炎，新生儿脓包疮，小儿手足口病口腔溃疡，急性阑尾炎等疾病。

3. 应用注意　小儿体质衰弱，脾虚不固而泄者服后泄泻加重，应忌服。

【性状】本品为杏黄色至棕黄色的粉末；味苦，有清凉感。

【剂型规格】散剂。

【用法用量】口服。一次 0.6g，一日 1~2 次；3 岁以内小儿酌减。外用，敷于患处。

【贮藏】密闭，防潮。

小儿咽扁颗粒

Xiao'er Yanbian Keli

【方源】新研制方《中国药典》2020 年版

【处方】金银花 109.4g 射干 62.5g 金果榄 78.1g 桔梗 78.1g 玄参 78.1g 麦冬 78.1g 人工牛黄 0.31g 冰片 0.16g

【功能】清热利咽，解毒止痛。

【主治】用于小儿肺卫热盛所致的喉痹、乳蛾，症见咽喉肿痛、咳嗽痰盛、口舌糜烂；急性咽炎、急性扁桃腺炎见上述证候者。

【方解】方中金银花、射干、金果榄清热解毒、利咽喉、消痰涎，为君药。玄参配麦冬以滋阴清热利咽，桔梗宣肺祛痰，为臣药。冰片清热止痛，牛黄配金银花清心开窍，豁痰定惊，清热解毒，为佐药。诸药合用，共奏清热利咽，解毒止痛之功，主治小儿肺热所致的喉痹、乳蛾。

【药理作用】主要有抗菌、抗病毒、抗炎、止痛、抗惊厥等作用。

【临床应用】

1. 辨证要点 临床以咽喉肿痛，口舌糜烂，舌红苔黄，脉数为辨证要点。

2. 现代应用 常用于急性上呼吸道感染，如急性咽炎、急性非化脓性扁桃体炎等属于肺卫热盛者。

3. 应用注意 风寒咳嗽、急性喉炎咳嗽伴有犬鸣声者不宜使用。

【性状】本品为黄棕色至棕褐色的颗粒；味甜、微苦，或味微甜、微苦（无蔗糖）。

【剂型规格】颗粒剂。每袋装 8g 或 4g（无蔗糖）。

【用法用量】开水冲服。1~2 岁一次 4g 或 2g（无蔗糖），一日 2 次；3~5 岁一次 4g 或 2g（无蔗糖），一日 3 次；6~14 岁一次 8g 或 4g（无蔗糖），一日 2~3 次。

【贮藏】密封。

其他小儿清热中成药见表 9-2。

表 9-2 其他小儿清热中成药

分类	品名	功能	主治	用法用量	使用注意
小儿清热类	小儿清热宁颗粒	清热解毒	外感温邪，脏腑实热引起的内热高烧，咽喉肿痛，咳嗽痰盛，大便干燥	开水冲服，1~2 岁一次 4g，一日 2 次；3~5 岁一次 4g，一日 3 次；6~14 岁一次 8g，一日 2~3 次	风寒外感不宜使用

PPT

第四节　小儿镇静治惊中成药

学习目标

知识要求

1. **掌握**　本节所列中成药的功能主治、使用注意及用法用量。

2. **熟悉**　小儿镇静治惊中成药的概念、病因；本节所列中成药处方组成及使用时的辨证要点。

3. **了解**　本节所列中成药的药理作用及现代应用。

能力要求

1. 熟练掌握小儿惊风的辨病辨证分型方法。

2. 学会运用本节所学专业知识介绍小儿镇静治惊中成药的治疗特点、使用注意及用法用量等。

实例分析

实例　某患儿，男，5 岁，因近邻失火受惊恐，3 天后，睡中突然惊起狂叫，两目直视，肢颤，每夜必发 1 次。

问题　1. 初步判断该患儿所患是何病证？

　　　　2. 根据该患儿所患病证，重点介绍哪类中成药？如何介绍？

一、概述

【概念】凡以镇静息风为主要作用，用于治疗小儿惊风抽搐的中成药，称为小儿镇静治惊中成药。

【功能与主治】本类药物主要有平肝潜阳，镇静息风止痉之功。主治小儿镇静治惊中成药适用于小儿惊风抽搐。

【分类】按照功效与适用范围，小儿镇静治惊中成药可分为治急惊风类和治慢惊风类，本节主要讲述治急惊风中成药。

【使用注意】

1. 临证需根据各类中成药的功效主治，辨证合理使用。

2. 本类中成药主要用于急惊风之实证，脾虚慢惊风不宜使用。

你知道吗

小儿惊风是小儿时期常见的一种急重病证，以临床出现抽搐、昏迷为主要特征。又称惊厥，俗称抽风。任何季节均可发生，一般以 1～5 岁的小儿多见，年龄越小，发病率越高。其病情往往比较凶险，变化迅速，威胁小儿生命。西医学称之为小儿惊厥。其中伴有发热者，多为感染性疾病所致，不伴有发热者，多为非感染性疾病所致，除常见的癫痫外，还会伴有水及电解质紊乱、低血糖、药物中毒、食物中毒、遗传代谢性疾病、脑外伤、脑瘤等。

二、小儿镇静治惊中成药

小儿急惊风中成药

小儿急惊风中成药主治小儿急惊风，多因外感高热惊恐、痰积食滞等所致，症见高热昏迷，抽搐，角弓反张，惊惕啼哭，吐泻遗尿等。代表中成药有牛黄抱龙丸、琥珀抱龙丸、小儿惊风散等。

牛黄抱龙丸

Niuhuang Baolong Wan

【方源】 新研制方《中国药典》2020 年版

【处方】 牛黄 8g　胆南星 200g　天竺黄 70g　茯苓 100g　琥珀 50g　人工麝香 4g　全蝎 30g　炒僵蚕 60g　雄黄 50g　朱砂 30g

【功能】 清热镇惊，祛风化痰。

【主治】 用于小儿风痰壅盛所致的惊风，症见高热神昏、惊风抽搐。

【方解】 方中牛黄为君药，功善清热解毒、息风定惊、豁痰开窍，芳香醒神凉肝效佳。天竺黄、胆南星功能为清化热痰、凉心定惊；全蝎、僵蚕功能为息风止疼，共助牛黄清化热痰、息风定惊，故为臣药。朱砂、琥珀清热镇心安神，为治小儿惊风之佳品；雄黄祛痰定惊，麝香辛香走窜而开窍醒神，二者相配，开窍与定惊并效；茯苓淡渗利湿健脾，以防寒冻伤脾生湿，此五药共用，既治惊风之兼证，又助主辅之药效，为本方佐药。诸药共奏清热镇惊，祛风化痰之功，主治小儿风痰壅盛所致的急惊风。

【药理作用】 主要有解热，镇静，抗惊厥，抗病原微生物，抗炎等作用。

【临床应用】

1. 辨证要点　临床以高热神昏、惊风痉厥、呼吸气促、两手紧握，甚至角弓反张为辨证要点。

2. 现代应用　常用于治疗小儿肺炎，惊厥，中毒性痢疾，乙型流脑，高热惊厥等。对流行性乙型脑炎及麻疹合并所致昏迷谵妄，烦躁不安，痰鸣抽搐等症状有较好疗效。也可用于治疗肺炎、中毒性痢疾、败血症以及上述疾病所致的高热不退、惊厥抽搐等。

3. 应用注意　运动员慎用。

【性状】 本品为黄棕色至红棕色的大蜜丸；气微香，味略苦。

【剂型规格】 丸剂。大蜜丸每丸重 1.5g。

【用法用量】 口服。一次 1 丸，一日 1～2 次；周岁以内小儿酌减。

【贮藏】密封。

琥珀抱龙丸

Hupo Baolong Wan

【方源】新研制方《中国药典》2020 年版

【处方】山药（炒）256g　甘草 48g　天竺黄 24g　枳壳（炒）16g　胆南星 16g　红参 24g　朱砂 80g　琥珀 24g　檀香 24g　茯苓 24g　枳实（炒）16g

【功能】清热化痰，镇静安神。

【主治】用于饮食内伤所致的痰食型急惊风，症见发热抽搐、烦躁不安、痰喘气急、惊痫不安。

【方解】方中琥珀、朱砂镇惊安神，为君药。天竺黄、胆南星清热化痰、清心定惊，为臣药。檀香、枳壳、枳实理气调中，消积除痞；红参、茯苓、山药、甘草健脾益气，共为佐药。甘草可调和诸药，又为使药。全方配伍，共收镇惊安神，清热化痰，健脾理气之功。主治饮食内伤所致的痰食型急惊风。

【药理作用】主要有抗惊厥，镇静，抗菌，抗炎，解热等作用。

【临床应用】

1. 辨证要点　临床以发热抽搐、烦躁不安、咳嗽气促为辨证要点。

2. 现代应用　常用于饮食内伤所致的痰食型急惊风。

3. 应用注意　慢惊及久病、气虚者忌服。

【性状】本品为棕红色的小蜜丸或大蜜丸；味甘、微苦、辛。

【剂型规格】丸剂。小蜜丸每 100 丸重 20g；大蜜丸每丸重 1.8g。

【用法用量】口服。小蜜丸一次 1.8g（9 丸），大蜜丸一次 1 丸，一日 2 次；婴儿小蜜丸每次 0.6g（3 丸），大蜜丸每次 1/3 丸，化服。

【贮藏】密封。

小儿惊风散

Xiao'er Jingfeng San

【方源】经验方《中国药典》2020 年版

【处方】全蝎 130g　炒僵蚕 224g　雄黄 40g　朱砂 60g　甘草 60g

【功能】镇惊息风。

【主治】用于小儿惊风，抽搐神昏。

【方解】方中全蝎祛风清热，僵蚕息风散结，为君药。雄黄辟秽解毒燥湿，为臣药。朱砂镇心、安神、定惊痫，为佐药。甘草化痰，调和诸药，为使药。主治小儿惊风抽搐。

【药理作用】主要有发汗、解热、镇咳、祛痰等作用。

【临床应用】

1. 辨证要点　以小儿惊风，抽搐神昏为辨证要点。

2. **现代应用** 常用于颅内感染性疾病，颅外感染性疾病见辨证要点所述症状者。

3. **应用注意** 本品应在医生指导下应用。

【性状】 本品为橘黄色或棕黄色的粉末；气特异，味甜、咸。

【剂型规格】 散剂。每袋装 1.5g。

【用法用量】 口服。周岁小儿一次 1.5g，一日 2 次；周岁以内小儿酌减。

【贮藏】 密封。

第五节 小儿消积滞中成药

PPT

学习目标

知识要求

1. **掌握** 本节所列中成药的功能主治、使用注意及用法用量。

2. **熟悉** 小儿消积滞中成药的概念、病因；本节所列中成药处方组成及使用时的辨证要点。

3. **了解** 本节所列中成药的药理作用及现代应用。

能力要求

1. 熟练掌握小儿积滞的辨病辨证分型方法。

2. 学会运用本节所学专业知识介绍小儿消积滞中成药的治疗特点、使用注意及用法用量等。

实例分析

实例 某患儿，男，5 岁，厌食多日、烦躁不安、恶心呕吐、口渴、脘腹胀满、大便干燥、舌质红，苔厚腻。

问题 1. 初步判断该患儿所患是何病证？

2. 根据该患儿所患病证，重点介绍哪类中成药？如何介绍？

一、概述

【概念】 凡以消积导滞为主要作用，用于治疗小儿食积停滞的中成药，称为小儿消积滞中成药。

【功能与主治】 本类药主要具有消食化滞之功，兼有通利大便、健脾和胃等作用。主治小儿食滞肠胃或脾运不健所致的食积证。

【分类】 按照功效与适用范围，本类中成药可分为消食导滞类和健脾消食类。

【使用注意】

1. 临证需根据各类中成药的功效主治，辨证合理使用。

2. 病程久而不愈者，病情重或并发症多者，婴幼儿出现积滞者应在医师指导下用药或去医院诊治。

二、常见小儿消积滞中成药

（一）小儿消食导滞中成药

小儿消食导滞中成药主治小儿食滞肠胃证，多因饮食不节、暴饮暴食所致，症见少食或厌食、腹部胀满、便秘等。代表中成药有小儿化食丸、小儿消积止咳口服液、一捻金等。

请你想一想

小儿消食导滞中成药主治病证的病因和临床表现有哪些？

小儿化食丸
Xiao'er Huashi Wan

【方源】新研制方《中国药典》2020 年版

【处方】六神曲（炒焦）100g　焦山楂 100g　焦麦芽 100g　焦槟榔 100g　醋莪术 50g　三棱（制）50g　牵牛子（炒焦）200g　大黄 100g

【功能】消食化滞，泻火通便。

【主治】用于食滞化热所致的积滞，症见厌食、烦躁、恶心呕吐、口渴、脘腹胀满、大便干燥。

【方解】方中焦山楂、焦神曲、焦麦芽又称为焦三仙，具有消导各种饮食积滞的作用，为君药。三棱、莪术、焦槟榔下气消积，为臣药。以大黄、牵牛子泄热通便，荡涤胃肠积滞，共为佐药。诸药合用，共呈消食化滞，泻火通便之功，主治小儿食积化热证。

【药理作用】主要有促进消化、抗菌、抗炎、驱虫等作用。

【临床应用】

1. 辨证要点　临床以脘腹胀满，嗳腐吞酸，便秘或泻下酸腐，舌苔黄腻，脉滑为辨证要点。

2. 现代应用　常用于小儿单纯性消化不良、痢疾、便秘等属于饮食内停，积而化热者。

3. 应用注意　忌食辛辣、油腻。脾虚泄泻、消化不良者慎用。

【性状】本品为棕褐色的大蜜丸；味微苦。

【剂型规格】丸剂。大蜜丸每丸重 1.5g。

【用法用量】口服。周岁以内一次 1 丸，周岁以上一次 2 丸，一日 2 次。

【贮藏】密封。

小儿消积止咳口服液
Xiao'er Xiaoji Zhike Koufuye

【方源】新研制方《中国药典》2020 年版

【处方】炒山楂 100g　枳实 100g　瓜蒌 134g　炒葶苈子 100g　连翘 100g　槟榔 100g　蜜枇杷叶 100g　炒莱菔子 100g　桔梗 100g　蝉蜕 66g

【功能】清热肃肺，消积止咳。

【主治】用于小儿饮食积滞、痰热蕴肺所致的咳嗽、夜间加重、喉间痰鸣、腹胀、口臭。

【方解】方中山楂、槟榔，消食导滞，食积得消，则郁热痰浊无依、生热生痰无源。以枇杷叶、瓜蒌、桔梗、连翘清肺化痰，宣散肺气，痰热消，肺热清，肺气降，则咳嗽自止。葶苈子泻肺平喘，莱菔子消食化积兼降气化痰，蝉蜕清肺热、宣肺热，枳实行气消痰。桔梗除宣散肺气、祛痰止咳外，还能引导诸药直达病所。诸药合用，共奏清热肃肺，消积止咳之功效，主治小儿饮食积滞、痰热蕴肺证。

【药理作用】主要对食积咳嗽小鼠具有明显的镇咳作用，并对食积小鼠具有显著的消积作用。

【临床应用】

1. 辨证要点　临床以咳嗽、夜间加重、喉间痰鸣、腹胀、口臭为辨证要点。

2. 现代应用　常用于治疗儿童呼吸道感染，小儿咳嗽，儿童迁延性细菌性支气管炎，小儿肺炎，支气管炎伴食积等疾病。

3. 应用注意　服药期间忌辛辣、生冷、油腻及不易消化等食物；本品含苦寒药物，脾胃虚弱、体质弱者慎用。

【性状】本品为棕红色的液体；味甜、微苦。

【剂型规格】合剂。每支装 10ml。

【用法用量】口服。周岁以内一次 5ml，1～2 岁一次 10ml，3～4 岁一次 15ml，5 岁以上一次 20ml，一日 3 次；5 天为一疗程。

【贮藏】密封。

一捻金

Yinianjin

【方源】《古今医鉴》《中国药典》2020 年版

【处方】大黄 100g　炒牵牛子 200g　槟榔 100g　人参 100g　朱砂 30g

【功能】消食导滞，祛痰通便。

【主治】用于脾胃不和、痰食阻滞所致的积滞，症见停食停乳、腹胀便秘、痰盛喘咳。

【方解】方中大黄、牵牛子苦寒，泻热通便、荡涤胃肠积滞、祛痰逐饮，为君药；以槟榔苦温、破气导滞、消积行水，为臣药；佐以人参补脾、益气、生津以固本；朱砂清心安神。方药虽简、寒温并用、攻补兼施，是治疗小儿内热积滞、腹胀痰盛、惊悸不安的良药。

【药理作用】主要有泻下，抗菌，驱虫等作用。

【临床应用】

1. 辨证要点　临床以停乳停食，腹胀便秘，痰盛咳喘为辨证要点。

2. 现代应用　常用于小儿消化不良，便秘，支气管炎，支气管哮喘见辨证要点所述症状者均可选用。

3. 应用注意　脾肺两虚及慢脾风者勿服；不宜久服。

【性状】本品为黄棕色至黄褐色的粉末；气微，味微苦、涩。

【剂型规格】散剂。每袋装1.2g。

【用法用量】口服。周岁以内一次0.3g，1~3岁一次0.6g，4~6岁一次1g，一日1~2次；或遵医嘱。

【贮藏】密封。

（二）小儿健脾消食中成药

小儿健脾消食中成药主治小儿脾运不健所致的食积证，多因脾胃气虚、饮食难消所致，症见食乳停滞、食欲不振、面黄肌瘦、消化不良、虫积腹痛等。代表中成药有儿康宁糖浆、化积口服液等。

儿康宁糖浆

Erkangning Tangjiang

【方源】新研制方《中国药典》2020年版

【处方】党参60g　黄芪20g　白术60g　茯苓40g　山药60g　薏苡仁60g　麦冬60g　制何首乌60g　大枣20g　焦山楂20g　麦芽（炒）20g　桑枝40g

【功能】益气健脾，消食开胃。

【主治】用于脾胃气虚所致的厌食，症见食欲不振、消化不良、面黄身瘦、大便稀溏。

【方解】方中党参、黄芪益气健脾，为君药。白术、山药、茯苓、薏苡仁益气健脾，渗湿止泻，为臣药。麦冬益胃养阴，制何首乌补益精血，因气能生血，气虚易致血虚；焦山楂、麦芽消食开胃；大枣健脾益胃，调和营卫；桑枝通利经络，促进气流通，共为佐使。诸药合用，共奏益气健脾，消食开胃之功，主治小儿脾胃气虚厌食证。

【药理作用】主要有消化酶和消化液的分泌、促进小肠吸收、促进骨骼的生长和神经机能的发育及双向调节肠道功能等作用。

【临床应用】

1. 辨证要点　临床以食欲不振，甚至恶闻食嗅，见食则呕，食后腹胀，大便溏薄，面色萎黄，舌质淡嫩，苔薄白，脉细弱为辨证要点。

2. 现代应用　常用于小儿生长发育迟缓、消化吸收功能不良、厌食等属脾胃气虚者。

3. 应用注意　外感及单纯饮食积滞者忌服。

【性状】本品为棕黄色至棕褐色的黏稠液体；气芳香，味甜。

【剂型规格】糖浆剂。每支装 10ml 或每瓶装 150ml。

【用法用量】口服。一次 10ml，一日 3 次，20～30 天为一疗程。

【贮藏】密封，置阴凉处。

你知道吗

　　疳积是由于喂养不当，或其他疾病的影响，致使脾胃功能受损，气液耗伤而逐渐形成的一种慢性病证。临床以形体消瘦，饮食异常，面黄发枯，精神萎靡或烦躁不安为特征。本病发病无明显季节性，5 岁以下小儿多见。古代疳证被列为儿科四大要证之一。新中国成立后，随着人们生活的不断改善和医疗保健事业的发展，疳证的发病率明显下降，特别是重症患儿明显减少。

化积口服液

Huaji Koufuye

【方源】新研制方《中国药典》2020 年版

【处方】茯苓（去皮）58.5g　海螵蛸 28.8g　炒鸡内金 14.9g　醋三棱 14.9g　醋莪术 14.9g　红花 8.4g　槟榔 14.9g　鹤虱 14.9g　雷丸 14.9g　使君子仁 14.9g

【功能】健脾导滞，化积除疳。

【主治】用于脾胃虚弱所致的疳积，症见面黄肌瘦、腹胀腹痛、厌食或食欲不振、大便失调。

【方解】方中茯苓、鸡内金健脾消食积，为君药。槟榔、雷丸、鹤虱、使君子仁杀虫消积，且槟榔、使君子仁能下气导滞，以消脘腹胀满，除里急后重，共为臣药。佐以三棱、莪术、红花迫血活血行气，消积化滞而止痛。诸药合用，共奏健脾导滞，化积除疳之功，主治脾胃虚弱所致的疳积。

【药理作用】主要有麻痹或杀灭体外猪蛔虫，促进胃液分泌，增加总酸排出量及增强胃蛋白酶活性，促进整体肠蠕动及提高离体十二指肠收缩张力的作用。

【临床应用】

1. 辨证要点　临床以面黄肌瘦、腹胀腹痛、厌食或食欲不振、大便失调为辨证要点。

2. 现代应用　常用于小儿营养不良等疾病的治疗。

3. 应用注意　忌生冷、油腻及不易消化食物；感冒时不宜服用。

【性状】本品为黄棕色的澄清液体；气清香，味甜、微苦。

【剂型规格】合剂。每支装 10ml。

【用法用量】口服。周岁以内一次 5ml，一日 2 次；2～5 岁，一次 10ml，一日 2 次；5 岁以上，一次 10ml，一日 3 次；或遵医嘱。

【贮藏】密封，置阴凉处。

其他小儿健脾消食中成药见表 9－3。

表 9-3 其他小儿健脾消食中成药

分类	品名	功能	主治	用法用量	使用注意
小儿健脾消食类	健儿消食口服液	健脾益胃，理气消食	小儿饮食不节损伤脾胃引起的纳呆食少，脘胀腹满，手足心热，自汗乏力，大便不调，以至厌食、恶食	口服。3 岁以内一次 5~10ml，3 岁以上一次 10~20ml，一日 2 次，用时摇匀	患儿平时应少吃巧克力及带颜色的饮料和油腻厚味等不易消化的食品
	小儿七星茶颗粒	开胃消滞，清热定惊	小儿积滞化热，消化不良，不思饮食，烦躁易惊，夜寐不安，大便不畅，小便短赤	开水冲服。一次 3.5~7g，一日 3 次	忌食生冷、油腻等不易消化食品

第六节 小儿止泻中成药

PPT

学习目标

知识要求

1. **掌握** 本节所列中成药的功能主治、使用注意及用法用量。

2. **熟悉** 小儿止泻中成药的概念、病因；本节所列中成药处方组成及使用时的辨证要点。

3. **了解** 本节所列中成药的药理作用及现代应用。

能力要求

1. 熟练掌握小儿泄泻的辨病辨证分型方法。

2. 学会运用本节所学专业知识介绍小儿止泻中成药的治疗特点、使用注意及用法用量等。

实例分析

实例 某患儿，女，18 个月，每日腹泻 5~6 次，稀薄如水样，胃纳差，皮肤弹性尚可，心肺听诊正常，腹部不胀，舌红、苔黄腻，脉滑数。

问题 1. 初步判断该患儿所患是何病证？

2. 根据该患儿所患病证，重点介绍哪类中成药？如何介绍？

一、概述

【概念】凡以制止泄泻为主要作用，用于治疗小儿泄泻的中成药，称为小儿止泻中成药。

【功能与主治】本类药主要具有清利湿热或健脾益气止泻之功。主治湿热或脾虚导致的泄泻。

【分类】按照功效与适用范围，本类中成药可分为清利止泻类和健脾止泻类。

【使用注意】

1. 临床需根据各类中成药的功效主治，辨证合理使用。

2. 本类中成药中的清利湿热类大多为苦泄清利之品，故虚寒性腹泻不宜使用。脾虚止泻类中大多为补益健脾之品，故湿热邪实之泄泻当慎用。

3. 患儿腹泻较明显，或基础体质较差，或伴有明显并发症者宜在医师指导下用药或去医院诊治。

二、常见小儿止泻中成药

（一）小儿清利止泻中成药

小儿清利止泻中成药主治小儿湿热导致的泄泻，多因湿热蕴结大肠所致，症见便稀如水，腹痛，纳呆等。代表中成药有小儿泻速停颗粒等。

小儿泻速停颗粒

Xiao'er Xiesuting Keli

【方源】新研制方《中国药典》2020 年版

【处方】地锦草 360g　儿茶 54g　乌梅 60g　焦山楂 90g　茯苓 180g　白芍 90g　甘草 360g

【功能】清热利湿，健脾止泻，缓急止痛。

【主治】用于小儿湿热壅遏大肠所致的泄泻，症见大便稀薄如水样、腹痛、纳差；小儿秋季腹泻及迁延性、慢性腹泻见上述证候者。

【方解】方中地锦草清热利湿而止泻，为君药。茯苓健脾渗湿止泻，儿茶、乌梅酸涩止泻，收涩而不敛邪，为臣药。山楂消食导滞，白芍、甘草缓急止痛，为佐药。甘草同时调和诸药，为使药。诸药合用，共奏清热利湿、健脾止泻、缓急止痛之功，主治小儿湿热所致泄泻。

【药理作用】主要有抑制肠蠕动、镇痛、抗炎等作用。

【临床应用】

1. 辨证要点　临床以大便稀溏，或便下不爽，气味秽臭，腹痛，纳差，或肛门灼热，舌红苔黄腻，脉滑数为辨证要点。

2. 现代应用　常用于小儿腹泻属湿热蕴结者。

3. 应用注意　忌食生冷油腻；腹泻严重，有较明显脱水表现者应及时就医。

【性状】本品为棕黄色的颗粒；味甜、微涩。

【剂型规格】颗粒剂。每袋装 3g 或 5g 或 10g。

【用法用量】口服。6 个月以下，一次 1.5g ~ 3g；6 个月至 1 岁以内，一次 3 ~ 6g；1 ~ 3 岁，一次 6 ~ 9g；3 ~ 7 岁，一次 10 ~ 15g；7 ~ 12 岁，一次 15 ~ 20g，一日 3 ~ 4 次；或遵医嘱。

【贮藏】密封。

（二）小儿健脾止泻中成药

小儿健脾止泻中成药主治小儿脾虚泄泻。多因脾虚所致，症见大便溏泻，食少腹胀，面黄肌瘦，食少乏力等。代表中成药有止泻灵颗粒等。

你知道吗

脾虚泄泻是证名，是脾气虚，或病后过服寒凉，或饮食失节，或劳倦伤脾所致之泄泻。

其他小儿止泻中成药见表9-4。

表9-4　其他小儿止泻中成药

分类	品名	功能	主治	用法用量	使用注意
小儿止泻类	止泻灵颗粒	健脾益气，渗湿止泻	脾胃虚弱所致的大便溏泄，饮食减少，食后腹胀，倦怠懒言以及慢性肠炎见上述证候者	口服，一次12g，6岁以下儿童减半或遵医嘱，一日3次	服药期间忌食生冷、辛辣油腻之物；糖尿病患者慎用
	丁桂儿脐贴	健脾温中，散寒止泻	适用于小儿泄泻，腹痛的辅助治疗	外用。贴于脐部，一次1贴，24小时换药一次	本品为外用药，禁止内服；皮肤破溃处禁用；忌食生冷、油腻及不易消化食物

第七节　小儿驱虫中成药

PPT

学习目标

知识要求

1. **掌握**　本节所列中成药的功能主治、使用注意及用法用量。
2. **熟悉**　小儿驱虫中成药的概念、病因；本节所列中成药处方组成及使用时的辨证要点。
3. **了解**　本节所列中成药的药理作用及现代应用。

能力要求

1. 熟练掌握小儿虫积证的辨病辨证分型方法。
2. 学会运用本节所学专业知识介绍小儿驱虫中成药的治疗特点、使用注意及用法用量等。

实例分析

实例　某患儿，男，4岁，脐腹作痛，时发时止，面色萎黄，胃中嘈杂，呕吐清水，不思饮食，精神萎靡。

问题　1. 初步判断该患儿所患是何病证？

　　　2. 根据该患儿所患病证，重点介绍哪类中成药？如何介绍？

一、概述

【概念】凡以驱虫为主要作用，用于治疗小儿消化道寄生虫病的中成药，称为小儿驱虫中成药。

【病因】多因饮食不洁，虫卵随饮食物入口所致。

【功能与主治】本类药主要具有驱虫或健脾消积之功。主治小儿虫积证。

【临床表现】脐腹作痛，时发时止，面色萎黄或面白唇红，或胃中嘈杂，呕吐清水，或形体消瘦，不思饮食，精神萎靡等。

【使用注意】

1. 临证需根据各类中成药的功效主治，辨证合理使用。

2. 本类中成药宜在空腹时服用，尤以临睡前服用为妥，并应忌食油腻香甜之物。

> **请你想一想**
>
> 小儿驱虫中成药的功能与主治、使用注意分别是什么？

二、常见小儿驱虫中成药

代表中成药有肥儿丸等。

肥儿丸
Fei'er Wan

【方源】《太平惠民和剂局方》《中国药典》2020 年版

【处方】煨肉豆蔻 50g　木香 20g　六神曲（炒）100g　炒麦芽 50g　胡黄连 100g　槟榔 50g　使君子仁 100g

【功能】健脾消积，驱虫。

【主治】用于小儿消化不良，虫积腹痛，面黄肌瘦，食少腹胀泄泻。

【方解】方中使君子、槟榔杀虫驱蛔，为君药。辅以肉豆蔻芳香健脾而止泻，木香辛香行气消胀而止痛，共为臣药。佐以麦芽、神曲消食导滞、健脾和胃，食积、虫积郁而化热，故配胡黄连清热除疳。诸药合用，共呈消积驱虫，健脾清热之功，主治小儿消化不良，虫积腹痛证。

【药理作用】主要有助消化、驱虫、抗菌等作用。

【临床应用】

1. 辨证要点　本药为治疗食滞虫积，脾虚失运，郁热内生之小儿虫积、疳积的常用中成药。临床以腹痛，面黄肌瘦，倦怠嗜卧，舌淡尖红，苔白，脉细为辨证要点。

2. 现代应用　常用于小儿肠道蛔虫症、小儿慢性消化不良等属虫积内生，脾虚失运者。

3. 应用注意　若疳积后期，脾胃衰败、气阴耗伤者，不宜使用。

【性状】　本品为黑棕色至黑褐色的大蜜丸；味微甜、苦。

【剂型规格】　丸剂。大蜜丸每丸重3g。

【用法用量】　口服。一次1~2丸，一日1~2次，3岁以内小儿酌减。

【贮藏】　密封。

目标检测

一、单项选择题

1. 用于治疗小儿外感风热所致的感冒的中成药是（　　）

   A. 小儿至宝丸　　　　　B. 牛黄抱龙丸　　　　C. 一捻金

   D. 小儿退热合剂　　　　E. 解肌宁嗽丸

2. 小儿柴桂退热口服液的功能是（　　）

   A. 疏风解表，解毒利咽　　　　　　B. 发汗解表，清里退热

   C. 清热解毒，宣肺化痰　　　　　　D. 解表宣肺，止咳化痰

   E. 清肺解表，化痰止嗽

3. 小儿百部止咳糖浆的功能是（　　）

   A. 清肺，止咳，化痰　　　　　　　B. 祛痰，镇咳

   C. 清肺，解表，化痰，止嗽　　　　D. 清热解毒，宣肺化痰

   E. 清热利咽，解毒止痛

4. 用于治疗小儿风寒外束、肺经痰热所致的面赤身热、咳嗽气促、痰多黏稠、咽痛声哑的中成药是（　　）

   A. 小儿至宝丸　　　　B. 小儿止咳糖浆　　　C. 儿童清肺丸

   D. 小儿百部止咳糖浆　　E. 小儿咽扁颗粒

5. 用于治疗热毒内蕴、毒邪未尽所致的口疮肿痛、疮疡溃烂、烦躁口渴、大便秘结的中成药是（　　）

   A. 小儿至宝丸　　　　　B. 小儿咽扁颗粒　　　C. 儿童清肺丸

   D. 小儿化毒散　　　　　E. 牛黄抱龙丸

6. 小儿化毒散的功能是（　　）

   A. 清肺，止咳，化痰　　　　　　　B. 清热解毒，活血消肿

   C. 清热利咽，解毒止痛　　　　　　D. 祛痰，镇咳

   E. 清热镇惊，祛风化痰

7. 牛黄抱龙丸的君药是（　　）

   A. 牛黄　　　　　　　B. 胆南星　　　　　　C. 天竺黄

   D. 全蝎　　　　　　　E. 朱砂

8. 用于治疗小儿风痰壅盛所致的惊风，症见高热神昏、惊风抽搐的中成药是（　　）

A. 琥珀抱龙丸　　　　　B. 牛黄抱龙丸　　　　C. 小儿惊风散

D. 小儿咽扁颗粒　　　　E. 小儿至宝丸

9. 健儿消食口服液的功能是（　　　）

A. 清热肃肺，消积止咳　　　　　　B. 消食导滞，祛痰通便

C. 健脾导滞，化积除疳　　　　　　D. 健脾益胃，理气消食

E. 开胃消滞，清热定惊

10. 小儿泻速停颗粒的功能是（　　　）

A. 健脾温中，散寒止泻　　　　　　B. 消食导滞，祛痰止泻

C. 清热利湿，健脾止泻，缓急止痛　D. 健脾益气，渗湿止泻

E. 清热解毒，宣肺化痰

11. 用于治疗脾胃虚弱所致的大便溏泄的中成药是（　　　）

A. 止泻灵颗粒　　　　　B. 健儿消食口服液　　C. 小儿泻速停颗粒

D. 丁桂儿脐贴　　　　　E. 小儿化毒散

12. 止泻灵颗粒的功能是（　　　）

A. 健脾温中，散寒止泻　　　　　　B. 消食导滞，祛痰止泻

C. 清热利湿，健脾止泻，缓急止痛　D. 健脾益气，渗湿止泻

E. 清热解表，止咳化痰

13. 用于治疗小儿消化不良，虫积腹痛，面黄肌瘦，食少腹胀泄泻的中成药是（　　　）

A. 止泻灵颗粒　　　　　B. 健儿消食口服液　　C. 肥儿丸

D. 丁桂儿脐贴　　　　　E. 一捻金

14. 肥儿丸的功能是（　　　）

A. 健脾温中，散寒止泻　　　　　　B. 消食导滞，祛痰止泻

C. 健脾消积，驱虫　　　　　　　　D. 健脾益气，渗湿止泻

E. 开胃消滞，清热定惊

二、配伍选择题

A. 清肺，止咳，化痰　　　　　　　B. 清热解表，止咳化痰

C. 清肺，解表，化痰，止嗽　　　　D. 祛痰，镇咳

E. 温肺化饮

15. 小儿止咳糖浆的功能是（　　　）

16. 小儿清肺止咳片的功能是（　　　）

A. 肺卫热盛所致的喉痹

B. 热毒内蕴、毒邪未尽所致的口疮肿痛

C. 热邪犯于肺卫所致发热

D. 风寒外束、肺经痰热所致的面赤身热

E. 外感温邪，脏腑实热引起的咽喉肿痛

17. 小儿咽扁颗粒的主治是（　　　）

18. 小儿清热宁颗粒的主治是（　　　）

A. 脾胃不和、痰食阻滞所致停食停乳、腹胀便秘、痰盛喘咳

B. 小儿饮食积滞、痰热蕴肺所致的咳嗽、夜间加重、喉间痰鸣、腹胀、口臭

C. 小儿食滞化热所致的厌食、烦躁、恶心呕吐、口渴、脘腹胀满、大便干燥

D. 脾胃虚弱所致的面黄肌瘦、腹胀腹痛、厌食或食欲不振、大便失调

E. 脾胃气虚所致的食欲不振、消化不良、面黄身瘦、大便稀溏

19. 一捻金的主治是（　　　）

20. 儿康宁糖浆的主治是（　　　）

书网融合……

e 划重点

自测题

第十章 知晓五官科常用中成药

第一节 治鼻病中成药

PPT

学习目标

知识要求

1. **掌握** 本节所列治鼻病中成药的功能主治、使用注意及用法用量等。

2. **熟悉** 治鼻病中成药所治疗的病证成因、常见临床表现及代表性中成药；本节所列中成药使用时的辨证要点；千柏鼻炎片、鼻炎康片、藿胆片、通窍鼻炎片的处方组成。

3. **了解** 本节所列中成药的药理作用及现代应用。

能力要求

1. 熟练掌握常见鼻病的辨病辨证分型方法。

2. 学会运用本节所学专业知识介绍治鼻病中成药的治疗特点、使用注意及用法用量等。

实例分析

实例 刘某，女，45岁，近2年来经常打喷嚏，流清涕，鼻塞，每遇冷风即发作。平素怕风，自汗，易感冒，气怯声低，二便正常。检查发现双侧鼻黏膜色淡，下鼻甲肿胀，舌淡红，苔白，脉虚弱。

问题 1. 刘某所患疾病是什么证型？

2. 根据刘某所患病证，可选用哪种中成药进行治疗？

中医认为鼻司嗅觉，助发音，为肺之外窍，又为一身血脉所经。鼻病的致病外邪多为风、热、寒、湿，脏腑的病变多为肺、脾、胆、肾。常见的鼻病有鼻疔、鼻塞、鼻衄、鼻渊、鼻鼽、鼻窒等。鼻渊，主要表现为鼻流多量浊涕，伴有头痛、鼻塞、嗅觉减退等症。有急、慢性之分，本病相当于西医鼻窦炎。引起本病的原因主要有肺经风热、胆府郁热、脾经湿热、肺气虚寒、脾气虚弱等。鼻鼽，以突发和反复发作性鼻塞、鼻痒、喷嚏、鼻流清涕为主要症状。与过敏性鼻炎相似，属于变态反应性疾病。本病的发生，体内原因多为脏腑功能失调，外界原因多为感受风寒，异气之邪侵袭鼻窍而致。鼻窒，主要表现为鼻塞，呈间歇性，时堵时不堵；交替性，是指左右鼻孔交换的鼻塞；持久性是指较长时间鼻塞。本病病程较长，以秋冬季多见，相当于西医之慢性鼻炎。多因外受风邪、日久不愈或脾肺气虚、邪毒久留、气滞血瘀所致。

西医学中常见的鼻病有鼻炎、鼻窦炎、副鼻窦炎、鼻出血等。代表中成药有千柏鼻炎片、鼻炎康片、通窍鼻炎片、藿胆片等。

千柏鼻炎片

Qianbai Biyan Pian

【方源】　新研制方《中国药典》2020 年版

【处方】　千里光 2424g　卷柏 404g　羌活 16g　决明子 242g　麻黄 81g　川芎 8g　白芷 8g

【功能】　清热解毒，活血祛风，宣肺通窍。

【主治】　用于风热犯肺、内郁化火、凝滞气血所致的鼻塞，鼻痒气热、流涕黄稠、或持续鼻塞、嗅觉迟钝；急、慢性鼻炎，急、慢性鼻窦炎见上述证候者。

【方解】　方中千里光苦寒，清热解毒，清肝明目，为君药。卷柏辛平，活血止血，通经止痛；决明子清泻肝火，又能疏散风热，润肠通便；羌活上升发散，作用强烈，气雄而散，主散肌表游风及寒湿之邪；麻黄开宣肺气；白芷散风燥湿，芳香上达，宣通鼻窍；川芎活血行气，祛风止痛，同为辅佐药。诸药配合，共奏清热解毒，活血祛风，宣肺通窍之功。

【药理作用】　主要有抑菌、抗过敏等作用。

【临床应用】

1. 辨证要点　临床以鼻塞，鼻痒气热，流涕黄稠，或持续鼻塞，嗅觉迟钝，舌质红，苔薄黄，脉浮数为辨证要点。

2. 现代应用　临床多用于治疗急、慢性鼻炎、鼻窦炎，过敏性鼻炎及咽炎等。

3. 使用注意　忌辛辣、鱼腥食物；孕妇慎用。

【性状】　本品为糖衣片或薄膜衣片，除去包衣后显棕褐色至棕黑色；味苦。

【剂型规格】　片剂。薄膜衣片每片重 0.44g。

【用法用量】　口服。一次 3 ~ 4 片，一日 3 次。

【贮藏】　密封。

鼻炎康片

Biyankang Pian

【方源】　新研制方《中国药典》2020 年版

【处方】　广藿香 206g　苍耳子 257g　鹅不食草 257g　麻黄 129g　野菊花 129g　当归 166g　黄芩 109g　猪胆粉 13g　薄荷油 0.92g　马来酸氯苯那敏 1g

【功能】　清热解毒，宣肺通窍，消肿止痛。

【主治】用于风邪蕴肺所致的急、慢性鼻炎，过敏性鼻炎。

【方解】方中野菊花功善疏散风热、清热解毒，黄芩苦寒清热燥湿、泻火解毒，猪胆粉苦寒清热解毒，三药配伍，清热解毒力胜，针对主要病机，共为君药。麻黄、薄荷宣肺散邪，苍耳子味辛散风、通窍止痛，三药辅助君药，增强疏风散邪，宣肺通窍之功，共为臣药。广藿香芳香化湿，鹅不食草祛湿化浊，以助君臣药物化湿浊通窍，当归和血行血，以防辛温燥烈之品耗伤气血，共为佐药。更加抗组胺之西药马来酸氯苯那敏直接抑制过敏反应。诸药合用，标本兼顾，共达清热解毒，宣肺通窍，消肿止痛之效。

【药理作用】主要有抑菌、抗炎、抗过敏、收缩血管等作用。

【临床应用】

1. 辨证要点　临床以鼻塞，鼻痒，喷嚏，流清涕或浊涕，舌质红，苔薄黄，脉浮数为辨证要点。

2. 现代应用　常用于治疗鼻炎。

3. 使用注意　孕妇及高血压患者慎用，用药期间不宜驾驶车辆、管理机器及高空作业等。忌食辛辣食物；不宜过量、久服。

【性状】本品为薄膜衣片，除去包衣后显浅褐色至棕褐色；味微甘而苦涩，有凉感。

【剂型规格】片剂。每片重0.37g（含马来酸氯苯那敏1mg）。

【用法用量】口服。一次4片，一日3次。

【贮藏】密封。

藿胆片

Huodan Pian

【方源】《医宗金鉴》《中国药典》2020年版

【处方】广藿香叶提取物62.5g　猪胆粉93.75g

【功能】芳香化浊，清热通窍。

【主治】用于湿浊内蕴、胆经郁火所致的鼻塞、流清涕或浊涕、前额头痛。

【方解】方用猪胆汁性味苦寒、主清肝胆经之热，广藿香叶芳香行散，性温而不燥，化湿浊又能发表。二药合用，共奏清热化浊、宣通鼻窍之功。

【药理作用】主要有抑菌、抗过敏、镇痛等作用。

【临床应用】

1. 辨证要点　临床以鼻塞，流清涕或浊涕，前额头痛，舌质红，苔黄腻，脉弦数为辨证要点。

2. 现代应用　常用于治疗鼻炎、鼻窦炎。也用于过敏性鼻炎发作前期。

3. 使用注意　忌辛辣、鱼腥食物。

【性状】本品为糖衣片；除去糖衣后显淡褐色；具有引湿性，气芳香，味苦。

【剂型规格】片剂。糖衣片，片心重0.2g。另有丸剂。

【用法用量】口服。一次3~5片，一日2~3次；儿童酌减或饭后服用，遵医嘱。

【贮藏】密封，置阴凉处。

> **请你想一想**
>
> 千柏鼻炎片和藿胆片的功能有什么不同？

通窍鼻炎片

Tongqiao Biyan Pian

【方源】新研制方《中国药典》2020年版

【处方】炒苍耳子200g　防风150g　黄芪250g　白芷150g　辛夷150g　炒白术150g　薄荷50g

【功能】散风固表，宣肺通窍。

【主治】用于风热蕴肺、表虚不固所致的鼻塞时轻时重、鼻流清涕或浊涕、前额头痛；慢性鼻炎、过敏性鼻炎、鼻窦炎见上述证候者。

【方解】方中苍耳子为君药，以散风除湿，通窍止痛；辛夷、白芷为臣药，以发散风寒，宣通鼻窍；佐以薄荷疏散风热，清利头目；再加黄芪大补脾肺之气，白术健脾益气，防风走表祛风，诸药合用，以奏散风消炎，宣通鼻窍之功。

【药理作用】主要有抗菌作用、调节肌体免疫功能、抗炎作用、抗病毒作用、镇痛等作用。

【临床应用】

1. 辨证要点　临床以鼻塞，清涕或浊涕，舌质红，苔薄黄，脉浮数为辨证要点。

2. 现代应用　常用于鼻炎、鼻窦炎及过敏性鼻炎。

3. 使用注意　忌烟酒、辛辣、鱼腥食物；不宜在服药期间同时服用滋补性中药。

【性状】本品为糖衣片或薄膜衣片，除去包衣后显黄棕色至棕褐色；味微苦、辛凉。

【剂型规格】片剂。薄膜衣片，每片重0.3g（相当于饮片1.1g）。

【用法用量】口服。一次5~7片，一日3次。

【贮藏】密封。

其他治鼻病中成药，见表10-1。

表10-1　其他治鼻病中成药

品名	功能	主治	用法用量	使用注意
鼻窦炎口服液	疏散风热，清热利湿，宣通鼻窍	用于风热犯肺，湿热内蕴所致的鼻塞不通，流黄稠涕；急慢性鼻炎，鼻窦炎见上述证候者	口服。一次10ml，一日3次。20日为一疗程	忌烟酒、辛辣、鱼腥食物

PPT

第二节 治耳病中成药

学习目标

知识要求

1. **掌握** 本节所列治耳病中成药的功能主治、使用注意及用法用量等。

2. **熟悉** 治耳病中成药所治疗的病证成因、常见临床表现及代表性中成药;本节所列中成药使用时的辨证要点;耳聋左慈丸的处方组成。

3. **了解** 本节所列中成药的药理作用及现代应用。

能力要求

1. 熟练掌握常见耳病的辨病辨证分型方法。

2. 学会运用本节所学专业知识介绍治耳病中成药的治疗特点、使用注意及用法用量等。

中医认为耳司听觉,主平衡,为肾之窍。《灵枢》说:"耳者宗脉之所聚。"因此,脏腑的生理功能和病理变化常循经脉反应于耳,而耳发生病变,亦会循经脉波及脏腑。耳病的致病外邪多见于风、热、湿邪;内因多为肝、肾、心、脾等脏腑功能失调。

常见的耳病有耳鸣耳聋、脓耳、眩晕等。耳鸣耳聋,其中耳鸣是指自觉耳内鸣响的听觉幻觉;耳聋则是指听力减退。耳鸣耳聋是多种疾病的证候群之一,若以耳鸣、耳聋为主症者,也可以作为一个疾病对待。耳鸣、耳聋在临床上可单独出现,亦可同时出现,导致本病病因是多方面的,主要有风热外邪侵袭,肝火上扰清窍,痰火壅结耳窍,肾精亏损,脾胃虚弱等。

脓耳又称聤耳、耳疳,是因邪热上犯耳窍,血腐化脓所致。以鼓膜穿孔,耳内流脓,听力下降为特征。多发于儿童,本病相当于西医急、慢性化脓性中耳炎及乳突炎。

耳鸣耳聋、脓耳、眩晕可见于西医学的突发性耳聋、混合性耳聋、外耳道炎、中耳炎等。

代表中成药有耳聋左慈丸等。

耳聋左慈丸

Erlong Zuoci Wan

【方源】《小儿药证直诀》《中国药典》2020 年版

【处方】煅磁石 20g 熟地黄 160g 山茱萸(制)80g 牡丹皮 60g 山药 80g 茯苓 60g 泽泻 60g 竹叶柴胡 20g

【功能】滋肾平肝。

【主治】用于肝肾阴虚，耳鸣耳聋，头晕目眩。

【方解】本方系六味地黄丸加磁石、柴胡而成。一升（柴胡）一降（磁石），调理气机，重镇潜阳，颇为巧妙。方用磁石补肾益精，重镇安神，聪耳明目；熟地黄滋阴养血，益精补髓，同为君药。山茱萸固摄下元、补益肝肾，山药补气养阴，为臣药。茯苓、泽泻、牡丹皮为佐药，辅佐君药健脾利湿，清热凉血。柴胡芳香疏泄，可升可散，善升举清阳之气以聪耳，且能引药上行，为使药。诸药配伍功善滋肾平肝。

【药理作用】主要有镇静、减轻庆大霉素对耳的毒性等作用。

【临床应用】

1. 辨证要点　临床以肝肾阴虚，耳聋耳鸣，头晕目眩，舌红少苔，苔薄黄，脉细数为辨证要点。

2. 现代应用　该中成药为耳科常用药之一，常用于治疗神经性耳聋、药物中毒性耳聋，突发性耳聋和白内障等。

3. 使用注意　忌烟酒、辛辣、鱼腥食物；感冒时不宜服用。

【性状】本品为棕黑色的水蜜丸，或为黑棕色的大蜜丸；味甜、微酸。

【剂型规格】丸剂。水蜜丸每 10 丸重 1g 或每 15 丸重 3g；大蜜丸每丸重 9g。

【用法用量】口服。水蜜丸一次 6g；大蜜丸一次 1 丸，一日 2 次。

【贮藏】密封。

> **请你想一想**
>
> 耳聋左慈丸的功能是什么？适宜于哪些耳科疾病？

第三节　治咽喉病中成药

学习目标

PPT

知识要求

1. **掌握**　本节所列治咽喉病中成药的功能主治、使用注意及用法用量等。

2. **熟悉**　治咽喉病中成药所治疗的病证成因、常见临床表现及代表性中成药；本节所列中成药使用时的辨证要点；黄氏响声丸、桂林西瓜霜、清咽丸、冬凌草片、复方草珊瑚含片等的处方组成。

3. **了解**　本节所列中成药的药理作用及现代应用。

能力要求

1. 熟练掌握常见咽喉病的辨病辨证分型方法。

2. 学会运用本节所学专业知识介绍治咽喉病中成药的治疗特点、使用注意及用法用量等。

实例分析

实例　徐某，男，36 岁。近半年持续咽部刺痛、咽干不适，迁延不愈，伴痰黏难咯，但量少。纳可，二便通利。查阅病史发现患者以前就有咽痛反复发作，时有发烧、咽痛，用药后即控制。舌质暗有瘀点，苔白腻，脉细涩。喉关暗红，喉核肥大质韧，表面凹凸不平。

问题　1. 初步分析患者所患疾病属中医何种证型？

　　　　2. 根据徐先生所患病证，可使用哪种治咽喉病中成药？

中医认为咽喉司饮食、行呼吸、发声音，又是经脉循行之要冲。咽喉病的发生，内因多为肺、脾、胃、肾等功能失常，外因多为风、热、湿、疫等邪气乘机侵犯，其表现多为火热上炎，有"咽喉诸病皆属于火"之说。临床常见的咽喉病有乳蛾、喉痹、喉痛、喉瘖等。乳蛾，西医称急性扁桃体炎。喉痹，分急性和慢性两种。急喉痹以咽喉痛为主要症状，重者可有声音嘶哑甚至呼吸困难。急喉痹与西医急性咽炎及喉炎相似，病因主要有感受风寒、风热或肺胃热盛等。慢喉痹主要表现为咽干、微痛，常有"吭""咯"的动作，因咽痒而引起咳嗽，易受刺激而恶心干呕。慢喉痹与西医慢性咽炎相似，致病外因有病后余邪未尽，粉尘、浊气刺激，嗜好烟酒、辛辣；内因主要是肺肾阴虚，由于阴液暗耗、虚火上炎、熏灼咽喉等。中医常见咽喉病可见于西医学的急、慢性咽喉炎、急、慢性扁桃体炎等。

代表中成药有黄氏响声丸、清咽丸、桂林西瓜霜、冬凌草片、复方草珊瑚含片等。

黄氏响声丸
Huangshi Xiangsheng Wan

【方源】经验方《中国药典》2020 年版

【处方】薄荷　浙贝母　连翘　蝉蜕　胖大海　酒大黄　川芎　儿茶　桔梗　诃子肉　甘草　薄荷脑

【功能】疏风清热，化痰散结，利咽开音。

【主治】用于风热外束、痰热内盛所致的急、慢性喉瘖，症见声音嘶哑，咽喉肿痛，咽干灼热，咽中有痰，或寒热头痛，或便秘尿赤；急、慢性喉炎及声带小结、声带息肉初起见上述证候者。

【方解】黄氏响声丸方为经验方，系无锡市著名喉科中医黄莘农家传秘方。以薄荷宣散风热，浙贝母清热散结，化痰止咳，润肺泻热，为君药。连翘清热解毒散结，蝉蜕散风热、利咽、透疹、退翳、解痉，诃子肉降火利咽、涩肠敛肺，三药合用加强君药清热解毒，利咽开音之功；胖大海清热润肺、利咽解毒、润肠通便，同为臣药。儿茶清肺化痰、生津止血，酒大黄清热通下，川芎活血行气，桔梗、薄荷脑清热利咽并载药上行，甘草清热解毒，调和诸药，共为佐使药。诸药合用，共奏疏风清热，化痰散结，利咽开音之功。

【药理作用】主要有抗炎，抗过敏，镇咳祛痰等作用。

【临床应用】

1. 辨证要点　临床以声音嘶哑，咽喉肿痛，咽干灼热，咽中有痰，或寒热头痛，或便秘尿赤，苔薄黄，脉浮数为辨证要点。

2. 现代应用　常用于急、慢性喉炎、声带炎、声带小结、声带息肉或用于喉返神经麻痹所引起的失音，属于痰热互结者。

3. 使用注意　畏寒便溏者慎用。

【性状】本品为糖衣或炭衣浓缩水丸，除去包衣后显褐色或棕褐色；味苦、清凉。

【剂型规格】丸剂。炭衣丸每丸重0.1g或0.133g；糖衣丸每瓶装400丸。

【用法用量】口服。炭衣丸，一次8丸（每丸重0.1g）或6丸（每丸重0.133g）；糖衣丸，一次20丸，一日3次，饭后服用；儿童减半。

【贮藏】密封。

清咽丸

Qingyan Wan

【方源】《兰台轨范》《中国药典》2020年版

【处方】桔梗100g　北寒水石100g　薄荷100g　诃子肉100g　甘草100g　乌梅肉100g　青黛20g　硼砂（煅）20g　冰片20g

【功能】清热利咽，生津止渴。

【主治】用于肺胃热盛所致的咽喉肿痛，声音嘶哑、口干舌燥、咽下不利。

【方解】桔梗辛苦，辛可宣散，苦则降泄，又宣提肺气，祛痰利咽；寒水石清热泻火而除烦止渴，二药合用，功专清热宣肺，为君药。再以薄荷疏风散热，为臣药。以诃子肉、乌梅肉、冰片、硼砂、青黛清热解毒，利咽消肿；以甘草泻火解毒，调和诸药，共为佐使药。诸药配伍，共奏清热利咽之功。

【药理作用】主要有抗炎、抑菌、抗流感病毒等作用。

【临床应用】

1. 辨证要点　本品为治疗咽喉病的常用药。临床以声音嘶哑，咽喉肿痛，口舌干燥，咽喉不利为辨证要点。

2. 现代应用　常用于急、慢性咽喉炎。

3. 使用注意　忌食烟、酒、辛辣之物。

【性状】本品为黑褐色的小蜜丸或大蜜丸；气清凉，味甜、酸、微苦。

【剂型规格】丸剂。小蜜丸每30丸重6g；大蜜丸每丸重6g。

【用法用量】口服或含化。小蜜丸一次6g，大蜜丸一次1丸，一日2~3次。

【贮藏】密封，置阴凉干燥处。

桂林西瓜霜

Guilin Xiguashuang

【方源】新研制方《中国药典》2020年版

【处方】西瓜霜50g　煅硼砂30g　黄柏10g　黄连10g　山豆根20g　射干10g　浙贝母

10g 青黛15g 冰片20g 无患子果（炭）8g 大黄5g 黄芩20g 甘草10g 薄荷脑8g

【功能】 清热解毒，消肿止痛。

【主治】 用于风热上攻，肺胃热盛所致的乳蛾，喉痹，口糜。症见咽喉肿痛，喉核肿大，口舌生疮，牙龈肿痛或出血；急、慢性咽炎，扁桃体炎，口腔炎，口腔溃疡，牙龈炎见上述证候者及轻微烫伤（表皮未破）者。

【方解】 西瓜霜功能清热利咽，为治咽喉诸疾的常用药，为本方君药。山豆根清热解毒，消肿利咽，为治火毒蕴结，咽喉肿痛的要药；硼砂外用能清热、解毒、防腐，二药配合加强君药清热解毒，利咽消肿的作用，为臣药。黄芩、黄连、黄柏、大黄加强臣药清热泻火之力；射干、浙贝母、青黛清热解毒、散结、消痰利咽；无患子果（炭）有小毒，清热祛痰，消积杀虫；薄荷脑为芳香药，可使皮肤或黏膜产生清凉感，以减轻不适及疼痛，同为佐药。甘草清热解毒，调和诸药，为使药。诸药配伍，共奏清热解毒，消肿止痛之功。

【药理作用】 主要有抗炎、抗菌、保护局部黏膜等作用。

【临床应用】

1. 辨证要点 临床以咽喉肿痛，喉核肿大，口舌生疮，牙龈肿痛或出血，舌淡或红，苔薄黄，脉浮数为辨证要点。

2. 现代应用 常用于急、慢性咽炎，扁桃体炎，口腔炎，口腔溃疡，牙龈炎见上述证候者及轻度烫伤（表皮未破）者。

3. 使用注意 忌烟酒、辛辣、鱼腥食物；不宜在服药期间同时服用滋补性中药。

【性状】 本品为灰黄绿色的粉末；气香，味咸、甜、微苦而辛凉。

【剂型规格】 散剂。每瓶装1g或2g或2.5g或3g。

【用法用量】 外用，喷、吹或敷于患处。一次适量，一日数次，重症者兼服，一次1～2g，一日3次。

【贮藏】 密闭。

你知道吗

急、慢性咽炎主要指咽部黏膜、黏膜下及淋巴组织的弥漫性炎症，常伴有其他上呼吸道疾病，是人群中十分常见的一种咽部疾病。

临床症状主要以咽喉部的红肿疼痛、吞咽时感觉不适为症，痰多不易咳净，讲话易疲劳，或于刷牙漱口，讲话多时容易恶心呕吐，多数还伴有发热、咳嗽等上呼吸道感染症状及食欲不振等全身症状。

冬凌草片
Donglingcao Pian

【方源】 新研制方《中国药典》2020年版

【处方】 冬凌草3000g

【功能】清热解毒，清肿散结，利咽止痛。

【主治】用于热毒壅盛所致咽喉肿痛、声音嘶哑；扁桃体炎、咽炎、口腔炎见上述证候者及癌症的辅助治疗。

【方解】方中冬凌草古代文献未见记载，为民间草药。味苦、甘，性微寒。具有清经解毒，利咽清肿，止痛的功能。用于急、慢性扁桃体炎，咽炎，喉炎属热毒壅盛者。

【药理作用】主要有抗菌、消炎和抗肿瘤等作用。

【临床应用】

1. 辨证要点　临床以咽喉肿痛、声音嘶哑，口舌生疮，牙龈肿痛或出血，舌红苔黄，脉数为辨证要点。

2. 现代应用　对于化脓性扁桃体炎，急、慢性咽喉炎及慢性气管炎等有良好的功能，临床试验表明冬凌草对食管癌、贲门癌、结肠癌、肝癌有一定疗效。

3. 使用注意　忌食辛辣、鱼腥食物；冬凌草片用于咽炎、扁桃体炎之轻症，凡体温高、扁桃体化脓者慎用。

【性状】本品为糖衣片或薄膜衣片，除去包衣后显绿棕色至绿褐色，或棕色至棕褐色；味苦。

【剂型规格】片剂。薄膜衣片每片重0.26g；糖衣片（片心重0.25g）。

【用法用量】口服。一次2~5片，一日3次。

【贮藏】密封，置阴凉干燥处。

复方草珊瑚含片

Fufang Caoshanhu HanPian

【方源】新研制方《中国药典》2020年版

【处方】肿节风浸膏30g　薄荷脑0.5g　薄荷素油0.3ml

【功能】疏风清热，消肿止痛，清利咽喉。

【主治】用于外感风热所致的喉痹，症见咽喉肿痛、声哑失音；急性咽喉炎见上述证候者。

【方解】方中肿节风浸膏性平偏寒，有清热解毒，祛风止痛之功，为君药。薄荷脑味辛发散，性凉，通利六阳之会首，助君药疏风放寒，辟秽解毒，为臣药。薄荷油辛凉，疏风清热，以疏散上焦风热之邪，为佐药。本方药虽三味，既能清热解毒，在里清泄邪热，又能疏风散热，使在表之热邪从外面解，共奏清热解毒，祛风止痛之效。

【药理作用】主要有消炎止痛等作用。

【临床应用】

1. 辨证要点　临床以咽喉肿痛，声音嘶哑，舌淡红苔薄黄，脉浮数为辨证要点。

2. 现代应用　常用于治疗急性咽喉炎。

3. 使用注意　忌烟酒、辛辣、鱼腥食物。

【性状】本品为粉红色至棕色的片，或为薄膜衣片，除去包衣后显浅棕色至棕色；

气香，味甜、清凉。

【剂型规格】片剂。（1）每片重 0.44g；（2）每片重 1.0g。

【用法用量】含服。一次 2 片〔规格（1）〕或一次 1 片〔规格（2）〕，每隔 2 小时 1 次，一日 6 次。

【贮藏】密封。

其他治咽喉病中成药见表 10 – 2。

表 10 – 2　其他治咽喉病中成药

品名	功能	主治	用法用量	使用注意
西瓜霜润喉片	清咽利咽，消肿止痛	防治咽喉肿痛，声音嘶哑，喉痹，喉痛，喉蛾，口糜，口舌生疮，牙痛	含服。每小时含化 2 ~ 4 片或每小时含化 1 ~ 2 片	忌烟酒、辛辣、鱼腥食物
铁笛丸	润肺利咽，生津止渴	阴虚肺热津亏引起的咽干声哑，咽喉疼痛，口渴烦躁	口服或含化，一次 2 丸，一日 2 次	忌烟、酒及辛辣食物
夏桑菊颗粒	清肝明目，疏风散热，除湿痹，解疮毒	风热感冒，目赤头痛，高血压，头晕耳鸣，咽喉肿痛，疔疮肿毒	水冲服。一次 1 ~ 2 袋，一日 3 次	忌烟、酒及辛辣、生冷、油腻食物
金嗓散结丸	清热解毒，活血化瘀，利湿化痰	热毒蕴结、气滞血瘀所致的声音嘶哑、声带充血、肿胀；慢性喉炎、声带小结、声带息肉见上述证候者	口服。水蜜丸一次 60 ~ 120 丸，大蜜丸一次 1 ~ 2 丸。一日 2 次	忌辛辣食物。孕妇慎服、运动员慎用
金嗓开音丸	清热解毒，疏风利咽	风热邪毒所致的咽喉肿痛，声音嘶哑；急性咽炎、亚急性咽炎、喉炎见上述证候者	口服。水蜜丸一次 60 ~ 120 丸，大蜜丸一次 1 ~ 2 丸，一日 2 次	忌烟、酒及辛辣食物

第四节　治口腔病中成药

PPT

学习目标

知识要求

1. **掌握**　本节所列治口腔病中成药的功能主治、使用注意及用法用量等。

2. **熟悉**　治口腔病中成药所治疗的病证成因、常见临床表现及代表性中成药；本节所列中成药使用时的辨证要点；珠黄散、口炎清颗粒的处方组成。

3. **了解**　本节所列中成药的药理作用及现代应用。

能力要求

1. 熟练掌握常见口腔病的辨病辨证分型方法。

2. 学会运用本节所学专业知识介绍治口腔病中成药的治疗特点、使用注意及用法用量等。

口齿唇舌是人体重要组成部分，具有进水谷，辨五味，泌津液、磨谷食，助消化和出语音等功能。当脾、心、肾、肝等脏腑功能失调，皆可引起口齿唇舌的疾病，常见的疾病有牙痛、龋齿、口疮口糜等。口疮，是指口腔黏膜发生浅表溃疡，呈圆形或椭圆形，感觉烧灼样疼痛。可单发，也可同时发生多个口疮，常反复发作，病程可长达数年。相当于西医的复发性口腔溃疡。病因主要有胃火、心火上炎、肝郁气滞、阴虚火旺、脾胃虚弱等。牙痛，是一种常见的疾病，主要由牙齿和牙周组织疾病引起，如龋齿和牙龈炎、智齿冠周炎、牙周炎等是引起牙痛的常见原因。中医将牙痛分为风寒牙痛、风热牙痛、胃火牙痛、虚火牙痛等类型。诊断用药时，不能认为牙痛的病因都是"上火"，应当根据不同的牙痛情况，和所伴有的全身表现以及舌苔、脉象等，分清虚、实、寒、热，是感受外邪还是有关脏腑病变等不同情况，从而判断出证候类型，才能做到准确选药，使牙痛缓解或消除。如果自己不能辨别属于哪种类型，应在医师、药师指导下用药。

代表中成药有珠黄散、口炎清颗粒等。

你知道吗

口腔溃疡是多种因素综合作用的结果，具体包括局部创伤、精神紧张、食物、药物、营养不良、激素水平改变及维生素或微量元素缺乏。系统性疾病、遗传、免疫及微生物在口腔溃疡的发生、发展中可能起重要作用。如缺乏微量元素锌、铁，缺乏叶酸、维生素 B_{12} 以及营养不良等，可降低免疫功能，增加口腔溃疡发病的可能性；血链球菌及幽门螺旋杆菌等细菌也与口腔溃疡关系密切。口腔溃疡通常预示着机体可能有潜在系统性疾病，口腔溃疡与胃溃疡、十二指肠溃疡、溃疡性结肠炎、局限性肠炎、肝炎、女性经期、B 族维生素吸收障碍症、自主神经功能紊乱症等均有关。

珠黄散

Zhuhuang San

【方源】《绛囊摄要》《中国药典》2020 年版

【处方】人工牛黄 500g　珍珠 500g

【功能】清热解毒，祛腐生肌。

【主治】用于热毒内蕴所致的咽痛、咽部红肿、糜烂、口腔溃疡久不收敛。

【方解】方用牛黄清热解毒，珍珠清热解毒、生肌敛疮。二药合用，具有清热解毒、化腐生肌的功能。此方组成简单，但功专效佳。

【药理作用】主要有抗炎、抑菌、抗溃疡、促进伤口愈合等作用。

【临床应用】

1. 辨证要点　临床以咽喉红肿疼痛、溃烂、口舌生疮为辨证要点。

2. 现代应用　常用于急性咽炎，急性扁桃体炎，复发性口腔溃疡等病。

3. 应用注意 忌食辛辣、油腻、厚味食物。

【性状】本品为淡黄色的粉末；气腥。

【剂型规格】散剂。

【用法用量】取药少许吹患处，一日 2 ~ 3 次。

【贮藏】密封。

口炎清颗粒

Kouyanqing Keli

【方源】新研制方《中国药典》2020 年版

【处方】天冬 250g 麦冬 250g 玄参 250g 山银花 300g 甘草 125g

【功能】滋阴清热，解毒消肿。

【主治】用于阴虚火旺所致的口腔炎症。

【方解】方用玄参滋阴降火、清虚热，天冬清肺降火、滋阴润燥，麦冬清心除烦、润肺养阴、益胃生津，金银花、甘草清热解毒，诸药合用，共奏滋阴清热、解毒消肿之功。

【药理作用】主要有抗炎、抗溃疡等作用。

【临床应用】

1. 辨证要点 临床以牙痛、龋齿、口疮口糜，兼见午后潮热，面颊绯红，口烦盗汗、失眠，咽部异物感，舌红少苔，脉细数为辨证要点。

2. 现代应用 常用于阴液虚亏，虚火浮越引起的口腔各种病症，兼见午后潮热，面颊绯红，口烦盗汗、失眠，咽部异物感等。

3. 使用注意 忌烟、酒及辛辣、油腻食物。

【性状】本品为棕黄色至棕褐色的颗粒；味甜、微苦；或味甘、微苦（无蔗糖）。

【剂型规格】颗粒剂。每袋装 10g 或 3g（无蔗糖）。

【用法用量】口服。一次 2 袋，一日 1 ~ 2 次。

【贮藏】密封。

其他治口腔病中成药见表 10 - 3。

表 10 - 3 其他治口腔病中成药

品名	功能	主治	用法用量	使用注意
口腔溃疡散	清热，消肿，止痛	火热内蕴所致的口舌生疮、黏膜破溃、红肿灼痛；复发性口疮、急性口炎见上述证候者	用消毒棉球蘸药擦患处。一日 2 ~ 3 次	本品不可内服
齿痛消炎灵颗粒	疏风清热，凉血止痛	脾胃积热、风热上攻所致的头痛身热、口干口臭、便秘燥结、牙龈肿痛；急性齿根尖周炎、智齿冠周炎、急性牙龈（周）炎、急性牙髓炎见上述证候者	开水冲服。一次 1 袋，一日 3 次，首次加倍	服药期间忌食酒和辛辣之物

第五节　治眼病中成药

PPT

学习目标

知识要求

1. **掌握**　本节所列治眼病中成药的功能主治、使用注意及用法用量等。

2. **熟悉**　治眼病中成药所治疗的病证成因、常见临床表现及代表性中成药；本节所列中成药使用时的辨证要点；明目地黄丸、杞菊地黄丸、石斛夜光丸、拨云退翳丸、明目上清片的处方组成。

3. **了解**　本节所列中成药的药理作用及现代应用。

能力要求

1. 熟练掌握常见眼病的辨病辨证分型方法。

2. 学会运用本节所学专业知识介绍治眼病中成药的治疗特点、使用注意及用法用量等。

眼为视觉器官，属五官之一，为肝之外窍，依赖于五脏六腑精气的充养而能视万物，辨五色。当某脏腑功能失调，出现偏盛偏衰时，精气不能上行灌输，或脏腑受邪，邪随经脉上冲于目，可引起眼的病理变化。如临床上常见的肝肾不足者，每有视物昏花或夜盲等症，反之，眼部发生疾病时亦往往会出现全身症状，如青光眼急性发作时，出现偏头痛、恶心呕吐等。导致眼病发生的原因颇多，如时邪、七情、饮食不节、劳倦、先天不足、衰老和外伤等。眼病临床常见症状有：红肿痛痒、糜烂、畏光流泪、视物昏蒙，星点翳障等。多见于西医学的睑腺炎、睑缘炎、视网膜病变、视神经萎缩、青光眼等疾病中。

对于眼病的治疗，除去局部用药（外治法）外，更应该根据脏腑功能的盛衰进行辨证施治（内治法）。目前，眼病不论实证或虚证，治疗时多从治肝着手。

代表中成药有明目地黄丸、杞菊地黄丸、石斛夜光丸、拨云退翳丸、明目上清片等。

明目地黄丸

Mingmu Dihuang Wan

【方源】《万病回春》《中国药典》2020 年版

【处方】熟地黄 160g　酒萸肉 80g　牡丹皮 60g　山药 80g　茯苓 60g　泽泻 60g

枸杞子 60g　菊花 60g　当归 60g　白芍 60g　蒺藜 60g　煅石决明 80g

【功能】滋肾，养肝，明目。

【主治】用于肝肾阴虚，目涩畏光，视物模糊，迎风流泪。

【方解】本药为六味地黄丸加枸杞子、菊花、当归、白芍、蒺藜、石决明而成。方用熟地黄、山茱萸、山药、枸杞子补肝肾，益精血，为君药。当归、白芍、牡丹皮养血和营，菊花、蒺藜疏风清肝明目，石决明平肝潜阳，消障祛翳，为臣药。茯苓、泽泻健脾利湿而不伤阴液，引浮火下行而不伤头目，为佐药。菊花尚清利头目，引药上行为使药。全方补中寓泻，泻中兼补，扶正而不助邪，祛邪而不伤正，共奏滋肾养肝明目之功，为眼科常用药物。

【药理作用】主要有抗菌、抗炎、降压等作用。

【临床应用】

1. 辨证要点　本品为治疗肝肾阴虚所致眼病的常用中成药。临床以头晕目眩，耳鸣耳聋，目涩咽干，腰膝酸软，舌红少苔，脉细弱为辨证要点。

2. 现代应用　常用于治疗视神经萎缩、干燥性角膜炎、老年性泪腺萎缩、老年性白内障早期阶段、慢性单纯性青光眼、中心性浆液性脉络膜视网膜病变等属于肝肾阴虚者。

3. 应用注意　属风热目疾或有外感者勿用。

【性状】本品为黑褐色至黑色的水蜜丸、黑色的小蜜丸或大蜜丸；气微香，味先甜而后苦、涩。

【剂型规格】丸剂。大蜜丸每丸重 9g。

【用法用量】口服。水蜜丸一次 6g，小蜜丸一次 9g，大蜜丸一次 1 丸，一日 2 次。

【贮藏】密封。

你知道吗

青光眼是以视盘萎缩及凹陷、视野缺损及视力下降为共同特征的疾病，病理性眼压增高、视神经供血不足是其发病的原发危险因素，视神经对压力损害的耐受性也与青光眼的发生和发展有关。在房水循环途径中任何一环发生阻碍，均可导致眼压升高而引起的病理改变。

青光眼是导致人类失明的三大致盲眼病之一。临床上根据病因、房角、眼压描记等情况将青光眼分为原发性、继发性和先天性三大类。

杞菊地黄丸

Qiju Dihuang Wan

【方源】《小儿药证直诀》《中国药典》2020 年版

【处方】枸杞子 40g　菊花 40g　熟地黄 160g　酒萸肉 80g　牡丹皮 60g　山药 80g　茯苓 60g　泽泻 60g

【功能】滋肾养肝。

【主治】用于肝肾阴亏，眩晕耳鸣，羞明畏光，迎风流泪，视物昏花。

【方解】本药为六味地黄丸处方加枸杞子、菊花二药而成。方用枸杞子滋补肝肾、生津明目，菊花疏散风热、平肝明目、解毒，长于清上焦之邪热。枸杞子、菊花加六味地黄丸，共奏滋肾养肝明目之功。

【药理作用】主要有增强免疫功能和抗衰老的作用。

【临床应用】

1. 辨证要点 临床以眩晕耳鸣，畏光，迎风流泪，视物昏花为辨证要点。

2. 现代应用 常用于治疗老年性白内障、中心性视网膜炎、视神经萎缩、慢性青光眼、神经衰弱属于肝肾阴虚者。

3. 应用注意 属风热目疾或有外感者勿用。

【性状】本品为棕黑色的水蜜丸、黑褐色的小蜜丸或大蜜丸；味甜、微酸。

【剂型规格】丸剂。大蜜丸每丸重9g。另有浓缩丸、胶囊剂等。

【用法用量】口服。水蜜丸一次6g，小蜜丸一次9g，大蜜丸一次1丸，一日2次。

【贮藏】密封。

> **请你想一想**
>
> 杞菊地黄丸和明目地黄丸在组方上有何不同？在功能主治上的异同点又是什么？

石斛夜光丸

Shihu Yeguang Wan

【方源】《瑞竹堂经验方》《中国药典》2020年版

【处方】石斛30g　人参120g　山药45g　茯苓120g　甘草30g　肉苁蓉30g　枸杞子45g　菟丝子45g　地黄60g　熟地黄60g　五味子30g　天冬120g　麦冬60g　苦杏仁45g　防风30g　川芎30g　麸炒枳壳30g　黄连30g　牛膝45g　菊花45g　盐蒺藜30g　青葙子30g　决明子45g　水牛角浓缩粉60g　羚羊角300g

【功能】滋阴补肾，清肝明目。

【主治】用于肝肾两亏，阴虚火旺，内障目暗，视物昏花。

【方解】方用生熟二地、枸杞子补肾益精，养肝明目，以滋肝肾精血不足之本，共为君药。天麦二冬、石斛滋阴益精、养心益胃，菟丝子、肉苁蓉、蒺藜补肾益精，精血源于水谷，脾为生化之源，故以人参、山药、茯苓、甘草补脾益肺，资生气血，升运精血于目，助君药滋补之效，同为臣药。阴不制阳，肝火上扰，以黄连、草决明、青葙子、水牛角、羚羊角清肝潜阳，明目退翳；肝之阴血虚乏，则风热易袭，又用川芎、防风、菊花等疏散肝经风热，并借诸药升散之性条达肝气，和血通脉；杏仁、枳壳宽胸理气；牛膝强肾益精，引虚火下行；五味子酸敛固涩，均为佐药。甘草调和诸药，为使药。诸药配伍，肝、肾、脾、肺、心同补，补敛清疏兼施，标本兼顾，使五脏之精气充盛而且有所养，上扰之虚火下潜而视物清明。

【药理作用】主要有解热，抗炎，镇痛，抑菌，解毒，增强免疫功能，降血压，提高机体适应性，提高视力等作用。

【临床应用】

1. 辨证要点　本品为治疗肝肾不足之内眼疾病的常用中成药。临床以瞳神散大，视物昏花，或老年内障，腰膝酸软，舌红少苔为辨证要点。

2. 现代应用　常用于治疗白内障、青光眼、视网膜炎、脉络膜炎等眼科疾患，以及神经性头痛、高血压等辨证属肝肾不足，虚热内扰者。

3. 应用注意　阴虚内热者及风热感冒者不宜用。

【性状】本品为棕色的水蜜丸、棕黑色的小蜜丸或大蜜丸；味苦而甜。

【剂型规格】丸剂。大蜜丸每丸重 5.5g。

【用法用量】口服。水蜜丸一次 7.3g，小蜜丸一次 11g，大蜜丸一次 2 丸，一日 2 次。

【贮藏】密封。

拨云退翳丸

Boyun Tuiyi Wan

【方源】《原机启微》《中国药典》2020 年版

【处方】密蒙花 80g　蒺藜（盐炙）60g　菊花 20g　木贼 80g　蛇蜕 12g　蝉蜕 20g　荆芥穗 40g　蔓荆子 80g　薄荷 20g　当归 60g　川芎 60g　黄连 20g　地骨皮 40g　花椒 28g　楮实子 20g　天花粉 24g　甘草 12g

【功能】散风清热，退翳明目。

【主治】用于风热上扰所致的目翳外障、视物不清、隐痛流泪。

【方解】方用密蒙花、蒺藜、木贼、蝉蜕、蛇蜕清肝热，祛风退翳明目，为君药。菊花、薄荷、蔓荆子、荆芥穗、黄连、地骨皮、天花粉散风邪、清热解毒、退目翳，为臣药。楮实子、当归、川芎养肝明目，养血活血行气，促使目翳化散；花椒辛温，辛可发散，温可制寒，意为反佐，四药共为佐药。甘草泻火解毒、调和众药，为使药。诸药合用，共奏散风清热、退翳明目之功。

【药理作用】主要有抑菌、解热、抑制醛糖还原酶等作用。

【临床应用】

1. 辨证要点　临床以目生翳障、视物不清、隐痛流泪为辨证要点。

2. 现代应用　常用于外眼感染性目疾和白内障属风热、肝热所致者。

3. 注意事项　忌食辛辣食物。

【性状】本品为黑褐色至黑色的大蜜丸；气芳香，味苦。

【剂型规格】丸剂。大蜜丸每丸重 9g。

【用法用量】口服。一次 1 丸，一日 2 次。

【贮藏】密封。

明目上清片

Mingmu Shangqing Pian

【方源】《万病回春》《中国药典》2020 年版

【处方】桔梗 70g　熟大黄 70g　天花粉 44g　石膏 44g　麦冬 44g　玄参 70g　栀子 44g　蒺藜 44g　蝉蜕 44g　甘草 44g　陈皮 70g　菊花 70g　车前子 44g　当归 44g　黄芩 70g　赤芍 44g　黄连 70g　枳壳 70g　薄荷脑 0.22g　连翘 44g　荆芥油 0.11ml

【功能】清热散风，明目止痛。

【主治】用于外感风热所致的暴发火眼、红肿作痛、头晕目眩、眼边刺痒、大便燥结、小便赤黄。

【方解】方用黄芩、黄连清热解毒，泻火燥湿，为君药。菊花清肝明目、疏散风热，生石膏清气透热、生津止渴，栀子清泻三焦之火，同为臣药。薄荷、荆芥、连翘清热解毒、疏散风热，蒺藜、蝉蜕疏散风热，疏肝解郁，明目退翳；大黄、车前子清热通里，泻热利水，导热外出；当归、赤芍祛风散瘀，养血凉血，活血止痛；天花粉、麦冬、玄参清热养阴，生津止渴；陈皮、枳壳宽中行气，和胃健脾，燥湿化痰，亦为佐药。桔梗质轻升浮，善于升提肺气，解表利咽，且能载药上行；甘草清热解毒，调和诸药，为使药。诸药合用，共奏清热散风，明目退翳止痛之功。

【药理作用】主要有抗病原微生物、抗炎、解热等作用。

【临床应用】

1. 辨证要点　临床以白睛红赤，黑睛生翳，眵多如脓，畏光流泪，目珠灼热疼痛，大便干结，小便短赤，口干欲饮，舌红苔黄，脉弦数为辨证要点。

2. 现代应用　常用于治疗睑腺炎初起、眼睑炎症脓肿、急性卡他性结膜炎、化脓性角膜炎、匐行性角膜溃疡、巩膜炎、急性虹膜睫状体炎等目疾实热证者。

3. 应用注意　孕妇慎用；忌食辛辣、油腻食物。

【性状】本品为棕色至棕褐色的片；或为薄膜衣片，除去包衣后显棕色至棕褐色；味苦。

【剂型规格】片剂。素片每片重 0.60g；薄膜衣片每片重 0.63g。

【用法用量】口服。一次 4 片，一日 2 次。

【贮藏】密封。

琥珀还睛丸

Hupo Huanjing Wan

【方源】经验方《中国药典》2020 年版

【处方】琥珀 30g　菊花 45g　青葙子 45g　黄连 15g　黄柏 45g　知母 45g　石斛 40g　地黄 90g　麦冬 45g　天冬 45g　党参（去芦）45g　麸炒枳壳 45g　茯苓 45g　炙

甘草 20g　山药 45g　炒苦杏仁 45g　当归 45g　川芎 45g　熟地黄 45g　枸杞子 45g　沙苑子 60g　菟丝子 45g　酒肉苁蓉 45g　杜仲（炭）45g　羚羊角粉 15g　水牛角浓缩粉 18g

【功能】补益肝肾，清热明目。

【主治】用于肝肾两亏、虚火上炎所致的内外翳障、瞳孔散大、视力减退、夜盲昏花、目涩畏光、迎风流泪。

【方解】方中熟地黄、地黄、肉苁蓉、杜仲补肝肾以治其本，枸杞子、菟丝子、沙苑子补肝肾而明目以治方其标，七味合用，补肝肾、明眼目，合为君药。天冬、麦冬、知母、石斛养阴清热；黄连、黄柏清热泻火；党参、山药、茯苓健脾益气，配伍当归、川芎养血和血，合则气血双补，增加补益肝肾之功。琥珀、水牛角、羚羊角、青葙子、菊花清热平肝明目；苦杏仁、枳壳调畅气机，补而不滞，精微上注以濡养眼目；甘草调和药性。诸药合用，共奏补益肝肾，清热明目之功。

【药理作用】主要有镇静、抗惊厥、解热、抗炎、增强网状内皮系统吞噬功能等作用。

【临床应用】

1. 辨证要点　临床以白睛红赤，黑睛生翳，眵多如脓，畏光流泪，目珠灼热疼痛，大便干结，小便短赤，口干欲饮，舌红苔黄，脉弦数为辨证要点。

2. 现代应用　常用于治疗睑腺炎初起、眼睑炎症脓肿、急性卡他性结膜炎、化脓性角膜炎、匐行性角膜溃疡、巩膜炎、急性虹膜睫状体炎等目疾实热证者。

3. 应用注意　忌食辛辣、油腻食物。

【性状】本品为黄褐色至黑褐色的大蜜丸；味甘、微苦。

【剂型规格】丸剂。大蜜丸每丸重 6g。

【用法用量】口服。一次 2 丸，一日 2 次。

【贮藏】密封。

目标检测

一、单项选择题

1. 千柏鼻炎片的君药是（　　　）
   A. 千里光　　B. 羌活　　　C. 决明子　　D. 麻黄　　　E. 川芎

2. 用于风热蕴肺、表虚不固所致的鼻塞时轻时重、鼻流清涕或浊涕、前额头痛；慢性鼻炎、过敏性鼻炎、鼻窦炎见上述证候者的中成药是（　　　）
   A. 藿胆片　　　　　　B. 通窍鼻炎片　　　　　C. 复方草珊瑚含片
   D. 鼻炎康片　　　　　E. 千柏鼻炎片

3. 下列药物不属于鼻炎康片处方组成的（　　　）
   A. 野菊花　　B. 苍耳子　　C. 当归　　　D. 黄芩　　　E. 黄芪

4. 耳聋左慈丸的功能是（　　）

　　A. 滋肾平肝　　　　　　B. 清利咽喉　　　　　　C. 滋阴潜阳

　　D. 清肝明目　　　　　　E. 疏风清热

5. 下列不属于耳聋左慈丸的组成是（　　）

　　A. 熟地黄　　B. 山药　　C. 荆芥　　D. 牡丹皮　　E. 山茱萸

6. 下列中成药属于散剂的是（　　）

　　A. 复方草珊瑚含片　　　B. 黄氏响声丸　　　　　C. 冬凌草片

　　D. 桂林西瓜霜　　　　　E. 清咽丸

7. 用于急慢性喉炎、声带炎、声带小结、声带息肉或用于喉返神经麻痹所引起的
　 失音，属于痰热互结者的中成药是（　　）

　　A. 冬凌草片　　　　　　B. 黄氏响声丸　　　　　C. 复方草珊瑚含片

　　D. 桂林西瓜霜　　　　　E. 清咽丸

8. 急喉痹的主要症状是（　　）

　　A. 目赤　　B. 咽喉痛　　C. 咽干　　D. 舌苔黄　　E. 恶心

9. 下列药物不属于口炎清颗粒处方组成的是（　　）

　　A. 天冬　　B. 麦冬　　C. 玄参　　D. 党参　　E. 甘草

10. 下列不属于口炎清颗粒功能的是（　　）

　　A. 滋阴　　B. 消肿　　C. 清热　　D. 解毒　　E. 凉血

11. 下列药物不属于杞菊地黄丸处方组成的是（　　）

　　A. 枸杞　　B. 菊花　　C. 牡丹皮　　D. 杜仲　　E. 熟地黄

12. 用于外感风热所致的暴发火眼、红肿作痛、头晕目眩、眼边刺痒、大便燥结、
　　小便赤黄的中成药是（　　）

　　A. 明目上清片　　　　　B. 石斛夜光丸　　　　　C. 琥珀还睛丸

　　D. 杞菊地黄丸　　　　　E. 拨云退翳丸

13. 不适用于肝肾不足之白内障、昏花患者的中成药是（　　）

　　A. 明目上清片　　　　　B. 石斛夜光丸　　　　　C. 拨云退翳丸

　　D. 琥珀还睛丸　　　　　E. 杞菊地黄丸

二、多项选择题

14. 千柏鼻炎片的功能是（　　）

　　A. 散风固表　　　　　　B. 活血祛风　　　　　　C. 清热解毒

　　D. 宣肺通窍　　　　　　E. 清热通窍

15. 藿胆片的功能是（　　）

　　A. 消肿止痛　　　　　　B. 活血祛风　　　　　　C. 宣肺通窍

　　D. 清热通窍　　　　　　E. 芳香化浊

16. 脓耳的特征包括（　　）

　　A. 目赤头痛　　　　　　B. 耳聋耳鸣　　　　　　C. 鼓膜穿孔

D. 听力下降　　　　　　　E. 耳内流脓

17. 黄氏响声丸的功能是（　　　）

A. 解毒泻火　　　　　　　B. 利咽开音　　　　　　　C. 化痰散结

D. 清热解毒　　　　　　　E. 疏风清热

18. 复方草珊瑚含片的功能是（　　　）

A. 消肿止痛　　　　　　　B. 疏风清热　　　　　　　C. 生津止渴

D. 化痰散结　　　　　　　E. 清利咽喉

19. 口炎清颗粒临床应用的辨证要点为（　　　）

A. 咽部异物感　　　　　　B. 面颊绯红　　　　　　　C. 舌红少苔，脉细数

D. 午后潮热　　　　　　　E. 口烦盗汗

20. 石斛夜光丸的功能是（　　　）

A. 滋阴补肾　　　　　　　B. 滋阴降火　　　　　　　C. 清肝明目

D. 活血化瘀　　　　　　　E. 清热解毒

21. 下列属于治眼病中成药的是（　　　）

A. 石斛夜光丸　　　　　　B. 明目上清片　　　　　　C. 杞菊地黄丸

D. 桂林西瓜霜　　　　　　E. 黄氏响声丸

22. 杞菊地黄丸的辨证要点包括（　　　）

A. 眩晕耳鸣　　　　　　　B. 黑睛生翳　　　　　　　C. 迎风流泪

D. 畏光　　　　　　　　　E. 视物昏花

书网融合……

划重点　　　　　　　　　　自测题

第十一章　学点外科、皮肤科、骨伤科常用中成药

第一节　外科、皮肤科中成药

PPT

学习目标

知识要求

1. **掌握**　本节所列中成药的功能主治、使用注意及用法用量等。

2. **熟悉**　外科、皮肤科中成药的基本概念；外科、皮肤科中成药所治疗的病证成因、常见临床表现及代表性中成药；本节所列中成药使用时的辨证要点；梅花点舌丸、如意金黄散、湿毒清胶囊、马应龙麝香痔疮膏、京万红软膏等中成药的处方组成。

3. **了解**　本节所列中成药的药理作用及现代应用。

能力要求

1. 熟练掌握外科、皮肤科常见病的辨病辨证分型方法。

2. 学会运用本节所学专业知识介绍外科、皮肤科中成药的治疗特点、使用注意及用法用量等。

实例分析

实例　张某，男，34岁，颈项部皮肤增厚，干燥，瘙痒较剧，情绪波动时，瘙痒随之加剧，部分皮肤因反复搔抓形成苔藓样变化。

问题　1. 该患者所患疾病中医诊断为什么证候？

　　　　2. 可以选择具有什么功能的中药配成处方？介绍哪类中成药给患者比较合适？

中医外科学是中医学的一个重要临床学科，内容丰富，包括疮疡、乳房病、瘿、瘤、岩、肛门直肠疾病、男性前阴病、皮肤病及性传播疾病、外伤性疾病与周围血管病等。凡能用于治疗疮疡、痔疮、痱子、风疹、脚气、烧烫伤、虫蛇咬伤及皮肤瘙痒等病症的中成药，均属于外科、皮肤科中成药。

梅花点舌丸
Meihua Dianshe Wan

【方源】《外科证治全生集》《中国药典》2020年版

【处方】牛黄 60g　珍珠 90g　人工麝香 60g　蟾酥（制）60g　熊胆粉 30g　雄黄 30g　朱砂 60g　硼砂 30g　葶苈子 30g　乳香（制）30g　没药（制）30g　血竭 30g　沉香 30g　冰片 30g

【功能】清热解毒，消肿止痛。

【主治】用于火毒内盛所致的疔疮痈肿初起、咽喉牙龈肿痛、口舌生疮。

【方解】方用牛黄清热解毒，麝香消肿散结、活血止痛，蟾酥解毒消肿、止痛，共为君药。熊胆、冰片、硼砂、雄黄、葶苈子助君药清热解毒、消肿止痛，为臣药。乳香、没药、血竭活血化瘀、消肿散结，珍珠收敛生肌，沉香理气止痛，朱砂解毒、安神，此六药为佐药。诸药配合，共奏清热解毒，消肿止痛功效。

【药理作用】主要有消炎镇痛、抗菌、抗肿瘤、提高免疫功能等作用。

【临床应用】

1. 辨证要点　本品为治疗热毒壅滞之疔疮痈肿初起、口舌生疮的常用药。临床以疔疮痈肿初起，咽痛，牙龈肿痛，口舌生疮，口渴，舌红苔黄，脉数为辨证要点。

2. 现代应用　常用于急性喉炎、急性扁桃体炎、急性咽炎、牙龈肿痛、各种感染性皮肤病等属于热毒壅滞者。

3. 应用注意　孕妇忌服。正虚体弱者慎用。按时服用，不可多服。

【性状】本品为朱红色的包衣水丸，除去包衣后显棕黄色至棕色；气香，味苦、麻舌。

【剂型规格】水丸。每 10 丸重 1g。

【用法用量】口服。一次 3 丸，一日 1~2 次；外用，用醋化开，敷于患处。

【贮藏】密封。

如意金黄散

Ruyi Jinhuang San

【方源】《外科正宗》《中国药典》2020 年版

【处方】姜黄 160g　大黄 160g　黄柏 160g　苍术 64g　厚朴 64g　陈皮 64g　甘草 64g　生天南星 64g　白芷 160g　天花粉 320g

【功能】清热解毒，消肿止痛。

【主治】用于热毒瘀滞肌肤所致疮疡肿痛、丹毒流注，症见肌肤红、肿、热、痛，亦可用于跌打损伤。

【方解】本方重用天花粉清热解毒、消肿散结，为君药。大黄清热泻火、凉血解毒，黄柏清热燥湿、泻火解毒，共为臣药。姜黄活血散瘀，白芷消肿散结，厚朴、陈皮、苍术理气行滞燥湿，天南星祛痰消肿散结，共为佐药。甘草调和诸药，为使药。诸药合用，共奏清热泻火，解毒消肿之功。

【药理作用】主要有抑菌、抗炎、镇痛、解毒、抗溃疡等作用。

【临床应用】

1. 辨证要点　本品为治疗疮疡肿痛的著名中成药。临床以疮疡初起，局部红肿热痛，口渴，舌红苔黄，脉滑数为辨证要点。

2. 现代应用　常用于急性蜂窝组织炎、急性化脓性淋巴结炎、肛周脓肿、急性化脓性骨髓炎、流行性腮腺炎、化脓性腮腺炎、浅静脉炎等属于热毒壅结，气血凝滞者。

3. 应用注意　外用药，不可以内服。痈疽疮疡已溃、阴疽证者忌用，外敷面积最好超出肿胀范围，且中间留孔。

【性状】本品为黄色至金黄色的粉末；气微香，味苦、微甘。

【剂型规格】散剂。每袋9g。

【用法用量】外用。红肿，烦热，疼痛，用清茶调敷；漫肿无头，用醋或葱酒调敷，亦可用植物油或蜂蜜调敷；一日数次。

【贮藏】密封。

白癜风胶囊

Baidianfeng Jiaonang

【方源】新研制方《中国药典》2020年版

【处方】补骨脂33.33g　黄芪33.33g　红花33.33g　川芎33.33g　当归33.33g　香附33.33g　桃仁33.33g　丹参33.33g　乌梢蛇33.33g　紫草33.33g　白鲜皮33.33g　山药33.33g　干姜33.33g　龙胆33.33g　蒺藜433.33g

【功能】活血行滞，祛风解毒。

【主治】用于经络阻隔、气血不畅所致的白癜风，症见白斑散在分布、色泽苍白、边界较明显。

【方解】方中当归活血祛瘀，养血祛风，为君药。桃仁、红花活血行滞，为臣药。丹参、紫草凉血活血；川芎、香附活血理气；补骨脂、干姜、山药、黄芪补肾健脾，益气生血；蒺藜、白鲜皮、乌梢蛇、龙胆祛风除湿活络，为佐药。诸药合用，共奏活血行滞，祛风解毒的功能。

【药理作用】主要有促进皮下色素生成，止痒，消除白斑，对控制、治疗、抑制疾病复发有显著作用。

【临床应用】

1. 辨证要点　临床以皮肤局部色素脱失为辨证要点。

2. 现代应用　用于治疗白癜风。

3. 应用注意　孕妇慎用。

【性状】本品为硬胶囊，内容物为棕黄色至棕褐色的粉末；味辛、微苦。

【剂型规格】胶囊剂。每粒装0.45g。

【用法用量】口服。一次3~4粒，一日2次。

【贮藏】 密封。

湿毒清胶囊

Shiduqing Jiaonang

【方源】 新研制方《中国药典》2020 年版

【处方】 地黄 650g　当归 500g　丹参 300g　蝉蜕 200g　苦参 500g　白鲜皮 500g　甘草 200g　黄芩 125g　土茯苓 125g

【功能】 养血润肤，祛风止痒。

【主治】 用于血虚风燥所致的风瘙痒，症见皮肤干燥、脱屑、瘙痒，伴有抓痕、血痂、色素沉着；皮肤瘙痒症见上述证候者。

【方解】 方用地黄、丹参、当归滋阴润燥、养血祛风、活血除烦，取其"治风先治血，血行风自灭"之理；蝉蜕散风透疹，白鲜皮、苦参、黄芩、土茯苓清热燥湿、祛风止痒，甘草调和诸药。诸药配伍，严谨合理，称之为阴虚能补、血热能清、燥则能润、风则能祛、湿则能除，共成滋阴清热、养血润燥、化湿解毒、祛风止痒之功。

【药理作用】 主要有明显提高对皮肤瘙痒反应的致痒阈、对皮肤过敏反应有显著的抑制等作用。

【临床应用】

1. 辨证要点　临床以皮肤干燥、脱屑、瘙痒为辨证要点。

2. 现代应用　常用于皮肤瘙痒症等属于血虚生风夹湿邪者。

3. 应用注意　孕妇及过敏体质者慎服；忌食辛辣、海鲜之品。

【性状】 本品为硬胶囊，内容物为浅黄棕色至棕褐色的粉末；味微苦。

【剂型规格】 胶囊剂。每粒装 0.5g。

【用法用量】 口服。一次 3～4 粒，一日 3 次。

【贮藏】 密封。

麝香痔疮栓

Shexiang Zhichuang Shuan

【方源】 新研制方《中国药典》2020 年版

【处方】 人工麝香 0.6g　珍珠 0.6g　冰片 67.5g　炉甘石粉 135g　三七 15g　五倍子 75g　人工牛黄 6.3g　颠茄流浸膏 30ml

【功能】 清热解毒，消肿止痛，止血生肌。

【主治】 用于大肠热盛所致的大便出血、血色鲜红、肛门灼热疼痛；各类痔疮和肛裂见上述证候者。

【方解】 方用麝香辛温行散，活血消肿，通经散结止痛，芳香走窜，内彻脏腑，外达肌肤；牛黄清热解毒之良药，善治痈疽疔疮；冰片清热止痛，防腐生肌；珍珠清热解毒，生肌敛疮；炉甘石收湿生肌；三七化瘀止血，消肿定痛；五倍子收敛止血，涩肠止泻；颠茄流浸膏改善微循环。诸药合用，共奏清热解毒，消肿止痛，止血生肌之功。

【药理作用】主要有止血、止痛、抗炎、消肿、促进伤口愈合等作用。

【临床应用】

1. 辨证要点　临床以大便后出血，血色鲜红，肛门灼热疼痛，舌红苔黄，脉数为辨证要点。

2. 现代应用　常用于内痔、外痔、混合痔、肛裂等属大肠热盛者。对肛肠手术后伤口的抗感染和生肌愈合也有疗效。

3. 应用注意　孕妇慎用。

【性状】本品为灰黄色至棕褐色弹头形或鱼雷形的栓剂；气清香。

【剂型规格】栓剂。每粒重1.5g。

【用法用量】早晚或大便后塞于肛门内，一次1粒，一日2次，或遵医嘱。

【贮藏】30℃以下密闭贮存。

马应龙麝香痔疮膏

Mayinglong Shexiang Zhichuang Gao

【方源】经验方《中国药典》2020年版

【处方】人工麝香0.4g　人工牛黄0.5g　珍珠0.38g　煅炉甘石粉108.6g　硼砂10g　冰片45g　琥珀0.15g

【功能】清热燥湿，活血消肿，去腐生肌。

【主治】用于湿热瘀阻所致的各类痔疮、肛裂，症见大便出血，或疼痛、有下坠感；亦用于肛周湿疹。

【方解】方中麝香辛温行散，活血消肿，通经散结止痛，芳香走窜，内彻脏腑，达肌肤；牛黄清热解毒之良药，善治痈疽疔疮；冰片清热止痛，防腐生肌；珍珠、琥珀清热解毒，生肌敛疮；炉甘石收湿生肌；硼砂清热消痰、解毒防腐。诸药合用，奏清热燥湿，活血清肿，去腐生肌之功。

【药理作用】主要有止血、止痛、抗炎、消肿、促进伤口愈合等作用。

【临床应用】

1. 辨证要点　临床以大便后出血，血色鲜红，肛门灼热疼痛，舌红苔黄或腻，脉数为辨证要点。

2. 现代应用　常用于内痔、外痔、混合痔、肛裂等属大肠湿热瘀阻者。对肛肠手术后伤口的抗感染和生肌愈合也有疗效。

3. 使用注意　孕妇禁用。

【性状】本品为浅灰黄色或粉红色的软背；气香，有清凉感。

【剂型规格】软膏剂。

【用法用量】外用，涂擦患处。

【贮藏】遮光，密闭。

京万红软膏

Jingwanhong Ruangao

【方源】新研制方《中国药典》2020 年版

【处方】地榆 地黄 当归 桃仁 黄连 木鳖子 罂粟壳 血余炭 棕榈 半边莲 土鳖虫 白蔹 黄柏 紫草 金银花 红花 大黄 苦参 五倍子 槐米 木瓜 苍术 白芷 赤芍 黄芩 胡黄连 川芎 栀子 乌梅 冰片 血竭 乳香 没药

【功能】活血解毒，消肿止痛，去腐生肌。

【主治】用于轻度水、火烫伤、疮疡肿痛、创面溃烂。

【方解】方中乳香、没药活血化瘀消肿止痛，生肌敛疮；白蔹清热解毒，敛疮生肌，以上共为君药，有活血、凉血、清热、解毒、治疮、生肌之功。当归、桃仁、血余炭、土鳖虫、穿山甲、红花、川芎、赤芍活血化瘀，消肿止痛；黄连、黄芩、黄柏、大黄、金银花、胡黄连、栀子、半边莲、地黄、紫草、木鳖子、苦参、白芷清热燥湿，解毒消肿，凉血止血，排脓祛腐，并为臣药。地榆、罂粟壳、棕榈、五倍子、血竭、槐米、木瓜、乌梅，敛疮生肌，收敛止血，共为佐药。苍术、冰片开窍止痛，为使药。诸药合用活血消肿、祛痰止痛、解毒排脓、去腐生肌之功。

【药理作用】主要有止痛，促进创面愈合，缩短疗程。对感染的深度烧伤创面，有加快去腐、生肌、长皮的良好作用。有较强的杀菌能力，敷药后可减少败血症发生。

【临床应用】

1. 辨证要点 临床以皮肤轻度烧烫伤致红肿热痛或创面溃烂为辨证要点。

2. 现代应用 常用于各种内外痔疮，褥疮，一般外伤，外科术后用含药纱布敷于缝合处，疖痛、蜂窝组织炎、脚气、手癣等。

3. 使用注意 孕妇慎用。

【性状】本品为深棕红色的软膏，具特殊的油腻气。

【剂型规格】软膏剂。每支装 10g 或 20g；每瓶装 30g 或 50g。

【用法用量】用生理盐水清理创面，涂敷本品或将本品涂于消毒纱布上，敷盖创面，用消毒纱布包扎，一日 1 次。

【贮藏】密封，遮光，置阴凉干燥处。

你知道吗

烫伤按程度一般分为三个等级。①一度烫伤：只损伤皮肤表层，局部轻度红肿、无水疱、疼痛明显。②二度烫伤：是真皮损伤，局部红肿疼痛，有大小不等的水疱。③三度烫伤：是皮下脂肪、肌肉、骨骼都有损伤，并呈灰或红褐色。

复方青黛丸

Fufang Qingdai Wan

【方源】经验方《中国药典》2020年版

【处方】青黛40g　乌梅133.3g　蒲公英53.3g　紫草53.3g　白芷66.7g　丹参66.7g　白鲜皮66.7g　建曲40g　绵马贯众40g　土茯苓133.3g　马齿苋133.3g　绵萆薢66.7g　焦山楂40g　南五味子（酒蒸）66.7g

【功能】清热凉血，解毒消斑。

【主治】用于血热所致的白疕、血风疮，症见皮疹色鲜红、筛状出血明显、鳞屑多、瘙痒明显，或皮疹为圆形、椭圆形红斑，上附糠秕状鳞屑，有母斑；银屑病进行期、玫瑰糠疹见上述证候者。

【方解】方中青黛、蒲公英、贯众、马齿苋清热解毒散瘀；紫草、丹参凉血活血去瘀生新；白鲜皮、土茯苓解毒祛湿；白芷发表以散风祛湿、萆薢走下以利湿去浊，两药一表一下，给邪以出路。诸药合用，共奏清热解毒，凉血消斑，祛风止痒之功。

【药理作用】主要有指向性到达病灶部位，消除化解活性氧，修复缺失DNA，促进细胞因子转化，强化皮肤新陈代谢功能，促进新细胞的复苏和再生。

【临床应用】

1. 辨证要点　临床以皮疹色鲜红、筛状出血明显、鳞屑多、瘙痒明显，舌质红或紫暗，有瘀点，脉弦涩为辨证要点。

2. 现代应用　常用于进行期银屑病，玫瑰糠疹，药疹等。

3. 使用注意　孕妇慎用。

【性状】本品为深蓝色的包衣水丸，除去包衣后显灰褐色；气微，味微苦、酸。

【剂型规格】丸剂。每袋装6g。

【用法用量】口服。一次6g，一日3次。

【贮藏】密封。

你知道吗

银屑病俗称牛皮癣，是一种慢性炎症性皮肤病，病程较长，有易复发倾向，有的病例几乎终生不愈。该病发病以青壮年为主，对患者的身体健康和精神状况影响较大。临床表现以红斑，鳞屑为主，全身均可发病，以头皮，四肢伸侧较为常见，多在冬季加重。

活血止痛膏

Huoxue Zhitong Gao

【方源】新研制方《中国药典》2020年版

【处方】干姜28.6g　山柰16.1g　白芷16.1g　甘松14.3g　大黄14.3g　生天南星

9g 生半夏 14.3g 没药 3.6g 乳香 3.6g 冰片 7.2g 薄荷脑 7.2g 樟脑 7.2g 陈皮 16.1g 当归 9g 丁香 9g 胡椒 9g 香加皮 7.2g 细辛 7.2g 荆芥 7.2g 桂枝 7.2g 辛夷 5.4g 川芎 5.4g 独活 5.4g 牡丹皮 3.6g 辣椒 3.6g 苍术 3.6g 颠茄流浸膏 10.7g 水杨酸甲酯 10.7g

【功能】活血止痛，舒筋通络。

【主治】用于筋骨疼痛，肌肉麻痹，痰核流注，关节酸痛。

【方解】方中以干姜、山柰、白芷、甘松温中散寒，理气止痛；生天南星、生半夏燥湿化痰，消肿散结；乳香、没药、当归、川芎、丹皮等活血化瘀止痛；冰片、樟脑等消肿止痛；独活、香加皮、苍术祛风湿，止痹痛；细辛、荆芥、桂枝、辛夷祛风散寒而止痛；再配合丁香、胡椒、辣椒等辛温之品，加强散寒止痛之功。全方以辛温之品为主，共奏活血止痛，舒筋通络之效。

【药理作用】主要有改善微循环、抗炎、镇痛、生肌等作用。

【临床应用】

1. 辨证要点 临床以筋骨疼痛，青紫，得温痛减；舌淡，或紫暗，边有瘀点；脉涩为辨证要点。

2. 现代应用 常用于治疗运动员急性踝关节扭伤；治疗急性软组织损伤；治疗软组织闭合性损伤。

3. 使用注意 孕妇慎用。

【性状】本品为淡棕黄色至橙黄色的片状橡胶膏；气芳香。

【剂型规格】贴膏剂。

（1）5cm×6.5cm。

（2）7cm×10cm。

【用法用量】外用，贴患处。

【贮藏】密封，置阴凉处。

> **请你想一想**
>
> 中医外科常见的病症有哪些？ 分别举出代表性中成药 1～2 种。

消肿止痛酊

Xiaozhong Zhitong Ding

【方源】经验方《中国药典》2020 年版

【处方】木香 71g 防风 71g 荆芥 71g 细辛 71g 五加皮 71g 桂枝 71g 牛膝 71g 川芎 71g 徐长卿 71g 白芷 106g 莪术 71g 红杜仲 106g 大罗伞 152g 小罗伞 106g 两面针 152g 黄藤 144g 栀子 152g 三棱 106g 沉香 49g 樟脑 83g 薄荷脑 83g

【功能】舒筋活络，消肿止痛。

【主治】用于跌打扭伤，风湿骨痛，无名肿毒及腮腺炎肿痛。用于治疗手、足、耳部位的Ⅰ度冻疮（急性期），症见局部皮肤肿胀、瘙痒、疼痛。

【方解】方中大罗伞、小罗伞清热解毒，祛风止痛，消肿活血；黄藤、栀子清热解毒；三棱、莪术、川芎活血化瘀；木香、沉香理气止痛；五加皮、牛膝、杜仲强筋骨，通筋络；防风、荆芥、白芷、薄荷脑祛风通络止痛；细辛、桂枝温经散寒；徐长卿止痛；两面针活血行气以助止痛之功；樟脑辛散走窜，温经通脉，行气止痛。诸药合用，共奏舒筋活络，消肿止痛之效。

【药理作用】 主要有抗炎、促进血液循环、镇痛等作用。

【临床应用】

1. 辨证要点 临床以皮肤肿胀、瘙痒、疼痛为辨证要点。

2. 现代应用 常用于跌打损伤，风湿骨痛，无名肿毒及腮腺炎肿痛。

3. 使用注意 ①偶见局部刺痛；②孕妇禁用；③对本品过敏者禁用；④破损皮肤禁用；⑤对乙醇过敏者禁用；⑥过敏体质或对多种药物过敏者慎用。

【性状】 本品为黄褐色的澄清液体；气芳香，味辛、苦。

【剂型规格】 酊剂。每瓶装 33ml 或 60ml 或 100ml。

【用法用量】 外用，擦患处；口服，一次 5~10ml，一日 1~2 次；必要时饭前服用。用于冻疮：外用，擦患处，待自然干燥后，在涂搽一遍，一日 2 次，疗程 7 天。

【贮藏】 密封，置阴凉处。

其他外科、皮肤科中成药见表 11-1。

表 11-1 其他外科、皮肤科中成药

分类	品名	功能	主治	用法用量	使用注意
外用类	化痔栓	清热燥湿，收涩止血	大肠湿热所致的内、外痔疮、混合痔疮	患者取侧卧位，置入肛门 2~2.5cm 深处，一次 1 粒，一日 1~2 次	孕妇禁用
	狗皮膏	祛风散寒，活血止痛	风寒湿邪、气血瘀滞所致的痹病，症见四肢麻木、腰腿疼痛、筋脉拘挛，或跌打损伤、闪腰岔气、局部肿痛；或寒湿瘀滞所致的脘腹冷痛、行经腹痛、寒湿带下、积聚痞块	外用。用生姜擦净患处皮肤，将膏药加温软化，贴于患处或穴位	孕妇忌贴腰部和腹部
	烧伤灵酊	清热燥湿，解毒消肿，收敛止痛	各种原因引起的 I、II 度烧伤	外用。喷洒于洁净的创面，不需包扎。一日 3~4 次	
	拔毒膏	清热解毒，活血消肿	热毒瘀滞肌肤所致的疮疡，症见肌肤红、肿、热、痛，或已成脓	加热软化，贴于患处。隔日换药一次，溃脓时每日换药一次	溃疡创面不宜外用
内服类	斑秃丸	补益肝肾，养血生发	肝肾不足、血虚风盛所致的油风，症见毛发成片脱落、或至全部脱落，多伴有头晕失眠、目眩耳鸣、腰膝酸软；斑秃、全秃、普秃见上述证候者	口服。水蜜丸一次 5g；大蜜丸一次 1 丸，一日 3 次	本品不适用假发斑秃（患处头皮萎缩，不见毛囊口）及脂溢性皮炎；忌食辛辣食品
	皮肤病血毒丸	清血解毒，消肿止痒	经络不和，湿热血燥引起的风疹，湿疹，皮肤刺痒，雀斑粉刺，面赤鼻渣，疮疡肿毒，脚气疥癣，头目眩晕，大便燥结	口服。一次 20 粒，一日 2 次	感冒期间停服。孕妇忌服

PPT

第二节　骨伤科中成药

学习目标

知识要求

1. **掌握**　本节所列中成药的功能主治、使用注意及用法用量等。

2. **熟悉**　骨伤科中成药的基本概念；骨伤科中成药所治疗的病证成因、常见临床表现及代表性中成药；本节所列中成药使用时的辨证要点；云南白药、三七伤药片、跌打丸、七厘散、独一味片、关节止痛膏等中成药的处方组成。

3. **了解**　本节所列中成药的药理作用及现代应用。

能力要求

1. 熟练掌握骨伤科常见病的辨病辨证分型方法。

2. 学会运用本节所学专业知识介绍骨伤科中成药的治疗特点、使用注意及用法用量等。

实例分析

实例　患者，男，15 岁，左膝关节肿胀疼痛 1 个月左右。患者于一个月前上体育课时摔倒，左膝受伤，疼痛。曾经西医治疗好转，不久因不慎又受伤，用药效果不佳，因怕动手术，想用中医保守治疗。检查发现左膝关节肿胀，浮髌试验阳性，扪之发热，活动时疼痛明显；X 线检查显示左膝关节腔间隙增大，显示有积液。脉象弦滑，舌苔薄白。

问题　1. 该患者所患疾病中医诊断为什么证候？

　　　　2. 可以选择具有什么功能的中药配成处方？介绍哪类中成药给患者比较合适？

中医骨伤科学是一门防治骨关节及其周围筋肉损伤与疾病的学科，凡能用于治疗急、慢性软组织扭挫伤、骨折、颈肩病、腰腿痛等病症的中成药，均属于骨伤科中成药。

云南白药

Yunnan Baiyao

【方源】经验方《中国药典》2020 年版

【处方】三七　冰片　重楼等

【功能】化瘀止血，活血止痛，解毒消肿。

【主治】用于跌打损伤，瘀血肿痛，吐血、咳血、便血、痔血、崩漏下血，手术出血，疮疡肿毒及软组织挫伤，闭合性骨折，支气管扩张及肺结核咳血，溃疡病出血，以及皮肤感染性疾病。

【药理作用】主要有缩短出血时间和凝血时间、改善微循环、抗血栓形成、抗炎、增加心肌营养性血流量、增加机体免疫功能等作用。

【临床应用】

1. 辨证要点　临床以出血及跌打损伤瘀血肿痛为辨证要点。

2. 现代应用　常用于多种出血性疾病，如创伤出血、消化道出血、呼吸道出血、出血性脑病；疮疡肿毒及软组织挫伤，闭合性骨折，以及皮肤感染性疾病等。

3. 应用注意　孕妇忌用；服药一日内，忌食蚕豆、鱼类及酸冷食物。

【性状】本品为灰黄色至浅棕色黄色的粉末；具特异香气，味略感清凉，并有麻舌感。保险子为红色的球形或类球形水丸，剖面呈棕色或棕褐色；气微，味微苦。

【剂型规格】散剂。每瓶装 4g，保险子 1 粒。

【用法用量】刀、枪、跌打诸伤，无论轻重，出血者用温开水送服；瘀血肿痛与未流血者用酒送服；妇科各症，用酒送服，但月经过多，红崩，用温水送服。毒疮初起，服 0.25g，另取药粉，用酒调匀，敷患处，如已化脓，只需内服。其他内出血各症均可内服。

口服，一次 0.25 ~ 0.5g，一日 4 次（2 ~ 5 岁按 1/4 剂量服用；6 ~ 12 岁按 1/2 剂量服用）。

凡遇较重的跌打损伤可先服保险子一粒，轻伤及其他病症不必服。

【贮藏】密封，置干燥处。

三七伤药片

Sanqi Shangyao Pian

【方源】新研制方《中国药典》2020 年版

【处方】三七 52.5g　制草乌 52.5g　雪上一枝蒿 23g　冰片 1.05g　骨碎补 492.2g　红花 157.5g　接骨木 787.5g　赤芍 87.5g

【功能】舒筋活血，散瘀止痛。

【主治】用于跌打损伤，风湿瘀阻，关节痹痛；急、慢性扭挫伤、神经痛见上述证候者。

【方解】方用三七活血散瘀，消肿止痛，并有止血作用，为君药。红花、赤芍活血散瘀止痛，为臣药。草乌、雪上一枝蒿祛风除湿，消肿止痛；骨碎补补肾续筋骨，活血止痛；冰片散瘀通络，消肿止痛；接骨木续筋接骨，共为佐药。诸药合用，共奏活血祛瘀，舒筋止痛之功。

【药理作用】主要有镇痛、抗炎、抗凝血等作用。

【临床应用】

1. 辨证要点　临床以跌打损伤，肢体肿胀疼痛，舌暗有瘀斑，脉涩为辨证要点。

2. 现代应用　常用于急性挫伤、扭伤、跌打损伤、坐骨神经痛、痔瘘后遗症、顽固性扁平疣、挫伤前房积水等属于瘀血内滞者。

3. 应用注意　本品药性强烈，应按规定量服用；孕妇忌用；有心血管疾病患者慎用。药品不可与酒混合服用，酒中的乙醇会使草乌的毒性增强。如有不适请及时就医。

【性状】本品为糖衣片或薄膜衣片，除去包衣后显棕褐色；味微苦。

【剂型规格】片剂。薄膜衣每片重 0.3g 或 0.35g；糖衣片片心重 0.3g。

【用法用量】口服。一次 3 片，一日 3 次；或遵医嘱。

【贮藏】密封。

关节止痛膏

Guanjie Zhitong Gao

【方源】新研制方《中国药典》2020 年版

【处方】辣椒流浸膏 200g　颠茄流浸膏 120g　薄荷素油 40g　水杨酸甲酯 80g　樟脑 200g　盐酸苯海拉明 13g

【功能】活血散瘀，温经镇痛。

【主治】用于寒湿瘀阻经络所致风湿性关节痛及关节扭伤。

【方解】（略）

【药理作用】主要有消炎、镇痛、扩张局部血管等作用。

【临床应用】

1. 辨证要点　临床以肢体关节的疼痛，瘀血肿痛为辨证要点。

2. 现代应用　常用于风湿性关节炎、类风湿性关节炎、急性软组织扭挫伤等。

3. 应用注意　孕妇及皮肤破损处禁用。

【性状】本品为淡棕色的片状橡胶膏，气芳香。

【剂型规格】贴膏剂。每片 7cm×10cm。

【用法用量】外用，贴患处。一次 1~2 片，持续 12 小时，一日 1 次。

【贮藏】密封。

跌打丸

Dieda Wan

【方源】《疡科选粹》《中国药典》2020 年版

【处方】三七 64g　当归 32g　白芍 48g　赤芍 64g　桃仁 32g　红花 48g　血竭 48g　北刘寄奴 32g　烫骨碎补 32g　续断 320g　苏木 48g　牡丹皮 32g　乳香（制）48g　姜黄 24g　没药（制）48g　醋三棱 48g　防风 32g　甜瓜子 32g　枳实（炒）32g　桔梗 32g　甘草 48g　木通 32g　煅自然铜 32g　土鳖虫 32g

【功能】 活血散瘀，消肿止痛。

【主治】 用于跌打损伤，筋断骨折，瘀血肿痛，闪腰岔气。

【方解】 方用续断、三七、骨碎补、血竭以活血通络，接筋续骨，为君药。土鳖虫、自然铜、三棱、桃仁、苏木、赤芍助君药以活血化瘀，接骨消肿，为臣药。佐以刘寄奴、丹皮、甜瓜子、姜黄、红花、乳香、没药活血化瘀，散结消肿；白芍、当归养血滋阴；枳实理气行滞；防风、桔梗宣开肺气；木通清热除湿。使以甘草调和诸药。诸药合用，共奏活血散瘀，消肿止痛之功。

【药理作用】 主要有抗炎、镇痛、促进骨折愈合及软组织损伤后的修复等作用。

【临床应用】

1. 辨证要点　本品为治疗跌打损伤，伤筋动骨之良药。临床以伤处紫红瘀斑，肢体活动受限，舌暗有瘀斑，脉弦涩为辨证要点。

2. 现代应用　常用于软组织损伤、骨折、脱臼、坐骨神经痛、风湿性关节炎、类风湿性关节炎、药物性静脉炎、冻疮等属于气滞血瘀，经络阻滞者。

3. 应用注意　孕妇禁用。

【性状】 本品为黑褐色至黑色的小蜜丸或大蜜丸；气微腥，味苦。

【剂型规格】 蜜丸。小蜜丸每 10 丸重 2g；大蜜丸每丸重 3g。

【用法用量】 口服。小蜜丸一次 3g，大蜜丸一次 1 丸，一日 2 次。

【贮藏】 密封。

你知道吗

风湿性关节炎是一种常见的急性或慢性结缔组织炎症。通常所说的风湿性关节炎是风湿热的主要表现之一，临床以关节和肌肉游走性酸楚、红肿、疼痛为特征。下肢大关节如膝关节、踝关节最常受累。根据症状、流行病学及免疫学分析，认为风湿性关节炎与人体溶血性链球菌感染密切相关，且感染途径至关重要，咽部链球菌感染是发病的必要条件。

七厘散

Qili San

【方源】 《良方集腋》《中国药典》2020 年版

【处方】 血竭 500g　乳香（制）75g　没药（制）75g　红花 75g　儿茶 120g　冰片 6g　人工麝香 6g　朱砂 60g

【功能】 化瘀消肿，止痛止血。

【主治】 用于跌打损伤，血瘀疼痛，外伤出血。

【方解】 方用血竭、红花活血化瘀，消肿止痛，为君药。乳香、没药化瘀消肿，行气止痛，为臣药。儿茶、朱砂清热止血，镇心安神；麝香、冰片散瘀止痛，为佐药。诸药合用，共奏活血止血，化瘀镇痛之功。

【药理作用】　主要有镇痛、止血、扩张血管、抗炎、抑菌、抗血栓形成等作用。

【临床应用】

1. 辨证要点　临床以外伤出血，伤处皮肤紫红瘀斑，活动受限，舌紫暗，脉弦涩为辨证要点。

2. 现代应用　常用于软组织损伤、外伤、骨折、烧伤、烫伤、疔疖等属于瘀血阻滞者。

3. 应用注意　孕妇禁用。体质虚弱者忌用。

【性状】　本品为朱红色至紫红色的粉末或易松散的块；气香，味辛、苦，有清凉感。

【剂型规格】　散剂。每瓶装 1.5g 或 3g。

【用法用量】　口服。一次 1～1.5g，一日 1～3 次。外用，调敷患处。

【贮藏】　密封，置阴凉处。

独一味片
Duyiwei Pian

【方源】　新研制方《中国药典》2020 年版

【处方】　独一味 1000g

【功能】　活血止痛，化瘀止血。

【主治】　用于多种外科手术后的刀口疼痛、出血，外伤骨折，筋骨扭伤，风湿痹痛以及崩漏、痛经、牙龈肿痛、出血。

【方解】　本方由一味药组成，主治跌打损伤，经脉不利，瘀血阻滞之肌肉关节疼，肢体屈伸不利或丧失功能；或风寒湿邪，痹阻关节，关节疼痛，遇寒加重之风湿痹痛。方仅由独一味单行，本品苦温，功可活血解瘀，消肿止痛，续筋接骨，适于跌打损伤及风湿痹证，有药专力强之功。

【药理作用】　主要有镇痛、止血、抗菌、提高免疫功能等作用。

【临床应用】

1. 辨证要点　临床以手术后的刀口疼痛、出血，外伤骨折，筋骨扭伤，风湿痹痛及出血为辨证要点。

2. 现代应用　常用于手术后刀口疼痛、出血，外伤骨折，风湿性关节炎及某些出血性病症等。

3. 应用注意　孕妇慎用。

【性状】　本品为薄膜衣片或糖衣片，除去包衣后显深棕色；味微苦。

【剂型规格】　片剂。薄膜衣片每片重 0.28g；糖衣片（片心重 0.26g）。另有胶囊剂。

【用法用量】　口服。一次 3 片，一日 3 次。7 日为一疗程；或必要时服。

【贮藏】　密封。

抗骨增生丸
Kanggu Zengsheng Wan

【方源】　新研制方《中国药典》2020 年版

【处方】熟地黄 210g　酒肉苁蓉 140g　狗脊（盐制）140g　女贞子（盐制）70g
淫羊藿 140g　鸡血藤 140g　炒莱菔子 70g　骨碎补 140g　牛膝 140g

【功能】补腰肾，强筋骨，活血止痛。

【主治】用于骨性关节炎肝肾不足、瘀血阻络证，症见关节肿胀、麻木、疼痛、活动受限。

【方解】方中熟地黄养血滋阴，补肾填精；肉苁蓉温肾阳，益肾精，壮筋骨；鸡血藤补益肝肾，活血舒筋，通利血脉；狗脊、女贞子、淫羊藿、骨碎补补肝肾，强筋骨；牛膝补肝肾，强筋骨，逐瘀通络，引血下行；莱菔子消食下气。诸药合用，共奏补腰肾，强筋骨，活血止痛之功。

【药理作用】主要有抗炎、镇痛、降低血液黏度的作用。

【临床应用】

1. 辨证要点　临床以关节肿胀、麻木、疼痛、活动受限，舌紫暗，脉弦涩为辨证要点。

2. 现代应用　常用于骨质增生、骨性关节炎、强直性脊柱炎、脊柱骨关节病、颈椎综合征等见上述证候者。

3. 使用注意　孕妇慎用。

【性状】本品为黑色的包衣浓缩水蜜丸，或为浓缩小蜜丸或浓缩大蜜丸；味甜甘、微涩。

【剂型规格】丸剂。大蜜丸每丸重 3g。

【用法用量】口服。水蜜丸一次 2.2g，小蜜丸一次 3g，大蜜丸一次 1 丸，一日 3 次。

【贮藏】密封。

伤科接骨片

Shangke Jiegu Pian

【方源】新研制方《中国药典》2020 年版

【处方】红花 12g　土鳖虫 40g　朱砂 10g　马钱子粉 20g　炙没药 4g　三七 80g
炙海星 40g　炙鸡骨 40g　冰片 2g　煅自然铜 20g　炙乳香 4g　甜瓜子 4g

【功能】活血化瘀，消肿止痛，舒筋壮骨。

【主治】用于跌打损伤，闪腰岔气，筋伤骨折，瘀血肿痛。

【方解】方中红花活血祛瘀止痛，为君药。土鳖虫破血逐瘀通络，朱砂消肿止痛，为臣药。马钱子散结止痛；甜瓜子、鸡骨、自然铜、海星散结消瘀、接筋续骨；乳香、没药、三七散瘀消肿定痛，共为佐药。冰片消肿止痛为佐使药。诸药合用，共奏活化瘀，消肿止痛，舒筋壮骨之功。

【药理作用】主要有抗炎、镇痛、促进骨折愈合的作用。

【临床应用】

1. 辨证要点　临床以肢体肿胀、疼痛、活动受限，局部青紫，舌紫暗，脉弦涩为辨证要点。

2. 现代应用　常用于急性软组织损伤、骨折、急性腰扭伤等。

3. 使用注意　本品不可随意增加服用量，增加时，需遵医嘱。孕妇忌服。10岁以下儿童禁服。

【性状】本品为糖衣片或薄膜衣片，除去包衣后显灰褐色至棕褐色；味苦、腥。

【剂型规格】片剂。薄膜衣片每片重0.33g；糖衣片（片心重0.33g）。

【用法用量】口服。成人一次4片，10~14岁儿童一次3片，一日3次。以温开水或温黄酒送服。

【贮藏】密封。

天麻丸
Tianma Wan

【方源】新研制方《中国药典》2020年版

【处方】天麻60g　羌活100g　独活50g　盐杜仲70g　牛膝60g　粉萆薢60g　附子（黑顺片）10g　当归100g　地黄160g　玄参60g

【功能】祛风除湿，通络止痛，补益肝肾。

【主治】用于风湿瘀阻、肝肾不足所致的痹病，症见肢体拘挛、手足麻木、腰腿酸痛。

【方解】方中天麻、羌活、独活散风胜湿，驱邪外出；萆薢利湿下行；附子温经散寒通痹；杜仲，怀牛膝补肝肾，强筋骨；重用当归、地黄、玄参补血滋阴，达到扶正祛邪的目的。

【药理作用】主要有消炎止痛，促进循环，增加脑血流量等作用。

【临床应用】

1. 辨证要点　临床以肢体拘挛、手足麻木、腰腿酸痛，舌淡苔白，脉沉细为辨证要点。

2. 现代应用　常用于急性软组织损伤、骨折、急性腰扭伤等。

3. 使用注意　孕妇慎用。

【性状】本品为黑褐色的水蜜丸或黑色的小蜜丸或大蜜丸；气微香，味微甜、略苦麻。

【剂型规格】丸剂。小蜜丸每100丸重20g；大蜜丸每丸重9g。

【用法用量】口服。水蜜丸一次6g，小蜜丸一次9g，大蜜丸一次1丸，一日2~3次。

【贮藏】密封。

> **请你想一想**
> 天麻丸的主要功能是什么？使用注意是什么？

风湿骨痛胶囊
Fengshi Gutong Jiaonang

【方源】新研制方《中国药典》2020年版

【处方】制川乌90g　制草乌90g　红花90g　甘草90g　木瓜90g　乌梅90g　麻黄90g

【功能】温经散寒，通络止痛。

【主治】用于寒湿闭阻经络所致的痹病，症见腰脊疼痛、四肢关节冷痛；风湿性关节炎见上述证候者。

【方解】方中川乌、草乌为辛热之品，能祛风除湿，温通经络止痛，共为君药。麻黄祛风散寒；红花活血散瘀，血行则风自灭；木瓜平肝舒筋活络，祛湿止痛，三药以助君药祛风散寒、通络止痛作用，共为臣药。乌梅敛肺清虚热，生津，甘草和中，调和诸药，共为佐药。诸药合用，共奏祛风散寒、通络止痛之功。

【药理作用】主要有抗炎、镇痛等作用。

【临床应用】

1. 辨证要点 临床以腰脊疼痛、四肢关节冷痛，舌淡苔白，脉沉细为辨证要点。

2. 现代应用 常用于骨质增生、骨性关节炎、类风湿关节炎、脊柱骨关节病、颈椎综合征等见上述证候者。

3. 使用注意 本品含毒性药，不可多服；孕妇忌服。

【性状】本品为硬胶囊，内容物为黄褐色的粉末；味微苦、酸。

【剂型规格】胶囊剂。每粒装 0.3g。

【用法用量】口服。一次 2~4 粒，一日 2 次。

【贮藏】密封。

其他骨伤科中成药见表 11-2。

表 11-2 其他骨伤科中成药

分类	品名	功能	主治	用法用量	使用注意
外用类	红药贴膏	祛瘀生新，活血止痛	跌打损伤，筋骨瘀痛	外用。洗净患处，贴敷，1~2 日更换一次	凡对橡皮膏过敏及皮肤有破伤出血者不宜贴敷
	骨质宁搽剂	活血化瘀，消肿止痛	瘀血阻络所致骨性关节炎、软组织损伤，症见肿胀、麻木、疼痛及活动功能障碍	外用适量，涂于患处。一日 3~5 次	如有擦破伤或溃疡不宜使用
	骨痛灵酊	温经散寒，祛风活血，通络止痛	腰、颈椎骨质增生，骨性关节炎，肩周炎，风湿性关节炎	外用。一次 10ml，一日 1 次。将药液浸于敷带上贴敷患处 30~60 分钟；20 天为一疗程	孕妇及皮肤破损处禁用；本品只供外用，不可内服；用药后 3 小时内用药部位不得吹风，不接触冷水
	伤湿止痛膏	祛风湿，活血止痛	风湿性关节炎，肌肉疼痛，关节肿痛。	外用，贴于患处	孕妇慎用
	麝香镇痛膏	散寒，活血，镇痛	风湿性关节痛，关节扭伤	贴患处	孕妇及皮肤破损处禁用；使用中如皮肤发痒或变红，应立即停用
	正骨水	活血祛瘀，舒筋活络，消肿止痛	跌打扭伤，骨折脱位以及体育运动前后消除疲劳	用药棉蘸药液轻搽患处；重症者用药液湿透药棉敷患处 1 小时，一日 2~3 次	忌内服；不能搽入伤口；用药过程中如有瘙痒起疹，暂停使用

续表

分类	品名	功能	主治	用法用量	使用注意
内服类	复方夏天无片	祛风速湿，舒筋活络，行血止痛	风湿瘀血阻滞，经结不通引起的关节肿痛、肢体麻木、屈伸不利、步履艰难；风湿性关节炎、坐骨神经痛、脑血栓形成后遗症及小儿麻痹后遗症见上述证候者	口服。一次2片，一日3次，小儿酌减或遵医嘱	孕妇禁服
	国公酒	散风祛湿，舒筋活络	风寒湿邪闭阻所致的痹病，症见关节疼痛、沉重、屈伸不利、手足麻木、腰腿疼痛；也用于经络不和所致的半身不遂、口眼歪斜、下肢痿软、行走无力	口服。一次10ml，一日2次	孕妇忌服
	祖师麻片	祛风除湿，活血止痛	风湿痹证，关节炎、类风湿性关节炎。也可用于坐骨神经痛、肩周炎寒湿阻络证，症见：关节痛，遇寒痛增，得热痛减，以及腰腿肩部疼痛重着者等	口服。一次3片，一日3次。坐骨神经痛、肩周炎疗程4周	孕妇及风湿热痹者慎用；有胃病者可饭后服用，并配合健胃药使用
	中华跌打丸	消肿止痛，舒筋活络，止血生肌，活血祛瘀	挫伤筋骨，新旧瘀痛，创伤出血，风湿瘀痛	口服。水蜜丸一次3g，小蜜丸一次6g，大蜜丸一次1丸，一日2次。儿童及体虚者减半	孕妇忌服；皮肤破伤出血者不可外敷
	正清风痛宁片	祛风除湿，活血通络，消肿止痛	风寒湿痹病，症见肌肉酸痛、关节肿胀、疼痛、屈伸不利、僵硬、肢体麻木；类风湿性关节炎、风湿性关节炎见上述证候者	口服。一次1~4片，一日3次；2个月为一疗程	支气管哮喘、肝肾功能不全者禁用；如出现皮疹或发生白细胞减少等副作用时，应立即停药

目标检测

一、单项选择题

1. 具有养血润肤，祛风止痒的中成药是（　　）
A. 马应龙麝香痔疮膏　　B. 湿毒清胶囊　　C. 六应丸
D. 如意金黄散　　E. 京万红软膏

2. 常用于进行期银屑病，玫瑰糠疹，药疹的中成药是（　　）
A. 湿毒清胶囊　　B. 京万红软膏　　C. 梅花点舌丸
D. 复方青黛丸　　E. 六应丸

3. 外观为黄褐色澄清液体的酊剂中成药是（　　）
A. 马应龙麝香痔疮膏　　B. 六应丸　　C. 消肿止痛酊
D. 活血止痛膏　　E. 湿毒清胶囊

4. 可用于内痔、外痔、混合痔、肛裂等属大肠湿热瘀阻者的中成药是（　　　）
   A. 活血止痛膏　　　　　B. 马应龙麝香痔疮膏　　　C. 复方青黛丸
   D. 如意金黄散　　　　　E. 湿毒清胶囊

5. 以天花粉为君药的中成药是（　　）
   A. 京万红软膏　　　　　B. 如意金黄散　　　　　　C. 复方青黛丸
   D. 马应龙麝香痔疮膏　　E. 梅花点舌丸

6. 具有活血散瘀、消肿止痛的中成药是（　　）
   A. 抗骨增生丸　　　　　B. 跌打丸　　　　　　　　C. 天麻丸
   D. 四神丸　　　　　　　E. 启脾丸

7. 伤科接骨片的君药是（　　）
   A. 朱砂　　B. 土鳖虫　　C. 红花　　D. 三七　　E. 自然铜

8. 外观为朱红色至紫红色的粉末的中成药是（　　　）
   A. 抗骨增生丸　　　　　B. 独一味片　　　　　　　C. 三七伤药片
   D. 七厘散　　　　　　　E. 伤科接骨片

9. 以肢体拘挛、手足麻木、腰腿酸痛，舌淡苔白，脉沉细为辨证要点的中成药是
   （　　　）
   A. 云南白药　　　　　　B. 天麻丸　　　　　　　　C. 伤科接骨片
   D. 跌打丸　　　　　　　E. 七厘散

10. 以三七为君药的中成药是（　　　）
    A. 三七伤药片　　　　　B. 风湿骨痛胶囊　　　　　C. 七厘散
    D. 跌打丸　　　　　　　E. 天麻丸

二、多项选择题

11. 下列属于外用的中成药是（　　　）
    A. 六应丸　　　　　　　B. 湿毒清胶囊　　　　　　C. 小金丸
    D. 活血止痛膏　　　　　E. 消肿止痛酊

12. 下列属于软膏剂的中成药是（　　　）
    A. 马应龙麝香痔疮膏　　B. 如意金黄散　　　　　　C. 活血止痛膏
    D. 京万红软膏　　　　　E. 梅花点舌丸

13. 消肿止痛酊的现代应用包括（　　　）
    A. 跌打损伤　　　　　　B. 风湿骨痛　　　　　　　C. 无名肿毒
    D. 急性腰扭伤　　　　　E. 腮腺炎肿痛

14. 孕妇慎用的骨伤科中成药是（　　　）
    A. 独一味片　　　　　　B. 抗骨增生丸　　　　　　C. 天麻丸
    D. 七厘散　　　　　　　E. 跌打丸

15. 下列属于骨伤科中成药的是（　　　）
    A. 云南白药　　　　　　B. 三七伤药片　　　　　　C. 七厘散

D. 跌打丸   E. 伤科接骨片

16. 天麻丸的现代应用包括（   ）

    A. 急性软组织损伤   B. 骨折   C. 皮肤溃烂

    D. 急性腰扭伤   E. 血瘀

书网融合……

e 划重点

自测题

下篇

实训

实训一 中成药的识别、命名及分类

实训目标

1. 学会应用中成药的特征正确识别中成药，并通过官网数据查询对中成药合法身份进行确认。
2. 能够正确理解实训中成药品种的命名方法。
3. 能够理解中成药的分类。

实训原理

实训教学活动中，以学生活动为主体，充分调动学生积极性并参与实训教学全过程，使学生在"学中做、做中学"的过程中，夯实专业知识，把理论知识转化为应用技能，发现自身存在的不足，找出进步提升的方向。这种理实一体的教学模式，可以更好地使学生树立热爱中药专业的思想，提升职业道德水平，培养团队协作意识，增强自主学习的能力，奠定终身学习的基石。

一、实训前的准备工作

1. 实训场所 模拟药品批发公司或者模拟药品零售药房。公司或药房均配备用于管理且联通网络的计算机，数量不少于每小组一台。

2. 实训涉及的品种准备 要求中成药品种人均至少一种及干扰品种不少于中成药品种总数的一半，所选品种具有代表性、覆盖类别多等特征。

（1）推荐准备中成药品种 九味羌活丸、银翘解毒丸、桑菊感冒片、抗病毒颗粒、维 C 银翘片、连花清瘟胶囊（片）、防风通圣丸、藿香正气口服液、通宣理肺丸、咳特灵胶囊、急支糖浆、百合固金丸、龙胆泻肝丸、消炎利胆片、加味逍遥丸、济生肾气丸、季德胜蛇药片、云南白药、补中益气丸、六味地黄丸、桂附地黄丸、养阴清肺膏、华佗再造丸、双黄连颗粒、银黄片、板蓝根颗粒、益母草膏、独活寄生丸、大山楂丸、麻仁丸、大黄䗪虫丸、天麻杜仲丸、龙牡壮骨颗粒、元胡止痛片、牛黄解毒片、当归调经丸、六神丸、鼻渊舒口服液、耳聋左慈丸、明目地黄丸、儿康宁颗粒、儿童清肺丸、儿童清热宁口服液、小儿止咳糖浆、小儿百部止咳糖浆、复方草珊瑚含片、西瓜霜润喉片、风油精、湿毒清胶囊、皮肤病血毒丸、三七伤药片、伤湿止痛膏、麝香痔疮栓、七厘散、丁桂儿脐贴、金嗓子喉片、猴耳环消炎片、京都念慈菴蜜炼川贝枇杷膏、和胃整肠丸、和兴白花油、依马打正红花油、金牌风油精等。

（2）推荐准备干扰品种

1）化学药品、生物制品类　盐酸左氧氟沙星片、阿苯达唑片（肠虫清）、诺酯片（扑炎痛片）、尼美舒利分散片、西地碘含片、复方乙酰水杨酸片、枸橼酸喷托维林片、酒石酸美托洛尔片、阿司匹林肠溶片、辛伐他汀片、格列吡嗪片、盐酸普萘洛尔片、硝酸异山梨酯片、叶酸片、醋酸地塞米松片、氯雷他定片、非那雄胺片、多维元素片、蒙脱石散、枸橼酸铋钾颗粒、阿莫西林胶囊、布洛芬缓释胶囊、维U颠茄铝胶囊Ⅱ、辛伐他汀胶囊、维生素AD滴剂、鱼腥草注射液、布洛芬混悬滴剂、复方酮康唑发用洗剂、哈西奈德溶液、红霉素眼膏、复方酮康唑软膏、开塞露、吲哚美辛呋喃唑酮栓、水杨酸苯酚贴膏、重组人干扰素α1b滴眼液（冷藏药品）、重组人表皮生长因子凝胶、双歧杆菌活菌散（冷藏药品）等。

2）保健食品类　大印象牌减肥茶、纤美减肥茶、人字牌花旗参泡茶、红景天胶囊、东方药林牌当归双参蛤蟆油片、灵芝西洋参胶囊、枣仁安睡饮、千草堂牌芪参葛牛磺酸颗粒、松珍牌松花杞黄酒、人参蜂王浆口服液、三勒浆抗疲劳液、太太美容口服液、静心R助眠口服液等。

3）保健用品类　视轻松滴眼液、新亮甲、羚锐冻疮（防裂）膏、修正消痛贴、颈椎痛贴、一正痛消、消痛灵喷剂等。

4）消毒剂类　医用酒精、碘伏、过氧化氢、润洁滴眼露等。

5）医疗器械类　万通筋骨贴、伤湿止痛膏、退热贴、创可贴、胃痛穴位贴、晕车贴、血压计、温度计、早孕试纸等。

6）其他（食品等）类　渭之美茶、养生茶、龟苓膏等。

3. 有网络信号的电脑或手机　供学生登录国家药品监督管理局网站数据查询页面进行查询。

4. 实训分组　建议分组实训，每一小组的学生数不超过十人，选定组长一名。

5. 实训品种分份　实训教师提前将准备的品种按分组分为相应的份数并编号。每份中中成药数量至少满足人均一种，干扰品种在每份中占一半比例，干扰品种的类别尽量涉及面广。

6. 实训教师　不少于两名，指导学生实训、解答学生在实训过程中的问题。

7. 实训考核评分表

二、实训项目

1. 中成药品种的识别及合法性确认。
2. 中成药的命名规律。
3. 中成药的分类。

三、实训过程

学生分组进入实训场所并划分区域。由组长或组长选定某同学通过抽签来取某一份提前准备好的品种。取好品种后回到划分区域。整个实训过程分小组完成，由组长负责召集小组同学分步按要求完成实训。

1. 第一步 实训教师依据理论教学模块一的内容进行目的要求的讲解。发放实训一考核登记表。

2. 第二步 学生依据目的要求完成下列项目，并完成考核登记表的填写。

（1）将所取品种中的药品和非药品分开。

（2）在药品中将中成药品种选出，并填入考核登记表。

（3）通过国家药品监督管理局的官网数据查询，核实中成药品种。

（4）讨论确认中成药的命名方法。

（5）讨论中成药的分类方法。

（6）完成考核登记表全部内容填写（得分、总分除外）。

3. 第三步 学生将填写好的考核登记表上交给实训教师。

4. 第四步 按组将药品及非药品恢复到实训前的状态。

5. 第五步 清扫干净实训场地，关好门窗。本次实训结束。

四、实训考核

以每位同学或以小组为单位进行实训考核评分（实训表1－1）。

实训表1－1 中成药的识别、命名及分类考核评分

班级：	小组：		姓名：	总分：		
序号	品名	批准文号	官网是否能查询到、信息是否一致	该品种是否是合法中成药	命名方法	得分
1						
2						
3						
4						
5						
6						
7						
8						
9						
10						
11						
12						
13						
14						
15						

续表

序号	品名	批准文号	官网是否能查询到、信息是否一致	该品种是否是合法中成药	命名方法	得分
16						
17						
18						
19						
20						
实训成绩合计						

实训二 内科常用中成药零售的模拟训练（一）

实训目的

1. 通过中成药销售或发药的情景模拟实训，培养学生对内科常用中成药（上）及所学专业知识的综合运用能力。

2. 通过中成药销售或发药的情景模拟实训，使学生逐步形成为顾客或患者进行药学服务的专业技术能力。

实训原理

中成药销售或发药的情景模拟实训，是一种以工作过程为导向的教学方法。实训教学活动中，以学生活动为主体，充分调动学生积极性并参与实训教学全过程，使学生在"学中做、做中学"的过程中，夯实专业知识，发现自身存在的不足，找出进步提升的方向。这种理实一体的教学模式，可以使学生更好地树立热爱中药专业的思想，提升职业道德水平，增强自主学习的能力，建立终身学习的意识。

一、实训前的准备工作

1. 实训场所 模拟药品零售药房。药房应配备药品展示柜、货架、常用中成药，实训工位不少于 10 个。

2. 实训所涉及的中成药品种 应以常用的、传统的、具有代表性的 OTC 中成药为主。推荐准备中成药品种如下。

（1）解表中成药 感冒清热颗粒、川芎茶调散、九味羌活丸、连花清瘟胶囊、银翘解毒丸、桑菊感冒片、双黄连口服液、芎菊上清丸、清开灵颗粒、防风通圣丸、参苏丸。

（2）止咳化痰、平喘中成药 通宣理肺丸、小青龙合剂、羚羊清肺丸、橘红丸、清肺抑火丸、二陈丸、苏子降气丸、百合固金丸、二母宁嗽丸、蛤蚧定喘丸。

（3）清热中成药 连翘败毒丸、黄连上清丸、龙胆泻肝丸、栀子金花丸、西黄丸、片仔癀、清胃黄连丸、导赤丸、穿心莲片、板蓝根颗粒、复方鱼腥草片。

（4）泻下中成药 当归龙荟丸、麻仁丸、清宁丸、控涎丸、通幽润燥丸、保赤散。

（5）祛暑中成药 六合定中丸、藿香正气水、十滴水、紫金散、清暑益气丸、时疫救急丸、白避瘟散。

3. 教师准备

（1）实训分组　建议分组实训，每一小组 2 名学生，交替扮演顾客和药品销售人员。

（2）布置任务　实训前，将实训所涉及的中成药类别及品种（不少于 20 种）、中成药使用注意有特殊要求的品种（不少于 10 种）布置给学生。

（3）实训讲解　讲解实训的方法、过程、角色要求和考核登记表的填写方法等内容。

（4）制作试题　病例题不少于 4 道；用药指导题不少于 4 道；实训考核登记表。

（5）场地布置　摆放实训所涉及的中成药，划定工位区域。

（6）教师人数及任务　实训教师不少于两名，指导实训、解答学生在实训过程中的问题。

4. 学生准备

（1）根据实训任务复习本次实训所涉及中成药类别的临床主要表现及相关中成药的功效主治异同、使用注意。

（2）准备工服（白大衣）、签字笔。

二、实训项目

1. 中成药销售　药品介绍。

2. 中成药发药　用药指导。

三、实训过程

1. 第一步　实训教师组织学生分组进入实训场所，按要求站到指定工位。

2. 第二步　实训教师组织学生按组分别抽取 2 套题（每套题：病例题 1 道；用药指导题 1 道）。

3. 第三步　实训教师安排学生实训角色的先后顺序。扮演药品销售人员的学生分别根据病例题和用药指导题进行问病售药和用药指导的实训，实训过程不超过 15 分钟，实训完毕后，每组学生进行角色交换。

4. 第四步　实训开始，扮演药品销售人员的学生按礼仪常规接待顾客，根据顾客主诉询问病情并在实训考核登记表上记录，根据顾客的临床表现进行辨证后，介绍两种适宜的中成药供顾客自主选择，并在实训考核登记表上记录。根据顾客提出的购药需求拿取中成药，交给顾客，并对顾客进行用法用量、使用注意等方面的用药指导，将用药指导的情况在实训考核登记表上记录。

5. 第五步　实训教师在学生实训过程中巡视，注意发现问题并做好记录。

6. 第六步　实训全部结束后，回收实训考核登记表。两位实训教师交流学生在实训过程中存在的问题，然后由其中一位教师进行讲评。

四、实训与评价

（一）实训任务

任务一：病例实训

1. 患者自诉 感冒了，发热。

2. 患者问答的其他临床表现 发热（发热 37.5℃）3 天，恶寒（怕冷），无汗，头痛，四肢酸痛，鼻塞，流清涕，不渴，咽干，咽痒，咳嗽，咳痰，质稀色白，不胸闷，不恶心，不乏力，不气短，苔薄白。

任务二：用药指导实训

1. 购药者自诉 您好！我买一盒通宣理肺丸。

2. 购药者基本情况 自己服用，咳嗽，咽喉不痛，不口渴，血压高。

（二）实训考核

1. 评价内容及评分记录表 见实训表 2 - 1。

实训表 2 - 1 内科常用中成药实训考核内容及评分

班级：			姓名：	题号：		
一、药品介绍						
项目	参考答案		评分标准	配分	得分	备注
问病	营业员扮演者询问	患者扮演者答				
辨证						
介绍的中成药品种						
中成药的治疗特点						
使用方法						
其他需注意的事项						
总分				70 分		
二、用药指导——顾客自购						
项目	参考答案		评分标准	配分	得分	备注
拟购买中成药						

续表

询问服药者基本情况				
使用方法				
注意事项				
总分		30 分		
实训成绩合计		100 分		

2. 填写示例　见实训表 2-2。

实训表 2-2　内科常用中成药实训考核填写示例

班级：　　　　　　姓名：　　　　　　题号：

一、药品介绍

项目	参考答案		评分标准	配分	得分	备注
问病	营业员扮演者询问 1. 发热几天 2. 多少度 3. 怕冷吗 4. 出汗吗 5. 头痛吗 6. 四肢疼吗 7. 鼻塞吗 8. 口渴吗 9. 咽喉痛吗 10. 咳嗽吗 11. 有痰吗 12. 胸闷吗 13. 乏力吗 14. 气短吗 15. 能看一下您的舌苔吗	患者扮演者答 1. 3 天 2. 37.5℃ 3. 怕冷 4. 无汗 5. 头痛 6. 四肢酸痛 7. 鼻塞 8. 不渴，咽干 9. 不痛，咽痒 10. 咳嗽有痰 11. 质稀色白 12. 不胸闷 13. 不乏力 14. 不气短 15. 苔薄白（或黄白相间）	每缺一项扣一分。此项分数扣完为止，不倒扣分	10 分		
辨证	风寒表证		诊断错误不得分	10 分		
介绍的中成药品种	感冒清热颗粒		介绍的中成药，不属于辛温解表中成药的，每错一种，扣 5 分，此项分数扣完为止，不倒扣分	5 分		
	九味羌活丸			5 分		
中成药的治疗特点	感冒清热颗粒：适合外感风寒，内有蕴热的感冒。对恶寒发热，头痛身痛，鼻塞流清涕，咳嗽咽干的临床表现效果比较好		每一种药品介绍的内容不够准确，有缺项的酌情扣 1~5 分，介绍错误的不得分	10 分		
	九味羌活丸：适合外感风寒湿邪兼有里热的感冒。对恶寒发热、头重而痛、肢体酸痛、无汗，口苦微渴的临床表现效果比较好			10 分		

续表

			配分	得分	备注
使用方法	感冒清热颗粒：一次1袋，一日2次，用开水冲服	每一种药品介绍的内容不够准确或有缺项的酌情扣1～4分，介绍错误的不得分	5分		
	九味羌活丸：一次6～9g，一日2～3次，用姜葱汤或温开水送服		5分		
其他需注意的事项	感冒清热颗粒：外感风热或体弱者不宜应用	每一种药品介绍的内容不够准确或有缺项的酌情扣1～4分，介绍错误的不得分	5分		
	九味羌活丸：风热表证者不宜服用。孕妇慎用，阴虚少津者忌服		5分		
1. 实训时间10分钟，到时终止本项实训操作。未完成项目成绩记为0分。2. 本项实训中的辨证项目如判断错误，则辨证项目及之后四项成绩均记为0分。3. 中药品种选择错误，则该项目及之后三项成绩均记为0分			70分		
总分					

二、用药指导——顾客自购

项目	参考答案	评分标准	配分	得分	备注
拟购买中成药	通宣理肺丸				
询问服药者基本情况	女性，自用，咳嗽，咽喉不痛，不口渴，血压高	未询问服药者基本情况者，此项不得分。询问基本信息不全面的，酌情扣1～9分	10分		
使用方法	大蜜丸一次2丸，一日2～3次	本项叙述错误者，不得分。叙述不全面的，酌情扣1～9分	10分		
注意事项	通宣理肺丸中有麻黄，高血压的患者应慎用，应在医生指导下服用	本项叙述错误者，不得分。叙述不全面的，酌情扣1～9分	10分		
实训时间10分钟，到时终止本项实训操作。未完成项目成绩记为0分					
总分			30分		
实训成绩合计			100分		

▶▶ 实训三 内科常用中成药零售的模拟训练（二）

实训目的

1. 通过中成药销售或发药的情景模拟实训，培养学生对内科常用中成药（中）、（下）所学专业知识的综合运用能力。

2. 通过中成药销售或发药的情景模拟实训，使学生逐步形成为顾客或患者进行药学服务的专业技术能力。

实训原理

中成药销售或发药的情景模拟实训，是一种以工作过程为导向的教学方法。实训教学活动中，以学生活动为主体，充分调动学生积极性并参与实训教学全过程，使学生在"学中做、做中学"的过程中，夯实专业知识，发现自身存在的不足，找出进步提升的方向。这种理实一体的教学模式，可以使学生更好地树立热爱中药专业的思想，提升职业道德水平，增强自主学习的能力，建立终身学习的意识。

一、实训前的准备工作

1. 实训场所 模拟药品零售药房。药房应配备药品展示柜、货架、常用中成药，实训工位不少于 10 个。

2. 实训所涉及的中成药品种 应以常用的、传统的、具有代表性的 OTC 中成药为主。推荐准备中成药品种如下。

（1）补益中成药 四君子丸、补中益气丸、参苓白术散、四物合剂、归脾丸、八珍丸、六味地黄丸、大补阴丸、左归丸、桂附地黄丸、济生肾气丸、右归丸、肾宝合剂、七宝美髯丹（颗粒）、人参健脾丸、香砂六君子丸、当归养血丸、阿胶补血膏、阿胶、十全大补丸、人参养荣丸、知柏地黄丸、麦味地黄丸、二至丸、玉泉颗粒、滋心阴口服液、十一味参芪胶囊、生脉饮口服液、补心气口服液、五子衍宗丸、健步丸、青娥丸、参茸三鞭丸、龟龄集、龟鹿二仙膏。

（2）温里中成药 理中丸、小建中合剂、四逆汤、附子理中丸、桂附理中丸、香砂养胃丸、良附丸、暖脐膏、胃疡灵颗粒。

（3）安神中成药 天王补心丸、柏子养心丸、养血安神丸、枣仁安神液、朱砂安神丸、琥珀抱龙丸。

（4）健脾、消导中成药 健脾丸、香砂枳术丸、健胃消食片、保和丸、枳术丸、大山楂丸、木香槟榔丸、一捻金、枳实导滞丸、烂积丸、六味安消胶囊。

（5）和解中成药 小柴胡片、开郁顺气丸、戊己丸、舒肝止痛丸、小半夏合剂。

（6）理气中成药 七制香附丸、逍遥丸、越鞠丸、舒肝丸、香附丸、十香止痛丸、茴香橘核丸、气滞胃痛颗粒、柴胡舒肝丸、开胸顺气丸、沉香化气丸、木香顺气丸。

（7）理血中成药 荷叶丸、槐角丸、宫血宁胶囊、少腹逐瘀胶囊、元胡止痛片、复方丹参片、消栓通络片、脑得生丸、华佗再造丸、心脑康胶囊、血府逐瘀口服液、参芍片、愈风宁心片、复方丹参滴丸、地奥心血康、速效救心丸、冠心苏合丸、诺迪康胶囊、麝香保心丸。

（8）祛风中成药 脑立清丸、养血生发胶囊、牛黄镇惊丸、医痫丸、复方羊角片、正天丸、清眩治瘫丸、牛黄降压丸、医痫丸、偏瘫复原丸、清心滚痰丸。

（9）祛湿中成药 二妙丸、八正合剂、复方石韦片、前列通片、复方金钱草颗粒、癃清片、排石颗粒、石淋通片、前列舒丸、普乐安片、利胆排石片、消炎利胆片、茵栀黄口服液、胆石通胶囊。

（10）固涩中成药 锁阳固精丸、金锁固精丸、固精补肾丸、缩泉丸、玉屏风口服液、龙牡壮骨颗粒、四神丸、肠炎宁片、补脾益肠丸、泻痢固肠丸。

3. 教师准备

（1）实训分组 建议分组实训，每一小组2名学生，交替扮演顾客和药品销售人员。

（2）布置任务 实训前，将实训所涉及的中成药类别及品种（不少于20种）、中成药使用注意有特殊要求的品种（不少于10种）布置给学生。

（3）实训讲解 讲解实训的方法、过程、角色要求和考核登记表的填写方法等内容。

（4）制作试题 病例题不少于4道；用药指导题不少于4道；实训考核登记表。

（5）场地布置 摆放实训所涉及的中成药，划定工位区域。

（6）教师人数及任务 实训教师不少于两名，指导实训、解答学生在实训过程中的问题。

4. 学生准备

（1）根据实训任务复习本次实训所涉及中成药类别的临床主要表现及相关中成药的功效主治异同、使用注意。

（2）准备工服（白大衣）、签字笔。

二、实训项目

1. 中成药销售 药品介绍。
2. 中成药发药 用药指导。

三、实训过程

1. 第一步 实训教师组织学生分组进入实训场所，按要求站到指定工位。

2. 第二步 实训教师组织学生按组分别抽取 2 套题（每套题：病例题 1 道；用药指导题 1 道）。

3. 第三步 实训教师安排学生实训角色的先后顺序。扮演药品销售人员的学生分别根据病例题和用药指导题进行问病售药和用药指导的实训，实训过程不超过 15 分钟，实训完毕后，每组学生进行角色交换。

4. 第四步 实训开始，扮演药品销售人员的学生按礼仪常规接待顾客，根据顾客主诉询问病情并在实训考核登记表上记录，根据顾客的临床表现进行辨证后，介绍两种适宜的中成药供顾客自主选择，并在实训考核登记表上记录。根据顾客提出的购药需求拿取中成药，交给顾客，并对顾客进行用法用量、使用注意等方面的用药指导，将用药指导的情况在实训考核登记表上记录。

5. 第五步 实训教师在学生实训过程中巡视，注意发现问题并做好记录。

6. 第六步 实训全部结束后，回收实训考核登记表。两位实训教师交流学生在实训过程中存在的问题，然后由其中一位教师进行讲评。

四、实训与评价示例

（一）实训任务

任务一：病例实训

1. 患者自诉 低热。

2. 患者问答的其他临床表现 发热半年（37.1～37.2℃），不怕冷，用过抗生素无效，活动就出汗，周身无力，气短，没有力量，口渴，喜欢喝热水，不想吃饭，吃得少，大便每日 1～2 次不成形，舌胖，两边有齿痕，舌淡苔白。

任务二：用药指导实训

1. 购药者自诉 您好！我买一盒朱砂安神丸。

2. 购药者基本情况 为家人代买，男性中年人，曾经服用过，有效。

（二）实训考核评分内容及标准

1. 评价内容及评分记录表 见实训表 3 - 1。

实训表 3 - 1　内科常用中成药实训考核内容及评分

班级：		姓名：		题号：		
一、药品介绍						
项目	参考答案		评分标准	配分	得分	备注
问病	营业员扮演者询问	患者扮演者答				
辨证						
介绍的中成药品种						

续表

中成药的治疗特点					
使用方法					
其他需注意的事项					
总分			70 分		

二、用药指导——顾客自购					
项目	参考答案	评分标准	配分	得分	备注
拟购买中成药					
询问服药者基本情况					
使用方法					
注意事项					
总分			30 分		
实训成绩合计			100 分		

2. 填写示例 见实训表 3 - 2。

实训表 3 - 2 内科常用中成药实训考核填写示例

班级： 姓名： 题号：

一、药品介绍

项目	参考答案		评分标准	配分	得分	备注
问病	营业员扮演者询问 1. 发热多久 2. 多少度 3. 用过药吗 4. 有效吗 5. 怕冷吗 6. 出汗吗 7. 何时出汗 8. 气短吗 9. 疲乏吗 10. 恶心吗 11. 口渴吗 12. 喜欢热饮、冷饮 13. 吃饭好吗 14. 一天几次大便 15. 大便干稀 16. 能看一下您的舌苔吗	患者扮演者答 1. 半年 2. 37.1~37.2℃ 3. 用过抗生素 4. 无效 5. 不怕冷 6. 出汗 7. 活动时出汗 8. 气短 9. 周身无力 10. 不恶心 11. 渴 12. 热的 13. 吃得少，不想吃饭 14. 1~2 次 15. 大便稀 16. 舌胖，两边有齿痕，舌淡苔白	每缺一项扣一分。此项分数扣完为止，不倒扣分	10 分		

续表

辨证	气虚发热证	诊断错误不得分	10分		
介绍的中成药品种	补中益气丸	介绍的中成药，不属于辛温解表中成药的，每错一种，扣5分，此项分数扣完为止，不倒扣分	5分		
	四君子丸		5分		
中成药的治疗特点	补中益气丸：适合气虚发热证。身热自汗，渴喜热饮，气短乏力，舌淡，脉虚大无力。是甘温除热的代表中成药	每一种药品介绍的内容不够准确，有缺项的酌情扣1～5分，介绍错误的不得分	10分		
	四君子丸：适合脾胃虚弱、食少便溏、面色萎黄、四肢无力、语言低微、舌质淡、苔白、脉缓弱无力。是补气的基础中成药		10分		
使用方法	补中益气丸：口服。水丸一次6g，一日2～3次	每一种药品介绍的内容不够准确或有缺项的酌情扣1～4分，介绍错误的不得分	5分		
	四君子丸：口服。一次3～6g，一日3次，用温开水冲服		5分		
其他需注意的事项	补中益气丸：阴虚发热及内热炽盛者忌用	每一种药品介绍的内容不够准确或有缺项的酌情扣1～4分，介绍错误的不得分	5分		
	四君子丸：阴虚血热者慎用，实证不宜使用		5分		
1. 实训时间10分钟，到时终止本项实训操作。未完成项目成绩记为0分。2. 本项实训中的辨证项目如判断错误，则辨证项目及之后四项成绩均记为0分。3. 中药品种选择错误，则该项目及之后三项成绩均记为0分			70分		
总分					

二、用药指导——顾客自购

项目	参考答案	评分标准	配分	得分	备注
拟购买中成药	朱砂安神丸				
询问服药者基本情况	为家人代买，男性中年人，曾经服用过，有效	未询问服药者基本情况者，此项不得分。询问基本信息不全面的，酌情扣1~9分	10分		
使用方法	口服。水蜜丸一次6g（或小蜜丸一次9g，或大蜜丸一次1丸），一日1～2次	本项叙述错误者，不得分。叙述不全面的，酌情扣1~9分	10分		
注意事项	服用期间忌食辛辣、烟、酒；因消化不良，胃部嘈杂，有似烦闷而怔忡不安，或不眠等症忌服；忌油腻；不宜多服或久服，以防造成汞中毒	本项叙述错误者，不得分。叙述不全面的，酌情扣1~9分	10分		
实训时间10分钟，到时终止本项实训操作。未完成项目成绩记为0分					
总分			30分		
实训成绩合计			100分		

▶▶ 实训四　妇科常用中成药零售的模拟训练

实训目标

1. 通过中成药销售或发药的情景模拟实训，培养学生对妇科常用中成药及所学专业知识的综合运用能力。
2. 通过中成药销售或发药的情景模拟实训，使学生逐步形成为顾客或患者进行药学服务的专业技术能力。

实训原理

　　中成药销售或发药的情景模拟实训，是一种以工作过程为导向的教学方法。实训教学活动中，以学生活动为主体，充分调动学生积极性并参与实训教学全过程，使学生在"学中做、做中学"的过程中，夯实专业知识，发现自身存在的不足，找出进步提升的方向。这种理实一体的教学模式，可以使学生更好地树立热爱中药专业的思想，提升职业道德水平，增强自主学习的能力，建立终身学习的意识。

一、实训前的准备工作

1. 实训场所　模拟药品零售药房。药房应配备药品展示柜、货架、常用中成药，实训工位不少于 10 个。

2. 实训所涉及的中成药品种　应以常用的、传统的、具有代表性的 OTC 中成药为主。推荐准备中成药品种如下。

（1）治疗月经病中成药　乌鸡白凤丸、八珍益母丸、七制香附丸、艾附暖宫丸、固经丸、女金丸、当归调经丸、益母草膏、痛经宝颗粒、调经丸、妇科调经片、调经促孕丸、调经止痛片。

（2）治疗带下病中成药　妇科千金片、千金止带片、白带丸、保妇康栓、花红片、抗宫炎片、宫炎平片、消糜栓、妇科分清丸、妇乐颗粒、妇炎康片、妇炎净胶囊、肤阴洁、金鸡胶囊。

（3）其他妇科常用中成药　桂枝茯苓丸、大黄䗪虫丸、乳癖消片、定坤丹、小金丸、乳宁颗粒、乳康胶囊、坤宝丸、更年安片、孕康口服液、乳核散结片、通乳颗粒、产妇康颗粒。

3. 教师准备

（1）实训分组　建议分组实训，每一小组2名学生，交替扮演顾客和药品销售人员。

（2）布置任务　实训前，将实训所涉及不同类型妇科病案例（至少5种）布置给学生，并列举出每个案例使用的中成药（每个案例不少于2个药），并布置学生熟练掌握这些药品的功能主治、使用注意、用法用量及生活指导。

（3）实训讲解　讲解实训的方法、过程、角色要求、考核登记表的填写方法等内容。

（4）制作试题　病例题不少于4道；用药指导题不少于4道；实训考核登记表。

（5）场地布置　摆放实训所涉及的中成药，划定工位区域。

（6）教师人数及任务　实训教师不少于两名，指导实训、解答学生在实训过程中的问题。

4. 学生准备

（1）根据实训任务复习本次实训所涉及中成药类别的临床主要表现及相关中成药的功能主治异同、使用注意、用法用量及生活指导。

（2）准备工服（白大衣）、签字笔。

二、实训项目

1. 中成药销售　药品介绍。

2. 中成药发药　用药指导。

三、实训过程

1. 第一步　实训教师组织学生分组进入实训场所，按要求站到指定工位。

2. 第二步　实训教师组织学生按组分别抽取2套题（每套题：案例题1道；用药指导题1道）。

3. 第三步　实训教师安排学生实训角色的先后顺序。扮演药品销售人员的学生分别根据病例题和用药指导题进行问病售药和用药指导的实训，实训过程不超过15分钟，实训完毕后，每组学生进行角色交换。

4. 第四步　实训开始，扮演药品销售人员的学生按礼仪常规接待顾客，根据顾客主诉询问病情并在实训考核登记表上记录，根据顾客的临床表现进行辨证后，介绍两种适宜的中成药供顾客自主选择，并在实训考核登记表上记录。根据顾客提出的购药需求拿取中成药，交给顾客，并对顾客进行用法用量、使用注意等方面的用药指导，将用药指导的情况在实训考核登记表上记录。

5. 第五步　实训教师在学生实训过程中巡视，注意发现问题并做好记录。

6. 第六步　实训全部结束后，回收实训考核登记表。两位实训教师交流学生在实训过程中存在的问题，然后由其中一位教师进行讲评。

四、实训与评价示例

（一）实训任务

任务一：病例实训

1. 患者自诉　白带多，小腹痛。

2. 患者问答的其他临床表现　白带量多，有恶臭味，色黄浓稠，伴有小腹痛，腰痛，有瘙痒，有乏力，舌红苔薄黄。

任务二：用药指导实训

1. 购药者自诉　您好！我买两盒花红片。

2. 购药者基本情况　自己用，白带多，腰疼。

（二）实训考核评分内容及标准

1. 评价内容及评分记录表　见实训表 4 - 1。

实训表 4 - 1　妇科常用中成药实训考核内容及评分

班级：	姓名：		题号：			
一、药品介绍						
项目	参考答案		评分标准	配分	得分	备注
问病	营业员扮演者询问	患者扮演者答				
辨证						
介绍的中成药品种						
中成药的治疗特点						
使用方法						
其他需注意的事项						
总分				70 分		

续表

二、用药指导——顾客自购					
项目	参考答案	评分标准	配分	得分	备注
拟购买中成药					
询问服药者基本情况					
使用方法					
注意事项					
总分			30 分		
实训成绩合计			100 分		

2. 填写示例　见实训表 4 – 2。

实训表 4 – 2　妇科常用中成药实训考核填写示例

班级：	姓名：	题号：

一、药品介绍					
项目	参考答案	评分标准	配分	得分	备注
问病	营业员扮演者询问 1. 多大年龄 2. 是否月经期 3. 是否孕期 4. 这种状况多久了 5. 曾服用过什么药物治疗 6. 有瘙痒吗 7. 白带颜色是 8. 是否有异味 9. 白带量多吗 10. 乏力吗 11. 白带是浓稠还是稀薄 12. 有尿急尿频吗 13. 有腰疼吗 14. 腹部有疼痛吗 15. 平时是否怕冷 16. 是否有药物过敏史 17. 能看一下您的舌苔吗　患者扮演者答 1. 30 岁 2. 否 3. 否 4. 2 月左右 5. 否 6. 有 7. 黄色 8. 有臭味 9. 量多 10. 有 11. 浓稠 12. 有 13. 有 14. 小腹痛 15. 不怕冷 16. 无 17. 舌红苔薄黄	每缺一项扣一分。此项分数扣完为止，不倒扣分	10 分		
辨证	湿热瘀阻所致的带下病，伴有腹痛	诊断错误不得分	10 分		
介绍的中成药品种	妇科千金片	介绍的中成药，不属于辛温解表中成药的，每错一种，扣 5 分，此项分数扣完为止，不倒扣分	5 分		
	保妇康栓		5 分		

续表

中成药的治疗特点	妇科千金片:适合湿热瘀阻所致的带下病、腹痛。对出现带下量多,色黄质稠,腰部酸痛,尿频尿急,乏力等症状的带下病,临床上有较好的治疗效果	每一种药品介绍的内容不够准确,有缺项的酌情扣 1～5 分,介绍错误的不得分	10 分		
	保妇康栓:适用于湿热瘀滞所致的带下病,对出现带下量多、色黄、时有阴部瘙痒的,临床上有较好的治疗效果		10 分		
使用方法	妇科千金片:口服。一次 1 袋,一日 2 次,用开水冲服	每一种药品介绍的内容不够准确或有缺项的酌情扣 1～4 分,介绍错误的不得分	5 分		
	保妇康栓:外用。洗净外阴部,将栓剂塞入阴道深部;或在医生指导下用药。每晚 1 粒		5 分		
其他需注意的事项	妇科千金片:建议患者按照疗程用药;口服加外用洗剂或栓剂联合用药。用药期间应避免房事,注意个人卫生。注意饮食避免吃辛辣、油腻、有刺激性的食物	每一种药品介绍的内容不够准确或有缺项的酌情扣 1～4 分,介绍错误的不得分	5 分		
	保妇康栓:使用时应注意孕妇禁用,哺乳期妇女在医生指导下用药;带下病属脾肾阳虚者慎用;药物要密闭,避光,在 30℃以下保存		5 分		
1. 实训时间 10 分钟,到时终止本项实训操作。未完成项目成绩记为 0 分。2. 本项实训中的辨证项目如判断错误,则辨证项目及之后四项成绩均记为 0 分。3. 中药品种选择错误,则该项目及之后三项成绩均记为 0 分			70 分		

总分					

二、用药指导——顾客自购

项目	参考答案	评分标准	配分	得分	备注
拟购买中成药	花红片				
询问服药者基本情况	女性,自用,白带多,腰疼	未询问服药者基本情况者,此项不得分。询问基本信息不全面的,酌情扣 1～9 分	10 分		
使用方法	口服。一次 4～5 片,一日 3 次,7 天为一疗程,必要时可连服 2～3 个疗程,每疗程之间停药 3 天	本项叙述错误者,不得分。叙述不全面的,酌情扣 1～9 分	10 分		
注意事项	花红片适用于湿热瘀阻所致的带下病或月经不调,使用时应注意气血虚弱所致腹痛、带下者慎用;服药期间忌食辛辣、生冷、油腻的食物	本项叙述错误者,不得分。叙述不全面的,酌情扣 1～9 分	10 分		
实训时间 10 分钟,到时终止本项实训操作。未完成项目成绩记为 0 分					
总分			30 分		
实训成绩合计			100 分		

▶▶ 实训五　儿科常用中成药零售的模拟训练

实训目标

1. 通过中成药销售或发药的情景模拟实训，培养学生对儿科常用中成药及所学专业知识的综合运用能力。

2. 通过中成药销售或发药的情景模拟实训，使学生逐步形成为顾客或患者进行药学服务的专业技术能力。

实训原理

中成药销售或发药的情景模拟实训，是一种以工作过程为导向的教学方法。实训教学活动中，以学生活动为主体，充分调动学生积极性并参与实训教学全过程，使学生在"学中做、做中学"的过程中，夯实专业知识，发现自身存在的不足，找出进步提升的方向。这种理实一体的教学模式，可以使学生更好地树立热爱中药专业的思想，提升职业道德水平，增强自主学习的能力，建立终身学习的意识。

一、实训前的准备工作

1. 实训场所　模拟药品零售药房。药房应配备药品展示柜、货架、常用中成药，实训工位不少于 10 个。

2. 实训所涉及的中成药品种　应以常用的、传统的、具有代表性的 OTC 中成药为主。推荐准备中成药品种如下。

（1）小儿解表中成药　小儿退热合剂、小儿感冒口服液、小儿解表颗粒、解肌宁嗽丸、儿感清口服液、儿感退热宁口服液。

（2）小儿止咳中成药　小儿止咳糖浆、儿童清肺丸、小儿百部止咳糖浆、小儿肺热咳喘口服液、小儿清肺止咳片。

（3）小儿清热中成药　小儿化毒散、小儿咽扁颗粒、小儿清热宁颗粒。

（4）小儿镇静治惊中成药　牛黄抱龙丸、琥珀抱龙丸、小儿惊风散。

（5）小儿消积滞中成药　小儿化食丸、一捻金、儿康宁糖浆、小儿消积止咳口服液、化积口服液、健儿消食口服液、小儿七星茶颗粒。

（6）小儿止泻中成药　小儿泻速停颗粒、止泻灵颗粒、丁桂儿脐贴。

（7）小儿驱虫中成药　肥儿丸。

3. 教师准备

（1）实训分组　建议分组实训，每一小组 2 名学生，交替扮演顾客和药品销售人员。

（2）布置任务　实训前，将实训所涉及的中成药类别及品种（不少于 10 种）、中成药使用注意有特殊要求的品种（不少于 5 种）布置给学生。

（3）实训讲解　讲解实训的方法、过程、角色要求和考核登记表的填写方法等内容。

（4）制作试题　病例题不少于 4 道；用药指导题不少于 4 道；实训考核登记表。

（5）场地布置　摆放实训所涉及的中成药，划定工位区域。

（6）教师人数及任务　实训教师不少于两名，指导实训、解答学生在实训过程中的问题。

4. 学生准备

（1）根据实训任务复习本次实训所涉及中成药类别的临床主要表现及相关中成药的功能主治异同、使用注意。

（2）准备工服（白大衣）、签字笔。

二、实训项目

1. 中成药销售　药品介绍。

2. 中成药发药　用药指导。

三、实训过程

1. 第一步　实训教师组织学生分组进入实训场所，按要求站到指定工位。

2. 第二步　实训教师组织学生按组分别抽取 2 套题（每套题：病例题 1 道；用药指导题 1 道）。

3. 第三步　实训教师安排学生实训角色的先后顺序。扮演药品销售人员的学生分别根据病例题和用药指导题进行问病售药和用药指导的实训，实训过程不超过 15 分钟，实训完毕后，每组学生进行角色交换。

4. 第四步　实训开始，扮演药品销售人员的学生按礼仪常规接待顾客，根据顾客主诉询问病情，并在实训考核登记表上记录，根据顾客的临床表现进行辨证后，介绍两种适宜的中成药供顾客自主选择，并在实训考核登记表上记录。根据顾客提出的购药需求拿取中成药，交给顾客，并对顾客进行用法用量、使用注意等方面的用药指导，将用药指导的情况在实训考核登记表上记录。

5. 第五步　实训教师在学生实训过程中巡视，注意发现问题并做好记录。

6. 第六步　实训全部结束后，回收实训考核登记表。两位实训教师交流学生在实训过程中存在的问题，然后由其中一位教师进行讲评。

四、实训与评价示例

(一) 实训任务

任务一：病例实训

1. 患儿母亲陈述　我家儿子，面黄肌瘦的，吃东西较少，还经常说肚子胀。

2. 患者问答的其他临床表现　吃东西少、肚子胀十天左右，稀便，一天两三次，有时有不消化的食物。

任务二：用药指导实训

1. 患儿母亲陈述　您好！我买一盒小儿化食丸。

2. 购药者基本情况　给患儿服用，患儿吃东西少、肚子胀十天左右，稀便，一天两三次，有时有不消化的食物。

(二) 实训考核评分内容及标准

1. 评价内容及评分记录表　见实训表 5 - 1。

实训表 5 - 1　儿科常用中成药实训考核内容及评分

班级：　　　　　姓名：　　　　　题号：

一、药品介绍					
项目	参考答案		评分标准	配分	得分	备注
问病	营业员扮演者询问	患儿家长扮演者答				
辨证						
介绍的中成药品种						
中成药的治疗特点						
使用方法						
其他需注意的事项						
总分				70 分		
二、用药指导——顾客自购						
项目	参考答案		评分标准	配分	得分	备注
拟购买中成药						

续表

询问服药者基本情况				
使用方法				
注意事项				

总分	30 分	
实训成绩合计	100 分	

2. 填写示例　见实训表 5 – 2。

实训表 5 – 2　儿科常用中成药实训考核填写示例

班级：　　　　　姓名：　　　　　题号：

一、药品介绍

项目	参考答案		评分标准	配分	得分	备注
问病	营业员扮演者询问 1. 几岁 2. 进食量怎样 3. 持续时间 4. 肚子胀吗 5. 体形 6. 大便干还是稀 7. 每天大便次数 8. 未消化的食物 9. 孩子一直食量少吗 10. 孩子最近精神怎样	患儿家长扮演者答 1. 五岁 2. 少 3. 十天左右 4. 胀 5. 消瘦 6. 稀便 7. 一天两三次 8. 有时有 9. 此次生病前要稍多些 10. 比之前差些	每缺一项扣一分。此项分数扣完为止，不倒扣分	10 分		
辨证	脾胃虚弱兼食积不消		诊断错误不得分	10 分		
介绍的中成药品种	儿康宁糖浆		介绍的中成药，不属于小儿消积滞中成药的，每错一种，扣 5 分，此项分数扣完为止，不倒扣分	5 分		
	化积口服液			5 分		
中成药的治疗特点	儿康宁糖浆：益气健脾，消食开胃。用于脾胃气虚所致的厌食。症见食欲不振、消化不良、面黄身瘦、大便稀溏		每一种药品介绍的内容不够准确，有缺项的酌情扣 1 ~ 5 分，介绍错误的不得分	10 分		
	化积口服液：健脾导滞，化积除疳。用于脾胃虚弱所致的疳积，症见面黄肌瘦、腹胀腹痛、厌食或食欲不振、大便失调			10 分		
使用方法	儿康宁糖浆：口服。一次 10ml，一日 3 次，20 ~ 30 天为一疗程		每一种药品介绍的内容不够准确或有缺项的酌情扣 1 ~ 4 分，介绍错误的不得分	5 分		
	化积口服液：口服。周岁以内一次 5ml，一日 2 次；2 ~ 5 岁，一次 10ml，一日 2 次；5 岁以上，一次 10ml，一日 3 次；或遵医嘱			5 分		

续表

其他需注意的事项	儿康宁糖浆：感冒及单纯性饮食积滞者忌服	每一种药品介绍的内容不够准确或有缺项的酌情扣1～4分，介绍错误的不得分	5分		
	化积口服液：忌生冷、油腻及不易消化的食物；感冒时不宜服用		5分		
1. 实训时间10分钟，到时终止本项实训操作。未完成项目成绩记为0分。2. 本项实训中的辨证项目如判断错误，则辨证项目及之后四项成绩均记为0分。3. 中药品种选择错误，则该项目及之后三项成绩均记为0分			70分		
总分					

二、用药指导——顾客自购

项目	参考答案	评分标准	配分	得分	备注
拟购买中成药	小儿化食丸				
询问服药者基本情况	患儿3岁半，表现为吃东西少、肚子胀十天左右，烦躁，大便干量少，口渴喝水较多	未询问服药者基本情况者，此项不得分。询问基本信息不全面的，酌情扣1～9分	10分		
使用方法	口服。周岁以内一次1丸，周岁以上一次2丸，一日2次	本项叙述错误者，不得分。叙述不全面的，酌情扣1～9分	10分		
注意事项	脾虚泄泻、消化不良者慎用；应在医生指导下服用	本项叙述错误者，不得分。叙述不全面的，酌情扣1～9分	10分		
实训时间10分钟，到时终止本项实训操作。未完成项目成绩记为0分					
总分			30分		
实训成绩合计			100分		

▶▶ 实训六 　五官科、外科、皮肤科、骨伤科常用中成药零售的模拟训练

实训目标

1. 通过中成药销售或发药的情景模拟实训，培养学生对五官科、外科、皮肤科、骨伤科常用中成药及所学专业知识的综合运用能力。

2. 通过中成药销售或发药的情景模拟实训，使学生逐步形成为顾客或患者进行药学服务的专业技术能力。

实训原理

　　中成药销售或发药的情景模拟实训，是一种以工作过程为导向的教学方法。实训教学活动中，以学生活动为主体，充分调动学生积极性并参与实训教学全过程，使学生在"学中做、做中学"的过程中，夯实专业知识，发现自身存在的不足，找出进步提升的方向。这种理实一体的教学模式，可以使学生更好地树立热爱中药专业的思想，提升职业道德水平，增强自主学习的能力，建立终身学习的意识。

一、实训前的准备工作

1. 实训场所　模拟药品零售药房。药房应配备药品展示柜、货架、常用中成药，实训工位不少于 10 个。

2. 实训所涉及的中成药品种　应以常用的、传统的、具有代表性的 OTC 中成药为主。推荐准备中成药品种如下。

（1）治鼻病中成药　千柏鼻炎片、通窍鼻炎丸、鼻炎康片、藿胆丸、鼻窦炎口服液。

（2）治耳病中成药　耳聋左慈丸。

（3）治咽喉病中成药　冬凌草片、西瓜霜润喉片、清咽丸、金嗓开音丸、金嗓散结丸、复方草珊瑚含片、健民咽喉片、桂林西瓜霜、夏桑菊颗粒、铁笛丸、黄氏响声丸、喉疾灵胶囊、利咽灵片。

（4）治口腔病中成药　口炎清颗粒、珠黄散、口腔溃疡散、齿痛消炎灵颗粒。

（5）治眼病中成药　石斛夜光丸、杞菊地黄丸、明目地黄丸、拨云退翳丸、明目上清丸、琥珀还晴丸。

（6）外科、皮肤科中成药　梅花点舌丸、如意金黄散、马应龙麝香痔疮膏、五虎散、化痔栓、双黄连栓、拔毒膏、狗皮膏、京万红软膏、复方青黛丸、活血止痛膏、珠黄散、烧伤灵酊、消肿止痛酊、消糜栓、斑秃丸、湿毒清胶囊、皮肤病血毒丸、六应丸、小金丸、麝香痔疮栓。

（7）骨伤科中成药　云南白药、三七伤药片、天麻丸、木瓜丸、跌打丸、中华跌打丸、风湿骨痛胶囊、正骨水、正清风痛宁片、伤科接骨片、伤湿止痛膏、关节止痛膏、红药贴膏、抗骨质增生片、伸筋丹胶囊、国公酒、骨质宁搽剂、骨痛灵酊、复方夏天无片、独一味片、祖师麻片、根痛平胶囊、麝香止痛膏、七厘散、活血止痛散、颈复康颗粒。

3. 实训教师任务

（1）实训分组　建议分组实训，每一小组 2 名学生，交替扮演顾客和药品销售人员。

（2）布置任务　实训前，将实训所涉及的中成药类别及品种（不少于 20 种）、中成药使用注意有特殊要求的品种（不少于 10 种）布置给学生。

（3）实训讲解　讲解实训的方法、过程、角色要求和考核登记表的填写方法等内容。

（4）制作试题　病例题不少于 4 道；用药指导题不少于 4 道；实训考核登记表。

（5）场地布置　摆放实训所涉及的中成药，划定工位区域。

（6）教师人数　实训教师不少于两名，指导实训、解答学生在实训过程中的问题。

4. 实训学生任务

（1）根据实训任务复习本次实训所涉及中成药类别的临床主要表现及相关中成药的功能主治异同、使用注意。

（2）准备工作服（医用白大褂）、签字笔。

二、实训项目

1. 中成药销售　药品介绍。

2. 中成药发药　用药指导。

三、实训过程

1. 第一步　实训教师组织学生分组进入实训场所，按要求站到指定工位。

2. 第二步　实训教师组织学生按组分别抽取 2 套题（每套题：病例题 1 道；用药指导题 1 道）。

3. 第三步　实训教师安排学生实训角色的先后顺序。扮演药品销售人员的学生分别根据病例题和用药指导题进行问病售药和用药指导的实训，实训过程不超过 15 分钟，实训完毕后，每组学生进行角色交换。

4. 第四步　实训开始，扮演药品销售人员的学生按礼仪常规接待顾客，根据顾客主诉询问病情，并在实训考核登记表上记录，根据顾客的临床表现进行辨证后，介绍两种适宜的中成药供顾客自主选择，并在实训考核登记表上记录。根据顾客提出的购药需求拿取中成药，交给顾客，并对顾客进行用法用量、使用注意等方面的用药指导，将用药指导的情况在实训考核登记表上记录。

5. 第五步　实训教师在学生实训过程中巡视，注意发现问题并做好记录。

6. 第六步　实训全部结束后，回收实训考核登记表。两位实训教师交流学生在实训过程中存在的问题，然后由其中一位教师进行讲评。

四、实训与评价示例

（一）实训任务

任务一：病例实训

1. 患者自诉　感冒了，鼻塞，流涕，打喷嚏。

2. 患者问答的其他临床表现　感冒 1 天了，鼻塞，鼻痒气热，喷嚏，不发热，微汗，口渴，喜饮冷水，头昏痛，流涕黄稠，或持续鼻塞，嗅觉迟钝，一身肌肉酸痛，不胸闷，舌质红，苔薄黄，脉浮数。

任务二：用药指导实训

1. 购药者自诉　您好！我买一盒三七伤药片。

2. 购药者基本情况　自己服用，一天前不慎跌倒摔伤右踝关节，局部肿胀，青紫，活动受限。照片没有发现骨折。

（二）实训考核评分内容及标准

1. 评价内容及评分记录表　见实训表 6-1。

实训表 6-1　五官科、外科、皮肤科、骨伤科常用中成药实训考核内容及评分

班级：	姓名：		题号：			
一、药品介绍						
项目	参考答案		评分标准	配分	得分	备注
问病	营业员扮演者询问	患者扮演者答				
辨证						
介绍的中成药品种						
中成药的治疗特点						
使用方法						

续表

其他需注意的事项					
总分			70 分		
二、用药指导——顾客自购					
项目	参考答案	评分标准	配分	得分	备注
拟购买中成药					
询问服药者基本情况					
使用方法					
注意事项					
总分			30		
实训成绩合计			100		

2. 填写示例　见实训表 6 - 2。

实训表 6 - 2　五官科、外科、皮肤科、骨伤科常用中成药实训考核填写示例

班级：　　　　　姓名：　　　　　题号：

一、药品介绍

项目	参考答案		评分标准	配分	得分	备注
问病	营业员扮演者询问 1. 感冒几天了 2. 鼻塞吗 3. 流涕吗 4. 清涕还是浊涕 5. 鼻涕颜色 6. 发热吗 7. 出汗吗 8. 口渴吗 9. 喜欢喝冷水还是热水 10. 头昏痛吗 11. 打喷嚏吗 12. 嗅觉有问题吗 13. 肌肉酸痛吗 14. 胸闷吗 15. 能看一下您的舌苔吗	患者扮演者答 1. 1 天 2. 鼻塞 3. 流涕 4. 浊涕 5. 黄稠 6. 不发热 7. 微汗 8. 口渴 9. 喜欢喝冷水 10. 头昏痛 11. 打喷嚏 12. 嗅觉不灵 13. 酸痛 14. 不胸闷 15. 舌质红，苔薄黄	每缺一项扣一分。此项分数扣完为止，不倒扣分	10 分		
辨证	风热犯肺，内郁化火，凝滞气血		诊断错误不得分	10 分		
介绍的中成药品种	千柏鼻炎片		介绍的中成药，不属于五官科鼻病用中成药的，每错一种，扣 5 分，此项分数扣完为止，不倒扣分	5 分		
	通窍鼻炎片			5 分		

续表

项目	参考答案	评分标准	配分	得分	备注
中成药的治疗特点	千柏鼻炎片：适合风热犯肺，内郁化火，凝滞气血所致的鼻塞，鼻痒气热，流涕黄稠，或持续鼻塞，嗅觉迟钝；急慢性鼻炎，鼻窦炎见上述证候者	每一种药品介绍的内容不够准确，有缺项的酌情扣 1～5 分，介绍错误的不得分	10 分		
	通窍鼻炎片：适合风热蕴肺、表虚不固所致的鼻塞时轻时重、鼻流清涕或浊涕、前额头痛；慢性鼻炎、过敏性鼻炎、鼻窦炎见上述证候者		10 分		
使用方法	千柏鼻炎片：口服。一次 3～4 片，一日 3 次	每一种药品介绍的内容不够准确或有缺项的酌情扣 1～4 分，介绍错误的不得分	5 分		
	通窍鼻炎片：口服。一次 5～7 片，一日 3 次		5 分		
其他需注意的事项	千柏鼻炎片：忌辛辣、鱼腥食物；孕妇慎用	每一种药品介绍的内容不够准确或有缺项的酌情扣 1～4 分，介绍错误的不得分	5 分		
	通窍鼻炎片：忌烟酒、辛辣、鱼腥食物；不宜在服药期间同时服用滋补性中药		5 分		
1. 实训时间 10 分钟，到时终止本项实训操作。未完成项目成绩记为 0 分。2. 本项实训中的辨证项目如判断错误，则辨证项目及之后四项成绩均记为 0 分。3. 中药品种选择错误，则该项目及之后三项成绩均记为 0 分			70 分		
总分					

二、用药指导——顾客自购

项目	参考答案	评分标准	配分	得分	备注
拟购买中成药	三七伤药片				
询问服药者基本情况	一天前不慎跌倒摔伤左脚踝，伤处紫红瘀斑，肢体活动受限。照片没有发现骨折	未询问服药者基本情况者，此项不得分。询问基本信息不全面的，酌情扣 1～9 分	10 分		
使用方法	片剂。口服。一次 3 片，一日 3 次。	本项叙述错误者，不得分。叙述不全面的，酌情扣 1～9 分	10 分		
注意事项	本品药性强烈，应按规定量服用；孕妇忌用；有心血管疾病患者慎用。药品不可与酒混合服用，酒中的乙醇会使草乌的毒性增加。如有不适请及时就医	本项叙述错误者，不得分。叙述不全面的，酌情扣 1～9 分	10 分		
实训时间 10 分钟，到时终止本项实训操作。未完成项目成绩记为 0 分					
总分			30 分		
实训成绩合计			100 分		

参考答案

第一章

1. B 2. C 3. D 4. B 5. A 6. B 7. B 8. E 9. D 10. E 11. C 12. B 13. E
14. C 15. C 16. D

第二章

1. B 2. C 3. C 4. D 5. B 6. C 7. B 8. E 9. E 10. C 11. D 12. B 13. B
14. C 15. A 16. B

第三章

1. D 2. C 3. A 4. A 5. B 6. A 7. C 8. C 9. A 10. B 11. E 12. B 13. C
14. A 15. E 16. E

第四章

1. E 2. A 3. E 4. E 5. D 6. B 7. A 8. C 9. D 10. C

第五章

1. C 2. A 3. E 4. B 5. B 6. E 7. B 8. C 9. D 10. A 11. A 12. E 13. C
14. C 15. B 16. ACD 17. BC 18. AE 19. AB 20. CD

第六章

1. D 2. C 3. A 4. E 5. D 6. B 7. A 8. B 9. C 10. C 11. B 12. D 13. A
14. D 15. B 16. E 17. A

第七章

1. C 2. B 3. C 4. C 5. C 6. A 7. C 8. B 9. A 10. C 11. A 12. E 13. C
14. D 15. ABC 16. CDE 17. ABC 18. ABC 19. ABCE 20. ABCDE

第八章

1. B 2. B 3. C 4. C 5. C 6. E 7. C 8. C 9. AB 10. BC 11. BCE 12. BCDE
13. AB 14. ABC 15. ADE 16. CD 17. C 18. A 19. B 20. D

第九章

1. D 2. B 3. A 4. C 5. D 6. B 7. A 8. B 9. D 10. C 11. A 12. D 13. C
14. C 15. D 16. B 17. A 18. E 19. A 20. E

第十章

1. A 2. B 3. E 4. A 5. C 6. D 7. B 8. B 9. D 10. E 11. D 12. A 13. C
14. BCD 15. DE 16. BCE 17. BCE 18. ABE 19. ABCDE 20. AC 21. ABC 22. ACDE

第十一章

1. B　2. D　3. C　4. B　5. B　6. B　7. C　8. D　9. B　10. A　11. DE　12. AD
13. ABCE　14. ABC　15. ABCDE　16. ACD

参考文献

[1] 廖志涌. 中成药商品学 [M]. 北京：中国医药科技出版社，2011.

[2] 张小明. 中成药商品学 [M]. 2 版. 北京：中国医药科技出版社，2016.

[3] 邓中甲. 方剂学 [M]. 2 版. 北京：中国中医药出版社，2010.

[4] 冷方南. 中国基本中成药二部 [M]. 北京：人民卫生出版社，1991.

[5] 朱圣和. 中成药商品学 [M]. 北京：人民卫生出版社，1997.

[6] 杜守颖，崔瑛. 中成药学 [M]. 2 版. 北京：人民卫生出版社，2019.

[7] 张彪. 常见中成药用药指导 [M]. 北京：中国中医药出版社，2015.

[8] 张守明. 常见病中西医诊断及合理用药 [M]. 北京：中国医药科技出版社，2016.

[9] 邹节明，张家铨. 中成药的药理与应用 [M]. 上海：复旦大学出版社，2005.

[10] 国家基本药物临床应用指南和处方集编委会. 国家基本药物临床应用指南（中成药）2012 年版 [M]. 北京：人民卫生出版社，2013.

[11] 国家药品监督管理局执业药师资格认证中心. 国家执业药师考试指南中药学专业知识（二）[M]. 8 版. 北京：中国医药科技出版社，2020.